LE DEVOIR

TYPOGRAPHIE DE CH. LAHURE
Imprimeur du Sénat et de la Cour de Cassation
rue de Vaugirard, 9.

LE DEVOIR

PAR

JULES SIMON

TROISIÈME ÉDITION

PARIS
LIBRAIRIE DE L. HACHETTE ET Cie
RUE PIERRE-SARRAZIN, N° 14
(Près de l'École de Médecine)
—
1855

PRÉFACE.

Je ne puis publier cette troisième édition du *Devoir*, sans remercier l'Académie française qui a bien voulu attacher à mon travail un des prix dont elle dispose, et le public, dont l'accueil bienveillant, je l'avoue avec sincérité, a dépassé de beaucoup mes espérances. Cette faveur m'est d'autant plus chère que médiocrement justifiée par le mérite du livre, elle prouve qu'on s'est trop hâté de proclamer la défaite de la philosophie.

Il peut m'être permis d'insister sur ce retour aux études sérieuses, puisque la parole est depuis si longtemps aux ennemis de la liberté de penser. Sans parler ici du dernier livre de M. Cousin, *le Vrai, le Beau et le Bien*, *Terre et Ciel*, de M. Jean Reynaud, *la Profession de Foi du XIXe siècle*, de

M. Eugène Pelletan, ont triomphé de toutes les préoccupations politiques, et rencontré dans toutes les classes de lecteurs d'ardentes sympathies. C'est le privilége de la philosophie de consoler et de fortifier. Quand la terre ne veut plus rien nous dire, nous nous élevons avec plus de force vers l'éternelle patrie de nos âmes; quand le présent nous échappe, nous nous réfugions dans le monde de la pensée, où rayonne l'avenir. Il n'y a que ténèbres et défaillance dans le monde des faits; il n'y a que lumière et sécurité dans la sphère des principes.

La philosophie a trois sortes d'ennemis, les uns la dédaignent comme inutile, ou comme impuissante; et les autres la proscrivent comme dangereuse. On a beau être humble; dès qu'on est philosophe, on rencontre devant soi ces trois ennemis. Aux premiers je n'ai rien à dire.

Ce sont des hommes qui se font un point d'honneur de ne songer qu'au présent, de ne compter qu'avec la matière; qui ne regardent jamais au delà des faits; dont toute l'activité intellectuelle s'épuise dans des questions de trafic; qui n'estiment la science que par les facilités qu'elle donne à la production et au commerce, les arts que pour le luxe et le comfortable de la vie, la vertu que pour l'honorabilité qu'elle confère, et qui au besoin s'escompte sur la place.

Quant aux esprits sincères qui comprennent la grandeur des problèmes philosophiques, mais qui se dégoûtent de la philosophie à cause de ses limites, j'avoue que je n'ai jamais pu les écouter sans tristesse, car leurs inquiétudes et leurs souffrances sont en moi. A chaque pas que l'on fait en avant, on trouve des obscurités à côté de la lumière. La science humaine est circonscrite dans une sphère étroite que notre curiosité dépasse. Nous voudrions connaître toutes les causes, et nous n'en trouvons qu'un petit nombre; sonder la cause première, et nous sommes forcés de confesser qu'elle est incompréhensible; traduire en formules précises tous les devoirs de la vie, et nous n'arrivons qu'à des règles générales. C'est une condition pénible : à quoi bon le nier? L'erreur de nos adversaires, et leur faute, est de prendre en dédain ce que nous avons, à force de regretter ce que nous ne pouvons avoir. Où se réfugier, si l'on quitte la philosophie? Dans le scepticisme? C'est la mort. Quoi! parce que la nature divine nous est incompréhensible, rejetterons-nous les preuves de l'existence de Dieu? Faut-il être indifférent au dogme de la Providence, parce que les voies de la Providence nous sont en partie cachées? Si nous n'avons pas à proposer aux hommes une règle fixe, indiscutable, pour toutes les circonstances de la vie, s'ensuit-il que la voix de la conscience ne mérite pas d'être écoutée? Reconnaissons les limites de la science humaine, non pour nous plaindre à Dieu de ce qu'il nous ôte, mais pour le remercier de ce qu'il nous donne.

Je l'avoue, les ennemis les plus redoutables de la philosophie, sont ceux qui sont en même temps les ennemis de la liberté, et qui voudraient étouffer la liberté dans son foyer, c'est-à-dire dans la conscience. Leur polémique contre nous revêt une double forme; tantôt ils reprochent à la liberté ses écarts; tantôt, ils prennent la libre pensée dans ses spéculations les plus nobles, et lui reprochent jusqu'au bien qu'elle peut faire. Nous comprendrions à la rigueur, nous qui adorons la liberté, qui la servons malgré ses périls, et qui lui resterons fidèles dans toutes ses fortunes, qu'on la rendît responsable des doctrines immorales ou impies qui ont si souvent effrayé et scandalisé le monde; mais comment admettre jamais qu'on puisse, au nom d'une doctrine spiritualiste, attaquer la philosophie de l'esprit et la morale du devoir? Que veut-on? Quelle est cette aveugle intolérance que notre temps ne connaissait plus? Peu importe à ces esprits ombrageux que la science entoure de lumière les vérités primordiales, qu'elle mette la liberté de l'homme hors de doute, qu'elle décrive avec autorité les lois de la morale éternelle, qu'elle prouve avec une force irréfragable l'existence d'un Dieu créateur et rémunérateur, qu'elle fasse pénétrer dans tous les esprits l'espérance ou, disons mieux, la certitude de l'immortalité de l'âme : plus ces enseignements sont fortifiants et solides, plus on met de violence à les repousser, comme si on voulait avoir le monopole du bien, et comme si la vertu cessait d'être adorable quand elle se concilie avec la liberté, et qu'on l'enseigne au nom de la raison!

Nous n'avons plus, grâce à Dieu, à combattre de tels adversaires; ils trouvent à côté d'eux, dans leur propre parti, des esprits droits et sincères qui les rappellent à l'équité, à la réalité. Après les efforts tentés au xvie siècle par la libre pensée, après la puissante école de Descartes, qui, du même coup, proclama l'indépendance de l'esprit humain et posa les bases de ce dogmatisme sage et hardi dont la salutaire influence domine encore de si haut tous les développements de la science humaine; après la révolution française, dont le grand et durable caractère fut de mettre partout la liberté à la place du privilége, et la raison à la place de la tradition, le rôle de la philosophie n'est plus de se défendre.

Ce qui lui manque peut-être, c'est de se faire voir de plus près, de se rendre plus accessible, d'ôter, par sa propagande même, tout prétexte à la calomnie. Elle ne peut que gagner à sortir de l'enceinte des écoles, et à prendre sur le gouvernement des âmes l'influence qui lui appartient.

Pourquoi ne serait-elle pas écoutée? On a beau dédaigner la philosophie ou s'en défier, tôt ou tard il faut la subir; et comme cette vie peut être tranchée à tout moment, il est impossible qu'on ne se demande pas : Qu'est-ce que la mort?

On comprendrait à la rigueur l'indifférence en matière de philosophie chez un peuple religieux, parce que toute religion contient une solution sur l'origine, la destinée et la fin de l'homme; mais dans nos sociétés modernes cette indifférence ne peut jamais exister qu'à la surface. Quelque bruit que fasse en nous ce monde, il n'en fera jamais assez pour nous faire absolument oublier l'autre.

Le monde est-il éternel? Et, s'il ne l'est pas, qu'est-ce que Dieu? Dieu se mêle-t-il des choses de la terre? Intervient-il seulement dans les grands événements qui intéressent l'humanité, ou s'il gouverne ses créatures jusque dans les moindres détails de leur existence? Sommes-nous libres? Sommes-nous menés par la fatalité? Dépendons-nous de nos instincts et de nos passions? La loi du devoir est-elle une illusion ou une vérité? une invention des hommes, ou l'expression même de la volonté de Dieu? Qu'est-ce que cette âme que nous sentons se mouvoir en nous? est-ce un feu passager que la mort doit éteindre, ou un principe immortel dont le véritable avenir est au delà du tombeau? Voilà les problèmes que la philosophie agite, et dont l'heure est marquée dans la vie de tout homme. Le sceptique le plus déterminé les retrouve un jour à son chevet, pour sa consolation ou pour son désespoir, selon l'usage qu'il a fait de la vie.

C'est mal répondre que de dire : ces questions sont en effet les plus grandes de toutes, mais on doit les écarter, les repousser, parce que l'intelligence de l'homme est impuissante pour les résoudre. Il faut être bien téméraire pour proclamer ainsi sans preuves et sans étude préalable, le néant de la science humaine; et quand on a pris sur soi d'affirmer que l'homme est condamné à une ignorance invincible, il faut être bien endurci pour s'en consoler.

Mais, au fond, personne ne s'en console, et il y a plus de fanfarons de scepticisme que de sceptiques véritables. Quand même nous parviendrions à oublier la mort, nous n'échapperions pas à la philosophie; elle revient par nécessité dans la pratique de la vie, et ce qui l'y ramène sans cesse, c'est le devoir.

Au moment d'agir dans les circonstances graves, nous entendons deux voix en nous-mêmes : l'une, c'est celle de l'intérêt, qui nous dit : Voilà ce qui te donnera du repos, de la sécurité, ou de la richesse, ou de la gloire, ou de la puissance ; l'autre, que tous les hommes appellent le devoir, et qui nous dit : Oublie-toi ! dévoue-toi ! sacrifie-toi !

Que les incrédules écoutent la voix de l'intérêt, à la bonne heure ; mais, qu'il le sache ou qu'il l'ignore, celui qui choisit le devoir, a la foi philosophique. On ne peut croire au devoir sans croire en même temps à Dieu, à la liberté, à l'immortalité.

Personne ne se sacrifierait pour le devoir, si le devoir était d'institution humaine. On lui donne son repos, sa fortune, sa vie, parce qu'on reconnaît qu'il vient de Dieu. La plus irréfutable démonstration de l'existence de Dieu, c'est la vie et la mort d'un juste.

Telles sont les pensées auxquelles j'ai obéi, quand j'ai résolu d'écrire un court traité de morale pour les gens du monde, et particulièrement pour les esprits éclairés qui se sentent attirés vers la philosophie sans en avoir fait leur étude. Toute modeste que soit cette tâche en apparence, je comprends mieux que personne combien elle était au-dessus de moi ; mais on m'a su gré de la sincérité, et, je puis le dire, de la ferveur de mes convictions. Le titre de mon livre a sauvé mon livre. Ce grand et religieux nom du Devoir l'a protégé contre les ennemis de la philosophie et contre ma propre faiblesse.

Peut-être le moment est-il opportun pour parler aux hommes de leurs devoirs, quand le plus grand nombre paraît occupé seulement de son droit, et se laisse entraîner à confondre son droit avec son intérêt. Non-seulement les caractères sont rares, les convoitises ardentes, l'indulgence excessive en face du succès; mais on voit apparaître des théories destinées à légitimer aux yeux des hommes tout ce que le devoir condamne. On entend faire l'apologie de la force, distinguer une grande morale et une petite, parler avec mépris de la liberté, condamner la philosophie dans le pays d'Abélard et de Descartes, maudire la révolution de 1789 sur cette terre qu'elle a sauvée et qu'elle protége.

J'ai combattu ces impiétés de tout mon cœur et de toutes mes forces pendant dix-sept années d'enseignement. Je dédie aujourd'hui à mon ancienne, à mon éternelle cause, cet humble livre que j'aurais voulu rendre moins indigne d'elle.

Je l'offre aussi à mes anciens auditeurs de l'École normale et de la Faculté des lettres. Ils y retrouveront la doctrine que nous avons étudiée ensemble, lorsque j'avais l'honneur d'enseigner la philosophie à côté de mes maîtres, dans cette grande Université si calomniée et si noble.

PREMIÈRE PARTIE

LA LIBERTÉ

PREMIÈRE PARTIE.

LA LIBERTÉ.

CHAPITRE PREMIER.

DÉMONSTRATION DE LA LIBERTÉ.

> « Il faut expliquer les choses par l'homme, et non l'homme par les choses. » — Saint-Martin, *Erreurs et Vérités*, tome I, page 9.

On confond ordinairement, dans le langage, la liberté elle-même avec les effets de la liberté. Ainsi, quand on met un homme en prison, cela s'appelle le priver de sa liberté; quand on l'en fait sortir, cela s'appelle lui rendre sa liberté.

La liberté ainsi entendue, ou liberté civile, se distingue encore de la liberté politique. Politiquement, un sujet de l'empereur de Russie n'est jamais libre; mais il jouit, en fait, de la liberté civile, tant que son souverain consent à la lui laisser.

La liberté politique consiste à participer à la confection des lois et à l'administration de son pays, à ne point subir et à ne point posséder de priviléges, à n'être jugé que conformément aux lois, par une magistrature régulière et pour des fautes définies. Elle a pour but principal de garantir aux citoyens d'un État libre la liberté civile, c'est-à-dire la libre disposition de leurs personnes et de leurs biens.

Mais le sujet russe ou ottoman, obligé de subir, comme des lois immuables, les caprices journaliers de son maître, et même le prisonnier, plongé dans un cachot, les pieds entravés et les mains liées, possèdent réellement leur volonté; leur âme est libre. Ils peuvent bénir leur bourreau, ou le maudire; ils peuvent consentir à leur captivité, s'y résigner, ou employer leur énergie à trouver des moyens de délivrance. Leur puissance n'est pas attaquée dans sa source; elle n'est que comprimée dans son expansion. Ils ne peuvent pas agir, mais ils peuvent encore vouloir. Les lois et les coutumes, les tyrans et les bourreaux sont impuissants contre cette liberté du dedans, qui constitue notre humanité. Les geôliers qui gardent un honnête homme lui demandent sa parole d'honneur de ne pas s'évader; et ils se sentent plus rassurés par sa promesse que par leurs verrous.

Cette liberté essentielle à l'homme est le solide fondement sur lequel repose notre droit à la liberté civile et à la liberté politique. Il faut avoir une volonté pour revendiquer le droit de faire respecter sa volonté. Avant d'être un citoyen dans le monde, je dois d'abord sentir, dans ma conscience, que je suis une personne.

La liberté, sans laquelle il n'y a pas de morale, puisqu'il n'y a pas, sans elle, de devoir et de responsabilité, ne doit donc pas être définie : le pouvoir de faire ou de ne pas faire, mais bien : le pouvoir de vouloir ou de ne pas vouloir. Sommes-nous libres? cela veut dire : les résolutions que nous formons d'agir ou de ne pas agir, dépendent-elles uniquement de nous-mêmes ?

Or, n'est-ce pas une chose évidente que tous les hommes se croient libres ? On me présente deux louis d'or, et l'on me dit : Voici celui que vous choisirez ; est-ce que je ne me crois pas parfaitement maître de choisir l'autre ? C'est une action fort simple que de lever trois fois la main dans l'espace d'une heure. Si je suis libre, il dépend uniquement de moi de le faire ou de ne pas le faire ; si je ne suis pas libre, cela dépend de quelque cause étrangère à ma volonté. Eh bien ! je propose à quiconque pense que je ne suis pas libre, de gager contre moi mille écus, un million, cent millions que dans l'espace d'une heure je lèverai trois fois ma main. Qui acceptera le pari ? Personne. Qui hésitera à le proposer ? Personne. Cela prouve que tout le monde croit au pouvoir qui m'appartient de faire ce geste, si cela me plaît[1]. Si nous sommes trois dans une chambre, les deux autres peuvent parier entre eux que je partirai du pied droit ou du pied gauche ; mais quel est celui qui fera une telle gageure contre moi-même ? Ce sont là des faits parfaitement simples, à la portée des plus humbles entendements, mais qui ont cependant un mérite, c'est d'établir de la façon la plus irréfutable que la croyance à la liberté humaine est naturelle à tous les esprits ; et même cela est si vrai, que Sextus, Énésidème, Spinoza, Hume, tous les philosophes qui ont nié la liberté, n'auraient jamais osé parier contre moi que, mes membres étant sains et sans entraves, je ne lèverais pas le bras dans l'espace d'une heure. Leur scepticisme, triomphant dans l'argumentation, se serait

---

[1] Le P. Buffier, *Traité des premières vérités*, IIIe partie, chap. III.

évanoui devant le défi de cette volonté sûre d'elle-même.

Tous les actes de ma vie prouvent invinciblement que j'ai foi à ma liberté. Au moment de prendre une résolution, j'hésite, je délibère; donc je me sens libre. Quand j'ai agi et que l'action me paraît bonne, je m'admire dans mon œuvre; elle est donc mienne. Si, au contraire, elle a des résultats fâcheux, je me trouve amoindri par cet échec, j'éprouve de l'humiliation ou des remords. Je juge avec les mêmes sentiments les actions de mes semblables. Enfants, je les élève avec soin pour leur inspirer plutôt le goût du bien que celui du mal; hommes, je les conseille, je les exhorte, je les menace, je les récompense. Je ne fais pas une action, je ne prononce pas une parole qui ne suppose la croyance à ma liberté et à celle d'autrui. Qu'est-ce que la loi que les hommes discutent et promulguent avec appareil, et sur laquelle repose l'édifice social et politique? Qu'est-ce que le tribunal, où ils prennent Dieu à témoin de leurs jugements? Qu'est-ce que l'échafaud, où ils prennent l'honneur et la vie de leurs frères en expiation d'un crime? Otez la croyance à la liberté, et la société s'écroule. Sans la liberté, il n'y a ni droits, ni devoirs, ni serments, ni justice, ni obligation, ni crime, ni vertu, ni pardon, ni récompense. Il n'y a pas, sans elle, de reconnaissance et de piété. Les temples, sans la liberté, ne sont qu'un solennel mensonge, où nous promettons à Dieu de lui donner une obéissance qui ne dépend pas de nous. Je ne puis pas aimer, je ne puis pas adorer, je ne puis pas prier, si je ne suis libre.

Si je me trompe en me croyant libre, je me trompe

avec l'universalité du genre humain. Je cherche des sceptiques : je n'en trouve que parmi les philosophes, et les philosophes mêmes qui doutent de la liberté semblent effrayés de leur doute. Ils forment dans les écoles une minorité presque insensible. Depuis l'origine de la philosophie, les noms les plus illustres témoignent en faveur de la liberté. Tous les hommes naissent avec cette croyance, et tous, à l'exception de quelques sophistes, la conservent jusqu'à la mort. Le roi et le pâtre se sentent responsables, l'un de son royaume, l'autre de son troupeau; et le plus ignorant se croit justifié, s'il peut seulement dire à ses juges : C'est ma main qui a tout fait, en dépit de ma volonté.

Non-seulement tous les hommes, depuis que le monde est monde, croient à la liberté; mais cette croyance est naturelle et invincible. Je n'ai pas besoin qu'on m'apprenne que je suis libre; il me suffit, pour que je le sache, d'avoir agi. Le sauvage croit à sa liberté comme le citoyen d'une société civilisée, l'enfant comme le vieillard. Cette croyance nous suit dans tous les actes de notre vie. Il n'en est pas de plus difficile à déraciner. Celui qui, à force de méditer, s'est créé un système où la liberté ne trouve pas de place, parle, sent et vit comme s'il croyait à la liberté. Il ne doute pas, il s'efforce de douter, et c'est tout le résultat de sa science. Trouvez un fataliste qui n'ait ni orgueil ni remords! Ou il faut dire que l'homme est libre, ou il faut admettre qu'il a été formé pour croire invinciblement l'erreur.

J'ouvre les yeux et je vois un arbre, une maison, un homme; je touche cette table de ma main, mon pied foule la terre. Douté-je de l'existence de ces corps, que ma main ou mes yeux me révèlent? Non; j'y crois implicitement, sans raisonner, sans discuter, sans hésiter;

j'y crois avec tout le genre humain. Pourquoi? Parce que ma nature le veut ainsi, parce qu'elle me pousse à adopter cette croyance par une sorte d'instinct irrésistible. Les sceptiques ont beau s'efforcer ; je vois et je comprends leurs sophismes, je n'en aperçois pas la réfutation : je ne puis ni les détruire ni m'y soumettre. Quand je parviendrais à vaincre en moi ma nature, ou, pour mieux dire, la nature humaine, qu'en résulterait-il de bon ou d'utile? Ne serais-je pas, par cette révolte, condamné à ne croire à rien, et par conséquent à n'être rien? Puis-je cesser d'être un homme? Puis-je voir autrement que par mes yeux? ou penser, ou croire autrement que par mon esprit? Une fois que, dans mes investigations, je suis arrivé aux lois constitutives de ma pensée, n'est-ce pas comme si, en creusant des fondements, j'avais trouvé le roc? N'en est-il pas de même de ma croyance à la liberté? Et si elle est naturelle, constante, nécessaire, n'est-ce pas un signe certain qu'elle est juste? Ces solitudes où l'on se complaît, après avoir abandonné les sentiers battus et rompu en visière à la nature humaine, peuvent satisfaire l'orgueil ; mais là n'est pas la sagesse. Soyons humbles, soyons hommes ; n'en appelons pas contre le sens commun et l'évidence. Il suffit que la conscience parle et que nous soyons sûrs de ne pas être aveuglés par un préjugé.

Où ai-je pris l'idée de la liberté, si je ne suis pas libre? Il ne me suffit pas d'entendre répéter un mot pour en comprendre le sens; il faut encore que je trouve, en moi ou hors de moi, l'objet auquel il se rapporte. Non-seulement, si l'homme n'était pas libre, il n'aurait pas l'idée de liberté, mais il n'aurait pas même l'idée de cause. Comment l'aurait-il ? Le monde extérieur ne nous la donne pas. Nous entendons le vent mugir, nous voyons un arbre tomber, et nous disons : Le vent a renversé cet arbre. Cependant, qu'avons-nous vu ? Le vent d'abord, la chute de l'arbre ensuite : rien de plus ; ce n'est qu'un rapport de succession, ce n'est pas un rapport de cause à effet. Il en est de même de tous les phénomènes physiques : nous voyons qu'ils se succèdent; nous constatons que cette succession est constante : à cela se borne la donnée expérimentale. Si nous concluons ensuite qu'un phénomène est la cause du phénomène qui le suit, il faut, pour tirer une telle conclusion, que nous soyons munis de l'idée de cause, et que nous l'ayons prise ailleurs. C'est dans la conscience humaine que l'idée de cause nous apparaît, parce que nous saisissons l'opération d'une cause agissante entre la réflexion qui précède le mouvement et le mouvement lui-même. Ce n'est pas une coïncidence accidentelle, et ce n'est pas non plus une succession nécessaire : c'est la production libre, spontanée d'un acte qui résulte de notre volonté, que notre volonté pouvait ne pas faire, qu'elle pouvait faire autrement, et qu'elle reste maîtresse de prolonger ou de suspendre. Bien des faits se succèdent, en nous comme hors de nous, en vertu des lois de la nature, sans intervention de la volonté ; mais pour celui-là nous le reconnaissons à l'instant, nous le distinguons de tous les autres, nous sentons qu'il nous constitue en quelque sorte, qu'il nous donne notre valeur et comme la mesure de nos forces, qu'il nous assigne notre place entre les différents êtres au milieu desquels nous vivons. Nous le renouvelons incessamment, et il nous rapporte toujours avec la même clarté le sentiment, la preuve de l'influence de notre volonté sur nos actes. C'est ainsi que, par une juste disposition de la nature, la notion de liberté enveloppe et contient la notion de cause; car, à le prendre rigoureusement, la cause qui a en elle-même le principe de ses déterminations, c'est-à-dire qui est libre, mérite seule le nom de cause. Si nous n'étions pas libres, le mot de cause n'aurait pas plus de sens pour nous que n'en a, pour un aveugle-né, le mot de couleur. Sans la liberté, à laquelle nous devons la notion de cause, notre intelligence aurait l'idée et le spectacle du mouvement; mais elle ne saurait pas ce que c'est que la vie[1].

Il peut sembler étrange qu'on s'efforce de démontrer la liberté, puisque nous nous sentons tous libres. Un fait que la conscience elle-même atteste est au-dessus de nos démonstrations, comme il est au-dessus de nos négations. On ne démontre pas le plaisir ou la douleur; pourquoi donc démontrer la liberté?

C'est que, sur le dogme de la liberté, la science du devoir repose tout entière. Et qu'est-ce que la science du devoir? C'est proprement la science du sacrifice. Vivre pour Dieu et pour les hommes, et non pas pour soi, voilà le devoir. Quelquefois la Providence permet que le devoir soit facile; le plus souvent, elle nous oblige d'aller vers lui à travers le péril et la souffrance, d'oublier, pour lui, nos goûts et nos intérêts, nos amitiés, nos colères, nos espoirs, et de donner, pour lui, jusqu'à notre vie elle-même. Si elle garde une récompense à l'honnête homme, elle la lui cache derrière le

---

[1]. Bossuet, *Traité du libre arbitre*, chap. II, p. 227. Édition Jules Simon.

tombeau; et parce qu'elle l'a faite immense, elle la veut chèrement achetée. Nous cependant, faibles et aveugles, nous nous épuisons dans cette voie; nous voyons trop le malheur présent, et pas assez la récompense future. Nous nous apitoyons sur nous-mêmes; et remontant aux principes pour nous insurger contre eux, nous aimons mieux renoncer à la liberté, malgré l'évidence, que de consentir au sacrifice.

Il faut donc ôter à l'avance tout refuge au scepticisme, et se démontrer si bien la liberté, qu'on n'ait plus rien à craindre ni des sophistes ni de la douleur, le plus grand de tous les sophistes, parce qu'il a pour auxiliaire notre lâcheté. Or, le plus sûr moyen de se rendre inébranlable dans sa croyance à la liberté, ce n'est pas de démontrer que tous les hommes se croient libres, que cette croyance est en eux naturelle et nécessaire; que, sans la liberté, toute notre nature devient incompréhensible et contradictoire, et qu'il n'y a plus, sans elle, ni honneur, ni justice, ni société civile; c'est tout uniment de regarder au fond de soi avec calme, sans passion, sans préjugé, et d'y voir, dans sa réalité vivante, cette puissance libre contre laquelle le monde et les hommes accumulent tant d'obstacles, sans parvenir même à l'altérer. L'homme est à lui-même sa plus grande leçon et son plus grand spectacle; et la première condition de savoir se diriger, est sans doute de savoir se connaître.

Une action humaine est éminemment complexe. Bien analysée, elle renferme quatre éléments : la conception de l'acte à faire, la conception et la discussion des motifs, la résolution, l'exécution. En effet, pour agir, il faut vouloir, et pour vouloir, il faut savoir ce qu'on veut, et pourquoi on le veut. Ces quatre éléments successifs de l'acte volontaire se suivent quelquefois si rapidement, qu'on a peine à les distinguer; l'action est aussitôt faite que conçue. Il est nécessaire de les distinguer pourtant; car la liberté est le caractère propre de la résolution, et ne se trouve ni dans ce qui la précède, ni dans ce qui la suit. Prenons pour exemple l'action de lever le bras, et ne craignons pas d'en faire une analyse minutieuse.

Remarquons d'abord qu'il nous arrive souvent de mouvoir le bras instinctivement, machinalement, sans savoir que nous le faisons, ou du moins sans savoir pourquoi nous le faisons. Nous ne sommes pas toujours attentifs à notre propre vie; nous ne dirigeons par toujours nos mouvements. Dans l'enfance, tout se passe en nous, pour ainsi dire, à notre insu; nos désirs nous gouvernent; nos facultés se développent par leur force propre, sans l'intervention de la volonté. Plus tard, la même spontanéité d'action, la même absence de direction volontaire se manifestent en nous, lorsque nos passions sont violemment surexcitées. Enfin il y a dans la vie des moments de langueur, d'épuisement, de demi-sommeil, où notre volonté abdique, et permet à nos facultés de se mouvoir sans subir sa direction. Mais nous parlons ici d'un de ces actes que nous accomplissons en connaissance de cause, dont nous prévoyons le but à l'avance, que nous étudions, dont nous nous sentons évidemment responsables; en un mot, d'un acte accompli froidement et les yeux ouverts. Nous supposerons même, s'il le faut, que cet acte, insignifiant en lui-même, acquiert des circonstances un certain degré de gravité; qu'il s'agit, par exemple, d'un vote dans une assemblée délibérante.

Il est bien clair que je ne lèverai pas le bras pour voter sans m'être rendu compte de la nature et de la valeur de l'acte que je vais faire, et que je ne commencerai à délibérer avec moi-même que quand je saurai clairement de quoi il s'agit. Il y a là beaucoup de faits à considérer dans un seul; car j'ai d'abord l'idée de lever le bras, et ensuite, je comprends qu'en faisant ce mouvement, je donne mon assentiment à la proposition qui est faite; enfin je prévois, dans une sorte d'intuition, des conséquences peut-être très-éloignées de cette proposition. Il faut d'abord bien voir et bien entendre tout cela, si l'on veut être ensuite parfaitement maître de sa volonté.

Est-ce à dire qu'à moins de comprendre très-clairement et très-complétement toutes les conséquences possibles de mon action, je ne puis être considéré comme ayant agi volontairement? Cette question est délicate et complexe. Il semble bien, au fond, que je ne suis responsable que de ce que j'ai cru ou voulu faire; que si le mouvement de mon bras cause, à mon insu, la mort de quelqu'un, cette conséquence de mon action est étrangère à ma responsabilité comme à ma liberté; que j'ai délibéré et que je me suis déterminé seulement sur l'action telle que je la concevais, et non pas sur ce qu'elle est devenue par l'effet des circonstances. Et cependant, si l'erreur dans laquelle je suis tombé n'était pas invincible, s'il dépendait de moi de l'éviter en réfléchissant plus longuement et avec plus de maturité, je n'échappe pas à la responsabilité de la faute. Un homme prudent et éclairé ne commence pas une action de quelque importance, sans en avoir mûrement examiné les suites, sans en connaître à fond le caractère et, pour ainsi dire, la teneur. Il sait non-seulement ce qu'il va faire, mais ce qui s'ensuivra infailliblement, et ce qui pourra éventuellement en résulter. Sa responsabilité et en même temps sa dignité s'en accroissent. Il est bien plus maître de lui, de sa force, de sa destinée, que l'esprit sans pénétration et sans justesse, qui ne sait pas enchaîner une action à ses conséquences, et dont toute la vie n'est qu'une suite d'aventures. La précipitation est un mauvais conseiller :

« Male cuncta ministrat
Impetus[1]. »

La connaissance de l'action qu'il s'agit de faire, et des conséquences même éloignées ou éventuelles de cette action, est donc le premier fait qui précède la détermination volontaire. Voici maintenant le second.

Je ne puis penser un instant que je vais émettre un vote dans une question importante, sans être assailli par une foule de sentiments passionnés. Les appétits, les besoins, les désirs, l'orgueil, la convoitise, l'amour et la haine, élèvent leurs voix et me troublent de leurs folles clameurs. Dans les âmes mal réglées, telle est la véhémence de la passion, et telle est la faiblesse de l'intelligence, qu'on les voit flotter entre leurs désirs, sans que la conscience puisse seulement se faire entendre, semblables à une barque agitée par la tempête et qui n'a ni pilote ni gouvernail. Plus la passion est forte et plus nous avons besoin d'une volonté énergique pour lui résister. Il y a même des passions si violentes, qu'elles semblent d'abord irrésistibles, et que certaines âmes abritent leurs faiblesses derrière cette toute-puissance prétendue. Mais c'est un fait que je puis toujours

---

[1]. Stace, *Thébaïde*, livre X.

lutter contre la passion, et que, si je lui cède quand j'ai l'esprit éveillé sur la nature et les conséquences de l'acte qu'elle me conseille, j'accomplis une sorte d'abdication, de renonciation à moi-même. Les stoïciens l'avaient si bien compris que, dans l'excès de leur attachement à la liberté, ils ne laissaient rien à la passion, même noble, et qu'ils voulaient rendre toute la vie humaine aussi froide qu'un syllogisme.

Outre la passion, n'y a-t-il rien en moi qui m'incite à agir ou à ne pas agir? Il est certain que je lutte souvent contre ma passion, que je lui impose des concessions et des sacrifices, que je parviens même, par un plus courageux effort, à l'anéantir. Or, ce qui m'oblige à résister ainsi à la passion, c'est l'idée du devoir. Le devoir m'apparaît au dedans de moi-même, comme une puissance calme, mais inflexible, dont les arrêts éternels ne dépendent ni de ma volonté, ni des lois écrites, ni des passions, ni des préjugés des hommes; terrible pour qui la blesse, et douce pour qui s'y attache.

Ainsi, avant de me résoudre, je sens en moi les atteintes de la passion, et j'entends l'impérieuse voix du devoir. Il se peut que la passion et le devoir s'accordent pour me dicter une même ligne de conduite, dans ce cas il n'y a pas de lutte intérieure; mais il se peut aussi que la passion m'entraîne d'un côté, tandis que le devoir m'appelle de l'autre; souvent même, je suis agité entre des passions diverses : de là l'hésitation, les déchirements, les angoisses. Cet état violent ne cesse pas toujours par la claire conception du juste et de l'utile: mon esprit peut prononcer son jugement avec assurance, et cependant laisser mon âme dans le doute, parce que ma volonté ne se gouverne pas par les mêmes lois que mon intelligence; et même la parfaite indépendance de ma volonté ne m'apparaît nulle part avec une évidence plus entière que dans cette hésitation qui subsiste après que l'intelligence a porté son arrêt.

L'école distingue ordinairement, outre la passion, qu'elle appelle un mobile, et le devoir, qu'elle appelle un motif, un autre motif d'action, et c'est l'intérêt bien entendu. Mais il ne nous semble pas que l'intérêt bien entendu soit autre chose que la passion elle-même, appréciée et jugée par l'intelligence. Nous distinguerons, si l'on veut, la passion à laquelle on obéit sans examen, et la passion que l'on discute en la comparant à une autre passion : cela engendre deux conduites diverses, et suppose deux hommes fort différents; mais cela ne donne pas un élément nouveau à l'analyse. Le devoir seul, par sa nature et son origine, diffère profondément de tout mobile passionné.

Il y a pourtant une remarque sur laquelle nous insisterons plus tard et qu'il faut faire dès à présent : c'est que l'influence de la passion sur la volonté est directe, tandis que l'idée du devoir, et en général toute idée ne peut agir sur la volonté qu'en modifiant d'abord la passion. Le devoir une fois conçu, change notre manière de sentir; il nous inspire du dégoût pour des plaisirs prétendus; il nous suggère la crainte d'un châtiment présent ou à venir; enfin, il est accompagné d'un sentiment passionné, dont il est lui-même à la fois la source et l'objet, et qu'on appelle le sentiment ou l'amour du devoir. Ce sentiment est dominant chez certaines âmes, qui, par cette disposition de leur nature, trouvent immédiatement le bonheur dans l'accomplissement du devoir. D'autres, au contraire, aiment faiblement et conçoivent fortement ; celles-là discernent avec plus de sûreté le devoir, et l'accomplissent avec plus de peine. Mais, fort ou faible, l'amour du devoir en accompagne nécessairement l'idée. Ainsi la passion se retrouve toujours, et notre cœur est toujours intéressé dans nos actes.

Nous avons vu jusqu'ici l'esprit concevant un acte à faire et délibérant sur la nature de cet acte ; assiégé par les passions et s'efforçant de juger leur caractère et de prévoir leurs conséquences ; éclairé par le devoir, et flottant entre l'intérêt et la justice. C'est à la suite de cette délibération, de cette hésitation, et quelquefois, c'est au milieu d'elle, que le pouvoir souverain se résout à l'acte : tantôt se laissant conduire par l'intérêt, tantôt par le devoir, et toujours maître de son choix ; souvent aussi foulant aux pieds et le devoir et l'intérêt pour obéir à quelque passion insensée ; se sentant parfaitement libre de faire autre chose que ce qu'il fait ; prêt à suspendre sa résolution ou à la transformer si bon lui semble ; défiant hors de lui toutes les forces du monde, et au dedans de lui les forces si puissantes du désir et de la raison.

Examinons de près ce quatrième fait ; car c'est la liberté tout entière.

Le premier point qu'il faut bien constater, c'est que ni la passion ni l'idée ne sont capables de produire une action sans l'intervention de ma volonté. Si la passion produit un résultat, c'est quand je me livre, quand je m'abandonne. Quelle que soit la force d'un sentiment ou d'un principe, je sens, je vois, je comprends qu'elle vient échouer devant ma résolution. Mon désir aura beau être extrême, je puis lui résister si je veux ; mon devoir aura beau être clair comme la lumière du jour, je puis, si je veux, le fouler aux pieds. La passion peut me consumer, elle ne peut me vaincre. Elle a le sort des tyrans; elle peut me tuer, et voilà tout : c'est presque dire qu'elle est impuissante.

Insistons aussi sur cet autre caractère si frappant de la liberté : non-seulement je me détermine dans le sens qu'il me plaît de choisir; mais je fixe mon moment, je me résous à mon heure; rien ne me force à me résoudre à ce moment plutôt qu'à un autre. Souvent, après une suite de réflexions subtiles et compliquées, je prends mon parti tout à coup, sans avoir résolu le problème que je m'étais posé; c'est qu'alors ma volonté n'attend pas mon intelligence. Quelquefois aussi, je mène ma délibération jusqu'au bout, jusqu'à la conclusion; et, quand ma résolution est formée, je demeure irrésolu, inactif; c'est qu'alors mon intelligence n'entraîne pas ma volonté. Certains hommes ont de la décision dans l'esprit et de l'irrésolution dans le cœur, preuve évidente de l'indépendance radicale de la volonté. En un mot, rien de plus évidemment distinct que ces trois phases du phénomène volontaire : la conception, la délibération, la résolution. Nous avons d'abord compris qu'il y avait lieu à vouloir; puis nous avons examiné s'il était juste ou s'il était utile de vouloir; et enfin, nous voulons. Concevoir un acte, méditer sur un acte, ce n'est pas le faire. J'ai pensé que je pouvais mouvoir mon bras; j'ai reconnu que je ferais bien de le mouvoir; cependant il restait immobile. A présent je veux le mouvoir : il se meut[1].

1. « L'entendement se promène sur diverses propositions pour former un raisonnement et tirer une conséquence, mais le coup du consentement, pour ainsi parler, se donne en un instant et ne se connaît

Enfin, dans le moment même de ma résolution et lorsque je donne en quelque sorte le branle à mes facultés actives, que se passe-t-il dans ma conscience? J'aperçois clairement ma résolution, et je comprends qu'elle est la cause de mon acte ; mais en même temps que je l'aperçois, je m'aperçois moi-même comme force capable de la produire. J'ai un sentiment qui peut être plus ou moins juste, plus ou moins précis, mais qui ne me manque jamais complétement, de l'étendue de cette force qui me constitue; je comprends clairement, je vois, je sens, par l'intuition intérieure ou sens intime, que cette force, qui produit cette résolution, pouvait ne pas la produire ou en produire une toute différente, et qu'ainsi elle en est à la fois la cause et la raison dernière et suffisante. Or, une cause qui pouvait, par sa propre vertu, produire autre chose que ce qu'elle produit, est précisément une cause libre. C'est donc là que j'aperçois ma liberté avec une évidence irrésistible; et c'est à cause de cela que, de tous les actes de la vie intime, la résolution d'agir, ou pour parler comme l'école, la *volition* est celui qui me fait pénétrer le plus profondément dans le mystère de ma propre nature. Je saisis là la vie, la personne humaine, jusque dans le foyer de son activité.

Lorsque le mouvement produit exige une certaine dépense de force musculaire, la naissance de ce mouvement est accompagnée d'un sentiment pénible, qui a pour cause la violence que je me fais, et qui signale et mesure en quelque sorte l'effort. Je me recueille, je me replie sur moi-même, comme un cavalier qui rassemble

---

que par ses effets. » Bossuet, *Instructions sur les états d'oraison*, livre V. Édition Lefèvre, tome VIII, p. 52.

d'abord sa monture, avant de lui rendre la main et de la lancer dans l'arène. Lorsque je veux ensuite, et que le mouvement s'accomplit, j'ai en même temps la conscience d'avoir voulu, la perception du mouvement opéré, et la conscience de cette sensation pénible qui accompagne l'effort. Mon esprit ne voit pas dans la simultanéité de ces trois faits une simple coïncidence. Je sais que la volition a été produite en vue du mouvement, que le mouvement n'a commencé et n'a été poursuivi qu'en vertu de la volition, qu'il en est l'expression, et que le sentiment de l'effort est à son tour le résultat et comme la manifestation intérieure du mouvement opéré. Je ne puis me tromper ni sur cette direction de ma volonté, ni sur ce rapport de mon mouvement avec ma volition, et la relation de cause à effet est là directement aperçue.

Nous avons déjà remarqué que c'est dans la production d'un acte volontaire que l'homme acquiert pour la première fois l'idée de cause; c'est de là qu'il la transporte au dehors. La première cause que j'aperçoive, c'est la cause que je suis moi-même; et l'on a observé que, puisant la notion de cause dans ma propre activité dont le caractère est d'être indépendante et personnelle, et obligé de faire une abstraction pour distinguer l'idée de cause proprement dite de l'idée plus complexe de cause personnelle et libre, il pouvait m'arriver de ne pas faire immédiatement cette abstraction, et de confondre dans les premiers temps les idées de cause et de volonté. De là vient cette irritation que l'on découvre quelquefois chez des enfants ou des sauvages contre des causes naturelles, dénuées d'intelligence et de liberté. De là vient aussi l'effroi qui nous saisit ordinairement lorsque nous sommes surpris à l'improviste par un mouvement qu'aucun autre mouvement n'a précédé. Partout où nous voyons la spontanéité, nous affirmons la vie.

Toute la volonté, et toute la liberté par conséquent, est épuisée dans la production de la volition. Le mouvement des facultés actives qui en est l'effet est d'une tout autre nature. Lorsqu'une fois la volonté s'est déterminée, la faculté active la suit, comme un serviteur quelquefois récalcitrant et quelquefois docile ; mais fidèle ou infidèle, facile ou malaisée, complète ou imparfaite, l'action n'est que par la détermination de la volonté, et elle en demeure séparée comme un effet de sa cause. Je suis libre de vouloir ou de ne pas vouloir, de vouloir ceci ou de vouloir cela, mais je ne suis pas toujours en état de faire ce que j'ai voulu. C'est moi qui veux ; c'est ma faculté active qui obéit. Il est littéralement vrai que devant Dieu et la conscience, le prisonnier est libre au fond d'un cachot. Il sent, comme dit l'Écriture [1], qu'il est *dans la main de son conseil.* Un esprit aveuglé, des bras enchaînés, rendent inutile l'usage de la liberté, mais ne la suppriment pas.

O Dieu, je ne dépends ni de l'infirmité de mon jugement, ni de la violence de ma passion, ni de la maladie de mon corps. Je ne suis responsable que d'avoir voulu, et j'en suis responsable, quels qu'aient été les antécédents de ma volition, et quelles qu'en puissent être les suites.

« Allons, Épictète, coupe ta barbe ! — Je ne le puis, étant philosophe. — Eh bien ! je te ferai couper la tête. — A ton aise.

---

1. *Ecclésiaste*, XV, 14.

« Révèle ce secret, parle. — Ceci dépend de moi. — Mais je t'enchaînerai! — Moi? tu te trompes; tu n'enchaîneras que ma jambe. O homme! le ciel même ne peut rien sur ma volonté.

« Je te jetterai dans un cachot. — Non pas moi, mon ami : ce pauvre corps. — Je te couperai la tête! — O le bel argument! t'ai-je dit qu'elle ne pouvait être coupée[1]? »

Tout ce que je suis, ma pensée et mon cœur, le corps que j'habite et dont je me sers, tout est soumis à des lois fatales; moi seul, je ne relève que de ma conscience; moi, dis-je, le moi de la volonté souveraine et libre.

L'acte que nous venons d'analyser est accompli avec réflexion. Il n'en est que plus propre à servir d'exemple, puisqu'il a été longuement pesé et discuté, et que toutes les phases nous en sont connues. Mais il faut se demander si la liberté, et la responsabilité par conséquent, ne vont pas sans la réflexion. Il est incontestable que l'homme produit de certains actes auxquels il n'a pas mûrement pensé avant de les produire. Il en est même dont nous avons à peine conscience pendant que nous les produisons, et dont nous ne nous souvenons plus après les avoir produits. Faut-il croire que tous ces actes sont libres, quoique irréfléchis, ou que parmi eux il y a des actes libres et d'autres qui ne le sont point?

On ne peut nier que la présence de la liberté dans l'homme, tout en diminuant le domaine de l'instinct, ne laisse cependant quelque place aux mouvements instinctifs. Si l'on dirige inopinément vers mes yeux un tison

---

1. Epictète, *Manuel*. Édition Schweighœuser, tome I, p. 10.

ardent, je me jette brusquement de côté, non-seulement sans réfléchir, mais même sans penser à ce que je fais, sans le savoir. Si l'on me jette dans un précipice, je m'accroche machinalement à la branche que je rencontre dans ma chute. Ce sont là des actions que j'accomplis, en dehors de toute liberté et de toute responsabilité, plutôt comme animal que comme homme.

Mais que, dans la chaleur du combat, j'aperçoive tout à coup une épée levée contre mon général et que je me jette entre lui et la mort, cette action n'est-elle pas libre? Elle l'est en vérité; tel homme est né pour la faire, et tel autre en sera pour jamais incapable; tel la fera aujourd'hui, qui demain ne la ferait plus. Je sens en la faisant que je me sacrifie à mon affection ou à mon devoir; une sorte de saint enthousiasme se mêle au sentiment de mon sacrifice. Si j'échappe, je ne rougis pas des éloges qu'on me donne; je sens qu'ils me sont dus, et que j'ai affronté le danger de perdre bien des choses qui me sont chères, pour ne pas manquer à mon devoir. Voilà donc incontestablement une action libre; mais voilà aussi bien certainement une action irréfléchie. Je n'ai pas pris, pour ainsi dire, le temps de penser. J'ai vu et j'ai agi. Mon action a été toute spontanée. Peut-être, si j'avais réfléchi, aurais-je trouvé de solides raisons de m'abstenir, ou peut-être aurais-je manqué de courage, car il en faut plus pour persévérer dans une résolution héroïque que pour l'accomplir aussitôt qu'elle est conçue.

Cet exemple suffit pour nous autoriser à dire qu'il y a des actions irréfléchies qui sont néanmoins accomplies librement, et dont on peut avec justice nous imputer la responsabilité. Si nous cherchons en quoi elles diffèrent des actions purement instinctives, nous trouverons qu'elles n'ont pas l'infaillibilité de l'instinct, qu'elles ne peuvent se produire que chez l'homme, et qu'elles sont accompagnées de la conscience de l'acte et de la connaissance du motif. Si nous cherchons, d'un autre côté, en quoi elles diffèrent des actions réfléchies, nous ne trouvons de bien nettement marqué que l'absence de délibération, car il y a, dans le même moment, conception de l'acte à faire, conception d'un motif, résolution et exécution.

Il arrive même que plusieurs motifs se présentent à nous avec la rapidité de l'éclair; mais alors, sans prendre le temps de les examiner, nous allons précipitamment et comme d'un seul bond à l'action. Tous ces motifs traversent notre esprit plutôt qu'ils ne l'éclairent; nous les retrouvons dans nos souvenirs moins confusément qu'ils n'ont été dans notre conscience. L'analyse la plus exacte est toujours mensongère par quelque côté, puisqu'elle donne à tout de la précision; et comme tout langage est nécessairement une analyse, chaque fois que nous nous rendons compte de nos actes, nous déterminons expressément le motif ou les divers motifs qui nous ont préoccupés avant d'agir. La conscience est presque toujours plus confuse, surtout chez certains sujets peu accoutumés à la réflexion, et c'est à cause de cette confusion qu'il nous arrive de nous faire illusion à nous-mêmes sur les motifs de nos propres actes, et par suite, sur le degré d'estime que nous méritons.

La manière dont le commun des hommes jugent les actions spontanées, lorsqu'il s'agit du juste ou de l'injuste, est très-remarquable, car ils regardent l'absence de réflexion comme une atténuation de la faute, quand l'action est mauvaise, et comme une augmentation du mérite, quand l'action est bonne. C'est qu'ils supposent, dans le premier cas, qu'on aurait reculé devant le mal, si on avait eu le temps d'en envisager l'horreur, et dans le second, qu'il faut avoir l'âme naturellement disposée au bien pour se porter ainsi à le faire, sans même réfléchir à l'étendue du sacrifice. Aussi voyons-nous que rien n'aggrave autant le crime que la préméditation, tandis qu'on réserve le nom d'héroïsme pour les grandes actions où le cœur a plus de part que la tête, et qu'on pourrait appeler à bon droit de grandes actions improvisées.

Ces impressions de la foule sont justes en général, mais la première paraît beaucoup plus juste que la seconde; car la vertu réfléchie, calme, froide, persévérante, suppose bien plus de courage et, pour ainsi dire, un meilleur fond que ces élans et ces entraînements qu'on est accoutumé à tant applaudir. Il y a entre cette vertu de hasard et la vertu réfléchie, la même différence qu'entre l'enfant généreux qui vide inconsidérément sa bourse dans les mains d'un malheureux, et l'homme prudemment charitable qui, sans céder à un premier entraînement, mesure son aumône aux besoins de celui qui souffre, et, après l'avoir secouru une première fois, ne l'abandonne plus. Ou bien encore, il y a entre la vertu irréfléchie et la vertu qui se possède, la même différence qu'entre un soldat qui, sous les yeux de ses compagnons, au bruit des fanfares et de la fusillade, s'élance tête baissée à la conquête d'un drapeau : courage d'une heure, pour lequel on n'a pas assez d'acclamations et de récompenses; ou la froide intrépidité de celui qui, seul à son poste, la nuit, sans espérance de gloire, sans appareil théâtral, attend froidement la mort, pendant des heures entières, pour obéir à sa consigne.

Platon abonde en métaphores pour nous représenter cette lutte de la raison et des désirs, à laquelle la volonté met une fin. Seulement la théorie de la volonté demeure obscure dans sa doctrine; il n'en connaît ni le caractère ni la place. Mais rien n'est plus poétique et plus saisissant que le tableau qu'il nous trace de la bataille livrée à la raison par la passion. Dans le *Phèdre*, il représente l'âme humaine sous la forme de deux coursiers gouvernés par un cocher. L'un des coursiers est beau, généreux et docile. « Le second, gêné dans sa contenance, épais, de formes grossières, la tête massive, le col court, la face plate, la peau noire, les yeux glauques et veinés de sang, les oreilles velues et sourdes, toujours plein de colère et de vanité, n'obéit qu'avec peine au fouet et à l'aiguillon [1]. » Dans le *Timée*, il nous décrit avec complaisance toute cette république intérieure dans laquelle nous devons nous appliquer à faire régner l'harmonie. Il place dans le cerveau, comme dans une citadelle élevée, le νοῦς, la raison, qui a commerce avec le monde supérieur et se nourrit de principes éternels. Là, retiré loin des mouvements de la vie, il peut méditer sans trouble. Le cou, comme un isthme, le sépare du reste du corps. Au-dessous de lui est logée l'âme mortelle, « siége d'affections violentes et fatales : d'abord le plaisir, le plus grand appât du mal; puis la douleur, qui fait fuir le bien; l'audace et la peur, conseillers imprudents; la colère implacable, l'espérance, que trompent aisément la sensation dépourvue de raison et l'amour qui ose tout. » Et comme il y a encore, dans cette âme mortelle, une partie meilleure et une pire, la volonté et la concupis-

---

[1]. Traduction de M. V. Cousin.

cence, il assigne à chacune d'elles une place distincte. La volonté, ou du moins cette sorte de désirs que la raison inspire et autorise, a son siége dans la poitrine; c'est la colère, ou la force, ou, si le mot pouvait s'employer ainsi, c'est l'enthousiasme, θυμός, car il y a dans toute la philosophie de Platon, dans toute sa morale, quelque chose d'héroïque qui suppose une force au-dessus des forces vulgaires, et comme une inspiration divine. Enfin le diaphragme sépare cette noble région du bas-ventre, crèche immonde dans laquelle les dieux organisateurs de la vie humaine ont enchaîné la concupiscence, τὸ ἐπιθυμητικόν. La concupiscence, c'est l'appétit qui nous vient de la terre; c'est le besoin de génération et de nourriture. Platon, continuant sa métaphore, lui donne une vie propre, une action distincte qui troublerait l'économie de notre être, et nous éloignerait de la science et de la vertu, si le νοῦς, secondé par le θυμός, ne venait à bout de la réduire à l'inaction ou de la contenir dans de justes bornes. N'y a-t-il pas, en effet, dans la passion, une force aveugle qui brûle en nous et ne vient pas de nous-mêmes? qui s'élève tout à coup en nous remplissant de bruit et de tumulte, et qui, loin de s'affaiblir par les excès, va toujours croissant si nous ne prenons pas l'habitude de la dompter et de la calmer? Ne nous prend-elle pas à l'improviste, choisissant les instants où nous ne sommes plus sur nos gardes? Ne profite-t-elle pas de toutes les occasions que lui offrent les circonstances de la vie? N'est-elle pas opiniâtre, obstinée, féconde en sophismes, tantôt pleine de douceur et de mollesse, comme si elle voulait nous attirer et nous endormir, tantôt ardente et hurlante, comme si, désespérant de nous tromper, elle frappait les grands coups pour nous assommer et nous étourdir? Si nous succombons, si nous nous laissons aller à ces instincts farouches, que pensons-nous, au sortir de là, de nous-mêmes? Ne nous sentons-nous pas humiliés, déchus, anéantis? Ne comprenons-nous pas que l'homme a cédé à la bête? que nous nous sommes laissé surprendre et envahir? que nous avons été possédés?

Ce flot de la passion, tantôt brillant, tantôt impur, qui monte en nous au risque de nous submerger, si nous ne venons, avec la raison, avec la science, avec de belles maximes et des résolutions sages, lui opposer une digue infranchissable, c'est la vie universelle au dedans de nous, c'est la nature. Les racines de notre être sont baignées dans les eaux où nagent tous les êtres vivants et organisés; notre tête touche la nue, et a commerce avec le monde supérieur. Ne sommes-nous pas une partie du monde, comme la plante, comme l'animal? Le développement de la vie n'a-t-il pas ses lois communes qui doivent se retrouver en nous comme dans la bête? Ne devons-nous pas, comme nos humbles frères, dénués de vie et de raison, *sentir la nature?* La lumière pure que Dieu même a allumée en nous, nous élève bien au-dessus de la nature, et, en éclairant, en dirigeant notre volonté, lui donne les moyens de dominer la passion, de la régler, de la discipliner, de l'épurer, de l'utiliser. Nous la faisons humaine à force de la soumettre à la loi divine.

Comprenons la dignité de la raison et la grandeur de la liberté. Par la raison, nous avons commerce avec le monde invisible; par la passion, nous communions avec la nature : la liberté, c'est le moi, c'est l'homme même.

CHAPITRE II.

EXAMEN DES PRINCIPALES OBJECTIONS CONTRE LA LIBERTÉ.

> « Il suffit que nous sachions ce qui est utile à notre conduite, et nous n'avons rien à désirer pour cela quand nous savons, d'un côté, que nous sommes libres, et de l'autre, que Dieu sait conduire notre liberté. — Bossuet, *Traité du libre arbitre*, chap. IV.

Toutes les objections qu'on a faites contre la liberté peuvent se réduire à trois :

1° L'homme n'est pas libre, car, loin de commander au monde physique, il lui obéit ;

2° L'homme n'est pas libre, car, lorsqu'il ne croit obéir qu'à sa volonté, il cède fatalement à l'influence de la raison ou à celle de la passion ;

3° L'homme n'est pas libre, car la liberté humaine est incompatible avec la prescience de Dieu.

EXAMEN DE LA PREMIÈRE OBJECTION.

De ces trois objections, écartons d'abord la première, qui n'est fondée que sur une confusion grossière entre la volonté et son instrument. Il suffit de quelques exemples pour le montrer avec évidence. Nous le disions tout à l'heure : si je tente de vous assassiner, et que le pistolet ne parte pas, le défaut de mon arme ôte-t-il quelque chose à la perversité de mon intention ? Pour n'avoir pas réussi, en suis-je moins haïssable et moins condamnable? Il en est de même pour le bien. Dieu et les hommes doivent me tenir compte du bien que j'ai voulu faire, lors même que la fortune a trahi ma volonté. De deux hommes qui se jettent à l'eau pour sauver un noyé, ce n'est pas celui qui réussit qui mérite le plus de louanges; c'est celui qui, moins robuste et moins exercé, avait affronté le plus grand péril. Si, au moment de commettre un parricide, mon bras était soudainement frappé de paralysie, je n'en serais pas moins parricide, pour avoir voulu le lever contre mon père. Si, voulant empoisonner un homme, je me trompe de breuvage et lui donne une potion salutaire, mon erreur, profitable à autrui, est indifférente pour moi, et je n'en suis pas moins un empoisonneur, quoique je n'aie empoisonné personne. En un mot, le succès n'est rien, car il ne dépend pas de nous de réussir; mais il dépend de nous de vouloir, et par conséquent la volonté est tout[1].

Quand on examine ainsi ces principes dans leur généralité, il ne paraît pas qu'ils puissent offrir matière à contestation. Cependant la vie humaine est remplie d'occasions où nous jugeons les actions de nos semblables et les nôtres, non par l'intention, mais par le résultat. On a bien de la peine à persuader aux hommes que l'action de voler une pièce de cinq francs et celle de voler cinq cent mille francs soient également condamnables. Si une femme essaye de me percer avec un poignard et que sa faible main ne réussisse pas même à déchirer mes habits, *telum imbelle sine ictu,* je ramasse le poignard et je le lui remets dans la main en souriant.

---

1. Voy. Sénèque, *Des bienfaits*, livre VI, chap. XI.

Un homme assène un coup de bâton sur la tête de son ennemi : l'ennemi, qui a la tête dure, met une compresse et continue de vaquer à ses affaires. Que disons-nous du donneur de coup de bâton? Que c'est un homme emporté, un brutal. Huit jours après, il recommence ; mais cette fois ses coups tombent sur un crâne moins dur, et le coup est mortel, quoiqu'il ne soit pas donné avec plus de force. Que disons-nous alors? Que la victime a été assassinée, que le coupable est un assassin, un criminel. Un juste juge ne regarderait pas le résultat, mais l'intention. Mon crime ou mon innocence ne peuvent pas dépendre de circonstances étrangères à ma volonté. Quand ma victime est sur son lit de douleur, mon crime est entier, qu'elle se sauve ou qu'elle succombe. Qui oserait soutenir cette pensée, que je serai moins criminel si celui que j'ai blessé a un tempérament plus robuste ou s'il est assez riche pour payer un médecin?

Il est vrai qu'en certains cas la justice humaine semble apprécier le degré de criminalité d'un acte par l'importance du résultat. Ainsi certains vols sont soumis à des juridictions et à des pénalités différentes, suivant l'importance de la somme volée. Les condamnations pour coups et blessures varient selon qu'il en est résulté la mort ou une simple incapacité de travail, et même selon que cette incapacité a duré plus ou moins de temps. Les délits de provocation changent de caractère aux yeux de la loi lorsque la provocation n'a pas eu de suites.

Ce ne sont pas là des erreurs morales du législateur. Le principe, que la criminalité du fait gît dans l'intention du coupable, a été respecté par nos lois pénales; mais la justice humaine n'est pas instituée uniquement pour punir, elle l'est aussi pour protéger. De là l'obligation pour elle de proportionner dans certains cas la peine à la facilité et à la fréquence du délit. Il n'est pas interdit au législateur de protéger par des lois très-sévères les grands intérêts et les grands besoins de la société, pourvu que, comprenant ce que cette faculté a de terrible, il ait soin d'adoucir la peine toutes les fois que la société peut supporter cette indulgence sans dommage.

Un exemple frappant de cette condition de la loi pénale peut être puisé dans la comparaison des lois civiles et des lois militaires. Le délit de donner un soufflet est certainement punissable, mais il n'implique pas dans celui qui l'a commis une dépravation morale. La loi civile le punit par une amende, et quelquefois par un emprisonnement qui paraît exorbitant, s'il est fixé à deux années. La même action commise par un soldat qui frappe son caporal est punie de mort. Dans ce cas, l'homme dont la société prend la vie est à peine un coupable. Il peut être un homme d'honneur, un bon citoyen, un brave soldat. Le législateur a cédé à la nécessité impérieuse de maintenir la discipline. Ce n'est pas une mesure de moralité, c'est une mesure de salut public. On ne frappe pas au nom de la justice, on frappe au nom de l'intérêt commun.

C'est par une autre nécessité de la justice humaine qu'il faut expliquer qu'en certains cas la loi s'abstienne de punir l'intention non suivie d'effet. Aux yeux de la loi comme aux yeux de la morale, l'intention formelle de mal faire équivaut au mal accompli; mais où saisir cette intention? Comment la prouver? Comment la distinguer d'un simple désir, d'une vague aspiration de vengeance? Si la loi humaine entrait dans ces détails, la vie civile deviendrait impossible. La volonté, même exprimée, de mal faire, ne peut pas être punie quand elle n'a pas le caractère d'une menace, car, entre le projet et l'exécution, il y a place pour le repentir. La loi va jusqu'à tenir compte au coupable des efforts qu'il a faits volontairement pour arrêter les résultats d'un premier acte criminel. On doit avouer qu'elle ne juge pas sur l'intention, mais c'est l'intention, et elle seule, qu'elle poursuit en jugeant sur les effets.

Il y a deux manières de maintenir l'ordre dans la société ; l'une consiste à rendre les hommes impuissants pour le mal, et l'autre à les détourner de vouloir le mal. La première procède, au moyen de mesures préventives ou de mesures répressives, à la destruction de la liberté civile et politique ; et la seconde procède par l'éducation à l'amélioration de la liberté humaine. Mais ce serait une folie de croire que l'homme n'est pas libre là où le citoyen ne l'est pas. Un Russe ne peut exprimer sa pensée par la voie de la presse sans la soumettre à la censure ; il ne peut quitter son pays sans la permission du souverain ; il ne dispose pas librement de sa fortune personnelle, car, à chaque instant, elle peut être confisquée ; en un mot, il n'est pas maître de sa personne, mais il est maître de son cœur. Il est comme un automate entre les mains du czar ; mais, devant Dieu, il est libre, car il peut vouloir le bien et résister au mal.

Dans quelques ordres monastiques, tous les détails de la vie sont réglés : le moine ne possède rien, pas même le vêtement qui le couvre ; il ne peut rien, car il a fait vœu d'obéissance absolue ; sa vanité n'a plus d'effet, car il perd son nom et il enfouit ses talents ; toutes les heures de sa vie sont marquées : l'heure de se lever et de se coucher, l'heure de travailler, l'heure de dormir, et jusqu'à l'heure de prier. La règle se place entre Dieu et lui, et met sur sa bouche les paroles de la prière, celles de l'action de grâces, celles du repentir. Ainsi retranché dans l'impuissance absolue, cet homme est-il encore un homme? Plus infirme et plus impuissant que celui à qui on aurait crevé les yeux, arraché la langue, coupé les bras et les jambes, pourrait-il encore quelque chose? Demandez-le-lui! Il peut gagner ou perdre le ciel, car sa liberté est entière. Cet homme qui vit, respire, se meut et pense par obéissance; cet homme qui a vaincu le monde, ainsi qu'il l'espère, en se réduisant à ne plus pouvoir agir sur le monde, il lui reste encore un ennemi à vaincre, et cet ennemi, c'est sa volonté libre! Elle vit tout entière sous la règle. C'est en vain que le serment a mis sur sa langue le sceau du silence. Ce muet, qui ne peut plus même pousser un sanglot, est encore capable de s'indigner et de frémir.

Le P. Malebranche a inventé un système qui réduit l'homme à une inertie complète. Dans ce système, il n'y a qu'une force : c'est la force de Dieu, qui a fait le monde et qui le conduit. Quand je m'imagine que mon bras pousse une pierre, ce n'est pas mon bras qui la pousse, c'est Dieu. Quand je lance une flèche, ce n'est pas mon doigt qui lâche la détente, c'est Dieu. Bien plus, quand j'ordonne à mon bras de se mouvoir, ce n'est pas ma volonté qui est cause du mouvement, c'est Dieu. C'est Dieu qui meut mon bras, qui conduit mes jambes, qui ouvre mes paupières, qui guide ma langue dans mon palais pour articuler des mots. Immobile et impuissant dans ce corps que j'habite, dans cet univers que je traverse, je ressemble à ce prince des *Mille et une nuits*, dont tous les souhaits se réalisaient par des génies invisibles. Il suffit que je veuille, pour qu'une force qui ne m'appartient pas accomplisse ce que j'ai voulu. Mais je n'en ai pas moins voulu, suivant Malebranche. Je rêve ma puissance; mais je possède ma liberté.

EXAMEN DE LA SECONDE OBJECTION.

L'objection la plus spécieuse que l'on puisse élever contre la liberté humaine se tire de l'influence des motifs sur notre détermination, et voici à peu près comment on peut la soutenir.

N'est-il pas contre la raison que quelque chose puisse exister sans une cause suffisante? Ce rocher se précipite du haut de cette montagne; donc, il y a une cause qui a déterminé sa chute, et cette cause est nécessairement égale à la résistance que le rocher lui opposait. Le rocher tombe à droite plutôt qu'à gauche; il y a donc quelque chose qui est cause de cette déclivité. Le phénomène lui-même, et tous les détails du phénomène, arrivent en vertu de causes certaines; et, s'il n'en était pas ainsi, il faudrait dire, ce qui est absurde, qu'il y a une place dans le monde pour le hasard. Que l'univers n'ait pas de cause, cela est insensé; qu'une montagne, un arbre, un brin d'herbe, un grain de sable n'ait pas de cause, cela est également insensé; que ce brin d'herbe soit haut précisément d'un décimètre et large d'un millimètre, et qu'il n'y ait pas quelque cause qui lui fasse avoir cette dimension plutôt que toute autre, cela est également insensé. La nécessité de la cause ne dépend pas de l'importance de l'effet, et le miracle ne serait pas moins grand si une feuille d'arbre tombait sans une cause, que si une forêt sortait tout à coup de terre sans une cause.

Ce qui est vrai dans l'ordre des choses physiques l'est-il moins dans le monde moral? Les phénomènes de mon âme sont-ils soustraits plus que ceux de mon corps à la nécessité d'avoir une cause déterminante? Puis-je souffrir sans une cause? Ma douleur peut-elle être aiguë sans une cause? Peut-elle durer, augmenter, diminuer, cesser sans une cause? Peut-elle enfin, sans une cause, être précisément ce qu'elle est? Il en est de même de mes pensées. Il faut une cause pour que je pense, et pour que je pense plutôt telle chose que telle autre. Il n'y a rien dans l'effet qui ne soit déterminé par quelque chose qui réside dans la cause. Comment donc pourrait-on soutenir que ma volonté soit un effet sans cause, qu'il y ait quelque chose dans ma volonté qui ne soit pas déterminée par une cause?

Pourquoi est-il nécessaire de délibérer avant d'agir? C'est parce que les diverses forces qui pèsent sur ma volonté se font d'abord équilibre. Le désir la traîne en avant, la peur la retient en arrière; j'examine alors, je pèse, je calcule; je me rends compte à moi-même de ce que valent ma peur et mon désir; je les apprécie à leur juste taux, et, dès qu'il ne me reste plus d'illusions, de nuages, dès que je sais précisément à qui j'ai affaire, le plus fort l'emporte aussitôt et fait jouer les ressorts de ma volonté : voilà tout le mystère. Moi, cependant, j'assiste à ce spectacle et je m'en attribue tout le mérite. Je dis : j'ai triomphé de mon désir ou de ma peur; tandis qu'il faudrait dire, pour parler juste : ma peur a été plus forte que mon désir; mon désir a été plus fort que ma peur.

Il est vrai qu'en certains cas, il y a dissidence entre mon jugement et mon action. Mais que prouve cela, sinon que la raison et la passion sont deux forces capables de lutter l'une contre l'autre? Je sais, en général, qu'il vaut mieux suivre la raison; cette conviction me rend-elle plus fort contre les délices de la passion? Allons plus loin; supposons que le débat ait été entre deux passions seulement, et que la plus forte ait été vaincue. Cela ne prouve rien; car il faudrait savoir pourquoi je déclare maintenant que celle qui a été vaincue était la plus forte. N'est-ce pas que mon jugement en décidait ainsi tandis que tout mon cœur se portait de l'autre côté? Avoué-je toutes mes passions? Me les avoué-je à moi-même? Combien de fois ne m'arrive-t-il pas de rougir de mes goûts? de me les cacher? de feindre avec moi-même que je ne les ai pas? de leur trouver quelque couverture sous laquelle je les dissimule pour jouer un rôle un peu moins sot dans ma propre conscience? La vanité va si loin que nos passions abondent en sophismes pour se glorifier ou se relever à nos propres yeux et qu'elles y réussissent la plupart du temps. Combien d'hommes après un temps écoulé, ont enterré tout remords et se sont si fort pénétrés des excuses et des semblants débités aux autres, qu'ils en viennent à se duper tous les premiers et à s'admirer dans leurs turpitudes! Et c'est moi, qui me connais si peu et qui plus d'une fois ai eu besoin qu'on m'allât découvrir, sous mes fanfaronnades, quelque motif honteux ou ridicule, aussitôt oublié, c'est moi qui prétendrais juger après coup de la force de mes motifs? Non; quoi que je dise et quoi que je fasse, la balance est emportée par le poids le plus fort; et ce ne serait pas la peine d'avoir chassé le hasard du reste du monde, s'il se réfugiait dans le for intérieur.

Telle est l'objection, qui pourrait être mieux développée, mais qui, telle que la voilà, ne laisse pas d'être embarrassante.

A nos yeux, la réponse la plus forte qu'il convienne de faire, est d'en appeler purement et simplement à l'observation, c'est-à-dire à l'évidence de fait. On comprend fort bien qu'on oppose un raisonnement à un autre; mais il est à coup sûr moins sensé d'opposer un raisonnement à l'expérience, et de vouloir détruire par un échafaudage de syllogismes le témoignage des sens et de la conscience. Me voici, par exemple, aujourd'hui, en pleine possession de mes facultés, jouissant de mon bon sens, et jugeant par le témoignage de mes yeux et de mes oreilles que je suis un homme, que j'ai un corps, que je converse familièrement avec un de mes semblables. Ne serait-ce pas une entreprise bien étrange que de venir me contester tout cela, et d'établir que ce que j'admets pour évidemment vrai d'après le témoignage de mes yeux doit être tenu pour faux en vertu d'un syllogisme? Cela pourtant a été essayé, et la réalité du monde extérieur a rencontré des sceptiques. Il y a plus, les arguments dont on se sert pour établir qu'il n'y a peut-être ni couleur, ni lumière, ni figure, ni pesanteur, ne laissent pas d'être eux-mêmes captieux et embarrassants; et il est presque aussi difficile d'y répondre que de s'y soumettre. Pourquoi donc le genre humain persiste-t-il à croire qu'il y a une terre et un soleil? C'est que nous sommes faits pour croire également à toutes les facultés de notre âme, et qu'il n'y a pas de raison pour employer l'une d'elles à détruire le témoignage des autres. Or, est-il vrai, oui ou non, que nous avons la conscience de notre liberté? que cette croyance est en nous aussi ancienne que la pensée? qu'elle devance toute observation scientifique? que l'observation la plus délicate ne sert qu'à la confirmer et à la fortifier? que tous les faits de la vie psychologique et de la vie sociale concourent à démontrer l'existence et la légitimité de cette croyance, et qu'il faudrait renoncer à tout commerce avec les hommes, à toute société, à toute idée de justice, à la raison et à la conscience, au sentiment et à la volonté, si une fois la liberté nous faisait défaut? Si cela est, si nous l'avons bien montré, si chacun peut vérifier à l'instant sur lui-même l'exactitude de notre analyse, nous n'avons pas besoin d'autres preuves pour établir que tout ce qu'on allègue contre la liberté n'est et ne peut être que sophisme.

Ce n'est pas à dire que les arguments des sceptiques échappent à une réfutation directe. Ils reposent sur une assimilation qui peut être à bon droit contestée. Certes, le principe de causalité est un principe inviolable, et le principe de raison suffisante ne l'est pas moins ; ou plutôt, ces deux principes n'en font qu'un, et sur ce principe repose la science tout entière. Qu'il soit donc bien entendu que non-seulement chaque être, mais même chaque modification de l'être a une raison suffisante d'exister, et que les actes de la volonté humaine ne sont pas exceptés de cette loi universelle. Toutes les fois que je veux, il y a une cause pour que je veuille, pour que je veuille ainsi plutôt qu'autrement, pour que je mette précisément dans mon effort ce degré d'énergie. Toute la question est de savoir quelle est cette cause, et si par hasard ce ne serait pas moi-même. Nous, partisans de la liberté humaine, nous soutenons que la volonté est une cause dont le caractère propre est l'autonomie, c'est-à-dire le pouvoir de se déterminer elle-même, à son gré, dans tel ou tel sens ; les adversaires de la liberté soutiennent qu'il n'y a pas de telles causes : voilà tout le débat, et c'est à tort que l'on fait intervenir ici le principe de raison suffisante qui n'est pas en jeu. S'il existe, dans la nature des choses, une cause telle que renfermant en soi les contraires, et toutes les formes intermédiaires comprises entre les contraires, elle puisse réaliser à son gré l'une de ces formes, il est bien clair qu'elle est elle-même la raison suffisante, non-seulement de son acte, mais de la forme et de tous les accidents de son acte. Or, est-il impossible, oui ou non, qu'il existe une telle cause ? ce qui revient à dire en d'autres termes : toutes les causes sont-elles nécessairement de la nature des causes physiques, dont toute l'action se borne à communiquer à d'autres agents une impulsion qu'elles ont elles-mêmes reçue ? La question ainsi posée est, pour ainsi dire, déjà résolue.

Il ne faut pas oublier d'ailleurs qu'il ne s'agit pas ici de la liberté d'indifférence. La volonté se détermine librement, mais non pas aveuglément. En disant que la volonté humaine dispose d'elle-même, nous ne prétendons pas qu'elle se porte à agir sans motif. Le motif est à nos yeux une occasion pour la volonté de se développer; nous croyons seulement que cette occasion n'est pas déterminante, c'est-à-dire que la forme du développement de la volonté ne dépend pas de la nature des motifs, mais de la volonté elle-même. Je n'agirais pas, si je n'éprouvais aucun désir; mais l'action que je fais à cause de ce désir est telle que je veux qu'elle soit, et non telle que mon désir la fait.

Examinons donc si l'analogie qu'on veut établir entre toute cause et la cause que nous sommes, est une réalité ou une hypothèse gratuite. Si l'on ne peut pas prouver contre nous que ce qui est vrai des causes physiques doit nécessairement être vrai de la cause humaine, l'objection est radicalement impuissante.

Nous pourrions demander d'abord en vertu de quel principe on établit cette analogie. Que tout ce qui existe ait nécessairement une cause, cela ne peut être contesté, parce que le principe de causalité est un principe de la raison humaine; mais la raison n'enferme aucun principe qui m'oblige à reconnaître que toute cause est nécessairement analogue à une cause physique.

Non-seulement il n'y a pas de principe qui le démontre, mais il y a des faits qui prouvent le contraire. Libre ou non, ma volonté n'est pas analogue aux causes qui l'environnent. Assurons-nous-en par un exemple.

Je suppose qu'en ce moment, assis au coin de mon feu, je place devant moi un écran pour me garantir de la trop grande chaleur. Comment en suis-je venu là? Voici le dernier phénomène : c'est l'écran qui se trouve placé entre moi et le feu. La cause de ce phénomène, c'est un mouvement de ma main qui a saisi l'écran et l'a mis à la place qu'il occupe. Ce mouvement de ma main est lui-même un phénomène produit par ma volonté. Pourquoi ai-je voulu mouvoir mon bras pour ensuite mouvoir l'écran? C'est parce que j'éprouvais une douleur dont il était utile de me garantir. Cette douleur est donc la cause de la détermination de ma volonté. Et la cause de cette douleur, quelle est-elle? Le feu.

Voilà donc toute une série de causes pour arriver à un dernier effet, l'interposition de l'écran entre la chaleur et moi. Toutes ces causes fonctionnent-elles de la même façon? Le feu, par exemple, cause de ma douleur, pouvait-il, dans la circonstance donnée, se dispenser de me faire de la douleur? Mon bras pouvait-il se dispenser d'obéir à ma volonté? L'écran pouvait-il se dispenser de suivre l'impulsion de mon bras? Tout cela n'est-il pas régulier, fatal? Ne puis-je pas affirmer d'avance le rapport de ces effets à leurs causes? Il n'y a que l'acte même que je produis qui échappe à ces prévisions et à ces calculs ; je pouvais mépriser la douleur, la négliger, la supporter ; je pouvais m'en garantir par tout autre moyen. Affirmer que cet anneau de la chaîne, savoir ma volonté, est dans les mêmes conditions que les autres, et cela nécessairement, en vérité, c'est beaucoup prendre sur soi.

Ces causes, auxquelles on voudrait m'assimiler, ne sont capables de produire qu'un certain nombre d'effets dont la nature est déterminée. Ainsi ce ressort est fait pour pousser toujours cette porte en ligne droite ; cet autre, pour faire jaillir de l'eau par cette ouverture ; la mécanique d'une machine à vapeur fait glisser les roues sur les rails, elle n'a garde d'emporter le wagon à travers les airs. Il en est de même des causes inanimées, mais vivantes qui produisent la végétation. Je dépose ici dans la terre une graine qui m'est inconnue : avec le temps il en sort un palmier ; c'est que la graine pouvait produire un palmier et ne pouvait pas produire autre chose. Si c'est un grain de froment que j'ai semé, à coup sûr, il n'en sortira pas un épi de seigle. En un mot, toutes les causes ont un nombre d'effets restreint, déterminé, qu'elles sont appelées à produire ; elles les produisent dans certaines conditions immuables sans jamais s'en écarter. La volonté humaine est-elle une cause de cette espèce ? Non-seulement ma conscience proteste qu'au moment où j'agis je vois en moi la possibilité et la facilité de ne pas agir ou d'agir autrement ; mais il suffit en vérité de vivre, de voir les hommes, de lire l'histoire, pour savoir qu'il ne s'agit pas ici d'un ressort dont il n'y ait qu'à lâcher la détente. Non, la cause humaine n'est pas analogue aux autres causes, cela est évident. Et la différence qu'il y a entre cette cause et les autres, c'est que celle-ci est maîtresse de ses propres déterminations. Bâtir un raisonnement sur l'assertion contraire, c'est se condamner soi-même à errer.

Il est remarquable que les arguments élevés ici contre la liberté soient de la même nature que ceux dont on se sert pour contester la création *ex nihilo*. On allègue dans les deux cas, et fort mal à propos, le principe de causalité; et ce principe, que les partisans de la création sont fort loin de rejeter, puisqu'ils l'invoquent eux-mêmes, on le retourne contre eux en disant : pour qu'une cause agisse, il lui faut une matière. C'est aller bien loin et bien vite, car cette assertion en suppose une autre, que voici : il y a nécessairement analogie entre la cause que Dieu est, et toutes les autres causes. Il faudrait dire : « *dans le monde* on ne fait rien de rien, » et si on s'en tenait là, on aurait beau retourner cette proposition dans tous les sens, on n'en ferait jamais sortir qu'un fait d'expérience, dont il est ridicule de se servir pour traiter de la production du monde lui-même, et des attributs de la nature divine.

Concluons que tout l'échafaudage de cette objection formidable repose sur une analogie qui n'est pas prouvée, et qui est contredite par les faits. Nous pourrions même ajouter que cette analogie est absolument inacceptable, et voici comment nous le prouverions.

Certes, il est bien loin de notre pensée d'admettre que l'on puisse conclure de l'homme à Dieu par analogie. Nous ne sommes pas de ces philosophes qui semblent connaître Dieu de point en point, et pour ainsi dire familièrement, et qui, pour arriver à une connaissance si sublime, n'ont pas autre chose à faire que de s'observer attentivement eux-mêmes. Mais dans l'hypothèse de l'analogie nécessaire de toutes les causes, dont il s'agit ici, il peut bien être permis de demander si Dieu lui-même est libre, et dans le cas où il le serait, de montrer que l'argument tiré du principe de causalité n'est pas moins fort contre la liberté divine que contre la liberté humaine. Cet argument, qu'on y songe, est absolu; il porte sur l'essence même, sur la définition de la liberté. Or, si la liberté ne peut subsister avec le principe de causalité, on est donc réduit à dire que Dieu n'est pas libre, ce qui est absurde. Ou bien, il faut reconnaître que la liberté est possible, puisqu'elle est en Dieu; et, du moment qu'elle est possible, il n'y a plus de contradiction à ce qu'elle soit dans l'homme.

La première objection que nous avons discutée consistait à confondre le pouvoir de vouloir avec le pouvoir d'exécuter. La seconde n'est pas moins vicieuse; car elle suppose ce qui en est question, en mettant dans ses prémisses que la cause libre est analogue à toutes les autres causes, c'est-à-dire qu'elle n'est pas libre. Il reste prouvé que ce n'est ni une idée, ni une passion qui détermine l'homme; et que l'homme se détermine librement lui-même.

Il ne faudrait pas en conclure que la volonté puisse se déterminer sans motif. Nous disons seulement qu'elle choisit librement entre les motifs, ce qui est bien différent. Cela peut sembler un peu subtil à ceux qui n'ont pas l'habitude des spéculations philosophiques; mais en y réfléchissant, on voit bien vite l'importance morale de cette distinction. Si l'idée ou la passion étaient des forces auxquelles notre volonté fût obligée de se soumettre suivant les lois générales qui gouvernent le monde physique, nous serions, en agissant mal, victimes de l'infirmité de notre esprit ou de la violence de nos passions. Personne ne serait à blâmer pour une mauvaise action; il faudrait plaindre les criminels. Toute la littérature fataliste qui s'est installée un moment jusque sur le théâtre, et qui justifiait les crimes par les appétits, se trouverait absoute. Il n'y aurait plus de morale, ou la morale ne serait plus qu'un traité de pathologie.

Voilà ce qui aurait lieu, si la volonté cédait nécessairement au motif prépondérant. Mais par un retour étrange, si la volonté était libre au point de se déterminer sans considérer aucun motif, les conséquences seraient absolument les mêmes. En effet, s'il est nécessaire, pour être responsable d'une action, d'avoir pu ne pas la faire, il ne l'est pas moins de savoir pourquoi on l'a faite. Nous ne serions pas responsables, si nous n'étions pas libres, et nous ne le serions pas davantage, si nous n'étions pas raisonnables.

Il faut donc, pour bien entendre la morale et se faire une juste idée de notre condition humaine, avoir soin de se tenir entre ces deux écueils; l'influence déterminante du motif, et l'absence de tout motif. La liberté périrait dans les deux cas, puisque dans le premier elle ferait place à la nécessité, et dans le second, au hasard. Quand nous disons familièrement d'une action qu'elle est faite sans motif, ou faite légèrement, cela veut dire: sans motif sérieux. Mais il y a toujours quelque motif, bon ou mauvais, sérieux ou frivole. Il est également dans la nature de notre volonté d'envisager toujours quelque motif quand elle se résout, et d'être toujours indépendante de ses motifs.

Quelques philosophes ont soutenu que nous faisions certaines actions indifférentes ou futiles, sans motifs, et que pourtant nous les faisions librement. Ils ont même fait de cette liberté d'indifférence, comme ils l'appellent, une réponse à l'objection que nous examinons; et il est certain que cette réponse serait excellente, s'ils pouvaient prouver le fait sur lequel ils s'appuient, car on n'oserait plus soutenir que notre liberté n'est qu'obéissance aux motifs, s'il était une fois établi qu'elle peut s'exercer sans aucun motif. On peut citer parmi les auteurs qui ont admis cette opinion, et qui s'en sont servis pour démontrer la liberté, Bossuet[1] et Reid.

Voici comment Reid établit que nous agissons quelquefois librement et sans motif. J'ai devant moi, dit-il, une bourse contenant plusieurs pièces de même aspect et de même valeur, dont je ne veux employer qu'une seule. J'en prends une ; mais laquelle? Tout le monde répondra : n'importe laquelle. C'est qu'en effet, il n'y a pas de motifs pour que je prenne l'une plutôt que l'autre. Je me détermine donc ici sans motifs. Si l'on oppose, ajoute-t-il, qu'il y a quelque motif secret qui m'échappe, je repousse cette objection comme contradictoire dans ses termes, car un motif est, par définition, une raison à moi connue d'agir ou de ne pas agir.

Nous n'avons pas besoin de cette preuve pour établir la liberté et pour répondre à l'objection tirée de l'influence des motifs. Il faut avouer d'ailleurs qu'elle n'est pas sans péril pour un principe très-important en philosophie, celui de raison suffisante. Il n'est pas toujours aussi évident que le veut Reid, que nous ayons conscience de nos propres motifs ; ou bien il faut dire que nous avons deux sortes de conscience, l'une, claire, nette, précise, qui se possède et se connaît à merveille;

---

1. Bossuet, *Traité du libre arbitre*, chap. II.

l'autre, obscure, confuse, sourde, qui nous laisse dans l'ignorance ou dans l'incertitude sur le caractère de nos propres actes. Il est souvent difficile de voir clair dans sa conscience, de se juger impartialement. Comment un observateur aussi patient, aussi délicat que le docteur Reid, peut-il oublier qu'il nous arrive d'être menés par des préventions ou par des haines longtemps avant de nous en apercevoir? A un moment donné, la lumière se fait, et notre propre passé s'éclaire à nos yeux. Les reproches d'un ami, les avis d'un maître, le spectacle de la conduite d'autrui, les leçons sévères de la destinée, ont souvent ce résultat. Tenons donc pour certain, malgré l'opinion de Reid, qu'il y a dans la conscience des motifs inconnus à la conscience elle-même, ou tout au moins à la réflexion. Est-il surprenant que ces motifs passent inaperçus dans des actions d'un intérêt minime? Ajoutons sur-le-champ, pour ce qui touche à la morale, que comme il y a deux conditions pour que la responsabilité de l'agent soit entière, l'une que l'agent soit libre, l'autre qu'il connaisse le caractère de son action, cette liberté dépourvue de motifs dont il est ici question, si elle était véritable, ne pourrait constituer dans l'agent ni mérite ni démérite, et resterait sans valeur morale.

Longtemps avant Reid on faisait dans les école une hypothèse tout à fait analogue à la sienne. Il ne s'agissait pas précisément d'une action faite sans motif, mais on posait le cas de l'égalité absolue de deux motifs contradictoires, et on demandait ce que ferait un homme placé dans cette situation.

Ceux qui tenaient pour l'influence déterminante des motifs devaient nécessairement répondre qu'il n'agirait pas, et que, semblable à un point sollicité en sens contraires par deux forces égales, il resterait en repos : supposition évidemment fausse et qui va directement au fatalisme. Leurs adversaires prétendaient au contraire que notre volonté est indépendante des motifs, et que c'est en cela même que la liberté consiste; mais, dans cette égalité parfaite des motifs d'agir ou des motifs de ne pas agir, ils étaient obligés d'admettre que l'agent se détermine sans motif; ce qui conduit à la négation du principe de causalité. Ainsi les uns, en affirmant la prépondérance des motifs, détruisaient la liberté, et les autres, en admettant que nous nous déterminons sans motifs, semblaient dire que les déterminations de la volonté sont des effets sans cause. Parmi les partisans de cette seconde opinion, les uns voyaient dans la liberté d'indifférence l'idéal de la liberté ; d'autres au contraire, entre lesquels il faut compter au premier rang Descartes, le degré le plus infime de la liberté, *gradus infimus libertatis* [1].

Laissons à la scolastique ses hypothèses ridicules. Lorsque l'âme se surveille elle-même et dispose de sa propre force, elle a toujours quelque motif, juste ou frivole, de préférence, et cette égalité absolue ne se trouve pas ailleurs que dans les livres. Certes, il nous arrive fréquemment d'être irrésolus, incertains, hésitants. Non-seulement notre esprit a souvent de la peine à juger, mais notre cœur en a encore plus à se résoudre. Où est l'homme qui n'ait passé de longues heures à chercher le vrai et le juste, et de longues heures à

---

[1] L'indifférence n'est point de l'essence de la liberté humaine, vu que nous ne sommes pas seulement libres quand l'ignorance du bien et du mal nous rend indifférents, mais principalement aussi lorsque la claire et distincte connaissance d'une chose nous pousse et nous engage à sa recherche. » Descartes, *Réponse aux sixièmes objections*, édition Jules Simon, p. 391.

soumettre ses passions à la loi du devoir? Il se peut qu'en certains cas, après une pénible délibération, notre intelligence, fatiguée ou découragée, renonce à réfléchir plus longtemps; il se peut aussi que nous flottions entre deux désirs, sans pouvoir deviner lequel est le plus puissant sur nous. Mais cette hésitation de la pensée, ce trouble de l'âme, ne nous empêchent pas d'agir. Tel qui ne peut voir clair dans sa pensée n'en est pas moins résolu dans ses actes. Tel autre, au contraire, a l'esprit vif et pénétrant, discerne aisément ce qui convient, et s'arrête languissamment au moment d'agir. C'est que les qualités de l'esprit, et celles même du cœur, considéré comme la source de toutes les passions, influent sur la volonté et ne la dominent pas. Libre, elle a sa force propre. Pendant que l'esprit délibère, elle est toujours maîtresse d'intervenir et de clore le débat avant que tous les avocats aient pris la parole. Cette puissance de les écouter ou de les réduire au silence, de se prêter à eux avec intérêt ou de leur donner audience dédaigneusement, montre à quel point la volonté dispose d'elle-même, et en même temps combien il est absurde de supposer que les motifs exercent sur elle la même action que sur l'intelligence.

M. Jouffroy, dans son *Cours de droit naturel*, a effleuré, plutôt que traité, les diverses questions qui se rapportent à la liberté, mais il l'a fait avec sa lucidité et sa supériorité habituelles. Pour montrer que la liberté ne dépend pas des motifs, il apporte un argument qui serait décisif, si la psychologie permettait de l'admettre.

Que se passe-t-il en nous, dit-il, entre la conception d'un acte à faire et l'acte lui-même? Tantôt nous délibérons entre différents motifs, tantôt une lutte s'établit entre diverses passions, et quelquefois aussi, ou pour mieux dire le plus souvent, nous sommes partagés entre un motif conçu par notre intelligence, et une passion qui domine notre sensibilité. Or, selon lui, il est facile de comprendre que notre intelligence pèse plusieurs motifs, les compare, et décide entre eux, ou que l'une de nos passions finisse par l'emporter sur les autres ; mais quand la lutte s'établit entre un motif, c'est-à-dire une conception de l'esprit, et ce qu'il appelle un mobile, c'est-à-dire une passion du cœur, comment notre esprit ferait-il céder l'un à l'autre ? Comment déciderait-il que la force d'une conception est plus grande que la force d'une passion ? L'idée est une chose, et la passion en est une autre ; ce sont deux choses distinctes, différentes, produites par des facultés opposées, et entre lesquelles il ne peut pas y avoir de mesure commune. Il n'y a rien en nous, dit-il, qui puisse comparer exactement la force d'une passion et la force d'une idée. D'où il suit qu'entre un désir ou une passion, d'une part, et une conception de mon devoir ou de mon intérêt de l'autre, il n'y a aucun moyen pour ma raison de prendre parti, et que ma liberté agit avec une pleine et entière indépendance. Si je veux être prudent, je suivrai le motif égoïste ; si je veux être vertueux, je suivrai le motif moral ; si je ne veux être ni prudent, ni vertueux, je suivrai la passion. C'est moi seul qui décide, et dire que je cède nécessairement au motif le plus fort ou au mobile le plus fort, c'est dire une chose qui n'a aucune espèce de sens [1].

La distinction faite par M. Jouffroy des motifs et des mobiles est parfaitement juste, et son argumentation

---

[1]. Jouffroy, *Cours de Droit naturel*, 4ᵉ leçon.

est d'ailleurs concluante. Oui, pendant la délibération qui se place entre la conception et l'exécution de l'acte, je suis tantôt préoccupé par des idées, et tantôt par des passions ; oui, je suis incapable d'appliquer une mesure commune à mes motifs, c'est-à-dire à mes idées, et à mes mobiles, c'est-à-dire à mes passions. Oui, encore, si je reste entre des motifs ou des mobiles, mon choix ne peut être que libre. Mais ce que M. Jouffroy n'a pas vu, et ce qui n'aurait pas dû échapper à un homme aussi profondément versé dans l'habitude de l'analyse psychologique, c'est que les idées ou motifs sont toujours accompagnés d'une passion et se traduisent finalement en mobiles. Tant que les idées demeurent dans l'intelligence à l'état de conception pure, et ne font naître aucun mouvement dans ma sensibilité, elles n'intéressent que mon jugement, et n'exercent pas d'action sur ma volonté. Qu'importe que ma raison me démontre que ceci est mon intérêt, si je ne suis pas porté à aimer mon intérêt ? Et qu'importe qu'elle me dise que là est mon devoir, si je ne sens pas d'inclination à obéir à mon devoir ? Parce qu'on répète ordinairement que la passion est ardente et la raison calme et froide, il n'en faut pas conclure qu'il n'y ait pas quelque austère passion suscitée en nous par la raison ; et si l'on dit en morale qu'il faut obéir à la raison et non à la passion, cela veut dire que la pensée doit se porter exclusivement sur le motif raisonnable, afin que l'âme soit uniquement sollicitée par la passion qu'engendre la considération de ce motif. En résumé, la volonté ne subit que des influences et pas de contrainte ; l'influence de la passion sur la volonté est directe, et celle de la raison sur la volonté indirecte. Tant qu'une passion ne naît pas en nous, les spéculations que nous faisons sur nos motifs n'aboutissent qu'à un jugement intellectuel et à des abstractions.

Nous écarterons donc l'argumentation de M. Jouffroy, comme nous avons écarté la liberté d'indifférence. Nous n'avons pas besoin de nous appuyer sur ces doctrines ou fausses ou contestables. La conscience, le bon sens nous montrent invinciblement la volonté en possession d'elle-même. Tout lui est possible, jusqu'au crime, jusqu'à l'absurde. Elle peut d'autant mieux se décider, lors même qu'elle est sollicitée en sens contraire par deux forces égales, que sollicitée par deux forces inégales, il lui serait parfaitement loisible de se décider pour la moins puissante. Les motifs sont là pour l'éclairer, et non pour la déterminer. La cause que nous sommes diffère précisément de toutes les autres que nous voyons dans le monde en ce qu'elle se meut par sa propre énergie, et ne reçoit pas, comme toutes les autres, sa force et sa direction d'une cause antérieure à laquelle elle serait coordonnée.

EXAMEN DE LA TROISIÈME OBJECTION.

Il faut examiner aussi l'objection qui se tire d'une prétendue incompatibilité de la liberté de l'homme, soit avec la prescience de Dieu, soit avec sa toute-puissance.

Voici d'abord comment on établit que la liberté de l'homme et la prescience de Dieu ne peuvent pas coexister.

Dieu connaît l'avenir; il connaît donc aussi l'action que je vais faire, et toutes les conséquences qui doivent s'ensuivre. Cependant, au moment de faire cette action, je me crois libre; c'est-à-dire que je me crois maître de ne pas la faire. Il n'en est rien, et si je ne la faisais pas, je ferais mentir la prescience de Dieu. De deux choses l'une : ou mon action est connue avant que je la fasse, et par conséquent ma volonté ne peut la changer; ou ma volonté est parfaitement et réellement libre de faire ou de ne pas faire; et par conséquent, jusqu'à ce qu'elle ait fait, on ne peut conjecturer ce qu'elle fera, ou du moins on ne peut le savoir. Donc il est contradictoire que l'homme soit libre, si Dieu connaît l'avenir, ou que Dieu connaisse l'avenir, si l'homme est libre.

C'est encore ici, comme on voit, un effort contre l'évidence. La liberté est un fait, on lui oppose un raisonnement; c'est tant pis pour le raisonnement. Aucun raisonnement ne peut faire que ce qui est, ne soit pas.

Il y a plus. Le fait nous est connu et familier; c'est un fait de la nature humaine. Le raisonnement est fondé sur une affirmation qui a Dieu pour objet. Nous ne pouvons, il est vrai, douter ni de l'existence ni de la perfection de Dieu ; mais pouvons-nous comprendre cette perfection? Et si nous ne pouvons la comprendre, serons-nous admis à fonder des arguments sur la définition d'un des attributs divins?

Tout ce que nous voyons dans le monde a un passé, un présent et un avenir. S'ensuit-il qu'il y ait aussi, pour Dieu, un passé, un présent et un avenir?

Si Dieu n'est pas dans le temps, l'ordre de succession ne se réduit-il pas pour lui à la coordination des causes et des effets?

Il ne suffit pas que les choses soient dans le temps pour qu'elles nous apparaissent successivement, il faut que nous soyons nous-mêmes dans le temps.

Pour que les choses nous apparaissent successivement, ne faut-il pas qu'une chose qui tout à l'heure ne nous apparaissait pas, nous apparaisse maintenant ? Et n'est-ce pas là, dans notre pensée, une succession? Dès qu'il y a une succession dans nos actes, ou dans nos pensées, ne sommes-nous pas dans le temps? Si donc on admet que le spectacle du monde se déroule devant Dieu comme il se déroule devant nous, c'est-à-dire qu'il l'aperçoit successivement, on admet qu'il y a succession en Dieu, que Dieu dure, qu'il se modifie.

Si, au contraire, on pense à l'éternité ; si l'on reconnaît que ce qui est éternel est immuable et ne peut changer ; si la distinction de passé, présent et avenir disparaît, et fait place à une coordination de cause et d'effet dans la pensée divine, la prescience ne fait plus obstacle à la liberté ; car la prescience n'est plus la prescience. Elle n'est plus que l'omniprésence.

De même que nous affirmons la présence de Dieu dans tous les points de l'espace sans qu'il ait besoin de les parcourir, de même nous devons déclarer que tous les points de la durée sont simultanément présents à son intelligence, et que la suite de tous les événements est contenue pour lui dans le premier. Autrement, Dieu serait à la fois immuable et mobile; immuable par sa nature, et mobile par ses rapports avec le monde. Au lieu de comprendre que les événements sont passés, présents ou futurs par rapport à nous, il les concevrait comme réellement passés, ou comme réellement futurs. Ses yeux auraient un horizon, comme nos yeux mortels, et la durée serait de l'essence de l'être.

Osons dire que quand on comprend l'existence de Dieu comme une durée sans fin ni commencement, et non comme une éternelle unité, *actus immanens*[1], l'objection tirée de la prescience devient insoluble, et la liberté humaine impossible[2].

C'est en vain qu'on répondrait alors avec Bossuet que la prescience est démontrée et que la liberté est évidente. Leur coexistence n'en serait pas moins contradictoire, et l'acceptation d'une contradiction manifeste est une véritable abdication de la raison.

Sans doute les esprits peu accoutumés à la spéculation admettent avec peine que le temps soit une condition du fini, et qu'il y ait un mode d'existence en dehors de la durée. Cependant, il faut admettre cela, ou renoncer à assigner une cause à ce qui existe.

D'un côté, un Dieu qui existerait dans le temps serait un Dieu imparfait et contradictoire, par conséquent impossible ; de l'autre, il ne donnerait la raison de rien, et le monde, comme son Dieu, ne serait plus qu'un problème.

On se convaincra qu'un Dieu dans le temps est impossible, si l'on veut réfléchir :

Que la notion de temps implique la divisibilité, et la notion d'infini l'indivisibilité ; d'où il suit que le temps infini, ou éternel, s'il existait, serait à la fois fini et infini, ce qui est absurde ;

Que si Dieu durait, il n'aurait jamais la plénitude de l'être, puisqu'il manquerait toujours de l'être qu'il devrait posséder dans la suite des temps ;

Que ses pensées et ses actes se succéderaient les uns

---

1. Expression de saint Thomas, dans le commentaire du 12e livre de la *Métaphysique*, chap. IX.

2. « Profecto non Deum, quem cogitare non possunt, sed semet-
« ipsos pro illo cogitantes, non illum, sed se ipsos ; non illi, sed sibi
« comparant. » Saint Augustin. *Cité de Dieu*, livre LII, chap. XV.

aux autres, et par conséquent le modifieraient ; que le Dieu d'hier ne serait pas le Dieu d'aujourd'hui : tandis qu'il implique contradiction qu'il y ait deux parfaits, ou que le même parfait puisse être parfait de deux façons différentes ;

Que le commencement et la fin du monde marqueraient, dans la vie de Dieu, trois phases distinctes ; que Dieu serait d'abord solitaire, puis créateur, et qu'il retomberait finalement dans l'inaction et la solitude ;

Que l'infini serait divisé en parties intégrantes ; que le commencement et la fin du monde marqueraient à la fois une heure dans l'éternité, un changement dans les résolutions de Dieu, un mouvement dans sa pensée, une modification dans son être ; que Dieu lui-même aurait une histoire ; et que, semblable à l'homme, dont la vie est incessamment dévorée par le passé et l'avenir, ce double néant, il passerait, et ne serait pas ; il aurait la puissance de la perfection, et n'en aurait jamais l'acte.

On se convaincra qu'un Dieu dans le temps est impuissant pour expliquer le monde, si l'on songe qu'en entrant dans le temps il est entré dans le monde même ; qu'il est divisible et imparfait ; qu'il usurpe le nom d'absolu ; qu'il n'y a plus de raison pour ne pas le confondre avec ce monde dont il est tout au plus la substance, et qu'à force de se mettre au niveau de notre esprit, il a cessé d'être à la hauteur de sa tâche. Si ce Dieu divisible pense, il pensera comme nous pensons ; s'il agit, il agira comme nous agissons. Nous serons en droit de lui imposer toutes les lois du monde ; et alors, quel sera l'auteur de ces lois? Dira-t-on qu'elles sont nécessaires? Et si elles le sont, pourquoi un Dieu? Que devient la création, si Dieu nous est analogue? Car il n'y a rien en nous qui ne soit emprunté, et ce que nous croyons créer, c'est la nature, ou plutôt c'est Dieu qui nous le donne. Il est humiliant sans doute d'avouer que Dieu est incompréhensible; mais aussi il faut reconnaître qu'avec un Dieu qui n'est pas incompréhensible, tout est incompréhensible. L'incompréhensibilité est comprise dans la définition de l'infini. L'intelligence infinie de l'intelligence infinie est l'intelligence infinie[1]. Toutes les conditions de la compréhensibilité, le temps, l'espace, le mouvement et le nombre, commencent au-dessous de Dieu, avec son œuvre, dont elles font partie[2].

Ce n'est pas seulement la prescience de Dieu que l'on oppose à notre liberté; c'est sa toute-puissance.

Qui dit toute-puissance ne dit pas seulement une force contre laquelle rien ne peut prévaloir, mais une force contre laquelle rien ne prévaut. Donc si Dieu est tout-puissant, il ne suffit pas de dire que rien ne se fait malgré sa volonté; il faut admettre que tout se fait conformément à sa volonté, ou plutôt par sa volonté. Cela étant, qu'on cherche, dans le monde, la place de la liberté? Qu'on explique le mal moral!

Il n'y a pas d'autre réponse à cette objection que l'incompréhensibilité de Dieu et l'incompréhensibilité de la création, qui en est une suite. L'être de l'homme est aussi inconciliable avec l'être de Dieu, que la liberté de l'homme avec la toute-puissance de Dieu. Si Dieu est tout-puissant, il paraît impossible de comprendre une

---

1. Ἔστιν ἡ νόησις νοήσεως νόησις. Aristote, *Métaphysique*, livre XII, chap. IX.

2. « Confondre la cause intelligente avec les autres causes, c'est la même chose que l'exclure. » Saint-Martin, *Erreurs et vérités*, tome I, p. 133.

puissance libre en dehors de lui; mais si Dieu a la plénitude de l'être, il paraît également impossible de comprendre l'existence d'un seul être en dehors de lui. Il faut donc nier le monde, ce qui est impossible, ou la perfection de Dieu, ce qui est impossible, ou soutenir la coexistence des contradictoires, ce qui est impossible, ou reconnaître avec nous que Dieu est incompréhensible, et cela admis, on peut dire avec Bossuet, que toutes les impossibilités disparaissent[1].

Il est si difficile à notre nature humaine de se résigner à l'incompréhensibilité de Dieu[2], que même après l'avoir démontrée, toutes les fois que nous employons Dieu dans nos raisonnements, nous lui imposons des conditions et le ravalons à notre niveau. Toute la difficulté sur la prescience tient à ce qu'on oublie que l'existence de Dieu est parfaite et infinie, et que par conséquent elle est en dehors du mouvement et du temps. Nous savons que nous sommes libres, parce que nous le sentons; et nous savons que Dieu connaît tout, parce que nous le prouvons; mais nous ne savons pas comment Dieu connaît, parce qu'il est incompréhensible. Nous savons qu'il n'y a pas pour lui de loin et

---

1. « Nous aimons Dieu parce que nous le connaissons; mais nous l'adorons, parce que nous ne le comprenons pas. » Saint Grégoire de Nazianze. *Discours* 38, n° 11, tome I, p. 616.— Bossuet, *Catéchisme de Meaux.* « Pouvons-nous connaître Dieu parfaitement? — Non, il est incompréhensible dans sa nature, dans sa perfection, dans ses conseils et dans ses œuvres. »

2. « Le monde intellectuel, sans en excepter la géométrie, est plein de vérités incompréhensibles, et pourtant incontestables, parce que la raison qui les démontre ne peut les toucher, pour ainsi dire, à travers les bornes qui l'arrêtent, mais seulement les apercevoir. Tel est le dogme de l'existence de Dieu.... Les mystères qui heurtent la raison sont toute autre chose. Leur contradiction même les fait rentrer dans ses bornes. » J. J. Rousseau, *Lettre* à d'Alembert sur son article *Genève.*

de près, dans l'ordre de l'espace, ni de passé et de futur dans l'ordre du temps; mais nous ne pouvons nous figurer cette existence que le temps et l'espace n'enveloppent pas, parce que la condition de notre existence propre est d'être enveloppée par le temps et par l'espace.

CHAPITRE III.

L'HABITUDE.

> Ὥσπερ ἡ φύσις, ἔθος.
> Aristote, *Traité de la mémoire et de la réminiscence*, chap. II.

Toutes les actions humaines sont instinctives, ou volontaires, ou produites par l'habitude.

Le devoir n'a rien à démêler avec l'instinct, car nous ne saurions répondre de ce qui se passe en nous sans notre participation; mais il gouverne la volonté et il étend aussi sa puissance sur l'habitude, car nous sommes responsables : 1° de l'avoir acquise, et 2°, dans certains cas, de n'en pas combattre les effets.

On ne peut connaître le devoir si l'on ne connaît pas la volonté, et l'on ne connaît complétement la volonté qu'à la condition de connaître l'habitude, qui en est à la fois la conséquence et la limite.

Tout ce qui se meut sous le ciel est soumis à des lois constantes et uniformes; l'homme seul est dépositaire de sa destinée et maître de ses actes. Mais tout libre qu'il est, il n'échappe pas, dans la plupart des fonctions de sa vie, à l'influence des lois nécessaires.

Notre corps est soumis, comme les corps inorganiques, aux lois de la chimie et de la physique, et, comme les corps organisés, aux lois de la physiologie. La présence en lui d'un hôte libre et volontaire modifie sa condition, en donnant naissance dans le corps à des mouvements spontanés dont l'origine n'est pas physique. Mais ces mouvements mêmes, avec les circonstances qui en résultent, tombent aussitôt sous l'empire des lois générales. Ces lois s'appliquent souverainement à toutes les forces qui ne sont pas la force volontaire elle-même. La force volontaire peut disposer des autres forces, mais elle ne peut les soustraire aux conditions de leur être. Elle emploie les lois, sans jamais pouvoir les modifier. Elle ressemble à un cavalier qui, à l'aide du frein, de la bride et des éperons tire le meilleur parti possible de la force et de la vitesse de son cheval.

Notre âme, comme notre corps, a ses lois fatales auxquelles elle obéit par la nécessité de sa nature. Ce n'est pas parce que je le veux que mes yeux voient la lumière lorsqu'ils sont ouverts ; ce n'est pas parce que je le veux que je reconnais la vérité d'un axiome, ou l'exactitude d'un raisonnement, ou la force d'une démonstration. Certains souvenirs se gravent dans ma mémoire malgré tous mes efforts pour les en bannir ; à certaines heures que la nature a marquées, je sens naître en moi une douleur, facile à distinguer de toutes les autres, et qui s'appelle le mal de la faim. Que mon corps soit blessé, ou frappé, ou simplement tenu dans une position incommode, à l'instant la douleur m'envahit. La douleur et le plaisir, la haine et l'amour, la perception, la mémoire, le jugement, le raisonnement, toutes les fonctions de ma sensibilité et de mon intelligence, ont des lois aussi régulières, aussi générales, aussi indépendantes de ma volonté que celles qui régissent mon corps. Ces phénomènes naissent et se développent en moi sans le concours de ma volonté. Je puis beaucoup pour les diminuer ou les augmenter, pour les arrêter ou les prolonger ; mais comment ? En usant de dérivatifs, absolument comme pour mon corps, c'est-à-dire en me servant d'une loi pour ou contre une autre loi. La loi de la pesanteur obligera mon corps de tomber dans le précipice s'il reste un instant de plus dans la situation où le voilà ; par un mouvement spontané, je dérange son équilibre, et aussitôt la même loi, qui l'entraînait vers l'abîme, le maintient ferme sur ses pieds. J'étais obligé, si je restais en ce lieu, de voir ce spectacle : je me transporte ailleurs, ou plus simplement je ferme les yeux ; aussitôt la loi de la perception extérieure, qui tout à l'heure me contraignait à tout voir, m'en empêche absolument. Si je continue à attacher ma pensée sur cette femme, l'amour ne manquera pas de naître ; mais je contrains violemment mon esprit à s'occuper de mes affaires ou à suivre un raisonnement scientifique : peu à peu son attention se concentre sur ces nouveaux objets, l'image de la femme s'enfuit, et avec elle l'occasion d'aimer. Ainsi, ma volonté agit sur tout ce qui me constitue ; mais elle n'a pas de prise sur les lois mêmes qui régissent les forces, et qu'on appelle d'un nom commun, la nature. La nature reste telle que Dieu l'a faite ; et il n'a accordé à ma liberté que le pouvoir de se servir de la nature pour le bien ou pour le mal, pour ma perte ou pour mon salut.

Examinons cependant si, par une exception unique à cette règle, l'habitude ne modifie pas la nature même des forces, ou, pour dire la même chose en d'autres mots, si elle n'interrompt pas le cours des lois naturelles.

La force spontanée qui nous appartient, et qui seule dérange le concert des forces réglées par les lois générales, ne se produit pas constamment sous la forme volontaire et réfléchie que nous venons d'analyser. Avant que la volonté se soit manifestée chez l'enfant, et plus tard jusque dans le plus complet développement de l'énergie virile, un très-grand nombre de mouvements sont produits par nous spontanément, sans que notre esprit se rende aucun compte, ni de l'acte lui-même, ni de ses motifs. Tels sont, par exemple, les mouvements que nous faisons, dans certains cas, pour nous maintenir en équilibre, ou pour préserver nos yeux en fermant les paupières, ou pour repousser un corps étranger qui nous menace. On appelle ces sortes de mouvements des mouvements instinctifs, et ils ont pour caractère, outre celui que nous venons de signaler, de se produire toujours de la même façon, dans les mêmes cas, chez les individus de la même espèce. Les mouvements spontanés chez les animaux appartiennent pour la plupart à la même catégorie, car ils ne sont pas purement physiques, et cependant ils ne supposent aucune réflexion et aucune liberté ; seulement comme la volonté, chez les animaux, est incertaine et mal réglée, et que l'instinct est obligé de pourvoir à tout, il s'étend à une foule de fonctions qui, chez l'homme, sont volontaires. Aussi voyons-nous que l'animal remplit presque toutes ses fonctions dès sa naissance, et qu'il les remplit sans tâtonnements, avec une sorte d'infaillibilité, et sans y jamais introduire ni différences, ni perfectionnements.

Ces mouvements instinctifs qui, chez l'homme, précèdent et accompagnent l'exercice de la volonté, pourraient sans doute être produits volontairement ; mais si nous les produisions avec réflexion et volonté, il est évident qu'ils n'auraient ni la même rapidité, ni la même facilité d'exécution, ni la même infaillibilité. La volonté a sa grandeur et l'instinct ses priviléges ; et peut-être serions-nous réduits, en beaucoup de cas, à envier l'instinct si prompt et si sûr des animaux, si nous n'avions pas reçu le pouvoir de nous créer des instincts factices et d'employer en quelque sorte la volonté à rendre la volonté inutile. Ce nouveau mode d'action, qui n'est ni entièrement instinctif ni entièrement volontaire, est ce que l'on appelle l'habitude. Nous en ferons bien connaître la nature en comparant quelqu'une des actions humaines à la même action dans un animal.

La plupart des animaux marchent en naissant; cela était nécessaire puisque, pour un grand nombre, ils doivent suffire immédiatement à leurs besoins. L'homme, au contraire, destiné à avoir une famille et à être porté pendant longtemps dans les bras de sa mère, naît incapable de marcher et de se soutenir. On ne lui apprend pas à teter ou à crier, ce sont des choses qu'il fait instinctivement; mais on est obligé de l'accoutumer à marcher, de lui apprendre à parler. Aussi quelles difficultés d'abord! Bien poser les pieds pour que le corps soit soutenu, les lever l'un après l'autre, ne pas les lever trop haut, ne pas frapper trop violemment la terre, se diriger vers un but, ce sont autant d'affaires capitales qui absorbent toute l'intelligence et occupent toute la volonté d'un marmot. Soyez sûr que le jour où il se rend, pour la première fois, de son lit jusqu'à sa fenêtre sans l'assistance de sa nourrice, il croit avoir accompli la plus belle action du monde, et il n'a pas tout à fait tort. Pendant plusieurs semaines, pendant des mois peut-être, la moindre promenade exige de lui les plus grands efforts; puis nous le voyons peu à peu se montrer brave, entreprenant, téméraire : sa démarche devient plus libre, son pied plus sûr, et nous ne tarderons pas à être obligés de le retenir. Désormais ce n'est plus rien pour lui que de marcher; il ne marche plus pour marcher, il marche pour arriver, pour changer de lieu, pour courir après une balle. C'est à sa balle qu'il pense, et non à ses jambes; ses jambes se lèvent comme il faut, elles trottent, elles s'arrêtent sans qu'il ait la peine d'y penser. L'opération de marcher s'accomplit désormais en lui avec l'infaillibilité et l'irréflexion de l'instinct. Pourquoi cette lenteur d'abord? C'est qu'il apprenait, et que par conséquent il était obligé de vouloir. Pourquoi, maintenant, cette rapidité? C'est qu'il est habitué, et que le mouvement de la marche s'opère désormais chez lui tout naturellement, sans qu'il y pense. Il lui suffit de vouloir avancer, et le reste va tout seul.

Voilà donc l'habitude produisant les mêmes effets que l'instinct. Un homme fait marche avec autant de sécurité et de facilité qu'un animal; mais l'animal marche ainsi par instinct : l'homme a été obligé d'apprendre, il marche par habitude. Dans les deux cas, la fonction semble naturelle; tous les caractères sont les mêmes; la différence est dans l'origine. C'est la nature qui nous donne cette façon naturelle d'agir qu'on appelle l'instinct, et c'est la volonté ou l'éducation qui nous donne cette façon naturelle d'agir qu'on appelle l'habitude. Cette phrase d'Aristote, devenue proverbiale, « l'habitude est une seconde nature, » exprime une observation littéralement exacte.

Si nous n'avions pas la volonté, il est clair que nous serions une créature bizarre, incomplète, condamnée au malheur. Nous penserions, et nous ne pourrions employer notre pensée à nos besoins. Nous réaliserions la fable de Prométhée, le génie tout-puissant pour concevoir, condamné à l'impossibilité de produire. Mais d'un autre côté, si toutes nos actions étaient voulues et réfléchies, nous serions capables de bien peu de choses. Cette action de marcher, qui nous paraît si simple, et dont nous parlions tout à l'heure, continuerait d'être pour l'homme un sujet de préoccupation et d'étude pendant toute sa vie. Nous parlerions notre propre langue avec les mêmes efforts qu'exige l'emploi d'une langue étrangère, nouvellement et imparfaitement apprise. La recherche du mot et la préoccupation de la syntaxe empêcheraient notre esprit de se donner tout entier à la poursuite de la pensée. En écrivant, nous ressemblerions à un écolier qui copie péniblement un dessin; il faudrait nous appliquer à peindre chaque lettre. L'homme le mieux doué n'arriverait pas à jouer cinq mesures de piano sans reprendre haleine. Tout ce qui passe inaperçu dans notre vie, et qui pourtant en fait le fond, absorberait nos forces; et pour la pensée, pour les affaires, pour les améliorations, pour les découvertes, il ne resterait rien.

Grâce à l'habitude, au contraire, nous accomplissons journellement des prodiges dont personne ne nous sait gré. En ce moment, par exemple, à quoi suis-je occupé? A présenter de mon mieux la théorie de l'habitude. Mon esprit essaye de coordonner, dans un bon ordre, les observations que l'étude m'a fournies; il les juge avant de les émettre : voilà ce qu'il fait, voilà ce qui le tient attentif. Mais dans le même temps il trouve aussi les mots et les tours de phrase nécessaires; il n'hésite ni sur la propriété des termes, ni sur les convenances du langage, ni sur la grammaire; tout cela lui vient par surcroît et sans y penser; bien plus, je trouve d'emblée, au bout de ma plume, toutes les lettres dont j'ai besoin : je les aligne, je les sépare avec justesse; j'observe toutes les lois de l'orthographe. Le sais-je seulement? Non; tout cela se fait, et se fait bien, sans que j'intervienne. L'habitude est là qui me remplace. Elle me soulage du gros de la besogne. Sans elle, je plierais sous le poids. Et, par exemple, pour l'orthographe dont je parlais, je puis l'oublier, elle est si capricieuse. Si l'on m'interroge sur l'orthographe d'un mot, et que ma mémoire ne me la fournisse pas, je n'ai qu'à écrire ce mot au courant de la plume, comme un cavalier égaré qui abandonne les rênes et se fie à l'instinct de son cheval; il y a cent à parier contre un que l'habitude me conduira bien.

Il en est de même de toutes les professions spéciales. Entrez dans un atelier d'imprimerie. Tous les ouvriers ne sont pas, tant s'en faut, du même mérite; mais les moins intelligents, les moins capables, vont choisir dans le casier les lettres qu'il leur faut et les rassembler avec une promptitude, avec une sûreté d'allure qui ressemble à de l'instinct : c'est de l'instinct en effet, car c'est de l'habitude. Apprendre un état, c'est d'abord contracter une habitude; c'est acquérir ensuite, si on le peut, les qualités d'un autre ordre qui font le bon ouvrier, ou le savant, ou l'artiste. Mais sans l'habitude, c'est-à-dire sans le métier, il n'y a rien.

Il en est de même au moral. Nous faisons beaucoup d'actions en y pensant, et beaucoup d'actions sans y penser. Nous avons d'anciennes réflexions toutes faites qui nous dispensent de recommencer dans les cas semblables. C'est un pli pris; nous ne pouvons nous refaire; nous sommes trop vieux pour changer; ce sont des habitudes de jeunesse. On a très-bien dit : « Chassez le naturel, il revient au galop. » Cela est vrai du naturel que nous nous donnons comme du naturel que Dieu nous donne. La seconde nature est aussi tenace que la première. Qui n'a remarqué cent fois qu'on s'habitue à jurer, à fumer, à prendre des liqueurs fortes? Si nous venions à prouver qu'on s'habitue aussi à être honnête homme, ou à avoir la conscience large, ne serait-il pas évident qu'il n'y a pas de question plus importante pour la morale que celle d'étudier l'origine, la nature et les lois de l'habitude?

Essayons de déterminer les lois de l'habitude, et, pour cela, ramassons quelques habitudes dans l'expérience de chaque jour, et cherchons ce qu'elles ont de commun. Nous pouvons prendre au hasard, nous ne sommes qu'habitude; nous vivons, nous pensons, nous sentons par habitude. Qu'appelle-t-on être de son temps, de son pays, de sa classe, si ce n'est précisément avoir contracté les mêmes habitudes que ceux avec qui l'on vit? Sommes-nous riches, nous avons les habitudes des riches; il nous faut des appartements élégants, du feu en hiver, de l'air en été, de bons mets, des vins fins, des domestiques. Tout cela ne nous réjouit guère; c'est en quelque sorte notre pain quotidien. Nous souffririons d'en être privés; nous remarquons à peine que nous les avons. Quand la richesse arrive tout à coup après la misère, ses premières journées sont pleines d'enchantement; ce ne sont que petits bonheurs; les yeux, tous les sens sont séduits; et peu à peu tout cela s'efface et s'endort, et ce qui était un plaisir devient tout uniment un besoin. Est-ce vrai? Voilà une habitude fatale, qui nous rassasie du plaisir, le rend monotone et nous plonge dans l'indifférence. Mais voyons la contre-partie.

Entrons dans la maison du pauvre. Est-ce une maison? Non, la langue lui donne un autre nom; c'est une chaumière. Entrons là. Voici un espace où ne tiendrait pas l'antichambre du riche. Le laquais du riche ne changerait pas sa mansarde contre cet espace. L'air n'y vient pas, parce qu'il y a un impôt sur les fenêtres. En revanche, le vent et la pluie y pénètrent par les toits effondrés, par les murs lézardés. Point d'autre sol que la terre dure et humide; point de meubles : un grabat ou peut-être une poignée de paille. Là vivent ou végètent, entassés, le père, la mère, l'aïeul et l'aïeule; les enfants bien portants ou malades. Le pain manque quelquefois; la sécurité manque toujours. On n'ose penser à l'avenir. Il n'y a pas d'avenir. L'avenir, c'est demain. Quand on est sûr d'avoir du pain demain, on s'endort dans des rêves heureux. Quelle vie! Ne disons pas qu'on s'y habitue jusqu'à ne plus sentir la misère, ne berçons pas notre égoïsme de cette vaine pensée; mais disons, car cela est vrai, que la Providence veille sur ces abandonnés, qu'elle émousse exprès leurs sens, pour que la douleur ait moins d'aiguillons; qu'elle endurcit leurs corps aux privations et à la fatigue, qu'elle endort leur imagination pour que le regret du bonheur absent n'ajoute pas à la misère présente. L'homme heureusement s'habitue à souffrir comme il s'habitue, hélas! à jouir! Dieu ramène une sorte d'égalité entre le riche et le pauvre par cet affaissement de nos facultés. Comme le plus grand bonheur est celui qui est nouveau, il y a une misère presque intolérable : celle qui vient nous surprendre au milieu des jouissances de la vie.

Cherchons ailleurs, prenons de petits exemples : le vin. On s'habitue au vin; cela devient une peine de s'en passer. On se met à l'eau; les premiers jours sont désagréables; peu à peu on n'y songe plus. Ceux qui boivent avec excès arrivent vite à ne plus sentir la liqueur; il leur faut, avec le temps, une boisson plus énergique; ils commencent par le vin, ils finissent par l'eau-de-vie, et l'eau-de-vie un beau jour ne leur suffit plus. Triste éducation qu'ils donnent à leur palais et à leur cerveau! Les fumeurs d'opium commencent par se bercer, puis ils s'étourdissent, puis ils s'enivrent, puis ils s'hébètent. Pourquoi? Parce que chaque sensation s'éteint à la longue; l'habitude la détruit. Il faut chercher quelque chose de plus corrosif pour retrouver du montant. Ces habitudes énervent, émoussent, alanguissent, éteignent tout. La sensibilité s'use; elle ressemble à des ressorts qu'un frottement trop prolongé rend impuissants, à un rocher rugueux que les flots de la mer ont poli : où l'eau bouillonnait il y a vingt ans, elle glisse aujourd'hui calme et tranquille.

Allons, montons sur un vaisseau. Adieu à la vieille Europe! Que ces planches nous portent vers l'Amérique. Le vent souffle, la terre s'enfuit, le soleil peu à peu s'incline vers l'horizon, la mer est rouge de ses feux, et tout s'endort. Voilà la nuit sur l'Océan. Quels bruits sous le pont de ce navire! Ce sont tous ces flots qui se heurtent jusqu'au sol sous-marin, et toutes ces planches qui gémissent, et tous ces cordages qui grincent, et toutes ces voiles que le vent sonore remplit. Pour moi, passager, nouveau venu dans ce monde de la mer, le bruit m'étourdit et m'empêche de rien entendre, tandis que les marins causent à voix basse auprès de moi. Ils n'entendent plus la mer, parce que depuis longtemps ils l'entendent tous les jours. Il en est de même partout. Nous, citadins habitués au mouvement et au bruit des grandes villes, nous dormons paisiblement pendant que cent voitures brûlent le pavé. Un villageois croirait que la maison lui tombe sur la tête. Qu'y a-t-il donc ? Nous n'entendons rien du tout.

Qu'on prenne dans son lit un cadavre dont on vient de fermer les yeux; non pas un jeune et beau cadavre, de ceux dont parle Priam :

$$\text{Πάντα νέῳ καλά}...;$$

mais un cadavre hideux, portant les stigmates de la maladie. Qu'on vous l'étale, qu'on vous le dissèque, qu'on vous le fasse sentir et toucher; que devenez-vous? Vous reculez d'horreur; vous vous évanouissez? C'est l'affaire d'un jour. Revenez demain, après-demain; revenez souvent. Vous ne verrez plus la mort, vous ne sentirez plus le cadavre; vous serez un savant, et vous ne songerez qu'à l'étude.

Hélas! on s'habitue même à la prison. On devient un hôte naturel de ces tristes demeures. On oublie le soleil et la liberté. Ce serait trop souffrir que de souffrir tous les jours comme le premier jour! Ne dit-on pas que les patients s'endurcissent sous le knout ? Ils meurent à la longue, cela est vrai, parce que le sang coule et que la respiration devient impossible; mais la douleur, l'atroce douleur est pour les commencements. On peut faire beaucoup de choses d'un homme : il y en a qui ont vécu dans les oubliettes! Dans nos bagnes, plus odieux que les plus odieux supplices du moyen âge, on trouve des vieillards. Eh! comment y aurait-il des bourreaux, sans l'habitude? On a une fois le courage de verser le sang ; et plus tard, on le verse parce qu'on l'a versé. S'il fallait passer deux fois par les terribles sensations du premier supplice dont on a été l'exécuteur, il faudrait briser les instruments de mort, car on ne trouverait personne pour les mettre en mouvement.

Que sont toutes ces habitudes? Des sensations souvent répétées. Elles vont en se détruisant. A la longue, elles deviennent légères ou indifférentes. Nous en pouvons recueillir cette loi générale : tout ce qui est passion s'émousse en se répétant.

Il n'en est pas de même de ce qui est action. Si j'entends sans les écouter les bruits de la mer, de la ville, de la forêt, peu à peu ma sensibilité s'émousse, et je cesse de les entendre ou tout au moins de remarquer que je les entends. Si au contraire je m'étudie à les bien écouter, si je m'efforce de les interpréter et de les comprendre, j'acquiers à la longue une perspicacité merveilleuse. Le moindre bruit arrive à mon oreille longtemps avant que les étrangers puissent l'entendre. J'en distingue les nuances, j'en connais les significations. C'est que, si l'habitude passive ne fait qu'user mes facultés, l'habitude active les exerce.

Ce contraste se retrouve partout. Nous parlions de l'habitude des liqueurs, qui déprave le palais, oblitère le goût, et nous rend insensibles aux saveurs. Cela n'est vrai que du buveur ignorant et grossier, qui boit pour boire, et s'abandonne brutalement à l'ivresse. Le dégustateur, qui, par état, s'étudie à reconnaître par la saveur le cru et l'âge des différents vins, acquiert promptement l'habitude de les discerner. Les musiciens en viennent à décomposer un orchestre, et à distinguer dans un ensemble la partie de chaque instrument. Le chef d'orchestre entend tous ses musiciens à la fois, et il entend à part chacun d'eux. Non-seulement son oreille l'avertit des fautes, mais il saisit la plus légère nuance. C'est à l'habitude active, c'est-à-dire à un exercice fréquemment répété, que le joueur de violon doit la facilité avec laquelle il peut, dans le même moment, lire les notes, parcourir le manche de son instrument, faire courir l'archet, et rester assez maître de lui-même pour apprécier l'action qu'il exerce sur les auditeurs, et pour jouir comme eux et plus qu'eux du charme de la musique. Comment se produisent les phénomènes de la mémoire? Sans doute, il y a une mémoire passive, dans laquelle les faits ou les mots viennent se graver en quelque sorte à notre insu; mais ce n'est pas comme cela qu'on apprend. Ce que j'aurais retenu en un an, je le sais en un jour, si je veux m'y appliquer. Plus je me rends actif, lorsque je veux retenir par cœur, et plus j'arrive vite au bout de ma tâche. Lire des yeux une pièce de vers est un moyen de la retenir; la lire à haute voix est un meilleur moyen; l'écrire est un moyen infaillible. Voulez-vous former le jugement d'un enfant? Ce sera une pauvre méthode à prendre pour y parvenir que de lui réciter les meilleures règles de la logique ; mais donnez-lui fréquemment occasion de juger; reprenez-le quand il se trompe; obtenez de lui de constants efforts, et son esprit contractera de bonnes habitudes qu'il ne perdra plus. Il en est de même pour le raisonnement. Qui raisonne bien? Est-ce celui qui sait par cœur toutes les règles d'Aristote? Ou celui qui, par un exercice journalier, s'est rompu à l'argumentation? De même pour la rhétorique, car tous les préceptes du goût ne valent pas pour un écolier une seule page écrite sous la direction d'un bon professeur; et pour la musique, car ce serait un plaisant maître de piano que celui qui voudrait nous apprendre son art en jouant devant nous des sonates. Le propre de la volonté humaine est de s'accroître par l'action. Aussi a-t-on pu dire : à force de forger, on devient forgeron ; ou ce qui revient au même sous une forme moins simple : le génie n'est qu'une longue patience. C'est la seconde loi de l'habitude : tout ce qui est action se fortifie en se répétant.

Voilà donc l'origine, l'aspect et la double loi de l'habitude ; l'origine, c'est la répétition de la sensation ou de l'action ; la forme, c'est celle de l'instinct ; la loi, c'est que toute affection purement passive diminue, et que toute action augmente et se fortifie par la répétition. Faisons dès à présent quelques applications de ces principes à la morale, pour montrer le parti qu'on en peut tirer.

Supposons, par exemple, qu'un homme habitué dans son enfance à des mœurs pures et à un langage sévère, entreprenne de lire des livres obscènes, uniquement pour se distraire, sans se plaire dans ces obscénités, mais sans fermer, à cause d'elles, des ouvrages dont le style, d'ailleurs, et la fable lui conviennent. Pendant les premiers volumes, il souffre de ces ordures ; elles font obstacle à son plaisir ; cette impression va en diminuant, à mesure qu'il s'y accoutume, et bientôt il ne les remarque même plus. Il en sera de même si, au lieu de propos orduriers, sa bibliothèque lui montre des maximes immorales. Il se révolte sur le coup ; mais s'il n'a pas l'esprit fortement trempé, il ne manque pas de tomber à la longue dans l'indifférence ; et de l'indifférence, en matière d'honneur, à la dépravation, il n'y a qu'un pas.

C'est en ce sens que le proverbe est vrai : « Dis-moi

qui tu fréquentes et je te dirai qui tu es. » L'honnêteté a deux soutiens, l'horreur du vice, et l'amour de la vertu. L'horreur du vice se perd presque toujours en le fréquentant. A moins que l'âme ne réagisse fortement, le compagnon du vicieux est perdu. On commence par tolérer, et puis on excuse. On se met de plain-pied avec le déshonneur. Ce qui, à distance, paraissait impossible, devient facile et naturel, quand l'âme s'est empoisonnée par le contact.

Les impressions du bien, quand elles sont purement passives, s'effacent aussi, et l'enthousiasme du premier jour tourne en langueur, en indifférence. Quelquefois c'est un bienfait de la nature. Le médecin, par exemple, n'aurait pas le coup d'œil et le sang-froid nécessaires, s'il ne s'accoutumait à voir souffrir. Il n'en est pas moins sensible comme homme, mais il est plus aguerri comme praticien. Cette coexistence de la tendresse et du courage est surtout frappante dans les sœurs de charité. Elles sont à leur aise au milieu d'un hôpital ; elles voient la douleur sans pâlir ; elles triomphent, avec le temps, d'une foule d'impressions passives, dont la source est dans une compassion généreuse et qui semblent surtout naturelles aux femmes. En sont-elles moins dévouées, moins héroïques, et dans le fond, moins affectueuses? Au contraire; pendant que ce qu'il y a de purement passif dans la sensibilité s'émousse en elles, leur charité s'avive. C'est qu'il y a aussi du mouvement, de la vie et de l'action dans l'amour. Il y a un amour passif qui se consume en brûlant, et un autre amour, dont le foyer est en nous, qui va toujours s'exaltant et s'accroissant, parce qu'il est une puissance. Quand on a volontairement tourné son amour et sa pensée vers le bien; quand on a, pendant longtemps, pratiqué la vertu, on obtient, parmi les autres récompenses, comme la plus immédiate et la plus douce, une habitude de bien sentir, de bien penser et de bien faire, qui nous fait aller au bien par un instinct infaillible, comme l'aiguille aimantée se tourne vers le nord. Heureux celui qui, à force de commercer avec le bien, lui est devenu analogue, et qui possède à la fois, avec les mérites de la volonté, le calme et l'infaillibilité de la nature!

Après avoir constaté les caractères opposés des habitudes passives et des habitudes actives, il faut encore remarquer que la plupart des phénomènes sont complexes, et tiennent à la fois de l'action et de la passion. Les habitudes actives, pour être accompagnées d'une habitude passive, n'en ont que plus de force. Comme la passion entrave et contrarie l'action, de telle sorte que plus la passion est vive, et plus l'action est difficile, notre force profite toujours de la diminution des passions auxquelles nous sommes soumis, et envahit promptement l'espace que laissent libre en se retirant les forces étrangères qui agissaient sur nous[1].

L'augmentation de la force et la diminution de la résistance marchent ainsi de concert, l'effort qui est toujours proportionnel au rapport qui existe entre l'action et la réaction tend naturellement à diminuer, et finalement à disparaître. L'action devient d'abord facile, puis, par un nouveau progrès, at-

1. « Si tu veux rester habile dans un art, pratique-le sans relâche. Il en est de même du gouvernement de ton âme; si tu veux dompter tes passions, ne les laisse jamais maîtresses. Leur force augmenterait, la tienne pour les dompter diminuerait. » Arrien, *Dissertations*, vre II, chap. XVII.

trayante; car l'expansion étant dans la nature de la force, toute force tend à s'échapper par les issues qui lui sont ouvertes.

On pourrait citer une foule d'exemples, où ce qui était d'abord désagréable et difficile finit par devenir attrayant. De ce nombre sont notamment toutes les habitudes désignées sous le nom d'appétits factices. Nous voyons aussi que, pour apprendre certaines sciences, comme la physiologie, l'anatomie, on est obligé de triompher d'abord d'une sorte de répugnance. Enfin, dans les arts, des exercices souvent pénibles pour qui n'y est pas accoutumé finissent par inspirer à ceux qui s'y livrent un intérêt passionné.

Il ne saurait y avoir des habitudes dans le monde inorganique, d'où est absent le mouvement spontané. Les forces inorganiques ne sont que des agrégations de molécules, gouvernées par les lois générales, par le mécanisme universel, et n'ayant en elles aucun principe d'individualisme. Dans cet ordre de faits, la répétition du mouvement ne peut engendrer aucune disposition, aucune facilité à le reproduire, puisque les corps mus le sont par des forces étrangères, et en vertu de lois générales que rien ne peut modifier. Une pierre qui aura tourné mille ans dans une roue, et que l'on posera ensuite à côté, sera ce qu'elle était mille ans auparavant, et ne différera d'elle-même que par la diminution que le frottement aura fait subir à sa masse. Les habitudes ne deviennent possibles qu'avec un commencement d'organisme; partout où il y a, dans un seul être, un ensemble de mouvements aboutissant à un but commun, il y a une forme spéciale et individuelle de ces mouvements, qui constitue la vie ou la nature du système, et qui peut être modifiée par la répétition du mouvement. Nous ne trouvons pas cet effet dans les machines fabriquées de main d'homme, parce qu'elles ne sont qu'un mécanisme inventé pour imiter un organisme. Le ressort peut devenir plus souple, et les engrenages peuvent fonctionner plus aisément après avoir servi quelquefois, mais cela tient uniquement au frottement, qui diminue les résistances, et il n'en résulte aucune augmentation réelle de la force. Au contraire, dès que nous entrons, par le côté le plus humble, dans le monde organisé, nous trouvons des forces vivantes, et déjà il y a place pour l'habitude. On peut hardiment donner ce nom à l'acclimatation, à la greffe, à toutes les opérations qui ont pour effet de changer le mode d'existence, l'*habitude* interne ou externe de la plante. La puissance de l'habitude augmente, à mesure que la force est d'un ordre supérieur. Les animaux qu'il est possible de plier à certains mouvements répétés contractent des habitudes, qui même quelquefois se transmettent de génération en génération. C'est sur ce fait que la domestication est fondée. Chez l'homme, les habitudes se contractent surtout dans l'enfance, parce qu'il y a alors dans tout notre être une flexibilité pour les habitudes passives, et une surabondance de force vitale pour les habitudes actives qui ne se rencontrent plus au même degré dans le reste de la vie. Il en résulte d'ailleurs qu'une fois arrivés à l'âge mûr, tous nos sentiments sont fixés, toutes nos pensées arrêtées, et que nous n'avons presque plus besoin de penser avant de vouloir, mais seulement de nous souvenir. Notre caractère est fait alors; notre cœur, comme notre volonté, a ses habitudes acquises. Nous avons toutes celles de notre temps, de notre pays, de notre classe, de notre profession, de notre famille, sans compter celles que nous devons aux circonstances particulières de notre vie et de notre caractère. A l'exception de quelques déterminations imprévues, presque tous nos actes, et aussi presque tous nos jugements, sont le résultat d'une habitude acquise. La nature tend ainsi à reprendre sa forme ordinaire, à laquelle la volonté libre est une dérogation.

Nous pouvons maintenant comprendre quelle est la part de notre responsabilité dans les actions que nous produisons par habitude.

D'abord, que l'habitude soit passive ou active, nous sommes responsables de l'avoir acquise, car, dans le premier cas, nous nous sommes abandonnés, et dans le second, nous avons voulu. On peut donc affirmer qu'à cause de cette origine, nous ne sommes étrangers à rien de ce que l'habitude nous fait faire.

En second lieu, quelque forte que soit l'habitude, elle ne saurait l'être plus que la nature, contre laquelle nous pouvons lutter, et souvent avec succès. Si donc nous venons à reconnaître que nous avons contracté une habitude mauvaise, ou seulement dangereuse, nous serions coupables de ne pas lutter contre elle, et de ne pas employer toute notre énergie à la déraciner.

L'honnête homme par excellence est celui qui a l'habitude de la vertu, et le malhonnête homme celui qui a l'habitude du vice. Une bonne action faite volontairement suppose plus d'effort et plus de mérite qu'une bonne action qui est le fruit de l'habitude ; mais pour avoir contracté l'habitude du bien[1], il faut avoir long-

---

1. « Il nous échoit à nous-mêmes d'eslancer parfois notre âme, esveillée par les discours ou exemples d'autrui, bien loing au delà de

temps et persévéramment accompli de bonnes actions volontaires, et c'est évidemment la plus grande gloire à laquelle nous puissions atteindre devant Dieu et devant les hommes.

son ordinaire. Mais c'est une espèce de passion qui la pousse et agite, et qui la ravit aucunement hors de soi. Il faut, pour juger bien à point d'un homme, principalement contreroller ses actions communes, et le surprendre dans ses à tous les jours. » Montaigne, II, 29.

DEUXIÈME PARTIE

LA PASSION

DEUXIÈME PARTIE.

LA PASSION.

CHAPITRE PREMIER.

ORIGINE ET CLASSIFICATION DES PASSIONS.

> « Semblables à des échansons, nous avons à notre disposition deux fontaines : celle du plaisir, qu'on peut comparer à une fontaine de miel, et celle de la sagesse, fontaine sobre, à laquelle le vin est inconnu et d'où sort une eau austère et salutaire. » — Platon, *le Philèbe*, trad. de M. V. Cousin.

Maintenant que nous connaissons la nature de la volonté, il est clair que, pour apprendre à en faire bon usage, nous devons porter exclusivement notre attention sur les divers mobiles qui la dirigent. On sait tout ce que l'homme peut savoir en morale quand on connaît le mérite de chaque mobile, quand on peut dire quel est celui auquel tous les autres doivent céder, et dans quelle mesure l'influence de chacun d'eux doit être encouragée ou combattue.

Dans l'analyse que nous avons faite de la volonté, nous avons rencontré des mobiles de deux sortes, savoir :

les idées, que l'on appelle plutôt des motifs, et les passions, auxquelles appartient plus spécialement le nom de mobiles. Expliquons le rôle respectif de ces deux ordres de mobiles avec plus de précision.

Je suppose que dans une discussion d'intérêts mon adversaire s'en remette à ma loyauté. Mon premier soin, si l'affaire n'est pas de la dernière clarté à mes propres yeux, sera de l'examiner de nouveau et de me faire une opinion : il n'y a rien là qui soit du domaine de la morale, et c'est la logique seule qui me guidera dans cette appréciation ; mais aussitôt mon opinion formée, si elle est contraire à mes intérêts, je me trouve sur le point de commettre une action qui intéresse ma moralité, et mes perplexités commencent. D'un côté, j'éprouve un violent désir de m'approprier l'objet contesté ; rien ne m'est plus facile, puisque la décision dépend de moi ; ma réputation même ne sera pas effleurée par cette prévarication, si je la commets, car je me garderai bien d'avouer qu'intérieurement ma raison avait prononcé contre mon intérêt. D'un autre côté, je ne puis me souvenir que la loi ou l'équité me condamne, sans comprendre immédiatement qu'en me laissant aller aux suggestions de mon intérêt, je violerai mon devoir. C'est donc entre mon désir et mon devoir, entre une passion et une idée que j'hésite. Rien de tout cela ne peut être contesté.

Mais comment une idée peut-elle avoir de l'action sur moi ? Je comprends et je sens l'action du désir. Il est évident que le désir m'entraîne à tel point, qu'en certains cas la volonté le suit sans effort, et en quelque sorte sans avoir conscience d'elle-même. Mais une idée n'est qu'une conception de mon intelligence, et rien dans ma conscience ne m'avertit qu'elle agisse directement sur ma volonté. L'idée engendre un désir, et le désir sollicite ma volonté ; voilà ce qui est vrai : d'où il suit que l'action de la passion sur la volonté est directe, et l'action de l'idée indirecte [1].

Nous pouvons nous en assurer par des exemples. Si je pense à l'action de monter à cheval, et que je n'aie ni goût ni répugnance pour cet exercice, cette idée sort de mon esprit sans avoir sollicité en aucun sens ma volonté. Je pense avec la même indifférence à un livre de mathématiques, si je ne suis pas mathématicien. Voici deux promenades, l'une belle, l'autre plus à la mode ; je prendrai la première, si j'aime les belles perspectives, et la seconde, si je tiens à passer pour un homme élégant. J'aime cet aliment, mais mon médecin m'a ordonné de m'en abstenir : j'en mangerai, si je suis gourmand, et je m'en abstiendrai, si je crains la douleur. Il en est de même quand je rencontre devant mon désir cette barrière infranchissable du devoir. Est-il un esprit auquel manque le principe du devoir ? Ce principe est-il différent dans l'esprit de l'homme de bien et dans celui du criminel ? Le crime et la vertu dépendent-ils uniquement de l'énergie des passions qui luttent contre le devoir ? Non, l'homme vertueux fait son devoir parce qu'il craint les conséquences de la faute, ou parce qu'il a horreur du crime, ou parce qu'il aime la vertu. Ce sont là trois sentiments engendrés par l'idée du devoir. Qu'il se trouve un homme dans l'âme duquel aucun de ces trois sentiments ne puisse naître, il comprendra le devoir sans l'accomplir. L'idée du devoir sera pour lui comme un axiome de géométrie ; une

---

1. Leibnitz, *Nouveaux essais*, livre II, chap. XXI, p. 126. Édition Am. Jacques.

idée, et rien de plus. Ni cette idée ni aucune autre n'est efficace par elle-même ; elles agissent sur notre volonté par l'intermédiaire de la passion.

Les philosophes écossais, ces habiles analystes, ont adopté une classification des mobiles d'action qui peut être conservée, pourvu qu'on entende bien qu'il n'y a pas d'influence directe de l'idée sur la volonté. Voici en gros cette classification, telle qu'on peut la lire dans les *Esquisses de philosophie morale* de Dugald Stewart. Nous sommes, disent-ils, sollicités à agir par nos instincts, nos appétits, nos affections, nos passions, et par les motifs rationnels d'action.

Ces motifs rationnels d'action sont, suivant eux, l'intérêt bien entendu, et le devoir.

Ainsi, lorsque je prends furtivement un objet qui ne m'appartient pas, je cède au désir de le posséder, à la passion ; lorsque je m'abstiens de le prendre, malgré la violence de mon désir, je cède ou à l'intérêt bien entendu, ou au devoir : à l'intérêt bien entendu, quand je réfléchis que le plaisir de la possession entraînera pour l'avenir la privation de plaisirs plus considérables ; au devoir, quand je recule seulement devant l'injustice de l'action que j'allais commettre. Or, cette prévision d'un malheur futur, cette compensation que j'établis entre la douleur à venir et le plaisir présent, cette notion d'une obligation à laquelle je dois me soumettre sous peine d'être un malhonnête homme, ce sont des idées et des opérations intellectuelles, selon Dugald Stewart, et on doit les rapporter, non à la sensibilité comme les instincts, les appétits, les affections et les passions, mais à l'intelligence.

Il y a du vrai et du faux dans cette opinion. C'est à coup sûr l'intelligence qui, à l'aide de la mémoire et de l'induction, prévoit les suites funestes d'une action coupable; c'est elle qui compare le plaisir présent à la souffrance future; c'est elle qui conçoit le principe de la justice, et qui affirme la nécessité de s'y soumettre. Mais pourquoi suis-je porté à ne pas faire une action qui entraînera de la souffrance? C'est parce que je crains la souffrance. Pourquoi ne puis-je me résoudre à transgresser la loi du devoir? C'est parce que je sens une secrète horreur pour la dégradation que je m'infligerais à moi-même, ou parce qu'un attrait dominant m'attire vers la pratique du bien. C'est donc une crainte ou un amour qui combat un désir, et dans tous les cas, c'est une lutte entre les passions. Qu'aucune passion n'intervienne, et ma personnalité restera pour ainsi dire en dehors de la question; la discussion sera abstraite; je jugerai, je n'agirai pas.

Assurément lorsque j'oppose une douleur à venir à un désir présent, ce désir est bien une passion, et cette douleur à venir n'est qu'une idée. Aussi n'est-ce pas la douleur à venir qui entre en lutte; c'est la crainte de cette douleur, et cette crainte, comme le plaisir auquel je l'oppose, est une passion actuelle.

Il ne faudrait pas conclure de cette remarque l'omnipotence de la passion dans les déterminations humaines; car si nous dépendons en un sens de la passion, la passion pour la justice dépend elle-même de la justice, c'est-à-dire de l'idée du devoir, qui la fait naître et qui la gouverne.

Il est vrai qu'on n'est pas maître absolu de son amour, de sorte qu'il semblerait au premier abord que la responsabilité de l'agent n'est pas entière; mais, qu'on y songe, il ne s'agit pas ici d'un de ces amours que l'occasion fait naître; l'amour de la justice est, à divers degrés et sous différentes formes, naturel à toutes les âmes, et c'est un des éléments constitutifs de la sensibilité humaine.

Il est vrai aussi que cet amour naturel et nécessaire n'a pas partout la même ardeur; mais il suffit qu'il existe, et qu'il dépende de notre volonté libre de le cultiver ou de le combattre.

Il est vrai encore que la droiture de nos actes n'est pas toujours en raison directe de la force de notre amour. C'est que toute détermination humaine est le résultat d'une lutte; que l'habitude et l'exemple, l'influence du jugement, la faiblesse de la volonté, la force des passions ennemies, peuvent contrarier, étouffer en nous les effets de l'amour du devoir, et que, dans l'ordre de l'action comme dans celui de la pensée, nous dépendons grandement de la discipline.

Il faut remarquer enfin que nous n'agissons pas toujours par des raisons particulières, mais très-souvent par des raisons générales, et surtout quand nous accomplissons un sacrifice. De là viennent les déchirements intérieurs. Il s'en faut que j'aime toujours le devoir que je remplis; mais parce que j'aime le Devoir en lui-même, parce que j'aime la Justice, il me suffit de connaître ce que prescrit la Justice que j'aime, pour me dévouer à un devoir que je ne saurais aimer.

Les philosophes écossais sont donc dans l'erreur s'ils entendent que les mobiles rationnels d'action ne sont purement et simplement que des idées, et qu'ils agissent directement à ce titre sur la volonté; mais ils ont raison, s'ils admettent que ces idées ou principes rationnels d'action sont des causes qui suscitent des passions en nous, et qu'ils agissent sur notre volonté par l'influence de ces passions.

Ils ont raison surtout de soutenir que, dans ce cas, les passions n'étant que le résultat nécessaire d'une idée, c'est l'idée qu'il faut étudier et discuter, parce que c'est elle qui engendre la passion. Ce serait mettre la morale sur une voie déplorable, que de considérer comme le principe souverain de la détermination l'amour que le bien nous inspire, tandis que c'est le bien lui-même qui est le véritable principe. L'idée, par sa nature, est quelque chose d'universel et de stable ; le sentiment, au contraire, est variable et personnel. Il n'y a rien en lui qui réponde à la notion de règle.

Lorsque notre réflexion s'attache à des idées abstraites par rapport à nous, et qui semblent laisser complétement notre personne en dehors, si nous agissons néanmoins, c'est que notre sensibilité est affectée par quelque autre côté. Ainsi, lorsque après avoir délibéré, en artiste, sur le moyen d'exécuter un travail, j'exécute ensuite ce travail de telle façon plutôt que de telle autre, ce n'est pas par la force propre de la démonstration théorique que je me suis faite à moi-même; c'est parce que mon intérêt ou mon devoir, et par conséquent quelque passion née du devoir ou de l'intérêt, m'excite à préférer à toutes les autres la voie qui me paraît la plus simple ou la meilleure. En un mot, tout l'homme est nécessaire à l'homme; et dans chaque action de l'homme, l'homme tout entier se retrouve. Donnez-moi l'intelligence et la sensibité sans la volonté, vous faites de moi la plus misérable des créatures, Prométhée enchaîné sur son rocher ; donnez-moi la sensibilité sans l'intelligence, je ne suis plus qu'une chose frivole et légère, jouet de tous les orages, qui me laisse emporter sans savoir où, sans savoir pourquoi, et ne puis jamais ni gouverner ni expliquer ma conduite;

enfin, unissez en moi l'intelligence et la liberté, sans la passion, j'aurai à la fois le pouvoir d'agir, et la conception de l'acte qu'il faudrait faire, et cependant je resterai indifférent et désœuvré, comme si entre cette volonté dont je dispose, et cette intelligence que je subis, il y avait un abîme.

Tel est le rôle propre de la passion, et telle en est l'importance dans la vie humaine.

Qu'est-ce que la passion? Il sera plus aisé de la décrire que de la définir. Le plaisir et la douleur, l'amour et la haine, le désir et la crainte, sont des passions. On les nomme passions, parce que ce sont des phénomènes de l'âme, qui s'élèvent en nous sans notre coopération, ou du moins sans la coopération nécessaire de notre volonté, et n'ont pas d'autre essence que d'être des modifications d'une substance pensante. Il y a dans l'idée quelque chose qui n'est pas la modification même, qui est la cause et l'objet de la modification, et qui n'étant pas nous, et ne dépendant pas de nous, affecte de la même façon quiconque est comme nous un être pensant, et par là donne de l'impersonnalité à nos modifications intellectuelles. Mais pour nos manières de sentir, quoique soumises, comme tout autre phénomène, à des lois régulières, tout leur être n'est que de nous affecter d'une certaine façon, et elles n'enveloppent dans leur définition rien qui subsiste indépendamment de nous-mêmes.

En étudiant les passions, il faut bien se souvenir qu'elles sont, à la vérité, passives, et que c'est de là que ce nom de passions ou d'affections de l'âme leur est venu, mais que notre volonté peut néanmoins agir sur elles à tous les moments de leur durée, comme nous agissons sur des forces étrangères en les employant à nos fins, ou en nous opposant à leur action. Quand mes yeux sont ouverts, je ne puis m'empêcher de voir un objet placé devant moi; mais je puis, tout en le voyant, penser à autre chose, et alors je le vois à peine, ou concentrer sur lui toutes mes forces, et alors j'en distingue nettement tous les attributs, et je les grave avec énergie dans mon souvenir. Je puis bien plus encore, je puis fermer les yeux ou détourner la tête. Il en est de même de toutes mes passions; elles ont leurs lois, qui les font naître et se développer dans mon âme, mais lorsqu'elles s'y forment ou lorsqu'elles prennent leurs accroissements, je suis présent avec toutes les forces de ma volonté, pour diriger ces passions à mon gré ou pour lutter contre elles. Je puis me donner ou me retirer, concourir ou résister à ma défaite, ouvrir ou fermer mon cœur. Je sais presque toujours à l'avance en quel lieu la passion m'attend pour me saisir au passage; et quand elle m'a pris à l'improviste, j'ai mille ressources, ou pour me dégoûter de son objet, ou pour contraindre mon esprit à l'oublier, en portant toutes mes forces sur un autre point. C'est ainsi que nous pouvons être responsables non-seulement des conséquences de nos passions, mais de nos passions elles-mêmes, à peu près comme nous sommes responsables non-seulement de nos actions, mais des actions de nos serviteurs et de tous ceux qui dépendent de nous [1].

Le plaisir et la peine portent le nom commun de sensation ou de sentiment, et constituent le phénomène le

---

1. Voy. Th. H. Martin, *Philosophie spiritualiste,* tome I, p. 229, et tome II, p. 57.

plus simple de la sensibilité. On réserve le nom de sensation au plaisir et à la peine qui prennent leur origine dans le monde physique, et sont le résultat immédiat de l'action du monde extérieur sur nos sens. Les autres plaisirs et les autres peines reçoivent le nom de sentiment. On dit la sensation du froid et le sentiment du beau.

Rien ne diffère plus sans doute que le plaisir et la peine, et pourtant plaisir et peine sont des phénomènes de même nature, ayant même origine et mêmes caractères. Ce qui fait plaisir à un homme peut faire, dans le même temps, de la peine à un autre homme. Ce qui me fait plaisir aujourd'hui peut me faire de la peine demain. Le même objet peut me faire à moi-même, dans le même moment, du plaisir et de la peine. Une sensation d'abord douloureuse peut, en se prolongeant, devenir agréable, et réciproquement une sensation agréable peut, à la longue, se transformer en douleur. Du plaisir que j'éprouve d'abord à la douleur que j'éprouve ensuite, je ne passe pas sans doute brusquement; le plaisir diminue peu à peu, puis disparaît au moment où la douleur va commencer à se faire sentir. Il doit y avoir un point entre ces deux extrêmes, où je ne sais plus si je souffre ou si je jouis. C'est un temps d'engourdissement, pendant lequel l'âme se sent confusément affectée, sans démêler la nature de l'affection qu'elle éprouve. Il en est de même de certaines sensations violentes qui n'excitent au premier moment que de la surprise, et que l'âme ne peut juger qu'après être revenue à elle-même; ou de certaines sensations très-légères, qui nous sollicitent quelque temps avant que nous daignions leur donner audience. On sent bien qu'elles sont là, et on remet à un autre moment de vérifier ce qu'elles sont.

C'est un point contesté entre les psychologues, de savoir si l'essence de la sensation est d'être plaisir ou peine, et s'il n'y a pas des sensations qui ne soient ni l'un ni l'autre, c'est-à-dire des sensations indifférentes. En fait, un grand nombre de sensations ne nous sont ni agréables ni désagréables; comme par exemple de voir certaines couleurs, d'entendre certains sons, etc. Mais cette indifférence est-elle dans la sensation, ou ne vient-elle que de la préoccupation de notre esprit qui ne songe pas à remarquer une peine ou une jouissance légère? La plupart de ces sensations, qui aujourd'hui nous laissent froids, ont été, au début de la vie, ou très-agréables ou très-pénibles. La première fois qu'un enfant met le pied à bord d'un navire, l'odeur du goudron lui est insupportable. Il s'y fait au bout d'une année de mer; il ne la sent même plus, elle est pour lui comme si elle n'était pas; ou peut-être, selon la différence des organisations, lui devient-elle agréable. Qui nous répond que celui qui cesse de la remarquer cesse d'en être gêné, ou ne commence pas à en jouir? Rien n'est complet en nous sans la conscience, et sans une conscience claire et nette; mais il s'y passe un grand nombre de phénomènes que nous n'apercevons pas, ou que nous apercevons à peine, et qui cependant sont réels[1]. Il n'est personne à qui il ne soit arrivé de se rappeler après coup des paroles qu'il n'avait pas remarquées lorsqu'on les prononçait; il y a de ces souvenirs subits, qui sont bien des souvenirs puisque l'objet qu'ils rappellent a disparu, et qui pourtant fixent pour la première fois notre pensée sur l'image qu'ils

---

1. « Quelquefois l'âme s'aperçoit de ses sentiments, et quelquefois elle ne s'en aperçoit pas, ou ne s'en aperçoit que confusément. » Bossuet, *Instruction sur les états d'oraison*, livre V.

retracent. Voici, par exemple, un phénomène bien connu et bien curieux, qui montre que l'essence de la douleur n'est pas d'être sentie; c'est la distraction. Au moment où j'éprouve une douleur, on me donne inopinément la nouvelle d'un événement de grande conséquence pour moi; cet événement m'absorbe aussitôt tout entier : il ne guérit pas ma douleur, il m'en distrait; c'est-à-dire qu'elle ne cesse pas d'exister, mais que je cesse de penser à elle. Elle est là cependant, et même elle est éprouvée; car qu'est-ce qu'une douleur hors de la conscience? Mais elle subsiste dans cette conscience sourde et en quelque sorte engourdie, qui ne se possède pas clairement elle-même,

« Mortua cui vita est prope jam vivo atque videnti[1]. »

Que l'événement qui m'avait distrait s'efface de ma pensée, je reviens à moi-même et à ma douleur : je la retrouve là qui m'attendait en quelque sorte; de même qu'après un grand bruit qui vient soudainement couvrir le murmure d'une chute d'eau, je retrouve ce bruit léger, qui n'avait pas été interrompu, mais que j'avais cessé d'entendre.

Il suit de là que, de l'indifférence que nous éprouvons actuellement pour quelques-unes de nos sensations, on ne peut pas légitimement conclure que l'essence des sensations ne soit pas d'être agréables ou désagréables. Au contraire, toutes les observations établissent que le plaisir ou la peine est, à l'origine, le caractère fondamental de toute sensation; que ce plaisir ou cette peine cessent d'être remarqués, sans cesser pour cela d'exister, et que l'indifférence de certaines sensations n'est,

---

1. Lucrèce, livre III, vers 1059.

au fond, que la négligence de l'esprit, assiégé à la fois par diverses passions et divers besoins, et négligeant de s'occuper des petites choses.

Il n'est personne qui ne connaisse un certain état de l'âme, ennuyée, fatiguée, obsédée, disposée à s'irriter de tout et à tout prendre en mauvaise part, et incapable cependant de dire d'où lui vient cette tristesse, ou en quoi ce malaise consiste. Nous souffrons dans ces moments-là d'un ensemble de sensations, en apparence indifférentes, en réalité pénibles, et notre état est assez analogue à celui d'un homme qui, entendant un concert de notes discordantes et ne sachant pas la musique, souffre sans savoir pourquoi. Il est d'autant plus nécessaire de s'accoutumer à discerner ces états avec précision, et à en avoir clairement conscience, que la première condition à remplir par le médecin qui veut guérir une maladie, est d'en connaître à fond les symptômes. Quant à la transformation d'une sensation agréable en sensation désagréable, et d'une sensation désagréable en sensation agréable, il est plus facile de la constater que de l'expliquer.

« Medio de fonte leporum
« Surgit amari aliquid, quod in ipsis floribus angat[1]. »

On peut dire, en général, que c'est une application des lois de l'habitude. Quand on s'efforce de démêler les sensations, de les étudier, de les classer, on y prend goût; on s'en fatigue au contraire, quand on les laisse entrer chez soi, et remplir l'âme, sans y prendre garde et sans essayer de réagir sur elles. Toutes les fois qu'un rapport s'établit entre deux forces, si l'une d'elles est

---

1. Lucrèce, livre IV, vers 1126.

douée de sensibilité, le contact est accompagné d'une sensation agréable ou désagréable, dont l'énergie dépend de la disproportion des deux forces qui agissent l'une contre l'autre. Si l'une d'elles est très-forte et l'autre très-faible, l'action est facile, la résistance nulle, et la sensation presque imperceptible. Il est donc évident que l'habitude émoussant la passion et activant l'action, il doit arriver un moment où la force ne trouve plus devant elle de résistance, et où ce qui d'abord était une lutte devient une expansion naturelle et facile. Le fleuve qui mugissait devant une digue, et dont la fureur allait croissant, a fini par renverser l'obstacle, et coule désormais calme et tranquille dans le lit qu'il s'est creusé. Ces différents effets de l'habitude sur les sensations ne tiennent pas seulement à l'intervention ou à l'absence d'une volonté particulière. Il y a des âmes essentiellement actives, ou, comme on pourrait le dire, montées au ton de l'action, qui s'inquiètent perpétuellement, et ne laissent rien passer chez elles sans le remarquer. On dit de celles-là qu'elles ont les sensations vives, ce qui veut dire qu'elles ne tombent jamais dans la langueur et le dégoût, et qu'on est toujours sûr de les trouver alertes, éveillées, agissantes, et, comme on dit vulgairement, sur le qui-vive. D'autres, au contraire, languissantes et paresseuses, se laissent jouir plutôt qu'elles ne jouissent, et se laissent souffrir plutôt qu'elles ne souffrent. Le plaisir et la douleur glissent sur elles. Elles sont blasées dans le plaisir et tièdes dans le chagrin. Elles sont précisément le contraire des âmes énergiques qui dominent leurs passions et les détruisent de vive force; leur indifférence tient à leur nullité; toute leur vie n'est que de végéter : âmes molles, âmes faibles, inertes, imbéciles, pour lesquelles a été faite cette parole : « Je voudrais que vous fussiez froids ou chauds ; mais parce que vous êtes tièdes, je vous vomirai de ma bouche. »

Platon, dans le *Phédon*, insiste avec une grâce charmante sur cette proximité, ou, si l'on veut, sur cette parenté du plaisir et de la peine. Il met ces paroles dans la bouche de Socrate, au moment où l'on vient de le délivrer de ses chaînes : « L'étrange chose, mes amis, que ce que les hommes appellent plaisir, et comme il a de merveilleux rapports avec la douleur que l'on prétend son contraire! Car si le plaisir et la douleur ne se rencontrent jamais en même temps, quand on prend l'un il faut accepter l'autre, comme si un lien naturel les rendait inséparables. Je regrette qu'Ésope n'ait pas eu cette idée ; il en eût fait une fable ; il nous eût dit que Dieu voulut réconcilier un jour ces deux ennemis, mais que, n'ayant pu y réussir, il les attacha à la même chaîne, et que pour cette raison, aussitôt que l'un est venu, on voit bientôt arriver son compagnon ; et je viens d'en faire l'expérience moi-même, puisque à la douleur que les fers me faisaient souffrir à cette jambe, je sens maintenant succéder le plaisir [1]. »

Nous pouvons ajouter ici dans le véritable esprit de la philosophie stoïcienne, non pas de ce stoïcisme pur, mais du stoïcisme tempéré et adouci par la morale chrétienne, que la peine elle-même doit être, en certains cas, la bienvenue ; qu'elle nous fait mieux goûter le plaisir, et en même temps nous avertit de ne pas nous endormir dans les délices. Malheur à qui n'a jamais souffert! Ni la douleur ne nous est toujours à fuir, ni la volupté toujours à suivre [2].

1. Platon, *le Phédon*, traduction de M. V. Cousin.
2. Montaigne, livre II, chap. XII.

Il va sans dire que nous ne tenons pas compte dans tout ce qui précède de ce qui tient à des lésions ou à des transformations organiques, ou plus généralement à une altération, soit du sujet sentant, soit de la cause de la sensation. Ainsi les organes de nos sens peuvent contracter une affection morbide à l'instant même où la douleur allait se transformer en plaisir, et mon âme n'est pas moins sujette que mon corps à la maladie et à la fatigue.

Du plaisir et de la peine sortent naturellement deux sentiments plus complexes, en ce qu'ils supposent la connaissance de l'objet qui a causé le plaisir ou la peine; ce sont les sentiments d'amour et de haine. Quand un objet m'a fait éprouver du plaisir, je ne puis le concevoir sans ressentir une affection agréable d'une espèce particulière, qui devient de la bienveillance si cet objet est animé : cette affection agréable n'est déjà plus une sensation, car elle n'a pas sa cause dans une action immédiate de l'objet aimé sur mes sens; elle est susceptible de durer et peut subsister en moi en l'absence de l'objet qui l'a fait naître, ou après qu'il a cessé d'exister. C'est l'amour, qui correspond à la haine, comme le plaisir correspond à la douleur. Il y a des objets qui nous font éprouver du plaisir, et que l'on n'aime pas; il y en a d'autres qu'on aime, quoiqu'ils ne nous fassent guère que du mal; mais en même temps que cette peine, l'objet aimé nous a fait infailliblement éprouver quelque sentiment agréable, qui est l'origine de l'amour. A proprement parler, nous ne pouvons sentir de l'amour que pour un objet animé, car l'amour est inséparable de la bienveillance, et il suppose, espère ou rêve toujours un retour d'affection de la part de l'objet aimé.

Nous n'aimons les objets inanimés que pour les souvenirs qu'ils nous rappellent; et quelquefois c'est nous-mêmes que nous aimons en eux, comme quand on dit, en étendant le sens des mots : J'aime cette maison ou cette prairie. Cela veut dire : J'aime habiter cette maison, j'aime parcourir cette prairie, j'y suis heureux, je m'y plais, et non pas : J'ai de l'amour pour elle.

La faculté d'aimer est très-inégalement répartie, ce qui prouve que la passion de l'amour n'est pas exclusivement une passion, et que nous faisons notre amour presque autant que nous le subissons. Il dépend bien plus de la faculté d'aimer de celui qui aime, que des qualités aimables de la personne qui est aimée. Quelques âmes paraissent presque incapables de ressentir de la tendresse; et les plus belles qualités, les plus grands services, les plus généreuses actions ne parviennent pas à leur inspirer des sentiments affectueux. D'autres, au contraire, sont comme pressées du besoin d'aimer : la moindre occasion, le plus chétif objet leur suffisent. S'il n'a en lui rien d'aimable, elles le transforment si bien, qu'elles semblent aimer plutôt un idéal créé par elles qu'un objet réel. Quand de telles âmes vivent isolées, il arrive que ces tendresses dont leur cœur surabonde se tournent en aspirations vagues, et bientôt en douleurs ou en désespoirs. Ce cœur vacant qui ne trouve pas à qui se donner succombe sous le poids de son trésor. C'est pour lui que Sénèque a dit ces belles paroles : « Je veux un ami afin d'avoir quelqu'un pour qui je puisse mourir[1]. »

C'est un lieu commun à l'usage de certains esprits, de dire que la faculté de haïr est en raison directe de

---

1. Sénèque, *lettre* IX.

la faculté d'aimer, et qu'une âme incapable de haine est du même coup incapable de tendresse. Il serait tout aussi exact de soutenir qu'on ne saurait donner l'exemple d'une grande vertu, sans être prédisposé aux grands crimes. C'est le contraire de cet aphorisme banal qui est le vrai. Il y a des âmes bienveillantes et des âmes malveillantes, comme il y en a pour qui la vertu est facile, et le crime impossible. On cherche en vain quelle place aurait pu trouver la haine dans le cœur de saint Vincent de Paul. Où a-t-on pris cette prétendue alliance de la faculté d'aimer et de la faculté de haïr ? Ce n'est pas dans l'expérience, qui ne nous montre pas la malice comme compagne ordinaire de la bonté ; et ce n'est pas davantage dans la théorie, qui ne peut considérer la tendance d'une âme vers le bien comme une disposition naturelle à faire le mal. Si l'on veut dire, pour atténuer l'horreur qu'inspirent les âmes criminelles, qu'elles peuvent être capables de grands dévouements, nous le reconnaissons, et nous bénissons la Providence d'avoir laissé jusque dans la dépravation quelques traces de l'humanité. Mais la vérité est que cet absurde préjugé a pour auteurs ces maîtres de la littérature corrompue, qui ne connaissent que les passions violentes, qui cherchent dans le crime même on ne sait quelle funeste grandeur, et ne savent étudier la psychologie que dans les bagnes.

Comme le plaisir et la douleur engendrent l'amour et la haine, l'amour et la haine à leur tour produisent le désir et l'aversion. Quand je me sens heureux, il est naturel que j'aime la cause de mon bonheur ; et du moment que je l'aime, il est naturel que je désire la posséder ou me rapprocher d'elle. De même le sentiment de la douleur m'inspire de la malveillance pour la cause qui l'a produite, et me porte aisément à la repousser loin de moi. Plaisir, amour, désir ; douleur, haine, aversion, telle est la génération des phénomènes de la sensibilité, ou des passions.

Cependant il ne faut pas croire que cette génération soit constante, ni surtout qu'elle soit invincible. Il y a des âmes sur lesquelles tombent le plaisir ou la douleur, comme sur une eau dormante ; ils en troublent un instant la surface, et s'y abîment. Sans force d'expansion, elles ne produisent aucun amour, ou si l'amour naît en elles, il y languit bientôt et n'aboutit pas même au désir ; âmes froides et engourdies, qui passent leur vie dans une sorte de demi-sommeil. Quelquefois aussi un plaisir passe inaperçu, parce que l'âme, occupée ailleurs, refuse ou dédaigne de se livrer à lui ; ou parce que, par une virile résolution de ne pas se livrer, elle réagit contre un plaisir que la raison condamne. Cette impassibilité volontaire est alors une preuve de force. La morale nous enseigne précisément à ne pas donner de prise sur nous au plaisir et à la douleur. Si on les laisse entrer à flots par toutes les portes de l'âme, il arrive bientôt que nous leur appartenons, et non plus à nous-mêmes. Le monde tout à coup nous remplit de son bruit et de son importance, et nous ne pouvons plus ni nous recueillir, ni nous gouverner, ni presque nous retrouver. Une âme bien douée et bien dirigée est celle qui, capable de jouir et de souffrir, ne s'adonne ni au plaisir ni à la douleur. Il est beau de réunir en soi ces grands éléments de la vertu : une nature tendre, une volonté ferme.

Ce n'est pas le plaisir qui sollicite directement la volonté ; ce n'est pas même l'amour, c'est le désir. Mais qui s'abandonne trop au plaisir est difficilement maître de l'amour, et l'amour, une fois installé dans nos cœurs, y fait naître des désirs presque irrésistibles. La volonté ne doit pas s'ajourner. Elle ne doit pas dire : je laisserai faire le plaisir ; ou encore moins : je laisserai faire l'amour, et je n'interviendrai que pour refréner les désirs. C'est trop compter sur soi. Le vrai commencement de la force est de se défier de soi-même. Plus d'une volonté, qui se croyait sûre de ne pas faillir, a failli pourtant par surprise. C'est un mauvais général, qui laisse prendre sans coup férir tous ses avant-postes, et ne retrouve sa valeur que pour défendre ses derniers retranchements. Il faut disputer le terrain pied à pied dès le premier jour, dût-on n'y gagner autre chose que de s'aguerrir. Que le plaisir, l'amour et le désir soient les bienvenus dans notre âme, pourvu qu'ils y viennent en amis, et non en maîtres. Nous connaissons à un signe infaillible que la passion nous envahit, quand nous sentons que l'exercice de la liberté sera désormais pour nous une victoire difficile.

Il m'arrive quelquefois de haïr un objet et pourtant de le désirer ; c'est qu'alors je l'aime par quelque endroit. On peut être haïssable sans être tout haïssable ; et de même je puis trouver à aimer et à détester dans le même objet. Souvent aussi je crois haïr ce que j'aime. Ce n'est pas en vain que l'amour est de la même nature que le plaisir ; il est sujet aux mêmes erreurs et aux mêmes métamorphoses. Comme on hésite en certains moments pour savoir si l'état qu'on ressent est un plaisir ou une douleur, on ne sait pas toujours définir le sentiment qu'on éprouve pour certains hommes, et si c'est de l'amour ou de la haine. Qui sait, au fond, si la haine elle-même n'est pas quelquefois un des ingrédients de l'amour ? Malgré toutes nos analyses, il y a toujours quelque chose de vague dans tout ce qui est passion, car il n'y a de clairement défini dans l'homme que ce que l'homme gouverne. Haïr quelqu'un, c'est en être fortement préoccupé, c'est lui donner chez soi une grande place. Si, plus tard, nous nous convertissons à lui, il est rare que les progrès qu'il fait dans notre tendresse ne soient pas en raison directe de l'aversion qu'il nous a d'abord inspirée. Triste condition du cœur humain, quand il se complaît en lui-même et ne se fie pas à la raison comme à un maître sûr : tantôt il ne sait pas s'il aime, et tantôt il passe, pour un rien, de l'amour à la haine, et plus il a eu d'amour, plus il éprouve d'inimitié. Il est toujours entre deux sentiments contraires, et si éloigné de pouvoir répondre du lendemain, qu'il n'est pas même assuré d'avoir une conscience claire du présent.

Mais toutes ces passions, amour, désir, plaisir ou peine, ne sont que les accidents de la vie. Une altération de mes organes, une injure que je reçois, un dommage que je subis me font souffrir. Une femme que je rencontre allume en moi tous les feux de l'amour. Un succès qui vient me trouver, et où peut-être mon talent a moins de part qu'un heureux concours de circonstances, me fait désirer la renommée ou le pouvoir. Il suffit d'une voiture brisée, d'une lettre égarée, d'une heure perdue à dormir, pour que tout se passe différemment. Ma vie est un tissu de circonstances imprévues, dont chacune a son retentissement dans ma sensibilité. Il y a des joies que je ne goûterai jamais, des douleurs qui ne m'éprouveront pas ; chacun de nous a son fardeau et son trésor. Quel est le cœur qui s'éteigne ayant senti tout ce que le cœur de l'homme peut sentir? C'est le plus dur aiguillon de la mort, qu'elle puisse arrêter les battements d'un cœur fait pour aimer, à qui aura manqué l'occasion de l'amour. Lorsque André Chénier, presque sur les degrés de la guillotine, se frappait le front en disant : Il y avait pourtant quelque chose là, il disait le mot de la plupart de nos destinées. Seulement il mourait avec la conscience de son génie ; et les grands sentiments, les joies, les douleurs, les haines, les amours que notre cœur recélait, et que les circonstances de la vie n'ont pas fait jaillir, nous les emportons dans le tombeau sans les avoir pressentis, et nous demeurons inconnus aux hommes et à nous-mêmes.

Cependant sous ces phénomènes éphémères que les circonstances de la vie provoquent, et qui périssent avec les circonstances qui les ont fait naître, n'y a-t-il rien de durable, de permanent? N'y a-t-il rien de commun sous ces différences qui constituent le caractère et comme la physionomie morale de chaque homme? Si je donne un soufflet à mon ennemi, ai-je besoin d'attendre l'effet que cette injure produira sur lui pour savoir à quel point je l'ai offensé? Et si je le sais d'avance, n'est-ce pas parce que la douleur qu'il ressent tient à un sentiment profondément enraciné dans son cœur, et qui vit, plus ou moins fort, dans le cœur de tout homme, le sentiment de la dignité personnelle? Si je jette un appât à l'ambition, ai-je besoin qu'on m'apprenne où je dois chercher des dupes? Ne sais-je pas par avance que partout où il y a des hommes, il y a des ambitieux? Pourquoi désire-t-on des louanges? pourquoi un cordon, des honneurs? pourquoi une préséance? Parce que la vanité est une passion humaine ; parce que tous les hommes désirent être admirés, respectés. Lorsque je vois un moribond accablé de douleurs et de misère regretter amèrement la vie, en suis-je surpris? Mon propre cœur ne me dit-il pas que la vie nous est aimable, et que nous l'aimons en dépit de tout, et lors même qu'elle n'est plus qu'une suite de souffrances? C'est que tous les désirs particuliers, tous les amours ont dans notre cœur des sources vives, d'où s'épanchent sans cesse tous les phénomènes qui troublent ou charment notre vie ; c'est qu'il y a en nous tous des sentiments durables qui naissent avec nous, que nous emportons au tombeau, qui subsistent malgré tout, développés ou affaiblis, selon les chances de notre destinée, et par lesquels seulement nous sommes des hommes. C'est qu'indépendamment de ce qui n'appartient qu'à moi-même, ou de ce qui me vient de mon état, de mon tempérament, de mon éducation, il y a aussi dans mon cœur ce qui me vient de l'humanité.

C'est là, c'est à cet endroit qu'il faut étudier le cœur humain. C'est à l'endroit où la nature elle-même a placé ces amours, sans lesquels aucun amour ne pourrait naître. Voyons donc ce qu'aime l'humanité ; non pas ce que j'aime ou ce que vous aimez, non pas les traits qui nous enchantent, non pas les lieux ou les plaisirs qui entraînent tout notre cœur. Mais voyons ce qui explique, ce qui produit toutes les passions humaines; ce qui les domine, ce qui les rapproche ; ce qui fait que le cœur du pâtre bat à l'unisson avec celui d'un roi. En un mot, laissons là les individus et étudions l'homme lui-même.

Les philosophes de l'école écossaise ont analysé avec

leur sagacité et leur pénétration ordinaires ce qu'ils appellent *les principes actifs* de la nature humaine. Par principes actifs, ils entendent à la fois *la passion*, dont nous nous occupons ici, et *les principes rationnels d'action*, qui sont, suivant Reid, l'intérêt bien entendu et le devoir. La classification adoptée par Dugald Stewart, l'un des derniers et des plus illustres philosophes de cette école, peut nous servir de point de départ. Il compte quatre sortes de mobiles d'action ou de principes actifs : les appétits, les désirs, les affections, et le principe moral par excellence, c'est-à-dire l'idée du devoir ou de la justice.

Les caractères propres des appétits, par lesquels ils se distinguent des désirs, sont les suivants : 1° Ils tirent leur origine du corps ; 2° ils sont périodiques ; 3° ils cessent pour un temps après avoir obtenu un objet particulier ; 4° ils sont accompagnés d'une sensation pénible parfaitement distincte et reconnaissable pour chacun d'eux. Les désirs, selon Dugald Stewart, sont le désir de connaissance, le désir de société, le désir d'estime, le désir de puissance et le désir de supériorité.

Dugald Stewart comprend sous le nom d'affections « tous les principes actifs dont la fin et l'effet direct est de causer du plaisir ou de la peine à nos semblables. » Il suit de cette définition même qu'il y a deux espèces d'affections : les affections bienveillantes et les affections malveillantes.

Les affections bienveillantes sont assez nombreuses. Dugald Stewart compte les affections de famille, l'amour, l'amitié, le patriotisme, la philanthropie, la pitié, le respect, l'admiration ; mais il n'admet qu'une seule affection malveillante, le ressentiment, parce qu'il y a beaucoup de manières d'aimer, et qu'il n'y en a qu'une seule de haïr. Il se rapproche en cela du sentiment de Descartes [1].

Il est regrettable qu'après cette énumération, Dugald Stewart n'ait plus compté d'autre principe actif que l'idée de la justice, et qu'il n'ait pas distingué entre l'idée de la justice et l'amour de la justice qui, dans le fond, ne nous paraît pas différent de l'amour de Dieu. C'est une lacune d'autant plus regrettable dans sa philosophie, que l'amour divin n'a guère été étudié que par les mystiques.

Dans l'analyse qui va suivre, on retrouvera partout la trace de la théorie de Dugald Stewart; mais nous avons cru devoir adopter un autre ordre que le sien. Il importe peu, en effet, d'établir une distinction entre les affections et les désirs; ce qui a une gravité réelle, c'est de savoir si un mobile d'action a pour tendance de n'employer notre force que dans notre propre intérêt, ou s'il la dirige au contraire vers la bienfaisance et le sacrifice. Toutes nos passions, qu'on doive donner à chacune d'elles le nom d'appétit, ou celui de désir, ou celui d'amour, ont pour objet le moi, la créature ou le Créateur. Toute la sensibilité humaine peut donc être divisée dans ces trois grandes classes : l'amour de soi, l'amour de l'humanité et l'amour divin.

Il en est absolument de même de notre intelligence. Nos facultés intellectuelles ont pour objet le moi, que nous connaissons par la conscience, le monde que nous connaissons par les sens, et Dieu que nous connaissons par la raison.

C'est qu'il est dans la nature d'un être imparfait, 1° de persévérer dans son être; 2° de soutenir des rap-

---

1. Descartes, *les Passions de l'âme*, IIe partie, article 84.

ports avec le Dieu qui l'a créé et avec le monde dont il fait partie. Il est clair que les tendances et les forces de chaque être doivent être disposées dans ce but. C'est par cette triple condition que le monde subsiste, qu'il forme un tout bien organisé et qu'il continue à dépendre de son Créateur. Les êtres sans liberté, et par conséquent sans intelligence, soutiennent ces mêmes rapports aussi bien que l'homme ; mais l'homme seul les connaît, parce que seul il a la direction de sa propre force. En trouvant ces trois amours dans sa sensibilité, il commence à découvrir la loi de son être, et en même temps, par une analogie fondée sur la perfection de Dieu et l'excellence de son œuvre, la loi de tous les êtres.

Jetez les yeux sur le monde : tout y combat, tout y est divers, tout passe, tout est emporté. La vie n'apparaît que pour être aussitôt absorbée par la mort, et de la mort incessamment on voit sortir de nouveau la vie. Comme un fleuve qui descend des montagnes avec impétuosité et court se jeter dans la mer : les flots poussent les flots, je ne puis les fixer un instant sous mon regard sans que le courant les emporte ; mais ils passent et le fleuve reste. D'autres flots succèdent toujours au flot qui s'enfuit, et la source inépuisable ne cesse pas plus d'en fournir que la mer d'en absorber.

N'y a-t-il rien de stable dans ce courant? rien qui atteste le dessein de Dieu? Au-dessus de tous ces phénomènes, j'envisage déjà la loi qui les conduit. Chaque créature qui vit un instant à la surface du monde, et qui bientôt engraisse de ses restes la terre qui l'a nourrie, disparaît sans laisser de traces d'elle-même ; mais pendant qu'elle vit, ses formes, ses instincts, ses actions, sa destinée sont déterminées par une loi constante; elle morte, d'autres êtres, appartenant à la même espèce, soumis aux mêmes lois, reproduisant les mêmes caractères, vivent sur son tombeau et perpétuent son nom et sa famille. Ainsi la règle apparaît dans le désordre, l'unité dans la variété, la paix dans la lutte, la vie dans la mort, et la majestueuse simplicité de la loi domine et gouverne l'infinie variété des phénomènes.

Où est-elle cette loi? Je la constate par des inductions; je l'exprime dans une formule scientifique; mais n'est-elle qu'une formule? n'est-elle qu'une abstraction? Elle est vraie, elle est le vrai. Chaque être que Dieu sème dans l'espace porte en lui-même sa loi, de sorte que l'espèce est dans chaque individu. Chaque substance individuelle est faite pour se développer suivant la loi qui constitue et gouverne toute l'espèce, et son développement est infaillible comme la loi même émanée de Dieu, si les aliments et les conditions d'existence ne font pas défaut. Prenez un gland de chêne : le chêne est là; déposez-le dans la terre et confiez-le à la main qui conduit les vents et qui fait pleuvoir la rosée : bientôt il fermente, il s'entr'ouvre, il pousse des germes et des racines, il cherche par les uns la surface du sol, il s'enfonce par les autres plus profondément dans la terre et va chercher partout des sucs nourriciers. Avec le temps, ce qui n'était qu'un arbuste s'élance, se couvre de feuilles et devient un chêne immense. Où est la force qui réunit, dans ce système qu'on appelle un chêne, les parties dont il est formé? Elle est dans la substance constitutive du chêne, dépositaire de la loi et de la forme générale de l'espèce. Si vous jetez dans le même trou de terre, si vous arrosez de la même eau, si vous entourez des mêmes soins deux graines dont votre œil, aidé des meilleurs instruments, ne peut apprécier la différence, pourquoi de l'une ne sort-il qu'un brin d'herbe, tandis que l'autre produit un arbre élevé ? C'est que la vie est virtuellement dans toute semence avec toutes ses conditions et toutes ses lois. Nous, spectateurs du monde, nous lisons les lois dans les effets ; mais c'est dans la substance que Dieu les écrit.

Tout être accomplit ainsi sa loi, à son rang, sous la main de Dieu, sans jamais s'écarter de la ligne prescrite, et tous les êtres ensemble, par une sublime et constante harmonie, conspirent à l'unité de l'univers ; car chacun d'eux a été organisé, non-seulement pour atteindre un développement régulier et ne disparaître de la surface de la terre qu'après s'être reproduit dans un autre individu de la même espèce, mais pour concourir avec tous les individus des autres espèces à l'accomplissement d'un plan général qui assigne à chacun d'eux son rôle à part et sa destinée.

Un seul être, et c'est l'homme, c'est moi-même, a été placé par le Créateur dans une condition différente. Dieu a fait de moi, non-seulement un acteur, mais un spectateur du monde. Il m'a donné une loi, comme au reste des créatures, mais il m'a laissé libre de la transgresser ou de la suivre. Il m'a rendu dépositaire et maître de ma destinée.

Je vois donc en moi-même, je lis au fond de ma conscience la loi que le reste du monde suit aveuglément. Ce n'est pas seulement ma loi que j'y vois, mais dans cette loi toutes les lois ; car Dieu ne veut rien qui ne soit analogue. Il m'a fait intelligent pour que je connaisse ma destinée, sensible pour que je l'aime, libre pour que je l'accomplisse.

Quelle que soit d'ailleurs ma destinée, j'en connais déjà les traits les plus généraux, si je connais la destinée du monde lui-même. Je suis fait pour tendre vers Dieu, comme tous les êtres, et pour favoriser chez tous les autres êtres l'accomplissement en commun d'une destinée identique.

De là, dans mon intelligence, trois facultés : l'une qui se dirige vers Dieu, l'autre vers moi, et la troisième vers le monde ; la raison, la conscience et la perception. De là, dans ma sensibilité ou dans mon cœur, trois amours : l'amour de Dieu, l'amour de soi, l'amour des hommes.

Il y a dans mon intelligence une faculté qui accompagne l'exercice de toutes les autres : c'est la conscience; et il y a dans ma sensibilité un amour qui ne s'oublie jamais : c'est l'amour de soi. Comme je ne puis rien affirmer sans m'affirmer moi-même, je ne puis cesser, quoi que je fasse, de vouloir mon propre bonheur.

CHAPITRE II.

L'AMOUR DE SOI.

> « Quæ sit natura voluntatis humanæ, quæ nempe est velle universim suam beatitudinem, atque ex hac necessaria voluntate prosilire in omnes particulares actus liberos. » — Bossuet, *Schola in tuto*, quæst. 2, art. 3.

Nous n'avons pas besoin qu'on nous apprenne à nous aimer; c'est un sentiment que nous apportons en naissant. Le premier jour où notre âme sent et pense, c'est-à-dire le jour où elle commence à exister et à vivre, elle se connaît et elle s'aime. Le moi s'introduit à cette heure-là, pour n'en plus sortir, dans la conscience et dans le cœur de l'homme. On a beau dire : le moi est haïssable; il ne paraît si haïssable aux autres que parce qu'il les gêne dans leur amour-propre; et si nous nous aimions moins, nous verrions avec moins de répugnance ceux qui s'aiment avec excès.

Il y a sans doute des égoïstes et des hommes désintéressés; mais l'égoïste est celui qui s'aime trop, ou qui s'aime uniquement; et l'homme désintéressé est celui qui, tout en s'aimant lui-même, se sacrifie au besoin pour ses amis ou pour son devoir. Il faudrait un triste courage pour analyser les actions les plus sublimes, et y chercher cette arrière-pensée personnelle, cette note humaine qui en altère la grandeur. Mais pourquoi nier qu'elle existe, puisque au fond l'attachement à la vie, et même à une vie heureuse, nous est inspiré par la nature? La morale elle-même ne le condamne pas, pourvu qu'on sache le mettre à son rang. Si je pense, en faisant mon devoir, que Dieu m'en tiendra compte, en ai-je moins fait mon devoir? Si je préfère la satisfaction de me sentir honnête homme aux jouissances que m'aurait données une richesse usurpée, cela m'empêche-t-il d'être un homme de bien? Placer si haut son bonheur, n'est-ce pas déjà le signe d'une noble nature? Et sommes-nous si parfaits et si justes, que la vertu cesse de nous paraître vertueuse, si elle ne va pas jusqu'à l'entière abnégation de soi-même?

Il faut prévoir ici une confusion dont l'esprit pourrait être troublé. Il arrive qu'on fasse une action honnête, non pas parce qu'elle est honnête, mais parce qu'on craint d'être puni en ne la faisant pas, ou parce qu'on espère être récompensé pour l'avoir faite. Quand l'amour-propre se met ainsi au premier plan et devient le but unique de nos actes, il ne les rend pas criminels à la vérité, mais il les empêche d'être méritoires. Ni Dieu, ni la société ne doivent rien à celui qui s'est en quelque sorte payé d'avance. La vertu qui rapporte n'est plus de la vertu; se sacrifier aujourd'hui pour gagner demain, cela s'appelle faire des affaires[1], et non pas être vertueux.

Ajoutons aussi que l'honnêteté, en quelque sorte matérielle, d'un acte accompli dans ces conditions, est un bénéfice de hasard. Se fier, pour ne jamais faillir, sur de tels calculs, ce serait ignorer la misère de notre

---

1. « Multum a beneficio distat negotiatio. » Sénèque, *des Bienfaits*, livre VI, chap. XII.

sensibilité et la faiblesse de notre jugement, prendre pour but un cœur dont les amours peuvent changer et se dépraver, et pour guide une intelligence chancelante, ignorante, sujette à se fatiguer, à se détourner, à dévier de la ligne droite.

Mais il est fort différent de faire une action honnête uniquement par calcul, ou de la faire parce qu'elle est honnête, et de se souvenir en même temps avec satisfaction qu'elle portera avec elle sa récompense. Cette distinction, qui paraît subtile dans la théorie, est fort précise dans la pratique; et nous sentons fort bien si c'est l'intérêt qui nous conduit, ou s'il ne fait que nous consoler et nous encourager. Son intervention, dans cette mesure, est légitime, et nous pouvons ajouter qu'elle est constante. Quand la pensée est principalement préoccupée du devoir, quand l'ardeur de plaire à Dieu ou d'obéir à la justice éternelle remplit presque notre cœur, n'y reste-t-il pas une place pour nous-mêmes? Ne savourons-nous pas cette joie vraiment sainte qui accompagne le sacrifice? Ne mettons-nous pas avec confiance nos douleurs présentes dans les mains du Dieu qui doit nous récompenser? Oui, le moi peut se retrouver jusque dans le sacrifice qui ne recule pas devant la mort même; et, sans parler de l'espoir des récompenses éternelles, combien de fois la mort n'est-elle qu'un pacte entre deux égoïsmes! J'aime mieux sacrifier ma vie que de la voir déshonorée; ou je l'aime mieux détruite que malheureuse. J'ai le courage de la perdre, n'ayant pas le courage plus difficile de la supporter. En vérité, la mort ne prouve rien, pas même le dégoût de la vie.

Faut-il pousser ce principe dans la dernière rigueur, et nier qu'il existe aucune action où l'amour de soi n'ait point de part? Quand d'Assas s'écrie : « A moi, Auvergne, voilà l'ennemi! » pense-t-il à autre chose qu'à l'honneur, au devoir, à la patrie? A-t-il, dans ce moment suprême, comme une vision de la gloire qui l'attend? Le bien pour le bien, sans arrière-pensée, est-il au-dessus des forces humaines? Il faut croire qu'une telle vertu n'est pas impossible; mais il faut se rappeler que le désintéressement qui ne va pas jusqu'à dédaigner le bonheur à venir ou les joies d'une conscience pure, est encore digne de notre admiration et de nos respects.

Plus d'une secte philosophique ou religieuse a prétendu, non-seulement que nous pouvions, dans un moment d'enthousiasme, échapper à l'amour-propre, mais que nous pouvions le chasser absolument de notre cœur, et même qu'il n'y avait pas d'autre action vraiment juste, ou d'autre cœur vraiment pur, que l'action, que le cœur dont le désintéressement était absolu. C'est l'illusion des mystiques, et de tous ceux qui, oubliant le corps, se flattent d'échapper à la condition mortelle. Quelque orgueil se cache peut-être sous ces nobles doctrines. Dieu nous a faits pour l'aimer avec le cœur qu'il nous a donné, dans la substance qui nous constitue, et non pas pour nous fondre et nous absorber en lui. Notre vie doit persister, aussi bien que notre être. C'en est fait de nous si la conscience, si le moi s'efface. Il entre dans les plans de la Providence que nous ne nous efforcions pas d'oublier le moi, puisqu'elle l'a rendu impérissable[1].

---

1. « La charité toute pure est si au-dessus de nos forces, que tant s'en faut que nous puissions aimer Dieu pour lui-même, ou tel qu'il est en lui-même, que la raison humaine ne comprend pas facilement que l'on puisse aimer autrement que par rapport à soi, et avoir d'autre

Il y a, en effet, entre l'homme et le reste des êtres créés de telles différences, que chaque comparaison entre le monde et nous fait éclater davantage notre dignité. Nous avons la science et la liberté; mais nous avons de plus l'immortalité, qui les couronne. Les autres substances naissent et meurent; quand une substance animale ou végétale a donné sa semence, la nature l'abandonne, et continue l'espèce dans des individus différents. Nous seuls, par un décret de Dieu, nous ne mourrons pas. Si la première loi des êtres créés est de persévérer dans l'être, cette même loi ne doit-elle pas nous être imposée, à nous, le seul être créé à qui l'immortalité soit promise? Donc il est naturel que nous aimions notre être, et que nous l'aimions dans les meilleures conditions de son existence et de son développement. L'amour de soi a donc une triple forme : l'amour de la vie, d'abord, et à cause de l'amour de la vie, l'amour de la vie heureuse, ou du bien-être, et enfin l'amour de la vie active, ou de l'expansion naturelle de nos facultés.

§ 1. L'AMOUR DE L'ÊTRE.

C'est une observation vulgaire que l'amour de la vie est un sentiment qui ne meurt pas en nous. Il faut d'affreuses douleurs pour l'effacer un moment; ou plutôt on ne l'efface pas, et c'est sa persistance qui rend le suicide si difficile.

Un homme franchit le parapet d'un pont et se jette à l'eau. Si, au même moment, quelqu'un se précipite à côté de lui pour le sauver, il est bien rare qu'il re-

---

dernière fin que sa propre satisfaction. » Malebranche, *Recherche de la vérité*, livre IV, chap. v.

pousse la vie qu'on lui rapporte. Il tire de ce voisinage de la mort un amour plus ardent de la vie. Tout lui paraît changé, depuis qu'il a cru tout perdu.

Il n'y a pas de bagne où l'on ne puisse se faire raconter l'histoire de quelque condamné à perpétuité surpris dans ses tentatives d'évasion par un danger de mort, et qui appelle alors du secours avec d'aussi vives instances que si on devait lui rendre la liberté avec la vie. Que demande-t-il pourtant? La privation éternelle des consolations de la famille et de l'amitié, l'accouplement de toutes les heures avec un scélérat, la livrée de l'infamie, le fouet du garde-chiourme, la gêne, la fatigue; plus que cela, le cachot, la double chaîne et la bastonnade, châtiment du forçat évadé : une vie pire que la mort.

Qui de nous n'a vu de ces moribonds, dont les souffrances effrayent la pensée, et qui, suivant l'expression consacrée, ne veulent pas mourir? Qui n'a été frappé de cette préoccupation d'en finir du premier coup, que l'on constate dans la plupart des suicides? N'y a-t-il pas comme un abîme entre ces deux actes, se suicider, ou persévérer dans le suicide? Est-il besoin d'avoir vu de près les angoisses des condamnés pour connaître la force de ce double sentiment : l'amour de la vie, l'horreur de la mort?

> « Debilem facito manu,
> Debilem pede, coxa;
> Lubricos quate dentes :
> Vita dum superest, bene est[1]. »

L'amour de la vie nous est si naturel, qu'il vit en nous lors même qu'il n'avertit pas notre conscience. Quand il n'est pas une passion, il est un instinct. Nous

1. Mécène, dans Sénèque, *lettre* 101.

n'avons pas besoin de réfléchir, nous n'avons pas même besoin de penser, pour nous raccrocher, en tombant, à la branche qui nous sauvera ; et si nous pensons, si nous voyons le péril, alors, à la place de l'instinct qui disparaît toujours devant la volonté, s'élèvent un désir si ardent, une volonté si énergique, que rien de plus fort ne pourrait être conçu par la pensée ni exprimé par le discours.

Que l'amour de la vie soit distinct de l'amour des jouissances de la vie, c'est ce que prouve assez l'exemple des moribonds, des incurables, des condamnés à perpétuité, de tous ceux pour qui la vie paraît n'être qu'une longue douleur, et qui cependant sont attachés à la vie. Il ne faut pas même croire qu'il reste, dans ces derniers degrés de la misère humaine, des phénomènes essentiels à la vie qui nous procurent quelque douceur, et par lesquels la plus triste vie nous soit encore désirable. Non, ce n'est ni la lumière du soleil, ni l'exercice de la pensée, ni aucune fonction vitale que regrette le mourant : c'est la vie elle-même.

L'amour qui nous attache à la vie est-il resserré dans l'espace qui sépare notre naissance de notre mort? La vie que nous aimons est-elle uniquement cette vie terrestre? L'inévitable mort ne change-t-elle pas pour nous de caractère quand, au lieu d'apporter avec elle le néant, elle ne paraît plus que le commencement d'une existence nouvelle? Qu'y a-t-il de si puissant dans ces pensées d'immortalité qui nous soutiennent dans l'agonie et nous consolent de mourir? Est-ce l'espoir d'une félicité sans bornes qui nous séduit, ou ne sentons-nous pas, à côté de ces espérances, le bonheur, l'immense bonheur de ne pas tomber dans le néant? d'échapper à cette destruction de notre être, de sauver notre pensée, notre conscience, notre cœur, tout ce moi qui nous est si cher, et d'entrer en possession de la vie réelle, après cet usufruit de la vie terrestre?

§ 2. L'AMOUR DU BIEN-ÊTRE.

La seconde forme de l'amour de soi, après l'amour de la vie, est l'amour ou le désir du bien-être. C'est ici que la passion paraît essentiellement multiple et diverse. Les moralistes pourraient faire une nomenclature interminable, et beaucoup d'entre eux se sont laissé aller à des distinctions qui perdent de leur utilité à force d'être minutieuses. En nous en tenant à une esquisse générale, nous serons déjà assez encombrés de détails. Nous en dirons seulement ce qu'il faudra pour montrer qu'il peut y avoir des degrés de valeur morale entre les diverses formes du même principe, et pour indiquer la règle d'après laquelle doivent être classés tous les amours que l'amour-propre engendre dans le cœur humain.

Nous dirons d'abord un mot des préoccupations qui concernent la santé et qui sont la forme la plus générale de l'horreur du mal physique. Il y a un certain plaisir bien naturel et bien permis à se sentir dans un corps libre, dispos, actif, dont tous les membres et tous les organes fonctionnent bien. On peut même considérer comme une obligation d'entretenir la bonne disposition du corps, afin qu'il ne nuise pas aux actions de l'âme, et qu'il leur serve d'intermédiaire agile et sûr. Mais il faut craindre de pousser trop loin ces soins et cette complaisance.

Le corps est, après tout, un assez mauvais compagnon. Quand il souffre, il nous remplit de ses doléances; et quand il est trop repu et trop satisfait, il nous remplit de ses joies. S'il faut le nourrir et l'entretenir, il faut aussi le dompter, le morigéner, le forcer à garder son rang de serviteur. Les soins excessifs qu'on lui donne finissent, avec le temps, par tourner en nécessités. Il devient exigeant, tendre, maladif, incapable de supporter la fatigue et la douleur. Le comble, c'est que la plupart des esprits, *delicata et umbratica turba*[1], voient un raffinement de civilisation dans cet assujettissement à la matière; l'oppression du corps sur notre âme va jusque-là. Nous traitons de gens grossiers et de mal-appris ceux qui, par leurs habitudes simples et naturelles, échappent à cette servitude. Les femmes surtout tirent gloire de leur délicatesse, et quelquefois de l'imbécillité de leurs membres et de leurs organes. Bossuet les en reprend assez durement : « Les femmes, dit-il, n'ont qu'à se souvenir de leur origine et, sans trop vanter leur délicatesse, songer après tout qu'elles viennent d'un os surnuméraire, où il n'y avait de beauté que celle que Dieu voulut y mettre[2]. »

Outre cette forme négative de l'amour du bien-être, qui est plutôt la crainte du mal physique, nous sentons en nous une tendance à rechercher les plaisirs physiques, les plaisirs des sens. Parmi les plaisirs des sens, nous parlerons d'abord de ceux qui sont attachés à des appétits.

Les appétits nous ont été donnés pour assurer la conservation des individus et la reproduction de l'espèce. Ils sont au nombre de trois : la faim, la soif et l'appétit du sexe.

---

1. Sénèque, *des Bienfaits*, livre IV, chap. II.
2. Bossuet, *Élévations*, 2ᵉ élévation de la cinquième semaine.

Avoir faim, c'est éprouver une certaine douleur, d'une espèce particulière, que tout le monde connaît et que personne ne confond avec aucune autre. Cette douleur est invariablement accompagnée, dans l'état actuel, du désir de la nourriture, soit que dès l'origine la nature nous ait inspiré ce désir en même temps que cette douleur, soit que nous ayons d'abord instinctivement contracté l'habitude d'éprouver ce même désir, aussitôt que la douleur de la faim se fait sentir. Cette douleur et ce désir vont toujours croissant et acquièrent toujours un nouveau degré de violence, jusqu'à ce que le désir ait été satisfait et la faim apaisée ou guérie. Ils cessent alors, mais pour renaître après un intervalle déterminé. Ainsi la faim consiste en une douleur particulière, accompagnée du désir de la nourriture ; elle cesse aussitôt que nous avons pris des aliments ; elle renaît à des intervalles périodiques. La soif se comporte absolument de la même façon ; toute la différence est dans la périodicité, plus régulière pour la faim, et cette différence s'explique aisément par la structure de notre corps et l'usage que nous faisons de la boisson et des aliments.

L'appétit du sexe, comme ceux de la faim et de la soif, consiste en une douleur d'une nature particulière, accompagnée d'un désir. Il cesse momentanément après avoir été assouvi, et renaît au bout d'un intervalle plus ou moins long. Seulement la douleur est moins forte, moins facile à discerner ; elle ne s'accroît pas, comme celle de la faim ou de la soif, jusqu'à devenir intolérable et mortelle, et la raison en est fort simple : c'est que la nature n'a pas besoin que chaque individu se reproduise, tandis que la nécessité de l'alimentation est absolue. Pour le même motif, la périodicité est ici presque nulle ; mais, comme le plaisir attaché à la satisfaction de cet appétit est beaucoup plus vif que celui qui accompagne la satisfaction de la faim ou de la soif, le désir a une énergie et une violence toutes spéciales, et remue plus profondément peut-être que tout autre notre sensibilité. Il faut ajouter, d'ailleurs, que l'appétit du sexe ne se développe presque jamais sans être sollicité par l'impression particulière que produit sur nous la beauté dans un sexe différent; il est donc généralement accompagné de l'amour, affection d'une nature agréable, mais envahissante, et qui concourt, avec l'appétit du sexe, à troubler violemment notre âme.

On a remarqué que la nature avait été prévoyante, en n'abandonnant pas à notre raison toute seule le soin de nous conserver et de nous reproduire. Elle a attaché de très-vifs plaisirs aux diverses fonctions qui assurent la conservation de l'individu et la perpétuité de l'espèce; elle nous a obligés, sous peine de mort, de prendre fréquemment de la nourriture, et d'en prendre régulièrement, sous peine de nous faire une santé débile. Ce n'est pas tout : en nous avertissant ainsi par les appétits de la nécesité d'accomplir les fonctions, elle nous donne du même coup un second avertissement, celui de ne pas accomplir les fins de l'appétit en l'absence de l'appétit lui-même. Elle nous prend, pour ainsi dire, dans sa main, et nous soustrait, autant qu'elle le peut sans détruire la liberté, à notre paresse, à notre légèreté et à notre intempérance.

Tous nos appétits sont susceptibles d'éducation et de dépravation. Ainsi, on s'habitue à l'abstinence; et l'abstinence, pour chacun de nos appétits, n'a d'autres limites que les nécessités physiques de notre nature. Elle peut être absolue pour l'appétit du sexe, et, malgré tout ce que l'on peut dire du vœu de la nature, la nature, n'ayant pas besoin que tous les individus se reproduisent, peut permettre que la continence soit non-seulement possible, mais facile. Elle l'est pour une âme bien gouvernée, que ne trouble aucun souvenir voluptueux, et qui, ne voulant pas céder à cet appétit, tient tous les autres en bride. Quoique la virginité ne puisse et ne doive être qu'une exception, il n'est ni juste ni philosophique de la condamner, puisqu'elle n'est pas contraire au plan de la Providence, et qu'elle inspire toujours un certain respect à une âme droite et exempte de préjugés. Quant à la faim et à la soif, nous pouvons arriver graduellement à les restreindre dans des bornes étroites. Non-seulement nous pouvons retrancher toutes les superfluités destinées à flatter le goût, et qui n'entrent pas dans l'alimentation; mais nous arrivons à prolonger de beaucoup les intervalles entre nos repas, et à diminuer dans des proportions considérables la quantité de la nourriture, sans qu'il en résulte de perturbation véritable dans notre santé. Le jeûne, s'il n'est pas poussé à des excès incompatibles avec les besoins physiques de notre corps, cesse assez promptement d'être pénible, pourvu que la nature soit secondée par l'ensemble du régime. C'est ainsi qu'on voit des religieux jouir d'une santé robuste, quoique réduits à une alimentation insuffisante, tandis que les mêmes privations, imposées par la misère, épuisent et débilitent un ouvrier à côté d'eux.

Nous ne sommes donc pas en réalité asservis à nos appétits; ou du moins il en est un que nous pouvons dompter absolument, et nous exerçons un empire très-étendu sur les autres. C'est là un fait très-important, et que la lâcheté humaine aime à se dissimuler. Nous sommes prompts à changer une difficulté en impossibilité, parce que cette impossibilité prétendue sert de couverture à nos faiblesses. Nous éclatons en plaintes pour la plus légère privation ; nous avons des emportements et des fureurs, qui sont autant de blasphèmes contre la Providence, et qui prouvent également contre notre bon sens et notre courage. Pour nous guérir de cette délicatesse, de cet attachement à nos moindres besoins, lisons dans l'histoire les chefs-d'œuvre d'abstinence inspirés par l'esprit religieux. Ce fanatisme, si c'en est un, a du moins pour nous ce grand résultat de nous montrer des souffrances acceptées avec résignation, recherchées avec amour, auprès desquelles nos prétendus malheurs ne sont que des tracasseries d'enfants gâtés. Nous rions de pitié quand on nous présente un sybarite blessé par le pli d'une fleur sur le lit de roses où il est couché ; mais que penserait de nous l'ouvrier qui n'a que du pain et de l'eau après treize heures de fatigue, s'il nous entendait gémir sur la frugalité de nos repas, ou le moine, élevé comme nous dans l'abondance, qui a quitté le monde et les délices du monde, pour aller sur le mont Saint-Bernard vivre de privations et sauver la vie aux voyageurs égarés ? Il n'est pas ordonné à tous les hommes d'être austères ; mais c'est un devoir et une convenance de n'accepter les douceurs de la vie que comme une heureuse rencontre, de ne pas s'y attacher, de ne pas s'en rendre esclaves, et surtout, quand on a le malheur de s'en laisser dominer, de ne pas étourdir les autres hommes de cette misérable vanité, et de ne pas tourner sa faiblesse en ostentation. *Laudant enim ea quibus erubescant, et vitio gloriantur*[1]. Les stoïciens pensaient que, pour la plupart des riches, il ne fallait pas dire : Ils possèdent cent mille écus, mais bien : Cent mille écus les possèdent. Voilà un beau

---

1. Sénèque, *de la Vie heureuse*, 12.

sujet de vanité que de s'être mis au service de son ventre, et de n'avoir plus que tout juste assez d'intelligence pour discerner le mérite d'un cuisinier! Allez donc vous vanter de ces talents à la porte des taudis où d'honnêtes gens meurent de faim!

Voici comment nos appétits se dépravent : c'est quand nous nous livrons tellement au plaisir attaché à la satisfaction de chacun d'eux, que nous désirons plutôt ce plaisir que l'accomplissement des fins de la nature. Il arrive alors que nous continuons de manger ou de boire quand l'appétit a cessé, et que nous avons recours à des raffinements pour le réveiller, pour lui rendre une vie factice. Nous apprenons même des secrets pour faire renaître avant le temps l'appétit ou ce qui en tient lieu. Nous droguons notre estomac pour le mettre en état de suffire aux exigences de notre palais. Nous consommons à ce jeu la substance de deux hommes et la fortune de vingt familles. Nous passons notre vie à manger et à digérer ; et nous réduisons notre âme immortelle à envier la capacité des animaux chercheurs de truffes.

En tout, dans le bien comme dans le mal, il faut remarquer la solidarité des appétits. Un estomac plein de boissons et de viandes nous dispose à la luxure, tandis que la modération nous apaise partout, et nous rend capables de continence et de modestie. C'est une erreur et une faute de négliger le corps et de le traiter de guenille ; mais quel est l'homme instruit de notre avenir qui hésite entre la faute de négliger le corps et le crime de l'adorer ?

Nous pourrions examiner ici tous les plaisirs des différents sens qui ne se rattachent pas aux appétits par un lien direct, les plaisirs de l'odorat, de l'ouïe, de la vue. Ces études, d'un haut intérêt pour la psychologie et la physiologie, ne rentrent pas dans notre dessein. Contentons-nous de remarquer en général qu'il y a pour chaque sens des plaisirs simples, naturels et vrais, et des recherches efféminées. En ce qui touche à l'art et aux plaisirs qu'il donne, disons seulement qu'il tombe dans le faux toutes les fois qu'il va chercher la perfection au delà de la vérité. Le grand art imite le grand artiste, auteur et modérateur de la nature. Il est simple, mâle et correct comme lui. Il élève et fortifie l'âme, au lieu de l'affadir et de la troubler.

En étudiant jusqu'ici les différents modes de cette forme de l'amour de soi que nous avons appelée l'amour du bien-être, nous n'avons rien rencontré qui suppose nécessairement la vie sociale. La société augmente et modifie tous nos plaisirs; mais, réduits à l'état de nature, nous n'en aurions pas moins nos appétits et nos sens. Nous trouvons maintenant devant nous les formes diverses revêtues par l'amour-propre dans nos relations avec les autres hommes. On peut les réduire sous trois chefs : l'amour de la propriété, le désir d'estime et le désir de pouvoir. Ces trois sentiments, lorsqu'ils sont contenus dans de justes bornes et réglés par une volonté supérieure, peuvent vivre ensemble dans le cœur de l'homme; mais, dès qu'ils s'exaltent et prennent des forces, ils font naître trois caractères différents, l'avare, l'ambitieux et le superbe. Il n'est pas rare de voir des hommes sacrifier la fortune à la vanité ou au désir du pouvoir; il l'est encore moins de voir des richesses achetées au prix de la honte.

Nous commencerons par l'amour de la propriété, qui suppose bien sans doute l'organisation civile et qui, en définitive, y concourt très-puissamment, mais qui, par sa nature et par ses effets immédiats sur le cœur de l'homme, tend plutôt à l'isoler de ses semblables qu'à le porter vers eux.

L'amour de la propriété est-il réellement un fait de la nature humaine? On ne saurait en douter. Beaucoup d'hommes ne voient dans la propriété que le moyen de jouir, mais beaucoup aussi veulent posséder pour posséder. Ils jouissent mieux et autrement de ce qu'ils possèdent que de ce qu'on leur prête; ce qui leur était assuré pour l'usage leur devient plus précieux et plus cher, dès qu'à l'usage se joint la propriété du fond. « Ceci est à moi » est une expression qui n'a pas besoin, pour trouver un écho dans le cœur de l'homme, d'évoquer la suite des jouissances que la richesse donne, et l'on peut même dire que plus l'amour de la propriété est puissant sur une âme, plus elle devient indifférente à tout autre plaisir que celui d'accumuler.

Cet amour, qu'on ne peut nier, est-il naturel ou factice? le devons-nous à la société et à l'éducation, ou à la nature ?

L'éducation le développe et le transforme, mais c'est la nature qui l'inspire.

Pour en juger sainement, il ne faut pas prendre l'amour de la propriété dans ses applications les plus apparentes et en quelque sorte les plus extérieures. Assurément, la nature ne nous inspire pas l'amour de l'or et de l'argent, ou l'amour de ces papiers timbrés qui représentent de grosses sommes. Nous apprenons à aimer les valeurs de convention, mais nous l'apprenons aisément, parce qu'il y a en nous un penchant naturel à l'appropriation. Plus nous nous élevons à la connaissance des conventions humaines, et plus nous étendons la sphère dans laquelle ce penchant s'exerce; mais, avant toute convention, il vit déjà chez le sauvage, chez l'enfant, chez l'idiot, chez le sourd-muet. Les premiers objets auxquels il s'applique sont les plus voisins de nous, les plus immédiatement utiles. Par exemple, nous nous emparons avec empressement et avidité des aliments nécessaires à l'apaisement de notre faim, et nous ne souffrons pas qu'on nous les arrache. Une prévoyance qui ne suppose aucun effort d'esprit nous porte à les emmagasiner, à les thésauriser, et nous sommes enclins, aussitôt que nous avons pris la peine de les recueillir, à jouir de leur entassement, à les protéger contre toute attaque et à assimiler les tentatives d'autrui sur cet amas que nous avons fait, à une attaque contre notre personne. Peu à peu, cet empire légitime que nous nous attribuons sur les fruits de notre travail, nous l'étendons aux instruments de travail, et, de proche en proche, à tout ce qui facilite ou le travail ou l'approvisionnement. Il nous semble que notre personne s'agrandit de tout ce qui s'ajoute à notre propriété; et il est vrai de dire pour le moins qu'en tout ce qui touche au monde physique, les limites de notre puissance reculent à mesure que nous soustrayons à la puissance d'autrui et que nous marquons de notre sceau un plus grand nombre d'objets. Comme notre corps, sans être nous, est pourtant à nous, et que la nature nous inspire une secrète joie à disposer librement de nos facultés, à les fortifier, à les étendre, il y a dans toute possession un grand sentiment d'indépendance, de liberté, de puissance, quelque chose de rassurant contre les agressions du dehors et les besoins du dedans, et comme un accroissement de la sphère de notre personnalité. Lorsqu'une propriété spéciale nous a longtemps appartenu, et que nous l'avons fréquentée, elle nous devient plus chère encore, par un sentiment analogue, parce que nous y attachons les souvenirs de notre vie. Cet amour de la propriété n'est pas seulement un amour du bien-être, c'est l'amour même de l'être.

L'expérience de tous les âges confirme ces données. Si l'on y regarde de près, il y a toujours une certaine peine dans tout changement de propriété. On désire échanger un objet ; au moment de le livrer, on sent un regret. Quand ce regret ne nous frappe pas, c'est qu'il est surpassé et comme couvert par le désir et la joie de la possession nouvelle. Dans le cloître, une des vertus difficiles au moine, c'est le renoncement. Le vœu de pauvreté est déjà bien dur, quoique la vie soit du reste assurée; mais le renoncement est quelque chose au delà : c'est la pauvreté dans la pauvreté ; c'est la privation, non de la propriété, qui ne subsiste plus en religion, mais de l'appropriation. Le moine, qui n'a plus ni terres, ni capitaux, a sa cellule. S'il couche au dortoir, il a son bréviaire. Si les livres sont en commun, il a son froc, son cilice, ses instruments de travail ou de pénitence. Il s'affectionne à ce dernier compagnon ; il y tient, il le soigne, il le préserve de toute atteinte; il l'empreint autant que possible de sa personnalité; il éprouve pour cette pauvre richesse, *mea paupera regna*, toutes les angoisses et toute la passion d'un avare. Si quelquefois l'amour de posséder, ainsi restreint dans son objet, ne conserve pas d'intensité, c'est que le vieil homme est bien mort, et que l'âme ne tient plus à la guenille.

Qui n'a observé l'amour de la propriété chez un enfant? Les biens indivis possédés par deux marmots, deux frères, ne leur sont rien auprès d'un affreux jouet qui est leur propriété exclusive. Ce sont de petits détails et de petites choses; oui, mais des détails vrais et des choses qui prouvent que la nature nous inspire le goût et le désir de posséder. Il ne siérait pas aux philosophes de nier la réalité d'un sentiment que la première nourrice venue est à même de constater trois fois le jour.

Que les lois civiles d'un pays règlent ensuite la propriété avec plus ou moins d'équité et de discernement; qu'elles donnent ou refusent à l'État le droit d'expropriation pour cause d'utilité publique; qu'elles fassent de l'impôt une cotisation librement consentie ou une taxe imposée arbitrairement; qu'elles permettent à l'infini la succession en ligne directe et en ligne collatérale, ou ne la tolèrent seulement que dans la descendance en ligne directe; qu'elles établissent les droits d'aînesse, les majorats, les substitutions, ou l'égalité des partages avec la représentation par souches; qu'elles consacrent le droit absolu de tester ou limitent à cet égard même la puissance paternelle, ce sont des questions d'un autre ordre, qu'il ne s'agit pas ici d'examiner, et qui appartiennent à cette branche inférieure de la philosophie qu'on appelle la politique. Le tort de beaucoup d'esprits est de confondre la discussion d'une législation avec la discussion du fait philosophique sur lequel elle repose; et, par exemple, de regarder les arguments qu'on pourrait soulever contre le droit d'aînesse comme des arguments contre la légitimité de la propriété. L'amour de posséder s'accommode et se façonne aux lois de chaque pays, mais il est naturel dans son fond. Il n'est ni une abstraction ni un principe, mais un fait de la nature humaine, qui peut servir, entre autres preuves, à démontrer combien le droit de propriété est légitime. Il ne s'attache pas moins à un objet dérobé qu'à un objet régulièrement acquis, et c'est l'amour de la propriété qui arme le voleur contre le droit de propriété.

Comme le droit de propriété a été fort discuté dans ces derniers temps, il n'était pas hors de propos de rappeler que nous ne voulons parler ici que de l'amour de la propriété, qui est un fait psychologique, et nullement du droit de propriété, qui est un principe social; et c'est pourquoi nous n'avons à mentionner ni le droit qui résulte de l'appropriation des objets par le travail, ni le droit de premier occupant, ni les arguments tirés de la nécessité de fonder la liberté et de conserver la famille.

L'amour de la propriété, dans les âmes où il domine, a une énergie envahissante. Il concentre toutes les forces de l'esprit vers le gain; il efface les lois de la justice et celles de l'honneur; il ignore la pitié. La cupidité est, dans la société, la personnification féroce de l'égoïsme, comme la recherche effrénée du plaisir en est la personnification ignoble [1].

Même restreint dans des bornes plus étroites, l'amour de la propriété est essentiellement exclusif; il est sans cesse en lutte avec les désirs et les intérêts d'autrui; il ne peut se manifester sans être déjà une hostilité contre quelque chose ou contre quelqu'un; il est proprement

---

1. « Circa pecuniam plurimum vociferationis est : hæc fera defatigat, patres liberosque committit, venena miscet, gladios tam percussoribus quam legionibus tradit; hæc est sanguine nostro delibuta; propter hanc uxorum maritorumque noctes strepunt litibus, et tribunalia magistratuum premit turba; reges sæviunt rapiuntque, et civitates longo sæculorum labore constructas evertunt, ut aurum argentumque in cinere urbium scrutentur. » Sénèque, *de la Colère*, livre III, chap. xxxii.

l'intérêt de chacun armé contre l'intérêt de tous. Rien ne rachète d'ailleurs ce qu'il présente de répulsif et d'insociable ; il n'a ni la grandeur, qui ne manque pas toujours à l'ambition ou à l'orgueil, ni la grâce qui accompagne quelquefois la volupté.

Cependant, tel qu'il est, il a sa raison d'être, son emploi utile dans l'individu, dans la société, dans le monde. Il est un des stimulants les plus vifs du travail et la source la plus ordinaire des récompenses. Il a pour effet, dans toutes les sociétés humaines, l'appropriation de la terre, ou tout au moins des habitations, des vêtements, des ustensiles nécessaires à la vie, des fruits immédiats du travail et des instruments de labour, de chasse et de guerre ; il devient par là une des causes et une des garanties de l'ordre, de la sécurité, de la liberté. Sans l'amour de la propriété, et par conséquent sans la propriété, c'est à peine si la société civile serait possible.

Sans doute il est nécessaire que la tendance exclusive et égoïste de ce sentiment soit combattue par des penchants plus généreux ; mais l'amour de la propriété, comme l'amour de soi, dont il est une des formes, n'en est pas moins un bienfait de la Providence. Il faut que l'homme aime les hommes, et il faut qu'il se défende et se conserve. Toute substance doit conspirer à l'harmonie universelle, en concourant à l'ordre dans sa sphère d'action, et cela est vrai surtout de la substance intelligente et libre ; mais toute substance doit persévérer dans son être, et par conséquent les principes conservateurs sont aussi essentiels à l'individu, à l'espèce, à l'ordre social, au système du monde, que ceux qui commandent ou inspirent le sacrifice.

Le désir d'estime est certainement naturel à l'homme,

quoique l'éducation puisse beaucoup pour le développer et le modifier. Il n'est personne qui, dans une certaine mesure, ne soit sensible au blâme ou à la louange. C'est un des premiers sentiments qui se manifestent chez les enfants, et il n'en est point dont on tire un plus grand parti pour les élever. Toutes les sociétés civiles emploient le double ressort des punitions infamantes et des récompenses honorifiques. Enfin, chez les peuples les plus sauvages, on retrouve dans toute sa force ce penchant naturel à désirer l'admiration de ses semblables. L'Indien, qui se laisse couper en morceaux et brûler à petit feu, n'est payé de ses tortures que par l'admiration de sa tribu. Ce n'est pas le fanatisme religieux qui le soutient, c'est le fanatisme de l'honneur.

Il y a tant de vitalité dans ce sentiment que le condamné est encore sensible aux outrages que la loi lui fait subir sur l'échafaud où il va perdre la vie. Le forçat, après des années passées dans l'infamie, rougit de honte à certaines punitions ou à certaines injures ; la moindre marque d'estime le trouve reconnaissant. Lorsqu'il n'y a plus de place dans son âme aigrie, dépravée, pour ce dernier sentiment qui le rattacherait à la société des hommes, sa vanité se fait jour par un autre côté ; il tire son orgueil de sa honte, il se fait honorer par ses misérables compagnons en proportion du déshonneur dont la société le couvre. S'il est permis de citer, après des criminels, ces reclus volontaires qui s'enferment dans un cloître pour y commercer de plus près avec Dieu en l'absence du monde, quelle est, de toutes les vertus chrétiennes et monastiques, la plus difficile à exercer ? Le moine a beau marcher pieds nus, se couvrir d'un sac et se ceindre d'une corde : il ne veut pas qu'on oublie que ces humiliations sont volontaires ; plus il s'abaisse en actions et en paroles, plus il sent qu'il devient admirable et respectable; il porte les trous de sa robe comme le glorieux porte les broderies de son manteau. O race humaine, race de sophistes ! nous faisons tout tourner au profit de notre orgueil, et jusqu'à l'humilité.

Du moment que la nature elle-même nous porte à désirer l'estime de nos semblables, à jouir de leur approbation, à souffrir de leur blâme, il n'y a pas à rechercher sur quelles bases repose ce sentiment. Il est instinctif: aucune réflexion, aucun raisonnement ne le fait naître. Mais nous pouvons théoriquement nous rendre compte du but que s'est proposé la Providence en nous l'inspirant. Pourquoi ne nous a-t-elle pas rendus indépendants du jugement des autres hommes? Par une raison très-simple : c'est qu'elle nous a faits pour vivre dans leur société. Elle a donc voulu qu'il y eût entre nous, non-seulement une communauté d'affections, mais une communauté de jugements et d'impressions, afin que l'unité s'établît dans nos usages, dans nos mœurs, dans nos relations. Quoique l'originalité ait son prix, la conformité de sentiments a une importance plus grande encore pour le bonheur de la vie, et nous ne la remarquons moins que parce qu'elle est plus ordinaire. Celui-là s'en rend parfaitement compte, qui a passé plusieurs années dans une société étrangère à ses habitudes. Quand il rentre au milieu de ses amis, de ses compatriotes, de ses égaux, il lui semble qu'il retrouve son cœur, après avoir vécu longtemps sous l'oppression d'un rêve bizarre et terrible. Là est un des grands secrets de la douceur de la patrie et des habitudes familières. Quel puissant instrument de cette communauté de mœurs et d'impressions, que le besoin naturel de plaire aux autres, d'en être approuvé, de leur convenir ! Le désir d'estime est, au fond, un sentiment égoïste; mais, égoïste par son origine et par sa fin, il est social par ses effets extérieurs; il inspire le sacrifice, il conseille le dévoûement, il pousse, dans certains cas, à l'héroïsme, il remplace la vertu, il lui ressemble. C'est ce qui explique à la fois la sévérité des jugements humains contre lui, quand il ne se produit que par des paroles, parce qu'alors il blesse tous nos intérêts sans les servir, et la partialité de la société en sa faveur lorsqu'il se produit par des actes, parce que ces actes sont éminemment profitables à l'intérêt de tous, et qu'on sent confusément la nécessité de ne pas marchander la louange à un mobile d'action qui ne vit que de cette nourriture, et dont l'influence est extérieurement si salutaire. Le propre du désir d'estime est d'employer l'intérêt de la vanité à combattre tous les autres intérêts personnels.

Le désir d'estime nous rend encore un autre service, il a une autre raison d'être. Notre jugement est, de sa nature, corruptible et faillible; il a besoin de s'appuyer sur le jugement d'autrui. Aussi est-il bien rare qu'il ne soit pas, à son insu, guidé ou dominé par ce jugement de tout le monde qu'on appelle le sens commun. Un philosophe a dit que, dans les temps de révolution, il est plus difficile de connaître son devoir que de l'accomplir. C'est qu'alors, par exception, nous sommes véritablement obligés de juger tout seuls, de juger d'après nous-mêmes; mais le plus souvent nous n'avons à prendre une résolution que dans des affaires qui, nouvelles dans notre vie, ne sont pas, si on peut parler ainsi, nouvelles dans notre pensée; nous les avons rencontrées dans l'histoire ou chez nos concitoyens, avant de les rencontrer chez nous : elles peuvent prendre notre courage au dépourvu, mais, grâce au secret instinct qui nous porte à nous former une règle de conduite en étudiant la conduite et les opinions des autres, elles ne surprennent pas notre raison. Nous savons parfaitement quels sont les deux partis opposés entre lesquels il y a lieu de choisir, et surtout nous savons par qui telle conduite sera blâmée et par qui elle sera approuvée. En un mot, la plupart de nos affaires, quelle que soit leur importance, sont dans le courant de nos idées et de nos sentiments, et elles ne nous laissent guère que l'embarras de choisir entre deux routines. Nous nous trouvons dans une situation bien différente, lorsque les hasards de la vie ou les chances d'une révolution nous mettent en présence d'une résolution à prendre, dont nous ne connaissons l'analogue ni dans notre expérience ni dans celle des autres ; mais il faut convenir que rien n'est plus rare que de telles circonstances ; et quoique, par orgueil, nous aimions à nous persuader que nous avons eu maintes fois l'occasion de prendre parti dans des affaires entièrement neuves, la vie se passe, pour la plupart des hommes, à suivre une ornière toute tracée, ou, si l'on veut, à hésiter entre deux ornières. Quand nous avons dit : cela se fait ! nous avons prononcé notre plus grand oracle. « Cela sera universellement approuvé, cela déplaira, » voilà les principes d'après lesquels nous nous réglons. Nous regardons plus souvent de ce côté-là que dans notre conscience ou dans le fait même. Nous nous croyons sauvés si seulement nous avons découvert un précédent. Et, en effet, nous sommes sauvés de la solitude, sauvés de l'originalité, sauvés de la décision. Un précédent, qu'on y pense, c'est une ornière. Nous nous y replongeons, heureux de nous sentir protégés à droite et à gauche par ce garde-fou, et de n'avoir plus qu'à rouler sur une pente facile.

Il en est de même de la pensée. Les voies de l'intelligence sont comme battues et rebattues de toutes parts ; elles n'ont presque plus rien d'inexploré. Prenez un homme d'une capacité ordinaire, vous savez toujours ce qu'il va dire dans un cas donné. Quand il commence un propos, vous en prévoyez ou plutôt vous vous en rappelez la fin ; vous savez à l'avance son trait d'esprit, sa colère, son étonnement, son objection. La société d'élite raille impitoyablement cette vulgarité ; elle se croit beaucoup plus originale, beaucoup plus personnelle ; elle n'est guère que plus exclusive. Elle se nourrit de lieux communs moins communs. L'homme même le plus distingué doit presque toutes ses idées aux personnes qu'il a fréquentées, aux livres qu'il a lus. S'il en a, pour sa part, trois ou quatre qui lui appartiennent en propre, il passe pour esprit original ; c'est un homme hardi, un novateur. Tous les autres se jettent sur ces trois idées-là pour les remarquer, les commenter, les réfuter, les digérer ; et elles finissent, au bout de quelque temps, par rentrer dans le fonds commun de la société. L'homme est essentiellement un animal servile ; il l'est dans ses idées, dans ses sentiments, dans ses mœurs. Il a d'instinct une frayeur de la solitude. Comme les enfants qui tremblent la nuit si on les abandonne sans lumière, nous sommes tout effarés et tout éperdus quand nous nous trouvons hors de la foule. Nous nous laissons au contraire emporter avec bonheur par le courant humain, sans le savoir, sans y prendre garde, croyant faire preuve de force d'esprit et d'originalité, quand nous sommes seulement avec le petit nombre.

Est-ce un bien, est-ce un mal ? C'est un mal partout où les lumières individuelles suffiraient ; ailleurs, c'est un bien. C'est un mal encore quand nous donnons le pas à cette influence sur celle de la loi intérieure ; c'est un bien quand nous ne nous laissons aller à suivre le flot que là où la conscience ne parle pas. Il y a un courant de l'opinion qui égare presque toujours ; mais il y a un courant de l'humanité, sur lequel veille la Providence, et qu'on est heureux de suivre quand on ne sait pas se diriger soi-même. C'est comme un grand fleuve, divisé et agité à la surface par de petits courants qui se contrarient. Il vaut cent fois mieux suivre le cours du fleuve que de s'abandonner à ces retours capricieux ; mais ce qui vaut mieux encore, c'est d'avoir l'œil assez sûr et la main assez ferme pour conduire soi-même le gouvernail.

Heureux l'homme qui peut juger avec fermeté et indépendance les idées et les sentiments de son temps, de son pays et de sa caste ! Il y faut plus de droiture encore que de pénétration. Un cœur droit est le premier organe de la vérité[1]. Quand on est une fois sans préjugés, il faut savoir se soumettre à ce que l'opinion publique a de juste et d'acceptable, et, pour le reste, suivre uniquement sa conscience et accepter au besoin les injustices de l'opinion sans sourciller. Il est d'un sage d'avoir ce discernement et de pratiquer l'indépendance dans cette mesure ; mais il est d'un fou ou d'un homme dépravé de rompre en visière à tout le genre humain, de ne plus se soucier même de l'approbation des honnêtes gens, et de se faire, suivant une expression énergique, un front qui ne sache plus rougir.

Tout cela est également difficile et délicat pour la théorie et pour la pratique ; mais en voilà assez pour

---

1. « Oui, le meilleur précepte de logique que je te puisse donner, c'est que tu vives en homme de bien. » Malebranche, *Méditations chrétiennes*, IXe méditation, paragraphe 24.

montrer que le désir d'estime est une forme naturelle de l'amour de soi, qu'il a des applications utiles, d'autres funestes, et que, si nous sommes, en une foule de cas, obligés de le subir, en quelque sorte à notre insu, on ne doit jamais le prendre pour principe de ses jugements et pour règle de sa conduite.

Nous ne nous attacherons pas à énumérer les différents noms qui expriment les transformations du désir d'estime, depuis l'émulation jusqu'à la gloire, depuis la mode et le respect humain jusqu'à l'honneur, depuis la vanité jusqu'à l'orgueil. Mais nous devons, avant de quitter ce sujet, montrer avec quelque insistance l'influence particulière exercée sur le désir d'estime par l'éducation. Il y a la médecine du cœur, comme il y a celle de l'esprit et celle du corps :

« Mentem sanari corpus ut ægrum
Cernimus, et flecti medicina posse videmus[1]; »

et, de tous nos penchants, l'amour d'estime est peut-être celui qu'il est le plus facile de transformer. Comme il n'y a pas de grande action qu'il ne puisse conseiller, il n'y a pas de folie dont il ne puisse être cause.

Lorsque l'éducation et l'habitude exercent leur empire sur le désir d'estime dans des choses futiles, elles créent ce que l'on appelle la mode. La mode produit des effets purement extérieurs, comme, par exemple, lorsque je me mets à porter un vêtement que je trouve laid et incommode, sans autre motif que le désir d'imiter les élégants et d'être bien vu de leur coterie ; et elle produit aussi des effets au dedans de moi, et souvent des effets déplorables, lorsqu'elle va jusqu'à me faire trou-

1. Lucrèce, livre III, vers 446.

ver beau ce qui est laid, ou laid ce qui est beau. Les preuves de cette influence de la mode abondent, on en peut prendre de toutes mains. En voici une : Quand on nous représente, à vingt ans de date, nos propres costumes, nous ne pouvons nous empêcher d'en rire ; et nous les avons trouvés superbes dans ce temps-là. Ce n'est pas, comme on serait tenté de le croire, une pure question de tailleurs et de marchandes de modes ; non, c'est une question d'art. Pendant vingt-cinq ans, nos peintres ne peindront que le nu, et pendant vingt-cinq ans ils ne peindront que des draperies antiques, et puis la mode viendra de ne plus représenter que des héros en redingotes. Voltaire, à votre avis, était-il un homme de goût ? Cependant, si vous aviez osé devant lui préférer l'église de Notre-Dame à l'église de Saint-Roch, il vous aurait traité de barbare. Cette puissance s'insinue jusque dans les œuvres de l'esprit et dans la philosophie même. Il y a des manières de démontrer qui paraissent admirables pendant un quart de siècle et ne valent plus rien aussitôt après, et il y a aussi des questions qui agitent un beau jour tous les philosophes et disparaissent tout à coup comme par enchantement. Personne, au XVIIe siècle, ne se serait permis d'écrire sur la philosophie sans faire au moins un chapitre sur l'âme des bêtes. Aujourd'hui on ne s'en soucie plus, mais cela ne peut manquer de revenir. Il en est de tout cela comme des costumes et des oripeaux de théâtre qu'on renferme au magasin quand le succès de la pièce est épuisé, et qu'on exhume vingt ans après pour monter une pièce nouvelle.

« Sic volvenda ætas commutat tempora rerum :
Quod fuit in pretio, fit nullo denique honore :
Porro aliud succedit, et e contemptibus exit,

Inque dies magis appetitur, floretque repertum
Laudibus, et miro est mortales inter honore[1]. »

Quand l'éducation, l'habitude et les mœurs s'emparent du désir d'estime pour le modifier dans des objets de plus de conséquence, alors nous voyons naître une tyrannie qui, sous le nom d'honneur, nous impose souvent des opinions et des actions que la morale réprouve. Le nom d'honneur est révéré parmi les hommes ; il enveloppe plusieurs significations fort distinctes, et peut-être ferait-on mieux de réserver à l'espèce d'honneur dont nous voulons parler ici le nom de respect humain, que la morale chrétienne lui donne. Mais enfin, le mot d'honneur est celui dont on se sert le plus souvent pour désigner toutes les actions nobles et difficiles, accomplies, non pour plaire à Dieu ou pour obéir au devoir, mais pour arracher l'estime et la considération des hommes. Le faux honneur, ou respect humain, fait son profit de cette similitude de nom, et hérite un peu du respect que le véritable honneur nous inspire[2].

Voici une expression proverbiale digne d'être notée : Je mets, dit-on, mon honneur à ceci. Personne ne dira jamais : Voici à quoi je mets ma vertu. La vertu ne dépend de personne ; l'honneur dépend de tout le monde. Arrivés à un certain âge, nous croyons savoir et nous savons en effet ce que c'est que l'honneur ; mais il faut bien entendre qu'il s'agit de l'honneur de notre monde, de l'honneur pour aujourd'hui, de l'honneur depuis notre maison jusqu'à quelques lieues au delà, plus ou moins, selon l'étendue de notre horizon. L'honneur des

---

1. Lucrèce, livre V, vers 1275.
2. « N'y va-t-il donc que de faillir finement et subtilement ? » Montaigne, livre II, chap. XVI.

Romains ne les obligeait pas à se battre en duel; l'honneur des sauvages de l'Amérique les oblige à scalper beaucoup d'ennemis; l'honneur diffère pour les hommes et pour les femmes, pour les Français et pour les Espagnols, pour les riches et pour les prolétaires. Il y a l'honneur des négociants, celui des soldats, celui des médecins. Les nobles avaient un certain honneur qui n'était pas celui des roturiers. On peut changer d'honneur plusieurs fois dans sa vie, comme on change d'habitudes et de costumes; et c'est parce que l'honneur peut changer qu'on a pu faire ce proverbe : Dis-moi qui tu fréquentes, je te dirai qui tu es.

Mais ne confondons-nous pas ici le faux point d'honneur avec l'honneur même? Non, nous ne faisons que restituer à l'honneur son vrai caractère, qui est d'être variable, et de dépendre des mœurs, au lieu de les diriger. L'honneur n'est au fond que l'opinion régnante, c'est-à-dire rien de respectable. S'il y a un honneur qui consiste à faire toujours son devoir, à rendre aux hommes et à l'humanité tous les services qu'on peut leur rendre, à n'aimer et à ne fréquenter que ce qui est noble et pur, à n'humilier jamais la conscience devant l'intérêt, à respecter en soi et dans les autres la dignité de l'espèce humaine, cet honneur-là n'est que l'heureux accord de nos sentiments avec la justice; il n'est pas un principe souverain d'action, mais il est un auxiliaire qui rend plus facile l'accomplissement du devoir. C'est la vraie place et le vrai usage du désir d'estime, et la preuve la plus incontestable que, malgré tous ses dangers, c'est encore un bienfait de la Providence de l'avoir placé dans nos cœurs.

Un sentiment très-voisin de celui dont nous venons

de parler, c'est l'amour du pouvoir. Ils sont très-voisins, car le plus souvent ils naissent et se développent ensemble, et nous poussent aux mêmes désirs et aux mêmes actions. Il y a toujours, quoi qu'il fasse, de l'orgueil et même de la vanité dans l'ambitieux. Il refuse cependant d'en convenir. Il fait la même distinction que l'homme vertueux entre l'être et le paraître. Il crie bien haut qu'il ne tient pas à la décoration extérieure du pouvoir, pourvu qu'il en ait la réalité. Cela prouve seulement que sa vanité a quelque chose de substantiel, et qu'elle ne se contente pas de hochets comme les vanités de moindre volée.

Le désir du pouvoir, quand il s'applique aux grandes fonctions de la cité, s'appelle l'ambition. Il est rare que ces mots d'ambition et d'ambitieux se prennent en bonne part; on va même quelquefois jusqu'à en faire une injure. Pourquoi? C'est qu'on suppose avec raison que cette âpre compétition du pouvoir est un sentiment purement égoïste, et que l'ambitieux ne veut pas servir d'autre intérêt, en se poussant, que le sien propre. Il devient alors odieux pour un double motif : d'abord, parce que le moi est haïssable, surtout quand il s'étale et quand il s'impose; et ensuite parce qu'on se persuade, non sans raison, que celui qui ne voit que la satisfaction de ses instincts dans la possession du pouvoir n'usera de son autorité, quand il l'aura acquise, que pour l'agrandir et pour l'affermir. On commence par être un ambitieux, et on finit, en grand ou en petit, par être un tyran. Les hommes pardonnent volontiers au voluptueux, quoique ignoble, parce qu'en définitive, suivant le proverbe consacré, il ne fait tort qu'à lui-même, ou au vaniteux, parce qu'on en rit, mais jamais à l'ambitieux, parce qu'on en souffre. Sa passion ne se nourrit que de ce qu'il ôte à nos libertés.

L'ambition essaye de se grandir, parce qu'elle joue sa comédie sur un grand théâtre ; et les hommes se laissent presque tous prendre à cette piperie. Ils ne considèrent presque pas une action héroïque, si elle se fait dans un coin, humblement, sans appareil. Il faut, pour qu'ils la goûtent, qu'elle soit relevée de fanfares. Ils auront souvent plus d'admiration pour un grand crime que pour une vertu modeste. Jamais un grand médecin ne sera dans leur estime sur le même plan qu'un général. Ils se prennent par les yeux et par la peur. Ils s'indignent contre un bourreau qui les frappe bien, mais quelque admiration secrète se mêle à cette haine. Il y a des hommes qui ne peuvent pas se défendre d'ôter leur chapeau et de pousser des vivat quand ils voient passer un prince dans l'appareil de la souveraineté. Ils font cela d'instinct, comme ils applaudissent au théâtre quelque lieu commun de forfanterie. Celui qu'ils méprisaient hier justement, parce qu'il ne vaut rien, ils l'adorent aujourd'hui qu'il est devenu puissant, parce qu'ils adorent le pouvoir en lui. Ils ne font quelque cas de Thémistocle et de Périclès que parce qu'ils ignorent la géographie : ils les dédaigneraient s'ils savaient qu'ils n'ont défendu et gouverné qu'une petite ville[1]. Un jour que le roi Henri IV, si longtemps poursuivi par la haine des Parisiens, se rendait à Notre-Dame au milieu des acclamations de la foule, on voulut lui faire compliment de cet enthousiasme. « C'est un peuple, dit-il, si mon plus grand ennemi était là où je suis, ils crieraient encore plus fort[2]. »

L'ambition poussée un peu loin est d'autant plus haïssable qu'elle est, de tous les vices, celui qui nous dé-

---

[1] « Savez-vous pourquoi vous l'estimez grand ? Vous y comptez la hauteur de ses patins. » Montaigne, livre I, chap. XLII.
[2] L'Étoile, *Registre-Journal de Henri IV*, janvier 1595.

prave le plus. Il est de son essence d'idéaliser son but, de l'identifier avec le bien, de haïr ceux qui s'opposent à sa marche, de les condamner avec une sorte de bonne foi, de les écraser sans pitié, de les tromper sans pudeur, de violer les lois et la morale en les attestant, et de tout sacrifier, jusqu'à la probité et à l'honneur, pour se rassasier de vanité, de puissance et de richesses. C'est pour elle qu'a été faite cette maxime détestable : « La grande morale est l'ennemie de la petite; » ou celle-ci, qui, revient au même : « La fin justifie les moyens, » ou la théorie du succès, qui, prenant une cause pour justifiée dès là qu'elle est triomphante, absout le crime, en dépit de Dieu et de la conscience, par la seule énormité de ses bénéfices. L'ambition n'a pas même les allures hautaines dont elle se vante, et qu'elle essaye de prendre après coup; elle passe, pour arriver, par des souterrains; elle essuie des affronts : elle prend des airs serviles, elle rampe sur ses mains et sur ses genoux, elle baise la terre; elle se fait la servante des criminels. Il n'est pas d'abaissement qu'elle ne subisse, dans l'espoir de dominer.

Cependant tout est-il mauvais dans ce sentiment qui nous porte à désirer une portion de pouvoir? N'y a-t-il pas une ambition excusable, et même une ambition honorable? Quand on ne désire le pouvoir que pour se dévouer au bien de ses concitoyens, n'est-on pas digne d'estime, et même en certains cas, quand le fardeau est lourd, de respect et d'admiration? Mais qu'on y prenne garde; qu'on n'en croie pas aisément son cœur. Beaucoup arrivent à se persuader qu'ils ne veulent du pouvoir que pour faire le bien, quand ils ne cherchent au fond que le pouvoir et l'éclat qu'il donne[1]. Le bien public est

---

1. Platon, *Premier Alcibiade*.

chose trop sacrée pour qu'un honnête homme en fasse un prétexte à ses convoitises. Êtes-vous bien sûr d'être le plus savant, le plus capable? Ne vous jugez-vous pas avec partialité? N'y a-t-il personne qui pût faire le même bien à votre place? Si vous ne vous sentez pas capable de renoncer sur-le-champ à l'objet de votre ambition en faveur d'un plus digne, vous n'êtes que le serviteur de votre intérêt, et ces semblants de dévouement dont vous leurrez les autres et vous-même ne sont qu'une hypocrisie. Un dévouement qui profite ressemble trop à un bénéfice pour qu'un homme sage le prenne au sérieux.

Quant à ceux qui, sans forfanterie et sans hypocrisie, jugeant bien leur capacité, et se sentant assez de désintéressement pour exercer le pouvoir sans prévariquer, et pour le quitter sans étalage d'héroïsme, luttent à ciel ouvert et par des moyens honorables pour le conquérir, leur ambition est légitime : elle ne les fait pas grands : elle les laisse honnêtes. Nous sommes ici-bas pour une certaine œuvre, nous avons chacun nos capacités et nos aptitudes, nous les avons reçues pour le bien de la société autant que pour notre bien : nous ne devons pas les enfouir. Il est bon qu'un sentiment naturel nous pousse à les exercer, et nous récompense, par une joie modérée et pure, de les avoir exercées honorablement.

Si nous cherchons l'usage de l'ambition dans la vie privée, nous le trouverons tel que nous venons de le voir dans la vie publique. Il n'y a pas la différence que l'on croit entre la vie de la cité et la vie de la famille. L'homme et le citoyen sont faits sur le même patron, ou plutôt, le citoyen, c'est l'homme même. Les philosophes qui ont cru grandir le citoyen en étouffant l'homme, ont commis la même erreur que si, pour agrandir le fleuve, on commençait par en tarir la source.

Nous sommes placés, dans la famille, entre deux écueils égaux : l'inertie et la tyrannie. Vouloir faire ce qu'un autre ferait mieux, vouloir commander quand on n'est capable que d'obéir, c'est une faute et un malheur. Ce n'est pas une faute moindre, de laisser prendre à un autre la place à laquelle on était destiné par son rang dans la famille et par son aptitude. L'homme vraiment sage est celui qui, s'étant jugé, et reconnu propre au commandement ou à l'obéissance, accepte l'un avec modestie ou se résigne à l'autre avec dignité. Il faut craindre sans doute que l'ambition soit la couverture de l'orgueil ; mais il faut craindre aussi que la modestie ne soit qu'un prétexte à la paresse.

§ 3. L'AMOUR DU DÉVELOPPEMENT DE L'ÊTRE.

Est-ce pousser trop loin les divisions et les distinctions que de compter encore, après l'amour de l'être et l'amour du bien-être, une troisième forme de l'amour de soi, l'amour du développement de l'être ? Il est certain que toute cette analyse ne nous sert qu'à rendre compte d'un seul et même sentiment, et, comme ces nuances se dessinent sur un fond commun, il n'est pas étonnant qu'elles rentrent souvent l'une dans l'autre. On ne sait jamais, quand on étudie le cœur de l'homme, ce qu'on doit le plus admirer, de l'extrême complication de ses sentiments ou de leur variété infinie.

Le plaisir qu'on éprouve à exercer et à développer ses facultés peut tenir à l'amour de l'être, ou à différentes variétés de l'amour du bien-être, telles que l'amour du plaisir physique, ou l'amour de l'estime, ou l'amour de la puissance, etc. Ainsi, lorsqu'en remuant des fardeaux, j'éprouve la vigueur de mes membres, le plaisir que j'y prends peut avoir pour cause la conviction que ma santé est excellente, ou l'espoir de me faire admirer, ou celui de me faire craindre. Il en est de même de toute action intellectuelle et morale. Je prononce un beau discours : il est probable que la joie que j'en éprouve tient aux applaudissements du public ou aux résultats obtenus par mon éloquence. Je découvre, dans mon cabinet, une vérité nouvelle : serais-je aussi heureux de ma découverte, si je n'en attendais ou la fortune ou la gloire ? Je fais une bonne action : elle profite à ma vanité ou à mon avenir ; à tout le moins, elle me procure la paix de la conscience ; elle porte sa récompense en elle-même.

Ainsi la plupart de nos sentiments peuvent être expliqués par un autre, et c'est ce qui rend si difficile et si incertaine l'appréciation des actions humaines ; car c'est l'intention que l'on juge, et comment le spectateur étranger connaîtrait-il mon intention avec certitude, quand il m'arrive à moi-même de ne pas savoir exactement quel est celui des mobiles d'action qui me conduit ?

Cependant, malgré ces retours de la vanité, ou de l'ambition, ou de toute autre forme de l'amour-propre, on ne peut nier qu'en certains cas nous ne cherchions rien autre chose, dans l'exercice de nos facultés, que le plaisir même de les exercer. Il est dans notre destinée d'agir ; d'où il suit invinciblement que l'action doit être pour nous une obligation, un besoin et un plaisir. Ce plaisir, à la longue, disparaît, et fait place à la fatigue et à la douleur, lorsque nous soumettons nos facultés à un exercice trop violent et trop prolongé, parce qu'alors cet excès débilite nos forces, comme tout ce qui dépasse la mesure. Mais, tant que l'effort est proportionné à notre puissance, il accroît et fortifie nos facultés, et produit en nous, naturellement et directement, un vif sentiment de bien-être.

Il est facile de constater, en une foule de cas, le plaisir de voir pour voir, d'agir pour agir; le plaisir de mieux voir, grâce à un procédé nouveau d'éclairage, ou à l'emploi de quelque instrument; le plaisir d'une locomotion facile et accélérée. Dans un ordre plus élevé, il est incontestable que la joie d'une découverte peut être désintéressée, et tenir uniquement à cette disposition de notre nature qui se réjouit de toute activité, de tout accroissement. Cet exemple est frappant, nous nous y tiendrons, et nous ne le quitterons pas sans avoir insisté.

Le désir d'exercer ses facultés intellectuelles, c'est-à-dire le désir de connaître, a une telle importance, que la langue a dû le désigner par un nom particulier ; c'est la curiosité. La curiosité est souvent utile, et souvent nuisible; mais il est tout à fait incontestable qu'elle peut avoir en elle-même sa raison d'être, c'est-à-dire qu'on peut se livrer à des investigations, dans l'unique but de la satisfaire, sans aucune arrière-pensée.

Ainsi, dans les usages les plus vulgaires de la vie, si nous sommes dans la solitude, en rase campagne, et que tout à coup un bruit, un mouvement se produisent à côté de nous, nous en voulons savoir la cause; si, dans une foule, nous voyons plusieurs personnes s'arrêter sur un point, nous nous en approchons pour voir ce qu'elles font ou ce qu'elles regardent; si nous remarquons inopinément un changement dans les objets au milieu desquels nous vivons, nous n'avons pas de repos que nous n'en ayons découvert le pourquoi. Nous voulons savoir comment il se fait que notre voisin soit sorti plus tôt que de coutume ou rentré plus tard; nous nous inquiétons des bruits étranges de sa maison, de l'irrégularité de sa démarche et de ses allures, de l'altération de ses traits. Tout cela, c'est de la curiosité, et de la curiosité gratuite.

Sans doute, nous avons très-souvent besoin d'être avertis des causes de ce que nous voyons. Si, dans un désert, nous voyons les grandes herbes s'agiter, nous avons besoin de savoir que c'est un serpent qui se glisse près de nous. Si nos meubles ont été dérangés en notre absence, nous avons besoin de vérifier si un voleur ne s'est pas introduit dans notre maison. Il est utile de remonter à la cause d'un malaise que l'on éprouve. La société peut même avoir intérêt à connaître les changements extraordinaires qui ont lieu dans la situation de l'un de ses membres.

Mais ce n'est pas, la plupart du temps, par la préoccupation de cette utilité que nous nous mettons en quête de renseignements; c'est naturellement, par une impulsion irréfléchie, en cédant à une inclination primitive et toute spontanée. La moitié de ces enquêtes, qui nous occupent si longtemps, ne peuvent nous servir à rien. Nous le savons, mais nous les faisons pour notre amusement. Le mot mystère a, par lui-même, quelque chose d'attrayant pour nous. La plupart des conteurs n'ont pas d'autre secret que de piquer notre curiosité. Ce qu'ils nous racontent est incontestablement une fable, il ne nous servira de rien d'en savoir le dénoûment; cependant, nous voulons le savoir, et nous le voulons avec opiniâtreté. Notre plaisir est donc dans cette connaissance même. Si nous nous en allons avant la fin d'une pièce de théâtre, il faut, pour apaiser notre esprit, qu'on nous raconte la dernière scène. Nous dévorons avec avidité les détails d'un procès qui, par les personnes et les circonstances, n'aura jamais aucun rapport avec nous et nos affaires. Nous passons, sans trop nous en douter, les trois quarts de notre vie à deviner des charades.

Sans ce goût naturel qui nous porte à chercher la raison des choses, nous serions surpris à chaque instant par l'ennemi; aujourd'hui par la maladie, demain par les voleurs. Nous ne nous retournerions pas pour savoir quel est ce bruit derrière nous, quoique ce soit le bruit d'une maison qui va s'écrouler sur notre tête. La curiosité nous rend le même genre de service que les appétits. Elle supplée par un appétit à notre négligence. Elle nous récompense, par un plaisir présent, d'avoir songé à un intérêt futur.

En même temps, la vaine curiosité est un vice et un malheur. Elle nous prend ce que nous avons de plus précieux, car elle nous prend le temps, qui est l'étoffe dont la vie est faite. Elle nous rend insupportables et dangereux pour les autres; elle nous détourne de penser aux choses sérieuses et nous en rend incapables, en hébétant à la longue notre esprit. Elle nous accoutume tellement à vivre de futilités, et à ne nous occuper que du dehors, qu'elle nous ôte le goût et l'usage de la réflexion. Nous devenons ainsi comme une sorte de grands enfants, légers, distraits et crédules : des enfants sans l'innocence, la grâce et l'avenir. Voilà le double rôle de la curiosité dans les usages ordinaires de la vie. C'est la constante histoire de toutes les passions : utile quand elle est dominée, dangereuse quand elle domine.

Mais passons des petites choses aux grandes. La curiosité, quand elle ne s'applique pas à l'individuel, mais au général, est le principe de la science humaine. C'est la curiosité et non l'utilité qui engendre la science. Il importe de s'en convaincre, car la méthode, l'esprit et le caractère de toutes les sciences dépendent de leur origine.

Sous le règne exclusif de la théologie, on condamnait la curiosité. Il le fallait bien.

On a pu dire depuis qu'elle ne servait pas à notre bonheur. C'est suivant comme on l'entend. Montaigne a dit avant Pascal : « Il nous faut abestir pour nous assagir; » mais il reste à savoir si cette sagesse, gagnée au prix de l'abêtissement, vaut la peine d'être souhaitée. Lui-même commente bien ses paroles un peu plus loin, quand il ajoute : « Combien, et aux lois de la religion et aux lois politiques, se trouvent plus dociles et plus aisés à mener les esprits simples et incurieux, que ces esprits surveillants et pédagogues des causes divines et humaines[1] ? »

En ce moment, les amis désintéressés de la science sont plus rares que jamais. Notre organisation sociale nous partage en deux classes, le très-petit nombre, qui a une fortune assurée et suffisante, et le très-grand nombre qui est obligé de travailler pour vivre. Les riches le sont trop pour devenir des savants, et les autres ne le sont pas assez. Il est bien rare qu'un homme élevé dans le faste, au milieu de toutes les jouissances de la vie, soit arraché au luxe et aux plaisirs par la passion de l'étude; et il est bien difficile que dans des positions inférieures on échappe assez aux nécessités de la vie pour se vouer à un travail incessant et peu productif. Le métier tue la science. Soixante ans de révolu-

---

1. Livre II, chap. XII.

tions, en obligeant tout le monde à compter comme principale ressource, ou tout au moins comme plus solide ressource, sur sa propre capacité, ont tourné tous les esprits vers la pratique. L'éducation s'en est ressentie, et elle tend, depuis soixante ans, à descendre sans cesse des théories aux applications. Des causes d'un ordre plus élevé ont contribué aussi à fortifier cette tendance. On a vu trop de théories échouer ; on a payé trop cher des théories qui ne valaient rien ; on a pris les théoriciens en défiance, soit comme impuissants, soit comme dangereux. Enfin, quoique les opinions matérialistes commencent heureusement à disparaître, elles ont passé sur la France à la fin du xviiie siècle, et pendant tout le premier quart du xixe. Elles ont certainement pour effet de dégoûter les esprits de tout ce qui est spéculation pure. Nous avons gardé de leur longue domination l'habitude de juger les choses par leurs résultats, et même de vouloir des résultats hâtifs. Nous avons inventé un barbarisme pour exprimer une chose barbare : *le positivisme*, comme théorie, n'est rien du tout, mais comme fait, c'est un très-grand fait ; il a envahi la plupart des esprits. C'est le plus implacable ennemi du progrès, de la science et de la civilisation.

Sans doute il serait absurde de dédaigner les applications qui sont la vie même, ou d'élever des générations entières dans l'étude la théorie, comme on l'a trop fait à certaines époques déjà éloignées de nous. Nous sommes prêts à convenir qu'on abaisse en réalité le niveau des études, quand on s'efforce de l'élever trop haut pour tout le monde. Cette éducation ambitieuse ne fait ni des théoriciens ni des praticiens, car elle reste au-dessous des besoins des intelligences d'élite, sans se rendre accessible aux esprits vulgaires. En donnant à tous les mêmes aptitudes, ou du moins les mêmes prétentions, elle encombre l'entrée des carrières lucratives et honorifiques, prive les autres professions d'un recrutement nécessaire, engendre partout l'oisiveté et l'intrigue, et, par le défaut de préparation spéciale, compromet toutes les branches de l'industrie. Il est donc parfaitement raisonnable de diriger le plus grand nombre vers la pratique, mais à la condition de conserver son rang, c'est-à-dire le premier rang, à la théorie ; de fortifier les grandes études littéraires, philosophiques, scientifiques ; de seconder, d'activer leurs progrès par tous les moyens, et de reconnaître qu'elles sont le véritable trésor d'une société, la solide espérance de l'avenir. Il serait déplorable qu'à force d'exagérer les mauvaises conséquences de l'éducation exclusivement théorique, on en vînt à faire la guerre à la théorie elle-même, et à croire qu'il est possible de s'en passer. Qu'on étudie l'histoire des progrès de l'esprit humain, et l'on verra que toutes les grandes découvertes ont été les fruits heureux de la spéculation pure, et que c'est toujours en cherchant la vérité qu'on a trouvé l'utilité.

La science ne veut pas être prise ainsi par le petit côté. Celui qui ne s'occupe des principes qu'accessoirement, et pour arriver plus vite aux conséquences, ne connaîtra jamais les principes. Il ne fera que tâtonner. Ses expériences mêmes seront sans valeur, n'étant pas dirigées par une bonne méthode. Elles ne lui donneront presque jamais ce qu'il cherche, ou, si elles le lui donnent, ce sera par hasard. Si la science descend au point de ne plus être qu'une branche de commerce, il n'y aura plus de ces longues carrières vouées coûte que coûte à la poursuite de la vérité. On ne verra plus naître ces grands systèmes qui donnent un nom à un siècle et marquent de loin en loin, comme des jalons, la glorieuse route de l'humanité. La science ne sera pas seulement abaissée, elle sera détruite, car elle ne fournira plus que des expériences sans portée et sans coordination. Elle ne sera pas seulement détruite, elle sera déshonorée, car, au lieu de dominer et de diriger nos âmes, elle sera au service de nos convoitises. Comprendre ainsi la destinée et la nature de la science, c'est ressembler à ce ministre ou à ce cardinal qui voulait payer à la toise les tableaux d'un grand maître. Quand on ne préfère pas le *Discours de la méthode* à la plus grande découverte de la chimie, on n'est pas digne d'entrer dans une école ou dans une bibliothèque.

Heureusement pour l'humanité, il naîtra toujours des âmes avides de connaître, tourmentées du génie des découvertes, indifférentes à toutes les autres jouissances, ne comptant pour rien la fortune, insensibles à la misère, âpres au travail, insatiables de science, sans cesse tournées vers la vérité comme l'aimant vers l'étoile polaire, la cherchant à travers les fatigues et les périls, sans trêve ni repos, sans défaillance; gardant en elles-mêmes le feu sacré, malgré les découragements du dehors; pleines de cet ardent enthousiasme qu'on respire en travaillant pour les siècles, et en voyant s'ouvrir enfin devant son esprit des horizons qu'aucun œil humain n'a entrevus. C'est pour elles, c'est pour ces âmes d'élite qu'ont été créés les trésors de la pensée; elles se répondent à travers les siècles; chacune d'elles reçoit comme un héritage tous les travaux, toutes les découvertes, accumulés par les génies qui l'ont précédée, elle accroît à son tour ce dépôt sacré; elle rectifie cette expérience, elle découvre cette loi nouvelle, elle rattache ce phénomène à sa cause; elle trouve un anneau de plus de la chaîne divine qui rattache la création à la pensée créatrice. Si, chemin faisant, elle trouve une veine que l'homme puisse explorer dans son intérêt, elle la signale en passant pour que l'industrie s'y jette, et, poussant plus loin, elle court à la conquête de la théorie, seul aliment dont elle se nourrisse. O monde vivant! ô palais enchanté! ô séjour que n'habitent que les fortes intelligences, où la pensée ne recueille que des lois éternelles, où l'œil aperçoit les rouages qui font mouvoir ce grand univers, où d'une formule grande et simple sortent à profusion des lois pleines entre elles d'analogie, et pleines, dans leurs applications, de simplicité et de fécondité! Le même Dieu qui nous a créés pour regarder les astres a allumé dans nos cœurs cette soif ardente de la vérité, comme s'il voulait, dès ce monde, nous associer aux secrets de son œuvre et aux merveilles de son intelligence.

CHAPITRE III.

L'AMOUR DE L'HUMANITÉ.

> « Quid enim interest, motu animi sublato, non dico inter hominem et pecudem, sed inter hominem et saxum, aut truncum, aut quidvis generis ejusdem? » — Cicéron, *De l'amitié*, § XIII.

Les relations de l'homme avec les hommes peuvent se diviser en trois classes, car nous avons des relations avec la famille, avec la patrie et avec l'humanité tout entière; et la nature nous a aussi donné trois sentiments : l'amour de la famille, l'amour de la patrie et l'amour de l'humanité. Elle est attentive à placer dans notre cœur tout ce qui peut nous indiquer et nous faciliter nos devoirs [1].

§ 1. L'AMOUR DE LA FAMILLE.

Nous ne plaçons pas seulement sous le nom d'amour de la famille les sentiments que le lien du sang fait naître, mais tous ceux qui tiennent à la vie domestique. Nous sommes évidemment destinés à former autour de nous une petite société dans la grande, et, comme nous avons des sentiments qui s'épanchent sur toute la na-

---

[1] « Toutes les passions sont bonnes de leur nature, et nous n'avons à redouter que leur mauvais usage ou leurs excès. » Descartes, *les Passions*, III⁰ partie, article II.

ture, nous en avons qui ne dépassent pas l'horizon de notre foyer. Le premier de tous, le plus vif, sinon le plus profond, c'est l'amour qui unit un homme à une femme. On l'appelle par excellence l'amour, parce qu'il est de tous nos sentiments celui dont on parle le plus souvent et qu'on croit connaître le mieux.

L'amour a un lien étroit avec l'appétit du sexe ; mais on ne saurait cependant les confondre. L'un tient à ce que notre nature a de plus humble, et l'autre à ce qu'elle a de plus noble. Quoique l'amour commence le plus souvent par les yeux, il se nourrit de mille éléments étrangers à nos organes corporels ; des grâces de l'esprit, des qualités du cœur, des services rendus, des grandes actions accomplies. L'appétit du sexe nous est commun avec les animaux ; mais l'amour est un sentiment qui nous élève à nos propres yeux, et nous rend capables de grandes choses. Nous en aimons les images, tandis que les récits obscènes ne nous inspirent que du dégoût. C'est l'amour qui remplace la brutalité des sens par le sentiment de la pudeur. Il exalte tout ce qu'il y a dans nos âmes de noble et de délicat, et peut subsister longtemps après l'objet ou les qualités qui l'ont fait naître, comme un parfum qui n'abandonne plus le vase où la liqueur a séjourné.

Ce qui prouverait bien, s'il était nécessaire de le prouver, que l'amour est surtout l'union des âmes, c'est que notre jalousie ne s'arrête pas au corps. Nous sommes jaloux des préférences de l'objet aimé, de ses sentiments, de ses pensées. Nous souffrons de ne pas nous sentir aimés, nous voulons que l'amour réponde à l'amour. Nous nous inquiétons du passé et du lendemain. Une image, une chimère qui traverse la pensée nous fait obstacle, et nous paraît un vol fait à notre bonheur. Nous exigeons des promesses de fidélité, et nous souhaitons qu'on nous reste fidèle même après notre mort, parce que cette union des âmes immortelles a le besoin et comme l'instinct de l'éternité. Aucune âme ayant connu l'amour dans ce qu'il a de saint et d'élevé ne peut ignorer qu'il se croit indissoluble tant qu'il subsiste, heureuse et chère illusion! et la plus triste preuve qui puisse nous être donnée de la fragilité humaine, c'est la rupture d'un pareil lien, formé de tous nos amours.

Quelle est l'origine de l'amour, et quels sont les aliments dont il se nourrit? D'où lui viennent ses accroissements? Comment prend-il fin? Il est impossible de le dire, tant ce sentiment est variable. Le plus souvent c'est par les yeux que nous nous prenons, mais l'amour trouve mille portes pour s'insinuer dans les âmes. On sait comment le poëte fait parler Othello : « Je lui racontais mes dangers : je n'eus pas d'autre magie. » Est-ce par les ressemblances, est-ce par les contrastes que les âmes s'attachent? Tantôt c'est la conformité d'humeur qui nous lie, et tantôt c'est la différence des caractères. La beauté, la vertu, l'héroïsme commandent l'amour; et cependant il arrive que l'amour néglige ce qui est noble et grand, pour s'attacher à la laideur et au vice. Il semble que l'amour doive être sans nuage entre deux cœurs qui battent à l'unisson l'un de l'autre; mais il y a des exemples d'amours sans espoir, ou d'amours récompensés par la haine, qui s'irritent et s'exaltent par les obstacles, comme d'autres se développent et se fortifient par le succès. « C'est un feu téméraire et volage, ondoyant et divers, feu de fiebvre, sujet à accès et remises, et qui ne nous tient qu'à un coing. En l'amitié, c'est une chaleur générale et universelle, tempérée au demeurant, et égale, une chaleur constante et rassize, toute douceur et polissure, qui n'a rien d'aspre et de poignant[1]. »

L'amour a souvent pour effet de fausser notre jugement en tout ce qui touche à la personne aimée ; c'est le premier dommage qu'il nous cause, car rien n'est plus désastreux pour une âme que de se tromper sur les caractères du beau et de l'honnête, et d'admirer sous ces noms le laid et l'injuste. Il prend souvent une telle violence, qu'il obscurcit en nous le sentiment moral et nous excite à des actions que nous avons mille fois condamnées lorsque nous étions de sang-froid. Aucune passion n'est plus prompte à se rendre souveraine maîtresse de nos âmes, quand nous la laissons une fois se développer sans entraves. Elle est comme ces feux qui ont longtemps couvé, et qui sont inextinguibles lorsqu'ils éclatent en plein air, et que le vent les ravive et les agite de toutes parts. Autant un amour bien gouverné, et dont l'objet est réellement aimable, embellit et fortifie notre âme, autant un amour désordonné la déprave, et l'arrache au sentiment de la beauté et de la justice.

Est-ce à dire que, comme le veut la jurisprudenc des romanciers, l'amour soit une passion invincible ? Il ne l'est pas ; aucune de nos passions n'est invincible. Leur sort est de se fortifier de nos faiblesses, mais de céder à l'ascendant d'une volonté ferme et persévérante. Cette prétendue toute-puissance des passions n'est qu'un argument à l'usage des âmes molles. On aime mieux exalter la force de la passion, que d'avouer la faiblesse et la lâcheté de son cœur. Mais il faut savoir

---

1. *Essais* de Montaigne, livre I, chap. XXVII.

une bonne fois qu'il n'y a rien en nous que nous ne puissions dompter; que nous sommes réellement maîtres de nos amours et de nos désirs, comme de nos volontés[1]. Il faut se le démontrer à soi-même par l'expérience. Le cœur pourra saigner, mais la victoire est certaine, et l'homme n'est jamais vaincu que par sa faute. Il n'est vraiment un homme que s'il connaît cette toute-puissance de la volonté, et cette fragilité de tout le reste.

On ne saurait trop insister sur ces grandes vérités, que l'amour est un sentiment moral qui a pour but et pour effet d'unir deux âmes entre elles; qu'il choisit un seul objet de ses préférences et s'y attache avec une ardeur jalouse et toujours croissante; qu'il a le besoin de l'indissolubilité et de l'éternité des liens qu'il forme, et que pourtant il ne peut résister à l'énergie de notre volonté, quand nous avons entrepris de l'abattre. Ce sont là des faits de la nature humaine, et non des utopies. On peut essayer de rabaisser l'amour à n'être plus que l'union des sexes, comme chez les animaux; on peut demander la communauté des femmes et la dissolution des mariages par le divorce; on peut tenter de justifier les écarts de la passion en soutenant qu'elle anéantit le ressort de la volonté; mais, si l'on regarde au fond de son cœur, on sera forcé de reconnaître que la nature est contraire à toutes ces théories, et qu'elle nous a faits, non pour des amours de hasard, mais pour le mariage indissoluble, solennisé par la société humaine, et sanctifié par la bénédiction de Dieu.

---

1. « Et que personne ne dise ici qu'il ne saurait maîtriser ses passions ni empêcher qu'elles ne se déchaînent et le forcent d'agir; car ce qu'il peut faire devant un prince ou quelque grand homme, il peut le faire, s'il veut, lorsqu'il est seul ou en la présence de Dieu. » Leibnitz, *Nouveaux essais*, liv. II, chap. XXI, p. 139, édit. Am. Jacques.

Il suffit d'examiner séparément l'homme et la femme pour reconnaître la conformité des sentiments que nous venons de décrire avec les vues générales de la Providence. Dieu a fait l'enfant faible de corps et d'intelligence ; il a donc voulu qu'il trouvât un appui dans la famille. Il met l'enfant dans les bras de la mère ; mais, pendant qu'elle l'élève, que deviendra-t-elle elle-même, si l'homme n'est pas là pour la protéger et pour pourvoir à ses besoins et à ceux de son enfant ? Voilà le côté matériel de la famille, et la preuve que l'union de l'homme et de la femme doit être l'union persistante d'un seul homme avec une seule femme. Mais allons plus loin et plus haut ; regardons les âmes. L'enfant n'a pas besoin seulement de pain. Il faut soutenir et former sa jeune âme ; la soutenir par la tendresse, la former par la discipline. Qui sera sans cesse près de lui, pour lui inspirer tous les bons sentiments ? La mère. Qui lui apprendra les périls et les malheurs de la vie, la force de la volonté et la grandeur de la vertu ? Le père. Il aura ses deux bons génies, jusqu'à ce qu'il puisse voler de ses propres ailes. Même dans la maturité de la vie, ses souvenirs les plus fortifiants et les plus doux lui viendront du foyer domestique. Séparer le père et la mère après que l'enfant a été conçu, c'est vouer la femme à la misère, le père au libertinage, et l'enfant à l'abandon. Rendre cette séparation ou trop facile ou trop complète, ce n'est pas ébranler seulement la famille, c'est la détruire. Que ceux qui ne comprennent pas la force des premiers enseignements et des premiers exemples, ou qui ne voient pas que la dignité de la femme ne peut subsister sans la perpétuité du lien conjugal, reprochent à la nature ce qu'il y a d'exclusif et de durable dans l'amour.

La femme peut-elle vivre seule? dans l'état de nature, ses forces seraient insuffisantes pour la protéger, dans l'état social pour la faire vivre. Chargée nécessairement du soin et de la subsistance de l'enfant, elle aurait un double fardeau, et des ressources moindres, ce qui est deux fois contraire à la sagesse de la Providence. De ce seul fait qu'elle est plus faible que l'homme, il résulte évidemment que cette faiblesse doit être compensée par un droit, et qu'elle ne peut devenir mère sans y consentir. A quelle condition ce droit sacré peut-il être garanti? A la condition que la société intervienne pour consacrer et stabiliser le mariage. C'est la nature qui oblige la mère à prendre soin de l'enfant; il faut que la loi oblige le père à prendre soin de l'enfant et de la mère. Quel rôle plus noble que celui de la femme, dans cette union solennellement consacrée, qui lui rend par le droit l'égalité qu'elle n'a pas par la nature, et qui l'associe à un homme pour élever en commun leurs enfants dans la connaissance et dans la pratique de la justice! Hors de là, elle n'est plus qu'une esclave chargée de plaire aux hommes, jusqu'à ce que la maladie ou la vieillesse la réduisent à n'être pour eux qu'un objet de pitié. Peut-on se rappeler que l'âme de la femme est immortelle comme la nôtre, et supporter seulement la pensée de cet abaissement?

L'esprit de la femme a les mêmes qualités et les mêmes défauts que son corps; il est séduisant, il manque de force. Elle arrive plus vite que l'homme à un certain degré de culture; mais elle ne peut ni approfondir, ni aller en avant; elle ne crée pas, elle ne cherche pas; elle s'effraye dès qu'elle abandonne les sentiers battus; elle se sent déplacée partout où l'horizon s'étend un peu loin. Elle est faite pour concentrer son activité dans un cercle restreint, pour être le génie bienfaisant de la famille. A l'homme seul appartient d'agir au dehors, de gouverner l'État, de cultiver le champ de la science. Si les femmes sont conservatrices obstinées et utiles des usages et des convenances, si elles s'astreignent volontairement à une foule de bienséances dont le poids et les embarras doivent les fatiguer, c'est que, par leur nature, elles ont besoin de se sentir guidées, rassurées, abritées. L'indépendance n'est pas leur fait; elles en useraient mal, elles n'en sentent pas le désir. Celles qui, par une rare exception, parviennent à la célébrité, éprouvent toujours une certaine douceur à se soumettre à l'homme qu'elles aiment, et à ne paraître au dehors que comme les compagnes de son existence. Les plus grands génies parmi elles subissent l'influence des hommes, très-inférieurs, qu'elles consentent à aimer, et changent quelquefois de direction intellectuelle en même temps que d'amour. Elles n'excellent que dans la musique, la danse, dans tous les arts de style, ou dans le roman, parce qu'il y faut une observation fine, de l'esprit et de la grâce. Leur cœur même est fait tout exprès pour les dévouements exclusifs. L'amour de la famille y domine l'amour de la patrie et l'amour de l'humanité. On les voit, dans l'union conjugale, recourir à la direction de l'homme, toutes les fois que la circonstance est nouvelle ou grave; et cela est vrai, même des femmes très-supérieures, et de celles qui ont le goût et l'habitude de la domination. Il ne faut pas qu'elles se plaignent de cette infériorité, compensée d'ailleurs par tant d'heureux dons; car, si elles n'étaient pas inférieures par tout ce qui constitue la vie sociale et politique, la vie du dehors, il n'y aurait plus de raison pour que la loi divine et humaine leur assurât par le mariage l'égalité dans la vie de la famille. Il est juste, parce qu'il est naturel, que l'homme ait le pouvoir, et que la femme ait des droits ; et même, elle a d'autant plus de droits qu'elle a moins de force. On peut réclamer pour elle une protection plus efficace contre les abus de la force ; mais il faut bien mal comprendre et sa faiblesse et sa grandeur, pour se plaindre de la place qu'elle occupe sur le cœur de son mari et au berceau de son enfant. Les utopistes réussiront à ôter aux femmes la douceur, la grâce, la sécurité, la dignité ; ils n'en feront ni des guerriers, ni des savants. Elles ne seraient plus des femmes peut-être ; mais à coup sûr elles ne seront jamais des hommes.

L'homme, de son côté, a besoin pour remplir son rôle au dehors, de se reposer sur sa femme des soins de l'intérieur. Il a besoin, quand il a lutté tout le jour, de trouver à son foyer la consolation et la tendresse. Là seulement on trouve un cœur dont on est l'hôte préféré, toujours attendu, toujours accueilli. L'ami le plus cher a son rôle à remplir, son ambition à assouvir, sa réputation et sa fortune à accroître ; mais une femme n'a d'autre ambition, ni d'autre fortune, ni d'autre gloire que celle de son mari ; elle met cette image dans tous ses rêves ; elle s'en remplit l'imagination et le cœur. L'homme, au premier pas qu'il fait hors du seuil domestique, se trouve seul au milieu de la foule ; son esprit abonde dans son sens, sa volonté devient obstinée, son cœur s'endurcit. La femme lui est nécessaire, non-seulement par la tendresse qu'elle lui porte et par celle qu'elle lui inspire, mais par les soins qu'elle lui impose, et souvent même par les sacrifices auxquels elle l'astreint.

Depuis que Platon a consacré, dans *le Banquet*, cette fable de l'être humain, d'abord homme et femme tout ensemble, puis séparé, et dont chaque partie cherche sa compagne pour se réunir à elle par les liens de l'amour, tous les poëtes s'en sont emparés, comme d'un bien qui leur appartenait. C'est de la poésie en effet; mais si cette union fatale et cet amour prédestiné ne sont que des chimères, ce qui est à la fois simple et vrai, c'est que la nature a fait l'homme et la femme l'un pour l'autre, qu'elle les a destinés à vivre unis, qu'elle leur a donné des sentiments, des aptitudes et des fonctions diverses, avec des droits égaux, et qu'il y a toujours à gagner pour chacun d'eux à se tenir à la place qui lui est assignée, sans méconnaître ses droits et sans se plaindre de ses devoirs.

On voit par quels liens étroits l'amour conjugal tient à l'amour. Il en diffère par le calme des sens, par la confiance, la sécurité, et un sentiment de gratitude mutuelle.

On dit quelquefois que l'amour ne peut durer, qu'il finit avec la jeunesse. Il serait mieux de dire qu'il se transforme. L'habitude détruit les enchantements et la poésie des premiers jours, mais elle crée à la place un lien plus grave et plus profond, qui s'accroît chaque jour de tout le bonheur qu'on a goûté et de tout le malheur qu'on a supporté ensemble. Le charme si puissant des souvenirs s'accroît dans cette double vie, où chacun hérite de tous les sentiments qu'il a partagés, et met en commun avec son ami son passé, son présent, son avenir.

Ce qui, dans l'amour, tient essentiellement aux sens s'émousse par la possession et finit par disparaître aux approches de la vieillesse. Mais l'amour proprement dit peut durer longtemps encore, il peut durer toujours; et même nous pouvons très-bien nous le figurer subsistant entre des anges et des séraphins qui n'auraient pas de nature corporelle. L'amour pur, idéal, qu'on a surnommé l'amour platonique, est sans doute une chimère dans notre condition humaine ; mais qu'un tel amour soit souvent rêvé par des âmes candides, et qu'il puisse longtemps se soutenir à cet état de pureté angélique, c'est ce qu'il est impossible de nier, et ce qui peut servir, entre autres preuves, à établir la distinction de l'âme et du corps. Nous irons même plus loin, car il nous semble que, chez les femmes, il ne doit pas être rare de rêver et de pratiquer l'amour platonique, et que des habitudes réservées et modestes, une sorte de fierté personnelle qui accompagne toujours la pudeur, une imagination à la fois tendre et rêveuse, doivent pousser plus d'une vierge à nourrir cette dangereuse chimère. Si l'amour peut exister ainsi dans la fleur de la jeunesse, pourquoi ne survivrait-il pas à l'ardeur des sens ?

Quand on répète que l'amour est remplacé à la fin entre les époux par une solide amitié, on veut dire seulement que les sens s'apaisent ou s'épuisent ; car l'amour conjugal conserve tous les autres caractères de l'amour. Il est protecteur et dévoué chez le mari, tendre et soumis chez l'épouse ; il comporte un désintéressement absolu, l'union des âmes la plus intime et la plus complète. L'amitié, même parfaite, est un sentiment froid et réservé auprès de celui-là. L'amour conjugal est comme la base sur laquelle reposent tous les sentiments qui font le charme et le lien de la famille. N'en médisons pas, ne le dédaignons pas. Il n'y a, sans lui, ni bonheur ni dignité du foyer domestique.

C'est un singulier spectacle que donnent les hommes quand ils jouent avec ce qu'ils devraient avoir de plus sacré. Parlez à un fils de sa mère, à un mari de l'honneur de sa femme, et vous êtes sûr de les toucher et de les attendrir. Cependant, entrez dans un théâtre : vous verrez partout la même comédie et le même drame ; c'est un mari ridicule, et deux amants, deux adultères, sur lesquels on appelle tout l'intérêt, et qui font verser des larmes à de chastes mères de famille, à des jeunes filles élevées en tout le reste dans la retenue et la modestie. Vous trouverez la même contradiction dans des livres que l'on ne bannit pas de l'intérieur des familles, si les expressions en sont chastes, et que la passion n'y soit pas exprimée avec trop de frénésie. Ce n'est rien : le comble, c'est d'entendre les jugements et les conversations du monde ; de voir accueillir l'adultère élégant le sourire sur les lèvres, quand il a su, non pas sauver, mais farder les apparences, tandis qu'on n'a pas assez de mépris pour le vice malheureux ou maladroit ; c'est de raconter en se jouant des exploits qui sont prévus par le code pénal, et qu'on punit tous les jours en police correctionnelle ; c'est de cacher soigneusement, comme un vice ou comme une faute, ce qu'on peut avoir de pudeur ou d'innocence, de railler au dehors les vertus qu'on pratique ou qu'on voudrait pratiquer chez soi, et de ne quitter un moment sa femme, sa fille ou sa sœur, que pour aller dans un club répéter des propos obscènes, ou rire des gravelures qui se débitent sur un théâtre.

Épictète disait à un adultère : « Qui es-tu ? un voisin ? un ami ? un citoyen ? Pas même un esclave. Car ce n'est pas seulement une femme que tu as corrompue, mais l'amitié, la bonne foi, les mœurs. Tu es comme un de ces vases qui ne peuvent servir à rien, et qu'on jette sur le fumier[1]. »

S'il entrait dans notre dessein de faire une analyse complète des sentiments humains, nous aurions à rechercher maintenant si l'amour d'une mère et celui d'un père pour leur enfant peuvent être confondus sous un nom commun. Mais nous n'avons besoin, pour ainsi dire, que de mentionner l'amour paternel, pour qu'on sache à l'instant qu'il s'agit du sentiment le plus fort, le plus persistant, le plus nécessaire, le plus sacré; d'un sentiment qui balance victorieusement l'amour de la vie dans les âmes les moins pures; sans lequel il n'y aurait ni éducation, ni morale, ni honneur, ni dévouement, ni patrie; qui fait autant de bien à celui qui l'éprouve qu'à celui qui en ressent la bienfaisante influence; d'un sentiment qu'on ne saurait bannir du cœur de l'homme sans le dessécher, ni de la société sans la détruire.

Le sentiment de l'amour paternel est-il uniquement produit par le lien du sang ? Ce lien suffit sans doute pour produire cet amour, et principalement dans les femmes; car nous voyons que la tendresse d'une mère pour son enfant commence à l'instant même où son enfant voit le jour. Mais, à mesure que l'enfant grandit, la mère s'attache à lui par tous les liens qui peuvent unir une âme à une autre. Elle l'aime pour les grâces qu'il a réellement, et pour celles qu'elle lui suppose; elle l'aime pour le bonheur qu'il lui donne, et pour les soins et pour les peines qu'il lui a coûté; elle l'aime quelquefois pour ses défauts, ou pour ses souffrances;

---

1. Arrien, *Dissertations*, livre II, chap. IV.

elle aime en lui l'image vivante et embellie du père de famille ; elle l'aime comme la consolation et la gloire de son avenir. On a remarqué la prédilection des mères pour les enfants élevés difficilement, ou pour les enfants malades et infirmes. Quelquefois, les soins d'une mère ne rencontrent que l'ingratitude ; rien dans l'enfant n'explique et ne justifie l'amour de la mère, il n'a ni beauté, ni intelligence, ni sentiment : mais il est son fils, et cela dit tout.

Il en est presque ainsi de l'amour du père. On dirait que cet amour, par lequel nous nous attachons à nos enfants, est un sentiment préexistant dans nos cœurs, et qui s'épanche par une sorte de nécessité naturelle, malgré l'indignité de son objet. Nous renfermons en nous-mêmes des forces qui ne demandent qu'à agir, des flammes qui ne demandent qu'à brûler. A défaut d'un objet digne de nos sentiments, un prétexte nous suffit. Nous tirons tout de notre fond, l'amour et les qualités aimables que nous prêtons à l'objet aimé. Il est si naturel à l'homme de s'attacher à ses enfants, que, si la vieillesse arrive sans que nous ayons été pères, nous nous sentons nus et abandonnés dans ce monde ; il nous semble alors que nous l'avons traversé en vain ; la mort n'a plus de consolation ; l'affection la plus vive, l'amour lui-même ne sauraient remplacer un fils au chevet d'un mourant.

Le premier philosophe qui eut le malheur de redouter le sentiment de la famille, Platon, essaya par tous les moyens, dans sa *République*, de le supprimer. Il abolit le mariage, ou ne le fit subsister qu'une saison. Il sépara les époux, aussitôt après la naissance de l'enfant ; et, prenant l'enfant lui-même sur le sein de sa mère, il le porta dans un bercail commun, où la cité tout entière l'adoptait. Il voulait, en mutilant ainsi notre cœur, en nous ôtant ainsi tous les amours qui nous font une patrie dans la patrie elle-même, nous arracher à nos intérêts, à nos goûts, à nos penchants, et nous confondre tous ensemble dans une seule éducation et dans un seul enthousiasme pour le service de la république. C'était aller directement contre son but. Rien dans l'éducation ne remplace le père et la mère ; rien dans la patrie ne tient lieu du foyer domestique. L'éducation publique a de grands avantages ; il faut l'ajouter à l'éducation paternelle, il ne faut pas remplacer l'une par l'autre. Il y a un temps pour que l'enfant vive au milieu de ses égaux, sous la discipline d'un magistrat qui ne lui doit que l'impartialité et cette bienveillance que commande la faiblesse ; mais que d'abord sa jeune âme apprenne à sentir et à penser dans le voisinage de l'âme paternelle. Les croyances et les souvenirs que l'enfant puisera à cette source ne s'effaceront jamais entièrement ; ce sera comme le fond de sa pensée et de son cœur. S'il ne trouve près de son berceau que d'honnêtes exemples, de douces paroles, d'affectueux sentiments ; si les traditions de famille ne lui apprennent que la sainteté des mœurs, il n'est pas à craindre qu'il oublie jamais ses devoirs envers sa patrie : il sera plus qu'un citoyen ; il sera un homme.

Il faut bien le reconnaître ; l'amour fillial, qu'on appelle aussi à juste titre la piété filiale, a moins de force que l'amour paternel. On trouve plus de mauvais fils que de mauvais pères. Quel est le secret de cette différence ? Sommes-nous plus enchaînés par les services que nous rendons que par les services reçus ? Le père se rattache-t-il par son fils à la jeunesse, à la vie, à l'avenir, tandis que le fils est obligé de remonter le cours des temps et de s'arracher à lui-même pour reposer sa pensée sur son père? Serait-ce que la paternité nous saisit, en quelque sorte, dans le plein développement de nos facultés, tandis que l'enfant n'apprend que lentement à connaître le sourire de sa mère, et ne s'accoutume à aimer ses parents que par leur présence et par leurs bienfaits?

Jean-Jacques Rousseau, après quelques autres, a pensé que la piété filiale ne différait pas de la reconnaissance, à laquelle se joignait, pour la renforcer, une habitude de déférence et de respect. Cette reconnaissance, suivant lui, n'est produite que par les services réels, et ne saurait avoir pour cause le fait même de la paternité[1]. Il suffit de s'observer soi-même pour comprendre à quel point cette opinion est erronée. Notre piété envers nos parents s'accroît de tout le respect que leurs vertus nous inspirent, et de toute la reconnaissance que nous devons à leurs bienfaits; mais elle ne ressemble à aucun autre sentiment; elle tient bien plus profondément à nos entrailles; nous sentons qu'elle fait partie de nous-mêmes, et qu'elle pourrait être affaiblie, mais non effacée par la mauvaise conduite ou l'indifférence de nos parents. Épictète dit très-bien « Tu as un mauvais père? sa malice ne te dispense de rien. La loi est d'honorer ton père et non pas un bon père: Un mauvais père? Cela le regarde, et non pas toi. Le précepte est absolu. Il ne dépend pas de la méchanceté d'autrui de t'affranchir de tes de-

---

[1] « Illud quod natus sum, per se intuere quale sit : animadvertes « exiguum et incertum, et boni malique communem materiam, sine « dubio primum ad omnia gradum, sed non ideo majorem omnibus, « quia primum. » Sénèque, *Des Bienfaits*, livre III, chap. xxx.

voirs[1]. » Jean-Jacques Rousseau a raison dans ce qu'il dit sur la reconnaissance due à nos parents ; mais cette reconnaissance ne doit pas être confondue avec la piété filiale.

Comme l'amour paternel est l'origine et la source de tout dévouement, la piété filiale est l'origine de tout respect. Qui ne sait respecter dans son père l'image la plus présente de la puissance et de la bonté divine, ne respectera ni la vieillesse, ni le malheur, ni la vertu, ni l'innocence. Il faut s'appliquer à entretenir et à fortifier tous les sentiments de la famille, si l'on veut faire régner dans le monde la justice, la paix, la concorde. Agir au dehors en bon citoyen, et n'être au dedans ni père, ni époux, ni fils, c'est jouer la comédie de la vertu. Il ne peut sortir d'une source corrompue que des eaux empoisonnées. Les vertus civiques, si elles n'ont pas leur origine et leur consécration dans les vertus privées, ne sont que des vertus de théâtre. Quand on n'a pas de cœur pour son enfant, on n'a pas le droit de prétendre qu'on aime véritablement l'humanité. Il faut songer à être un homme, avant d'aspirer à être un héros.

Les anciennes lois fondaient la société sur la puissance paternelle. On pouvait être un consul, un magistrat, un chevalier au dehors ; mais on n'était qu'un fils dans la maison paternelle. L'esprit moderne a émancipé plus complétement le fils ; il l'a soustrait à l'autorité paternelle, le jour même où d'enfant il devient homme ; il a été plus loin, il a donné au pupille, pendant qu'il est soumis légalement à l'autorité et à

---

1. Épictète, *Manuel*, 30.

la tutelle de son père, d'autres protecteurs chargés de défendre au besoin son droit contre l'exercice de l'autorité paternelle, qui n'est plus, à certains égards, qu'une gestion. Ce principe est vrai, et il n'y faut pas renoncer, parce que la loi doit être principalement répressive, et que son but spécial est de préserver les intérêts de la liberté individuelle. Mais chaque fois que, par la loi positive, on arme l'individu contre la famille, et le citoyen contre la cité, il faut que la philosophie, l'éducation, les mœurs, les institutions, les exemples viennent au secours du principe menacé. La piété filiale nous est aujourd'hui d'autant plus précieuse, elle doit nous être d'autant plus sacrée, que nous avons presque effacé de nos codes, au moins dans ce qu'elle avait d'absolu et d'exagéré, la puissance paternelle.

L'amitié fraternelle est, comme les autres sentiments qui constituent l'amour de la famille, un sentiment naturel, fortifié par l'habitude, par les souvenirs, par les services reçus ou rendus, par la communauté de l'amour filial, par le respect du nom et les traditions d'honneur domestique.

Nous rapprochons de ce sentiment l'amitié, la reconnaissance, l'affection, qui nous attachent à nos supérieurs ou à nos inférieurs immédiats, en un mot, tous les sentiments qui, sans avoir leur source dans les liens de famille, ne s'appliquent néanmoins qu'au petit nombre d'hommes qui vivent dans la même sphère d'activité que nous-mêmes.

L'amitié est un sentiment très-vif et très-doux, qui contribue puissamment à rendre la vie heureuse et vertueuse. Elle naît presque toujours d'une conformité réelle ou supposée de goûts et de sentiments, et ne rapproche jamais que des âmes honnêtes[1]. Les liaisons des méchants ne sont que l'association de leurs intérêts ou l'effet d'un goût passager ; que l'intérêt disparaisse ou que le caprice passe, et cette amitié prétendue fait place à l'indifférence, souvent à la haine. Comment pourrait-on aimer ce qu'on méprise ? La véritable amitié ne comporte pas seulement l'estime, mais le respect ; il faut que l'on sente, jusque dans les épanchements de l'intimité, la présence et la dignité de la vertu.

L'amitié ne cherche pas l'égalité, mais elle la produit. Elle met tout en commun entre les amis : la fortune, les qualités de l'esprit, les sentiments du cœur. Quoiqu'elle se manifeste ordinairement par un échange constant de bons offices, ce n'est pas en vue de l'utilité qu'elle est formée [2], c'est par un penchant naturel qui nous attire l'un vers l'autre, et qui nous fait trouver notre bonheur dans le repos, la sécurité et l'intimité de cette liaison. Elle se fortifie doublement par l'habitude, parce que cette vie que nous associons à la nôtre nous apporte comme un héritage toutes ses joies et toutes ses douleurs. On ne peut dire si un ami nous est plus nécessaire dans la bonne ou dans la mauvaise fortune ; dans la mauvaise, pour nous consoler, dans la bonne pour nous avertir. C'est un témoin à la fois bienveillant et austère ; c'est notre

---

1. Descartes dit, dans les *Passions de l'âme*, partie IIe, art. 83 : « qu'il n'y a point d'homme si imparfait qu'on ne puisse avoir pour lui une amitié très-parfaite, lorsqu'on en est aimé et qu'on a l'âme véritablement noble et généreuse. » Mais si celui qui aime un homme imparfait, connaît cette imperfection, le sentiment qu'il éprouve n'est plus l'amitié ; ce n'est qu'une affection bienveillante.

2. « Ista quam tu describis, negotiatio est, non amicitia, quæ ad commodum accedit. » Sénèque, *lettre* IX.

conscience personnifiée et rendue visible[1], dont les conseils doivent être donnés avec fermeté et reçus avec douceur. Nous offensons l'amitié, quand nous prostituons ce nom aux vaines grimaces et aux liaisons éphémères du monde. Ces relations superficielles ne nous donnent que des flatteurs ou des compagnons, et pas un ami.

Il est rare qu'une amitié dure toujours. Les intérêts et les passions viennent à l'encontre, et brisent des liens qu'on croyait durables. Trop souvent les âmes se retirent en arrière avec le même empressement qu'elles avaient mis à s'embrasser, et l'amitié se tourne en haine. Faut-il en conclure, comme on l'a fait, qu'on doit toujours se conduire avec un ami comme avec un ennemi futur? Non; mais qu'on doit se donner rarement, ne pas avoir un cœur banal, et hésiter longtemps avant de se livrer. Une fois le cœur ouvert, il est trop tard pour se rétracter, car on ne juge pas un ami, on le supporte tel qu'il est; et, si l'on pouvait aimer un vicieux, on serait bien près d'aimer le vice.

Les affections que nous venons d'énumérer engendrent souvent des dévouements d'une nature héroïque. On se sacrifie pour un ami, pour un frère, pour un père ; on renonce pour eux à ce qu'il y a de plus fort dans l'amour-propre, à la fortune, à l'honneur, à la vie. On voit des hommes, incapables en tout le reste de sentiments élevés, quitter tout lorsqu'il s'agit de sauver leurs enfants, ou seulement de leur assurer une vie facile. Ce dévouement est si bien dans la nature, que c'est à peine si on l'admire. Celui qui nourrit ses passions aux dépens de sa plus proche famille paraît presque un monstre. Tous

---

1. Aristote a dit: ἔστι γὰρ ὁ φίλος ἄλλος αὐτός.

les hommes sont d'accord pour le déclarer indigne de pitié. Les sentiments de la famille sont tellement sacrés, que la postérité hésite encore sur l'action de Brutus condamnant ses fils à mourir, et ne sait pas si elle doit maudire le père, ou admirer le citoyen.

§ 2. L'AMOUR DE LA PATRIE.

La république de Platon est en partie fondée sur cette opposition de l'amour de la famille et de l'amour de la patrie. Le but que Platon se propose est de créer un État qui soit comme une image vivante de la justice. Or la justice, pour lui, c'est l'unité. Son État doit être parfaitement un, et tous les citoyens doivent concourir à cette unité par leurs sentiments comme par leurs actions. Il y a deux sources de l'ordre dans un État : la loi et les mœurs. La loi est plutôt répressive que préventive ; elle punit le mal, et contribue, en le punissant, à en empêcher le retour ; cependant elle ne le détruit pas. Elle n'a, en quelque sorte, qu'une action extérieure, et ne produit aussi qu'une régularité apparente et toute de surface. Sous cette paix factice se cachent la haine et la discorde ; une imperfection dans les lois, un relâchement des pouvoirs publics, et l'ordre fait place à l'anarchie. Les mœurs, au contraire, rendent les lois inutiles et le désordre impossible, elles font que tout le monde se porte volontiers à ce que la loi commanderait ; par elles, chacun aime la place où l'appelle la constitution du pays ; tout citoyen s'efforce à son rang de concourir à la justice, et n'a d'autre intérêt ni d'autre souci que le bien de la république.

Voilà l'idéal de Platon ; mais comment y parvenir ? En changeant nos cœurs pour rectifier nos volontés. D'où vient que la plupart des hommes veulent plus d'autorité, ou de considération ou de richesses qu'ils n'en peuvent avoir? C'est qu'ils pensent à leur propre intérêt ou à l'intérêt de leur famille, plutôt qu'à celui de l'État. Toutes les ambitions, toutes les convoitises, toutes les lâchetés viennent de cette double source. Du double but vers lequel convergent nos pensées, nos sentiments et nos actes, la famille, la patrie, supprimez le premier, le dévouement devient facile, ou plutôt il n'est déjà plus le dévouement, car la patrie me tient lieu de famille, et en servant cette famille nouvelle, c'est moi-même que je sers. Sur ces principes, Platon, ne pouvant détruire l'individu, s'efforce au moins d'anéantir la famille, en établissant la communauté des femmes, des enfants et des biens.

Est-il vrai que l'amour de la famille et l'amour de la patrie se combattent? Cela est vrai dans une foule de cas. En voici un, pour exemple : L'ennemi est à la frontière; dois-je marcher ou rester? si je reste, je prive la patrie d'un défenseur; si je pars, j'abandonne ma famille aux hasards d'une invasion. Voici un autre exemple d'une application plus fréquente : la patrie a besoin d'un trésor alimenté par l'impôt; dois-je obéir à la loi fiscale qui me ruine? dois-je sauver la fortune de mes enfants en fraudant le trésor public?

Il aurait été digne de Platon de comprendre que cette opposition entre deux sentiments également respectables n'est pas constante; que très-souvent l'amour de la famille, s'unissant pour un même but à l'amour de la patrie, en centuple la force; qu'on peut essayer de modérer ou de régler un sentiment naturel, mais que c'est une folie de prétendre l'arracher de nos cœurs, et que rien de véritablement humain ne peut périr en nous, sans que toute notre humanité s'en ressente. Il eut le tort de vouloir refaire l'œuvre de Dieu, et de travailler pour un homme impossible.

Assurément, personne ne peut nier la force du sentiment que Platon veut détruire, et c'est une sorte de sacrilége que d'en contester, comme lui, la légitimité. Mais il n'en est pas de même de l'amour de la patrie, qu'il exalte et dont il veut nous emplir le cœur; et c'est une question, même parmi les bons esprits, que de savoir si ce sentiment est naturel ou factice.

La nature, qui nous a destinés à vivre avec nos semblables, nous a donné des sentiments qui nous attachent à la famille d'abord, et ensuite à l'humanité. Mais n'est-ce pas un être fictif, dépendant uniquement des conventions humaines, qui sous le nom de patrie se place entre l'humanité et la famille? Qu'est-ce que la patrie? Le sais-je? Cela dépend de la fortune de la guerre, d'un traité, des progrès ou des revers de la civilisation. La patrie, pour Socrate, c'est Athènes et son petit territoire; pour un Romain, c'est le monde connu. Jetons les yeux sur la carte de l'Europe, et suivons-en les transformations depuis soixante ans. Voilà des provinces autrichiennes qui ont été des États italiens et des départements français. Comment le citoyen de cette terre saura-t-il quelle patrie il doit aimer? Italien ou Français hier, Autrichien aujourd'hui, que fera-t-il de son cœur? S'il est soldat, ne peut-il pas avoir combattu dans la même vie pour et contre le même drapeau? L'amour de la patrie est-il un sentiment disponible qu'on peut garder en réserve au fond de son cœur, pour l'appliquer à la France, à l'Angleterre ou à la Belgique, suivant la nationalité qu'il peut plaire à un congrès de nous assigner?

Par quoi est constituée la patrie? Par le gouvernement? ou par la loi? ou par les mœurs? La patrie, n'est-ce que le sol? Jusqu'où s'étend ce territoire que nous sommes destinés à aimer? Est-ce le département, ou la république? Si l'on donne sa vie pour sa patrie, si l'on abandonne sa femme et ses enfants, il faut pourtant savoir à quoi l'on se sacrifie.

Que l'amour de la patrie existe réellement, et qu'il soit la cause de beaucoup de grandes actions, c'est ce qu'il est impossible de nier. Mais ce sentiment, utile à la prospérité des États, n'est-il pas simplement le résultat de l'éducation? Notre sensibilité n'est pas moins apte que notre esprit à se transformer. Il y a des erreurs et des préjugés que nous aimons, pour lesquels nous mourons. Quel préjugé plus soigneusement entretenu que celui-ci? On ne nous le présente jamais qu'avec des images héroïques; tout le monde enfle sa voix pour en parler, il semble que ce soit la plus belle vertu; nos places et nos monuments sont remplis de statues destinées à éterniser la mémoire des grands patriotes. Cela prouve-t-il que ce sentiment est naturel, ou seulement qu'il est difficile à produire? On fait, à force d'art, de singulières créations dans le cœur humain. Quoi de plus difficile que de persuader à cent mille hommes grossiers qu'ils doivent se faire hacher par morceaux pour sauver quelques mètres de soie tricolore attachés à un piquet? On y parvient pourtant; et que faut-il pour cela? De grands mots et quelques fanfares.

En dépit de ces objections, nous tenons l'amour de la patrie pour un sentiment naturel. Ce n'est pas que l'éducation ne concoure puissamment à le développer; mais il existe avant elle, elle ne le crée pas. Il ne faut pas équivoquer sur ce mot de patrie. La question est de savoir si le sentiment existe, et non pas si son objet est clairement défini. Qu'il y ait de l'arbitraire dans la définition du mot patrie, cela est évident, et cela n'empêche pas que, dans l'amour de la patrie, il n'y ait rien que de naturel. Si la diplomatie me transforme en Allemand de Français que j'avais été, je ne commence pas pour cela à aimer l'Allemagne ; au contraire, je reste fidèle à mon premier amour, et le changement qu'on m'impose, je le tiens pour la plus insupportable des tyrannies. Quand même je quitterais un pays pauvre et obscur pour une nation heureuse et glorieuse, je n'en serais pas moins profondément blessé. Si ce fait est vrai, il prouve à lui seul la réalité de cette affection native que nous ressentons pour notre pays. Il ne sert de rien de rappeler que le pays peut être plus ou moins grand et qu'il y a, ici ou là, une division politique ; la sensibilité va jusqu'où elle peut, et ne s'inquiète pas de tant de précision ; elle n'a rien de commun avec la logique. La plupart du temps, nous aimons notre pays sans y penser : pensons-nous à la beauté de la mer, quand nous vivons sur les côtes ? Cette patrie nous plaît, elle nous rend heureux, elle nous charme ; nous l'aimons comme on aime la vie, simplement, naturellement, instinctivement ; comme on respire l'air du ciel. Que seulement l'ennemi foule ce sol sacré ! Notre cœur se réveille alors ; il semble qu'il soit foulé lui-même. Le plus lâche demande des armes. Si la mer étend son immensité entre nous et la patrie, la vie nous semble comme changée dans ses éléments constitutifs. Ce n'est plus la même langue, la même pensée, le même cœur. Tout nous gêne et nous nuit : les mots dont nous nous servons, les usages auxquels nous nous plions, les lois qui nous gouvernent ou celles même qui nous protégent. Nous ne trouvons plus de charme dans l'échange des pensées et des souvenirs. La gloire nationale, qui peut-être ailleurs nous a trouvés indifférents, devient notre patrimoine. Nous comprenons qu'on meure pour son pays. Nous nous rappelons les campagnes natales, les chansons des pâtres, ce climat accoutumé, tout, jusqu'au plus petit détail, nous semble être la réalité de notre vie, *vita vitalis*, tandis que, transplantés dans un monde inconnu, nous ne faisons que traverser un rêve. Plus le sol de la patrie est aride et le sort de ses habitants sévère, et plus elle nous tient au cœur ; comme si la Providence avait voulu marquer que c'est la patrie que nous aimons, et non les délices de la patrie !

Il peut arriver que l'amour de la patrie nous inspire des actions contraires à l'amour de la famille ou à l'amour de l'humanité. Ces trois amours n'en sont pas moins de la même nature. Ils sont solidaires entre eux. Tous les bons sentiments s'allument au même foyer. L'amour de la patrie est une extension de l'amour de la famille, et l'amour de l'humanité est une extension de l'amour de la patrie. Notre cœur, comme notre esprit, étend peu à peu ses rayons.

Pour se convaincre que l'amour de la patrie tient à la fois de ces deux amours, il n'y a qu'à penser aux arguments dont on se sert pour le combattre.

Si on lui oppose l'amour de la famille, ne semble-t-il pas que l'humanité va réclamer contre cette morale étroite, qui renferme le cœur et les devoirs de l'homme dans l'enceinte du foyer domestique? Si on invoque au contraire, contre le patriotisme, je ne sais quelle philanthropie cosmopolite, qui le plus souvent n'est qu'un masque de l'indifférence, ne sentez-vous pas, dirons-nous, que dans cette grande famille humaine, il y a une portion qui vous est plus chère? à laquelle vous tenez par vos traditions, vos sentiments, votre langage, vos habitudes? qui répond mieux, et de plus près, aux bons sentiments de votre cœur? qui ne peut souffrir dans ses intérêts ou dans son honneur, sans que vous vous sentiez blessé? qui ne peut grandir sans que vous jouissiez de ses triomphes? S'il était vrai que l'amour de l'humanité dût étouffer l'amour de la patrie, à quel titre laisserait-on subsister l'amour de la famille? Gardons tous ces sanctuaires, où s'épanche ce que la Providence a mis en nous de plus tendre. L'amour de l'humanité, qui ne s'appuie pas sur le patriotisme, n'est qu'une illusion; et l'on ne se vante tant d'aimer tout le monde, que pour se justifier de n'aimer personne.

§ 3. L'AMOUR DE L'HUMANITÉ.

Outre les sentiments de famille et le patriotisme, l'amour de l'humanité comprend encore tous les sentiments qui nous attachent à nos semblables par leur seule qualité d'hommes.

Je rencontre un indigent qui souffre de la faim; je m'empresse de le secourir. Que m'importent son nom, son pays? Je ne le reverrai jamais; mais il est homme. Dans une tempête, un marin voit à côté de lui un navire en détresse; il risque pour le sauver sa vie et celle de son équipage : demande-t-il si les naufragés sont des Anglais ou des Français? Ce sont peut-être des ennemis, mais à coup sûr ce sont des malheureux. Un médecin entend des cris de douleur; il accourt : c'est son ennemi mortel! Oui, mais il souffre, il y a là un homme à sauver; et le médecin se dévoue. La sœur de charité prend l'habit de Saint-Vincent de Paul et entre dans un hôpital : qui va-t-elle soigner, consoler, guérir? Elle n'en sait rien : des membres de la famille humaine ! Tout homme est sûr d'être accueilli s'il a besoin de son dévouement. Voilà l'amour de l'humanité. « Un sage recueillit un pirate naufragé, le vêtit, le nourrit. On lui en fit un reproche. Ce n'est pas l'homme, dit-il, que je vois en lui, c'est l'humanité [1]. » Juge, il aurait puni le pirate : homme, il protégeait le malheureux [2].

L'amour de l'humanité, dans une âme bien réglée, existe à côté de l'amour de la famille et de l'amour de la patrie. Dans quelles limites faut-il contenir chacun de ces trois amours, pour qu'ils ne se blessent pas ? C'est une science difficile ; et l'on voit bien, quand on regarde de près, que la règle doit venir d'ailleurs et qu'elle n'est pas dans les sentiments eux-mêmes. Pourquoi suis-je répréhensible si, généreux au dehors, je laisse au dedans pâtir ma famille ? Et pourquoi suis-je criminel si je n'abandonne pas ma famille lorsque ma patrie a besoin de mon sang ? Pourquoi, dans une guerre, dois-je faire le plus de mal possible à l'ennemi armé ? Et pourquoi, si je découvre la vaccine, dois-je en faire don à l'humanité entière, et non à la France ?

Les stoïciens, pour la plupart, mettaient l'amour de la patrie au nombre des préjugés, et voulaient que l'humanité seule eût des droits sur le cœur humain. Sénèque a beau parler de l'amour de la patrie ; la patrie, pour un Romain, c'est le monde. Ce monde tout entier est ma patrie, disait-il lui-même ; je ne suis pas né pour un coin de terre ; « non sum uni angulo « natus ; patria mea totus hic mundus est [3]. » Arrien

---

1. Epictète, *Fragments*, 109.
2. Saint-Martin, *l'Homme de Désir*, tome I, p. 25 : « Comment aurions-nous de l'inimitié pour les hommes ? Nous sommes tous assis à la même table. »
3. Sénèque, *Lettre* XXVIII.

est plus explicite encore : « Pourquoi disons-nous : je suis d'Athènes ou de Corinthe? Autant vaudrait dire que l'on est de ce petit coin où notre corps a été déposé la première fois. Je suis citoyen du monde, et j'ai pour père Dieu lui-même [1]. » Ils se complaisent à développer cette parenté universelle de l'homme avec les hommes. Il ne leur suffit pas de dire que l'univers est plein d'unité, et que tous les hommes sont de la même famille ; ils ne veulent voir en nous que les membres divers d'un même corps [2]. « Qui es-tu? dit Arrien. Un homme. Si tu te prends isolément, il est de ta nature de désirer la richesse, la fortune, une longue vie ; si tu te prends comme partie de l'univers, il peut être selon ta nature de souffrir, de mourir. Mon pied, si je ne vois que lui, doit être sain et propre ; comme partie de mon corps, il doit quelquefois marcher sur la boue ou les épines, ou même être coupé [3]. »

Les stoïciens se réfutent par leur exagération même ; car si leur principe était vrai, il ne prouverait pas moins contre la famille que contre la patrie. Pour eux, ils avouent cette conséquence sans s'y arrêter. Toute leur philosophie, qui n'est qu'une sorte de défi jeté à la nature, les oblige de faire bon marché de la famille. Écoutez Arrien disant : « Son fils est mort : conséquence, son fils est mort. Rien de plus [4]. » Ou Épictète

---

1. Arrien, *Dissertations*, livre I, chap. IX.
2. « Omne hoc, quod vides, quo divina atque humana conclusa sunt, unum est. Membra sumus corporis magni. Natura nos cognatos edidit, quum ex iisdem et in eadem gigneret.... Ita versus et in pectore et in ore sit :

« Homo sum ; humani nihil a me alienum puto. »
Sénèque, *Lettre* XCV.
3. Arrien, livre II, chap. V.
4. Arrien, livre III, chap. VII.

s'écriant : « Chasse cette préoccupation : augmenter mon bien, instruire mon fils. T'écoutera-t-il seulement? Ou, s'il t'écoute, t'obéira-t-il? Il vaut mieux que ton fils soit corrompu, que toi malheureux [1]. » On reconnaît bien là l'école qui appelait la reconnaissance la vertu des âmes lâches. Elle est tombée, malgré ses grandes parties, parce qu'on ne peut rien fonder en dehors de la nature. Quand le dogme de la fraternité universelle a reparu après des siècles, il s'est appuyé, au contraire, sur une sensibilité fausse et prétentieuse. On a traité le courage militaire de brutalité, et le soin des intérêts nationaux d'égoïsme. Ces grands cœurs, dont la tendresse n'était pas satisfaite si elle n'embrassait le monde entier, avaient des amis à la Chine et au Canada, et mettaient leurs enfants à l'hôpital.

On serait tenté de leur dire : ne prenez pas sur vous la charge de bienfaiteurs de l'humanité, qui n'appartient qu'aux génies et aux dévouements extraordinaires, si d'abord vous n'accomplissez à côté de vous les devoirs de la condition humaine. Il faut de nécessité commencer par être honnête homme, pour avoir le droit d'aspirer à être un grand homme. Les vertus domestiques ne rendent personne illustre; mais il n'est pas permis de mesurer la grandeur de la vertu au bruit qu'elle fait dans le monde. Dieu, qui connaît et notre cœur et nos forces, nous a faits en toutes choses pour aller du petit au grand, pour apprendre, en aimant nos enfants, à aimer nos concitoyens, et pour concourir à l'ordre admirable de l'univers, en accomplissant humblement notre petite tâche. C'est ainsi que

---

1. Χρεῖττον δὲ τὸν παῖδα κακὸν εἶναι, ἢ σὲ κακοδαίμονα. Épict., *Manuel*, 12.

la plupart du temps, il permet, même aux grands hommes, de ne servir l'humanité qu'en aidant à la prospérité de leur pays; et c'est déjà pour les débiles mains d'un homme un assez lourd fardeau à soulever, sans y ajouter le poids du monde.

Pour les écrits, pour les découvertes utiles, pour tout ce qui donne un serviteur à l'humanité sans ôter un citoyen à la patrie, qui peut douter qu'on ne puisse et qu'on ne doive même embrasser l'espérance de se rendre utile à tous les hommes et de servir même la postérité? S'il est vrai que les riches ne possèdent leurs richesses que pour les faire servir au soulagement des misérables, cela est bien plus vrai encore des richesses que Dieu nous donne, que de cette fortune de convention, fruit de nos constitutions civiles. Nul n'a le droit de laisser son talent improductif. Dieu le place dans un homme, mais il le donne à l'humanité. Toute la question est de ne pas quitter un devoir pour l'autre, et, quand on apporte un bienfait au monde, de commencer par la patrie à le propager et à le répandre.

Pour comprendre combien la patrie est inviolable, il n'y a qu'à se souvenir qu'on ne peut pas l'attaquer au nom des intérêts généraux, sans attaquer du même coup la famille. C'est la famille, en effet, car c'est le tombeau et le berceau. Qu'apportent les étrangers? Une nouvelle loi qui change nos liens avec nos proches; de nouvelles traditions qui tarissent la source de nos communs enthousiasmes; un autre langage que celui que nous a parlé notre mère et que nous avons appris à nos enfants. N'y a-t-il rien de la patrie dans cette première éducation d'où viennent nos plus chers sentiments, nos convictions les plus fermes, nos habitudes les plus invincibles? Eh! la patrie y est tout entière!

Si l'on veut briser l'autel de la patrie, il faut aller jusqu'au foyer domestique et en disperser les cendres ; ou plutôt il faut fouiller jusqu'au fond du cœur humain, et en arracher les premiers principes de l'amour.

CHAPITRE IV.

L'AMOUR DIVIN.

> Ζεὺς δὲ πατὴρ ἐλεήσας πονουμένας (ψυχὰς),
> θνητὰ αὐτῶν τὰ δεσμὰ ποιῶν περὶ ἃ πονοῦνται,
> δίδωσιν ἀναπαύλας ἐν χρόνοις....
> Plotin, *Ennéade* IV, livre III, chap. XII.

Il faut commencer par expliquer ce que c'est que l'amour de Dieu, et par montrer qu'il y en a de plusieurs espèces. Car, bien que nous soyons obligés de tenir grand compte de l'amour mystique, l'amour de Dieu, dont nous allons ici nous occuper principalement, pourrait être appelé, avec plus de clarté, quoique avec moins de précision, l'amour de la justice.

Mais, afin d'arriver par degrés à ce qui fait l'objet de ce chapitre, nous dirons d'abord quelques mots de cette espèce de l'amour de Dieu que dans le langage vulgaire on appelle ordinairement la dévotion.

Ce n'est pas ici le lieu de faire une démonstration de l'existence de Dieu. Cette démonstration en général est peu utile, car le nombre des athées est très-restreint; les athées eux-mêmes ne peuvent nier la réalité de la dévotion, de l'esprit religieux, considéré comme fait psychologique. Ils sépareront les dévots en deux classes, les dupes et les hypocrites, soit; mais il nous suffit pour le moment qu'il y ait des dupes; et, quand même

Dieu n'existerait pas, il n'en serait pas moins vrai que l'amour de Dieu existe.

Il ne faut pas objecter que ce qui absolument n'est pas, ne peut être l'objet d'aucune action, ou, pour parler comme l'école, qu'aucune action ne peut se terminer à un non-être ; car d'abord il est évident que nous nous passionnons souvent pour des chimères, et ensuite, dans le cas dont il s'agit, l'objet de l'amour n'est jamais un non-être, mais tout au plus un être mal défini. Celui qui aime, aime certainement quelque chose ; mais cette chose n'est peut-être pas ce qu'on croit qu'elle est. Les athées, qui ne peuvent être admis à nier la réalité de l'amour de Dieu dans certaines âmes, ont donc une double analyse à faire ; celle d'abord de l'amour, et ensuite celle de l'objet, quel qu'il soit, qui fournit un prétexte, sinon une cause à l'amour.

Or, la plupart des âmes que possède réellement l'amour divin aiment en Dieu un être parfait et infini, de la puissance et de la bonté duquel nous tenons tout ce que nous sommes. Otez cette idée de perfection infinie, l'idée de Dieu disparaît, et avec elle, l'amour de Dieu. D'où peut nous venir une telle idée ? Serait-ce par hasard du fini et de l'imparfait ? La différence entre l'infini et le fini n'est pas une simple différence de quantité, c'est une différence de nature. On aura beau ajouter un être fini à d'autres êtres finis : ils deviendront plus nombreux sans cesser d'être ce qu'ils sont, et, par conséquent, sans devenir l'infini. Ainsi, l'idée d'infini, c'est-à-dire l'idée de Dieu, ne peut nous venir que de Dieu même. Et qu'on ne dise pas que, dans ce cas, l'amour crée lui-même les qualités de l'objet aimable ; car ni l'amour, ni rien de ce qui est en nous ne peut créer, et ce que nous appelons création, quand il ne s'agit que des hommes, devrait bien plutôt s'appeler organisation. Nous embellissons les objets finis et imparfaits de nos amours, en prenant dans notre conscience, ou dans nos perceptions, ou dans nos souvenirs, des qualités finies dont nous les parons ; mais où donc prendrions-nous la perfection infinie ?

Ainsi, nous ne pouvons ni penser Dieu, ni l'aimer, à moins qu'il ne soit ; et, excepté lui, il n'y a rien qui puisse mettre l'image de la perfection dans notre esprit ou dans notre cœur.

L'amour qu'on éprouve pour Dieu est sujet, comme tout amour humain, à des défaillances. Non-seulement nous pouvons changer ; mais il est dans notre nature de ne pas avoir constamment l'esprit tendu vers un même objet, et le cœur agité d'un même sentiment. Quelque forte que soit une passion, elle nous laisse des instants de relâche ; et ces interruptions sont d'autant plus fréquentes que la cause de la passion est plus haute. On peut dire d'un homme qu'il aime Dieu, lorsqu'il est dans les habitudes de sa pensée de se tourner fréquemment vers la perfection divine, et de ne la jamais considérer sans se sentir touché d'une vive affection. Les catholiques qui ont le plus pratiqué la vie dévote nous parlent de moments de sécheresse, pendant lesquels la pensée même de Dieu les laisse froids et indifférents. Il y faut ajouter tous les moments que nous donnons aux autres affections de la nature et au souci de nos intérêts. La pensée de Dieu ne vient pas, d'ailleurs, nous trouver comme les autres objets de nos amours. Dieu nous est toujours présent, mais il ne nous est jamais visible. Il y a donc, pour la plupart des âmes, une nécessité de le rappeler, de le représenter à la pensée, pour que l'amour se porte vers lui. De là les temples, les prières, le culte public ou solennel, et l'adoration privée. On dit très-bien : « Mettons-nous en présence de Dieu, » quoique nous ne passions pas un seul instant hors de cette présence, parce qu'il faut s'abstraire du monde extérieur et se recueillir en soi pour retrouver l'idée de Dieu avec plus d'évidence.

La religion catholique est la seule qui ait parfaitement compris cette nécessité d'avertir les âmes, et de les arracher à la matière par des signes matériels. Non contente de multiplier les églises et les chapelles, elle plante des croix partout où elle domine, sur les monuments, sur les tombeaux, aux carrefours des chemins. Elle attache un rosaire à la ceinture des fidèles; elle est ingénieuse à créer sans cesse de nouveaux objets de dévotion. Elle ne laisse pas une place, dans ses temples, sans la couvrir de tableaux, de statues, d'images, de sentences tirées de l'Écriture, ou d'*ex-voto*. Le goût des oratoires domestiques, ou, dans une plus humble fortune, des chapelets, des estampes, et de ce qu'on appelle en général des saintetés, est essentiellement catholique. Elle n'est pas moins attentive à mêler la prière à toutes les actions de la vie; elle multiplie les oraisons et les signes de croix : aux uns, elle indique l'oraison mentale, aux autres, les pratiques de dévotion qui exigent à peine l'attention de l'esprit et peuvent aller leur train, tandis qu'on vaque à quelque travail; à tous, elle fournit des prières, des formules, des actes tout faits d'adoration et d'amour. Les incrédules ne manquent pas de dire que la religion est dans ces formes extérieures; et trop souvent la simplicité ou l'hypocrisie leur donne raison, en dénaturant le sens du culte, et en le transformant en pratiques superstitieuses. Mais, dans le fond, ce réseau d'obligations qui enlacent toute la vie, ces cloches qui frappent les oreilles vingt fois par jour, ces églises, ces calvaires, ces images qui remplissent les yeux, ne sont pas autre chose que cette unique sentence, répétée sous mille formes et en mille langages divers : pensez à Dieu, adorez Dieu. Nous avouons que quelques âmes naturellement disposées à la piété n'ont aucun besoin de ce secours; mais pour l'immense majorité des hommes, toute cette formalité du culte n'est pas de trop.

On peut même ajouter que les formes extérieures du culte ont de l'effet sur les âmes en apparence les moins disposées. C'est encore là un fait psychologique, et qui va nous servir à montrer de plus en plus que l'idée de Dieu a souvent besoin d'être rappelée à l'homme, et qu'elle peut l'être par des signes matériels. On peut admettre comme un fait incontestable qu'il y a très-peu d'hommes, même parmi les plus incrédules, qui ne se sentent quelquefois ramenés à Dieu par le spectacle d'une cérémonie religieuse. Il y a un grand nombre de sortes d'incrédules, mais il y en a surtout trois principales : les incrédules de raison, les incrédules d'indifférence, et les incrédules de respect humain. Les incrédules de raison sont ceux qui, ayant examiné les preuves des diverses religions positives, et ne les ayant pas jugées solides, s'en tiennent à la religion naturelle; les incrédules d'indifférence sont cette foule d'hommes grossiers qui se parent du nom d'hommes positifs, et qui pensent que le seul grand intérêt de la vie est de gagner de l'argent : ceux-là ne croient pas plus à la religion naturelle qu'à une religion positive, et la vie leur paraît une affaire qui se solde toujours par un tombeau ; enfin les incrédules par respect humain sont les descendants directs de ce qu'on appelait autrefois les esprits forts. Ils se parent de leur incrédulité, et abondent en plaisanteries sur la crédulité des autres. Ils n'épargnent pas plus les philosophes rationalistes que les chrétiens, et se croiraient déshonorés s'ils admettaient l'immatérialité de l'âme : grands enfants, qui ont peur des esprits. Ceux-là mêmes, quoique les plus cuirassés contre l'effet des cérémonies religieuses, ne les affronteraient pas toutes impunément. On voit qu'ils les évitent, ou, s'ils y assistent par quelque bienséance ou par désœuvrement, ils ne cessent de protester et de railler : preuve évidente qu'ils ont peur. Ces impressions sont fugitives ; elles ne laissent quelquefois aucune trace dans la mémoire ; enfin, elles ne prouvent pas en faveur d'une religion positive, et peuvent être interprétées dans le sens de la religion naturelle. Mais telles qu'elles sont, elles doivent faire réfléchir ceux des matérialistes qui ont du sens ; elles sont pour eux des échappées vers le ciel ; elles leur font entrevoir comme dans un songe ce qui est précisément la réalité de l'être, tandis que le monde matériel et positif auquel ils retournent aussitôt n'est au contraire qu'un mensonge et une fumée.

Les faits que nous venons de rappeler expliquent à la fois deux caractères de la dévotion : le premier, c'est que, dans son expression, elle s'occupe plus de l'objet aimé que de l'amant ; le second, c'est qu'arrivée à un certain degré d'exaltation, elle devient de plus en plus incompréhensible et, si l'on peut parler ainsi, désordonnée.

Puisque les édifices, les statues, les signes matériels, les cérémonies, les prières nous servent efficacement à nous rappeler la pensée de Dieu, et à exciter en nous les mouvements de l'amour divin, il est naturel qu'une âme en proie à cet amour soit moins attentive aux circonstances de sa passion qu'aux perfections divines ; et, comme la nature de Dieu ne peut pas être comprise par notre intelligence, ni exprimée par notre langage, il est également naturel que les signes matériels par lesquels nous décrivons ses perfections, et qui nous servent à l'adorer avec plus de ferveur, retiennent quelque chose du vague et de l'indétermination de nos pensées, et s'adressent presque autant à notre imagination qu'à notre jugement. Il n'est pas possible de douter que cette dernière considération n'ait inspiré à l'Église catholique l'extrême circonspection dont elle use au sujet des voies extraordinaires. Quoiqu'il y ait pour elle moins d'inconvénients que pour toute autre Église à abandonner les âmes à leur propre vol dans la méditation, puisque, par le symbole, elle les ramène toujours à une foi précise et déterminée, elle ne permet la piété contemplative qu'après avoir éprouvé les âmes, et après s'être assurée que dans le plus vif essor de leur amour, elles ne dépasseront pas certaines limites.

Quant à la réalité des deux caractères que nous venons d'assigner à la dévotion, rien n'est plus facile que de la constater. Toute âme méditative peut s'assurer par son expérience que, quand elle arrête sa pensée avec amour sur les perfections divines, ce sont ces perfections mêmes qui l'occupent, et non ses propres états. Qu'on ouvre les livres de prières à quelque communion qu'ils appartiennent, on y verra l'énumération des grandeurs de Dieu ou de ses bontés pour la créature, et rien de plus. Il en est de même des mystiques. On croirait qu'en ouvrant Plotin ou sainte Thérèse, on doive trouver des profondeurs sur l'âme humaine; on n'y trouve des profondeurs que sur Dieu. Il est bien vrai qu'en croyant décrire la nature de Dieu, le mystique décrit surtout sa propre imagination et son propre cœur; mais il n'en sait rien. C'est de bonne foi qu'il ne parle que de Dieu. Il est plongé dans son moi, et il se croit à mille millions de lieues du moi et du monde. L'incompréhensible et l'ineffable devient pour lui le sujet des descriptions les plus détaillées, les plus complètes. Il le décrit, il le compare, il l'explique, il le fait parler, il le fait agir. Il ne dit pas : mon âme est brûlante; mais il dit : Dieu est une flamme. S'il est philosophe, et qu'il veuille analyser l'amour divin, il dissertera sur tout ce qui précède et accompagne cette passion; mais, une fois arrivé à elle, il conclura tout en un seul mot pour ce qui regarde le moi : « j'aime, j'adore, je me livre, je m'unis, je m'anéantis, » tandis qu'il sera inépuisable pour ce qui regarde Dieu, et commencera un hymne qui pourrait facilement être sans fin. C'est qu'on en a fini sur-le-champ avec le moi, et qu'on ne peut jamais se satisfaire en parlant de Dieu.

Le second caractère n'est pas moins évident. Le dévot, le mystique, si l'on veut, mais nous disons plutôt le dévot, parce que le terme s'étend plus loin, et que ce qui est vrai du mysticisme est également vrai de la simple dévotion, au moins pour tout ce qui touche à notre dessein actuel, le dévot a beau vouloir parler de Dieu, il comprend qu'il n'en égalera jamais les perfections par ses discours. Il est remarquable que plus une âme mystique s'élève dans le mysticisme, et plus elle tombe dans cette contradiction, de décrire sans cesse, avec une apparente précision, les perfections de Dieu auxquelles elle se déclare unie, et de soutenir le dogme de l'incompréhensibilité divine et de l'ineffabilité divine. C'est qu'au fond l'amour a moins besoin d'un raisonnement que d'une rêverie; il a moins affaire avec la logique qu'avec l'imagination, il est plus analogue à la poésie qu'à la science. Essayez d'expliquer rationnellement les détails d'un culte, quel qu'il soit, vous tomberez dans l'absurde; essayez de les prendre au pied de la lettre, vous tomberez dans la superstition la plus niaise; essayez de vous en passer absolument : à moins d'être une âme privilégiée, vous tomberez dans l'indifférence ou la sécheresse. L'Église catholique fait parler à plus des trois quarts de ses fidèles une langue qu'ils n'entendent pas : qu'ont-ils besoin de l'entendre? il suffit que la foi soit dans le symbole; la dévotion est dans le chant de l'orgue. Elle fait répéter cent fois en une heure la même prière; c'est une base monotone; mais sur cette base, l'amour jette ses éblouissantes broderies. Cette grande religion montre bien à quelle profondeur elle a pénétré dans le cœur humain, en employant tour à tour la monotonie qui laisse à l'imagination sa liberté, ou la poésie qui la lance au delà de la terre. Nous philosophes, qui n'arrivons à Dieu que par la démonstration, nous sommes froids, tant que nous démontrons; notre cœur ne s'échauffe que quand la dernière conséquence nous luit. Alors nous fermons le livre, et nous dominons de bien haut les mystiques qui ne font que rêver, car nous avons la preuve. Mais, quand une fois nous en sommes là, est-ce bien encore de la philosophie que nous faisons?

Toute âme dévote est mystique à ses heures ; car, sans quelque mysticisme, il n'y a que fidélité au dogme et aux préceptes, il n'y a pas proprement de dévotion. La dévotion a divers degrés ; elle est vague ou ardente. On n'entre pas dans les voies extraordinaires, par cela seul qu'on est dévot. Il en est de même du mysticisme. Il n'y avait pas de tendresse dans l'âme de l'empereur Julien. Il croyait à l'extase et ne la sentait pas ; Proclus y croyait et l'éprouvait. Que le mysticisme soit religieux ou philosophique, son caractère propre est de n'avoir ni précision ni règle. Il va du sublime au grotesque. C'est tantôt du génie et tantôt de la niaiserie. Il inspire le détachement le plus héroïque, ou, à force de mépriser le corps et d'exalter les puissances spirituelles de l'âme, il nous rend indifférents sur le bien et le mal. Il y a des sectes mystiques qui commencent par le pur amour et finissent par la lubricité. Tartuffe, dans le quatrième acte de Molière, parlant du ciel pour s'acheminer à l'adultère, n'est si grand que parce qu'il est vrai. Il pourrait être sincère à ce moment-là, et n'en serait pas moins le Tartuffe. L'Église catholique a pris des précautions sévères contre ces délices de l'amour, en établissant contre elles ses règles infaillibles de foi et d'action ; mais ces précautions mêmes prouvent le danger et les inconvénients de la méditation déréglée.

Même dans les âmes pauvres, dont le mysticisme est terre à terre, il n'a pas toujours l'efficacité ni surtout la sûreté qu'on lui prête. Elles vont moins haut, sans aller plus droit. Elles ne retirent de ces exaltations ni lumières, ni ferme propos. Elles en rapportent dans le monde beaucoup d'orgueil, une confiance en soi mal justifiée, et une certaine sécheresse de cœur, parce que ce cœur, qui se croit uni intimement à Dieu, ne veut plus se donner à la créature. En un mot, le mysticisme est quelquefois le plus sublime des dons ; et quelquefois ce n'est rien, ou c'est un danger. Le mysticisme n'est qu'une passion, et, comme toute passion, il a besoin d'une règle qui lui vienne d'ailleurs.

Voilà l'amour de Dieu qui n'existe point dans toutes les âmes, mais seulement dans les âmes pieuses ou mystiques; qui s'adresse à Dieu, sous ce nom de Dieu, et sous les attributs de la cause parfaite de cet univers. Voyons maintenant s'il n'y a pas dans toutes les âmes, et même dans celles des athées, un attrait constant qui nous attache au Créateur, et qui soit aussi inséparable de la nature humaine que l'amour même qu'elle se porte. Car c'est là l'amour de Dieu dont nous voulons surtout parler, et dont celui que nous venons d'esquisser n'est que l'exaltation.

Nous avons déjà rappelé les traits généraux de la situation de l'homme. Il est une substance individuelle, il faut qu'il se conserve. Il est l'œuvre de Dieu, il faut qu'il tende vers lui. Il est fait pour tenir sa place dans un système qui est le monde : il faut qu'il entre en relation avec les autres êtres, et qu'il concoure, à sa place et pour sa part, à l'harmonie de l'ensemble. Cette triple relation n'est pas propre à l'homme ; elle se retrouve dans tout être, à l'exception de Dieu. Il est clair que Dieu existe par lui-même, et non par autrui ; que, ne tenant l'être de personne, il ne peut y avoir de limite ou d'imperfection dans son être ; qu'il n'a éternellement besoin d'aucune chose, et que son auguste solitude ne saurait être troublée. Il a fait le monde, mais nous ne saurions dire comment il l'a fait, et, malgré toutes les explications tentées par la vanité humaine, la création est et sera toujours pour nous un mystère. Un autre mystère, moins remarqué, tout aussi inaccessible, c'est que Dieu ait voulu créer. Nous disons avec pleine raison qu'il a créé en vertu de sa toute-puissance, et qu'il a créé en vertu de sa bonté et de son amour: en le disant, nous fermons la porte au panthéisme et au fatalisme ; mais nous n'expliquons pas en quoi consiste l'acte de créer, ni pourquoi celui qui a en soi toute perfection s'est porté à créer quelque réalité hors de son sein. Le fait existe cependant, et nous ne pouvons pas plus le nier que le comprendre. Dès qu'il existe, si l'être produit en dehors de Dieu est unique, il a une double loi : se conserver, tendre à Dieu ; s'il est multiple, il a une triple loi : se conserver, tendre à Dieu, concourir avec les autres êtres à l'ensemble et à l'harmonie du tout. Ces principes sont élémentaires et ne sauraient être contestés. Toute force physique ou morale, toute loi physique ou morale a pour but et pour effet de conserver l'être du monde, de le mettre en harmonie, de le diriger vers Dieu. C'est ce que les philosophes alexandrins appelaient la loi du retour. Ils pensaient que le monde sort d'abord de Dieu et en descend par l'émanation, et qu'ensuite il y retourne par l'amour. Inconséquents en ce seul point, que par l'émanation et l'extase ils compromettaient le dogme de l'incompréhensibilité divine, et, par suite, méconnaissaient la différence de nature et non de degré, qui est entre l'auteur du monde et le monde.

Si le triple rapport dont nous parlons est commun à l'homme et à tous les êtres créés, voici ce qui est exclusivement propre à l'homme : c'est qu'il est libre, chargé de sa destinée, et, par conséquent, éclairé sur la loi fondamentale de son être et de tout être. Or, nous avons vu que, pour qu'il soit libre, il faut qu'il soit intelligent et sensible; intelligent pour savoir ce qu'il fait et ce qu'il doit faire, sensible pour s'intéresser à sa propre action. De même, pour qu'il dirige sa liberté dans le sens de sa triple relation avec Dieu, avec lui-même, avec le monde, il faut que son intelligence embrasse la connaissance du moi, celle de Dieu et celle de l'univers, et que sa sensibilité se porte vers le moi, qu'il doit conserver et développer, vers Dieu, auquel il doit tendre, et vers le monde, qu'il doit aider.

Voyons, pour nous éclairer par cette analogie, si c'est bien là, en effet, la forme de l'intelligence humaine.

Dès le premier coup d'œil que je jette sur mon entendement, je remarque que mes idées se peuvent distinguer en deux classes : celles qui me sont directement fournies par mes facultés, et celles que je produis en faisant subir aux autres idées diverses transformations. Par exemple, si j'ai dans l'esprit l'idée d'un cercle de bois qui est présentement devant mes yeux, je puis, par un effort de la pensée, séparer l'idée de bois de l'idée de cercle, ce qui s'appelle faire une abstraction. De même, s'il est établi pour moi que A égale B, et que B égale C, j'en conclus que A égale C. Ou encore, si j'ai d'une part l'idée d'une femme, et d'autre part l'idée d'un lion, je puis, par abstraction, concevoir le buste seul de la femme et les flancs seulement du lion, et les réunir ensemble, par la force de mon imagination, pour former une Chimère. Toutes ces opérations ne sont que des relations que j'établis entre mes diverses idées; et, pour que je puisse me souvenir, abstraire, juger, raisonner, généraliser, imaginer, il faut premièrement que j'aie des idées dans mon esprit pour servir de matière à tous ces exercices de ma pensée. Or, ces idées, que sont-elles? D'où me viennent-elles? Ce sont les idées de trois objets et elles me viennent de trois sources. L'idée de moi-même et de tout ce qui se passe en moi me vient de la conscience, l'idée du monde me vient de la perception extérieure, et l'idée de Dieu me vient de la raison. Mes facultés sont triples, comme mes relations, et ce que je sais de ma position et de ma destinée s'accorde parfaitement avec ce que je vois de mon intelligence.

Insistons un peu sur chacune de ces trois formes de mon entendement, pour montrer dans quelle proportion elles concourent à former ma vie intellectuelle; ce n'est pas un hors-d'œuvre, car nous retrouverons le même ordre et les mêmes rapports dans la sensibilité : tant l'Ouvrier qui nous a faits a bien ordonné toutes choses en nous et hors de nous. De ces trois termes de ma connaissance, moi, Dieu et le monde, il y en a deux qui sont plus nécessaires que le troisième ; car je pourrais me passer de connaître le monde, tandis que je ne puis être un sujet pensant sans me penser, ni une créature sans penser mon créateur. Cette dualité de termes est en moi essentielle et constitutive ; d'où il suit qu'il y a nécessairement de la multiplicité dans mon intelligence. Au contraire, la pensée de Dieu est simple, car il suffit qu'il se pense lui-même, puisqu'il a en lui la source et la plénitude de l'être. C'est pourquoi Bossuet a dit justement : « Dieu entend qu'il est ; j'entends que je suis, et j'entends que Dieu est. »

Il est facile de se convaincre encore plus de la nécessité de ces deux termes de la pensée humaine, l'idée de moi et l'idée de Dieu, en remarquant qu'une pensée ne peut m'appartenir que si je la reçois en quelque sorte chez moi, et qu'elle n'a pas cette réalité logique, qui est tout l'être des pensées, si je ne lui assigne la relation qu'elle doit avoir avec l'absolu, c'est-à-dire avec l'idée de Dieu. En effet, qu'est-ce que juger, sinon affirmer que le moi adopte ou rejette une notion, et la considère comme vraie ou fausse? Et quel est le principe de tout jugement et de toute vérité, sinon le premier principe, qui est Dieu même? De même qu'aucun être n'est réel que par la puissance et la volonté de l'Être absolu, aucune vérité n'est vraie que par son rapport avec la Vérité absolue. Il y a un ordre de la science qui correspond à l'ordre de la réalité; et la logique ne diffère de la métaphysique que parce que la métaphysique est la nature réelle, et la logique la nature pensée. Si donc une notion traverse mon esprit, sans que je la juge vraie ou fausse, elle est un rêve et non une idée; et du moment que je la juge, je lui assigne une place dans l'ordre logique qui dépend de la vérité de Dieu, ou je la rejette, en dehors de cet ordre, dans le néant des idées.

Comment concevrait-on qu'une idée pût être en moi à mon insu? Si je sais qu'elle y est, je m'affirme donc en l'affirmant. Et comment comprendrait-on qu'une idée fût fixe et déterminée, vraie ou fausse, s'il n'y avait que le monde ou les idées du monde? Car tout le monde n'est qu'un composé de grandeurs et de relations; le monde n'est qu'un mouvement, ou, si l'on veut, un ensemble et une suite de mouvements; et par quoi le mouvement peut-il être défini, si ce n'est par l'immobile? Si, absolument, tout se meut, on peut dire que rien ne se meut. L'immutabilité divine n'est pas seulement nécessaire pour que le monde soit et pour qu'il soit gouverné ; elle l'est aussi pour qu'il soit entendu.

Aussi voyons-nous que la conscience et la raison, c'est-à-dire la perception du moi et l'intuition de Dieu, ne cessent jamais.

La conscience s'éveille avec la vie : où s'éteint-elle ? D'autres diront : à la mort; mais je réponds pour moi, avec assurance : jamais. Elle peut être nette et précise, ou confuse et obscure ; mais je sais que je pense, je sais que je veux, je sais que je jouis et que je souffre, et supposer que je ne le sache pas, c'est supposer des joies qui ne sont pas des joies, des pensées qui ne sont pas des pensées. On retrouverait le moi dans toutes nos propositions, si on les complétait; et quand je dis simplement : Voilà un homme, c'est comme si je disais : Je vois un homme, ou je vous invite à voir l'homme que je vois. On n'échappe pas à l'idée du moi; la persistance de cette idée constitue l'identité de la conscience, c'est-à-dire la vraie identité, l'identité humaine. C'est à peine si je me soucie de la persistance de ma substance : car l'immortalité de l'être sans l'immortalité du souvenir ressemble trop à la mort :

« Non, ut opinor, id ab letho jam longiter errat[1] ; »

Mais mon plus ferme espoir, c'est que ma conscience restera identique à elle-même, quand ma substance sera dégagée des liens et des entraves de mon corps.

Il y aurait lieu de disputer pour savoir si l'idée de Dieu, comme celle du moi, nous est toujours présente. Assurément, si l'on prend l'idée de Dieu sous ce nom

---

1. Lucrèce, livre III, vers 676.

et sous cette définition, il est impossible de prétendre que nous y pensions sans cesse, et il y a même un grand nombre d'esprits qui n'y pensent que très-rarement. Les athées, spécialement, n'y pensent que pour la nier. Mais nous pouvons penser à Dieu sans le reconnaître pour ce qu'il est. J'entends quelqu'un venir, et c'est Pierre; mais je sais que c'est quelqu'un, et je ne sais pas que c'est Pierre. De même, un athée pense qu'il y a quelque vérité éternelle, et ne sait pas que toute vérité éternelle est de la substance même de Dieu. Cette question, autrefois si fameuse, de savoir s'il y a vraiment des athées, ne roule que sur ce malentendu; et même entre deux croyants qui ne sont pas d'accord sur les attributs de Dieu, chacun, persuadé qu'il n'y a d'autre Dieu que le sien, peut traiter d'athée son adversaire. Les premiers chrétiens ont été condamnés comme athées.

Ce que nous entendons ici par voir Dieu ou penser à Dieu, c'est voir les vérités de raison. Or, soit qu'on les voie sans cesse, ou seulement lorsque la pensée, excitée par les objets extérieurs, se porte vers elles, on ne peut nier qu'il n'y ait de telles idées, et que nous n'ayons un sens pour les apercevoir au dedans de nous, comme nous avons le sens du moi et le sens du monde extérieur. Nous savons que la partie est plus petite que le tout, que le même est le même, que deux termes égaux à un troisième sont égaux entre eux, que le salaire gagné par le travail appartient légitimement à l'ouvrier, que l'homme ne doit pas être gêné gratuitement dans l'exercice de sa volonté, que rien ne commence sans cause, etc. Nos maîtres peuvent nous avoir appris les formules de ces croyances, mais personne ne nous a appris ces croyances mêmes. Nous les trouvons en nous toutes formées, par cela seul que nous pensons, et même nous ne pourrions pas penser sans elles, ni communiquer aux autres nos pensées. Ceux qui prétendent que nous les formons à la longue et que nous les tirons de l'expérience, oublient que l'expérience elle-même serait impossible sans l'idée de cause nécessaire. Nous partons de la nécessité d'une cause pour trouver par expérience la cause d'un effet particulier ; nous appliquons partout ces principes, nous les fécondons par l'expérience ; mais l'expérience s'appuie sur eux ; elle en dépend, elle en découle, elle ne pourrait pas faire un pas sans eux dans le monde des phénomènes ; elle manquerait de règle, de direction, de but et même de langage. Il est si vrai que ces principes sont innés en nous, qu'on les suppose toujours accordés dans les disputes ; et si quelqu'un nous les refusait, il faudrait se taire à l'instant, et ne pas essayer une argumentation inutile et impossible.

Non-seulement nous voyons que tous les hommes pensent ces principes ; mais nous jugeons que si quelque intelligence était créée, en quelque temps et en quelque lieu que ce fût, elle devrait nécessairement les connaître. Ils sont donc par eux-mêmes, et ils sont éternels ; c'est là tout ce que nous voulons établir en ce moment ; car de quelque façon que s'y prenne notre pensée pour donner à ces idées les formes sous lesquelles elles nous sont connues, il est impossible que ces idées n'aient pas un objet réel, éternel, et que quelque chose soit éternel sans être une substance et une substance parfaite, c'est-à-dire sans être Dieu. D'où il suit que la raison est proprement le sens de l'Absolu, et que c'est par l'idée de Dieu que nous jugeons toutes choses.

Retournons maintenant de l'intelligence à la sensibilité. Si l'action est impossible sans la connaissance, la connaissance est stérile sans l'action. Si Dieu nous avait refusé la liberté en nous donnant l'intelligence, il nous aurait fait un don bien funeste. Nous aurions été semblables au Prométhée de la fable, enchaîné sur son rocher pendant que sa pensée escalade le ciel. Nous savons et nous pouvons ; nous sommes donc les enfants de Dieu et les rois de la création.

Mais la pensée éclaire et dirige nos actes, sans nous exciter à agir. Il faut une crainte ou une espérance pour nous déterminer à faire l'acte que la pensée nous montre. Il convenait donc que notre faculté de sentir fût pourvue de trois amours : l'un qui nous incite à veiller à notre conservation et à notre développement; l'autre qui nous pousse à secourir nos semblables, et à nous montrer bienveillants pour toute la nature; le troisième enfin, par lequel nous sommes inclinés à contempler les perfections de l'auteur de notre être, et à tendre vers lui. Nous avons déjà analysé l'amour de soi et l'amour d'autrui ; mais il nous reste à chercher si l'amour de Dieu est aussi un sentiment naturel, constant, universel, ou s'il n'y a pas d'autre amour de Dieu que celui dont nous parlions tout à l'heure, et qui ne se rencontre que dans les âmes dévotes.

L'amour de Dieu, comme l'amour de soi, est un élément nécessaire de la sensibilité humaine; elle n'existerait pas sans lui. Si la créature est capable d'aimer, elle doit aimer son créateur, et s'aimer elle-même. L'amour des autres lui est donné comme par surcroît. Et même elle ne peut aimer un troisième objet qu'à cause de l'amour qu'elle a pour elle-même et pour son principe. C'est ce que nous allons essayer de prouver successivement pour les deux points. Commençons par ce qui concerne le moi. Je suis toujours pour quelque chose dans celles de mes affections qui paraissent les plus désintéressées. Ainsi, j'aime une femme, un ami, pour le plaisir qu'ils me donnent. Que je devienne indifférent à mon propre plaisir : cette indifférence envahit tout mon cœur, et je ne suis plus capable d'aimer. Cela devrait sauter aux yeux, car c'est la nature elle-même ; mais il y a une équivoque, qu'il faut dissiper, et qui empêche un observateur superficiel de voir cette persistance du moi dans l'amour. Si je disais, par exemple, que j'aime mon ami à cause de moi, ne paraîtrais-je pas méconnaître le caractère et l'essence même de l'amitié? L'amitié ne serait-elle pas alors une hypocrisie? Donner pour recevoir, ce n'est pas donner : c'est faire un commerce. Le véritable ami aime donc sans songer à l'utilité de l'amitié : « J'aime, dit Montaigne, parce que c'est lui, parce que c'est moi; parce qu'il y a une force secrète qui lie mon cœur à son cœur. Qu'il soit riche et puissant, c'est plutôt pour mon amitié un obstacle qu'un aliment. Je suis prêt à me dévouer pour mon ami, à donner pour lui ma vie, ma fortune, mes goûts, tout ce qui concourt à mon bonheur. Je le donnerai, non pas une fois, mais toujours, tant que l'amitié subsistera. » Voilà donc une passion entièrement désintéressée. Oui, elle l'est autant qu'une passion puisse l'être. Mais il y a un plaisir que je ne puis sacrifier à mon ami; c'est le plaisir de l'aimer, ou si l'on veut, le plaisir de me sacrifier. Mon bonheur est de n'avoir d'autre bonheur que le sien; mais c'est mon bonheur.

Prenons un exemple dans ces sacrifices qui vont aussi loin que le dévouement humain puisse aller. On a coutume, dans les écoles, pour montrer que l'amour d'autrui n'est pas une forme de l'amour de soi, de citer les hommes qui ont été jusqu'à donner leur vie pour leurs frères. On a raison ; ce dévouement est la preuve d'un détachement bien complet et d'un amour bien profond. Ce n'est pas un calcul, puisqu'il tue [1]. Celui qui meurt ainsi prouve invinciblement qu'il aime mieux le bonheur des autres que sa propre vie. Il préfère aux plaisirs de la vie, et même au plaisir de vivre, le noble plaisir de mourir pour l'humanité. Il est le sublime du désintéressement, car il ne lui reste que ce degré d'égoïsme qui est essentiel à la nature humaine, et dont Dieu ne permet pas que nous puissions jamais nous dépouiller. Pour s'en assurer de plus en plus, il faut voir jusqu'où va la puissance du sacrifice, et où elle s'arrête. Il est rare que les affections bienveillantes soient silencieuses. Comme elles désirent, pour la plupart, être partagées, leur grand moyen est de s'affirmer et de s'exalter, afin d'exciter l'amour par l'amour. Quelquefois aussi elles aiment à s'étaler dans des discours, sans autre but que le plaisir de s'épancher. Leur langage est passionné, énergique, plein d'images et de mouvements ; et cependant, une passion un peu vive ne se retrouve jamais elle-même dans ses descriptions. Les peintures brûlantes lui paraissent froides, en comparaison du feu intérieur. Elle a, pour s'exprimer, un bien meilleur moyen que les paroles : c'est le sacrifice. Quand un amant énumère à l'objet aimé les sacrifices qu'il a faits pour lui, ce n'est pas à la reconnaissance qu'il fait appel, c'est à l'amour ; il ne se vante pas, il se décrit. C'est comme s'il disait : Vous savez combien tous les hommes tiennent à leur repos, à leur santé, à la fortune, à la gloire : j'ai donné

---

[1] « Tous les hommes recherchent d'être heureux, cela est sans exception.... C'est le motif de toutes les actions des hommes, jusqu'à ceux qui vont se pendre. » Pascal, *Pensées*, VIII.

tout cela pour vous; vous m'êtes plus cher que tous mes amours et que la vie même. Il ne faut pas croire que ces sacrifices aient nécessairement pour but le bonheur de l'objet aimé. On s'impose souvent des privations dont il ne lui reviendra aucun bénéfice; mais il verra par là à quel point il est aimé. On va même encore plus loin, on se condamne à des épreuves dont l'objet aimé n'a besoin ni pour être heureux, ni pour savoir à quel point on l'aime. La passion jouit de cette souffrance, qui lui sert en quelque sorte à se mesurer, à se sonder elle-même. Elle s'échappe par là, à défaut d'une autre issue. Elle savoure ces douleurs, qui lui prouvent sa force. Là est l'origine de tous les fanatismes, et il n'y a pas de passion qui n'ait le sien.

C'est un penchant très-naturel aux âmes mystiques, dont tout l'amour se porte sur Dieu, de lui offrir des sacrifices, dont évidemment il n'a nul besoin. Je ne parle pas ici des sacrifices qui font la matière du culte, et qui sont réglés par l'autorité religieuse; mais des privations et des douleurs qu'on s'impose librement pour exprimer et pour satisfaire son ardeur. Plusieurs se contentent de méditer et de prier; mais il vient un moment où la méditation et la prière ne suffisent plus. On a beau faire des actes d'adoration et d'amour; on a beau emprunter le langage de toutes les plus véhémentes passions : rien n'y fait, l'ardeur de l'âme n'est pas assouvie. Elle brûle d'une flamme intérieure qui la consume et la tourmente, et qu'elle ne peut apaiser qu'en faisant la guerre, et quelquefois une guerre terrible à d'autres sentiments. C'est alors l'amour qui invente des supplices, et qui, par une sorte de folie, défigure et mutile la créature pour plaire au Créateur. Il y a des cœurs qui ont été desséchés par l'amour, et qui, à force d'aimer l'Auteur de la nature, sont devenus incapables d'aimer ce que la nature nous ordonne d'aimer : semblables à ces grands feux qui, courant sur une plaine embrasée, absorbent et détruisent tous les foyers moins puissants, et finissent par tout confondre dans un seul incendie.

Les jeûnes, les privations, les tortures que des saints se sont imposés, peuvent être attribués à l'esprit de pénitence et au désir de proportionner l'expiation à la faute ; mais ces motifs n'excluent pas le motif d'amour, et l'on peut même dire que, quand les austérités de la vie pénitente dépassent une certaine mesure commune, c'est moins par un excès d'horreur pour le mal que par un immense amour pour le principe du bien. Le martyrologe de toutes les religions est une histoire de l'amour. Le bonze, le fakir, le santon qui se déchirent le corps avec des lanières, qui s'exténuent de jeûnes, qui passent des mois et des années dans l'immobilité; le moine, qui se condamne à la pauvreté, à l'obéissance; le riche, le puissant, l'homme de génie, qui vont s'éteindre dans la vie monastique, et s'efforcent d'oublier jusqu'à leur nom, ne se traitent ainsi que par amour pour le Créateur; ou, si c'est par mépris de la créature, ce mépris n'est qu'une conséquence de cet amour. Je les rapproche à dessein, sans les comparer, parce que je veux constater un fait humain, qui ne tient ni à la sublimité du dogme, ni à la sainteté de la morale.

Or, dès que l'amour est entré dans cette voie, et qu'il cherche à se soulager par des souffrances volontaires, il peut, s'il n'est contenu par une règle prudente, se jeter dans des excès qui font frémir. Des sectes entières, issues de cette noble et pure origine, ont fini par se souiller de toutes les infamies. D'autres ont étalé des austérités qui ressemblaient moins à des pratiques dévotes qu'à une folie furieuse. Les mystiques, en grand nombre, sortis du christianisme, trouvant dans la religion même qui leur avait servi de point de départ la plus profonde connaissance du cœur humain, sont arrivés à de tels raffinements, qu'on ne sait ce qu'il faut le plus admirer de cette perspicacité ou de ce courage. Quand ils ont senti l'insuffisance de la pensée et de la langue humaine pour exalter la grandeur de Dieu, ils se sont rejetés sur le néant de l'homme. N'est-ce pas, en effet, le même hymne? Et que fais-je de Dieu, à quelle hauteur vais-je le placer, quand je me jette au néant, moi, le roi de la création? C'est dans le même esprit qu'ils ont usé des cilices et brisé des fouets sur leurs corps; ou qu'ils ont abandonné leurs parents et leurs amis, et effrayé le monde du spectacle de leur pénitence. Mais, malgré tous leurs efforts, ce moi qu'ils pourchassent se retrouve encore au fond de leur cœur. Déchiré, meurtri, ensanglanté, il est là, pour sentir le bonheur de s'anéantir. Quand les mystiques sont allés jusqu'à consentir à la damnation éternelle par excès d'amour, ils n'ont fait que se confondre dans leur pensée. Eh! quel pouvoir d'aimer reste-t-il, quand il ne reste pas même le pouvoir de jouir de son amour? Otez du cœur de l'homme le plaisir et la douleur, vous y introduisez forcément l'indifférence; et Dieu lui-même, une fois ce cœur éteint, serait impuissant pour le récompenser ou le punir.

Ainsi, l'amour de soi ne quitte pas l'homme. Il est à la passion ce que la conscience est à la pensée; on pourrait aussi bien ôter la vie de ses entrailles et la jeter loin de soi, que d'arracher le moi de la sensibilité et de l'intelligence humaine.

Cette doctrine est moins douce à soutenir, et moins

brillante que la doctrine du pur amour ; mais elle est vraie. Elle est fondée sur l'observation, et conforme à la nature et à la destinée de l'homme.

Cherchons maintenant la place que Dieu s'est réservée dans le cœur de sa créature. N'est-il aimé que par ceux qui le cherchent et le connaissent? Ou, comme il est la lumière des intelligences mêmes qui le nient et qui le blasphèment, est-il la cause, à la fois inconnue et présente, de tous les amours?

Pourquoi aimons-nous les belles choses? parce qu'elles sont belles; et les bonnes? parce qu'elles sont bonnes. Il arrive que nous aimons des choses mauvaises, par une dépravation de l'esprit ou du cœur, mais sont-elles entièrement, absolument mauvaises? n'y a-t-il pas en elles quelque bonté qui nous séduit et nous cache leurs défauts? Si par malheur nous sommes assez tombés pour aimer en elles leurs vices, avons-nous conscience de cet abaissement de nos âmes, de cette perversion de notre jugement? N'aimons-nous pas ces choses mauvaises pour quelque bonté qui n'y est pas, mais que nous croyons y trouver? Est-il dans la nature humaine d'aimer le mal comme mal? Ou d'admirer la laideur en tant que laideur? Non; nous sommes faits pour aimer le beau et le bon; c'est ce que chacun sent parfaitement en soi, et ce que tout le monde confesse. Nous nous trompons, dans le détail, sur les caractères du beau et du bon; nous préférons une bonté moindre à une bonté plus grande. La faiblesse de nos esprits, des habitudes perverses, un cœur mal né, de mauvais exemples, une volonté impuissante, sont les causes de ces désastres; mais qu'une créature humaine aime le mal le sachant mal, et parce qu'il est le mal, c'est ce qui ne s'est jamais vu sous le ciel. Dans ces matières où l'expérience n'est pas seulement de tous les jours, mais de tous les instants, nos façons même de parler déposent pour nous. Nous disons : j'aime cela, ou : cela me plaît, ou : cela me paraît bon ; et ces trois expressions sont synonymes. Nous sentons quelquefois un désaccord entre nos jugements et nos goûts ; nous disons alors : cela n'est pas bon, mais je l'aime ainsi. Phrase hypocrite ! car, si nous parlions plus crûment, nous avouerions seulement que nous trouvons, dans cette chose mal jugée par les autres hommes, quelque bonté secrète qui nous ravit et nous fait passer sur ses défauts.

C'est donc bien réellement la bonté que nous aimons dans une chose bonne, et la beauté dans une chose belle. Si nous étions à l'école de Platon, nous irions sur-le-champ plus loin, et nous soutiendrions qu'il y a une essence unique de la beauté et de la bonté, que toutes les choses qui méritent d'être appelées bonnes ou belles, participent de cette essence, et que nous aimons en elles, non ce qu'elles sont, mais ce qu'elles représentent ; non leur individu, mais leur genre. Cette doctrine est très-admirable et très-pleine de sens ; elle a seulement besoin, pour être entendue, de développements et de correctifs dont ce n'est pas ici le lieu. Nous prenons les choses plus simplement ; et de ce fait que nous n'aimons les choses que pour la bonté que nous y voyons ou que nous croyons y voir, nous concluons avec Malebranche que nous avons naturellement de l'inclination pour le bien et de l'horreur pour le mal : et nous voilà déjà sur la trace de celui qui est la Bonté et la Beauté par essence.

Quand nous montrions précédemment que nous ne

saurions aimer aucune chose qui ne nous apporte un certain plaisir, parce que l'amour du moi accompagne tous les sentiments, nous ne disions certes pas que ce plaisir fût l'objet même ou la fin de notre amour : il n'en est que le motif; c'est la Bonté ou la Beauté qui en est la fin. Je n'aimerais pas, si je n'y trouvais du plaisir : voilà le motif, voilà le moi ; mais je trouve du plaisir dans la considération ou dans la possession de l'objet aimé, parce qu'il est bon : voilà la fin, voilà le bien. Il serait également faux de donner pour cause finale à l'amour le plaisir qu'il produit, et de croire que la bonté produirait par sa force seule le désir et l'amour, si nous n'étions pas organisés pour qu'elle nous fasse éprouver du plaisir. Ceux qui tombent dans ces deux erreurs ne font que mutiler notre nature. Les premiers font de nous une sensation, et les seconds un théorème.

Ne rêvons pas; prenons l'homme tel qu'il est, dans la multiplicité des éléments qui le constituent. Simple dans sa substance, il ne l'est pas dans sa vie. Si son plaisir était la cause finale de ses amours, il n'aurait même plus de plaisirs, car il n'y aurait pas de raison pour que quelque chose lui plût; et, par conséquent, il n'aurait rien à aimer. Ainsi cette supposition se détruit elle-même. L'homme alors se prendrait pour la mesure du beau et du bien ; et quel homme? L'individu, vous, moi, chacun de nous. Nos jugements seraient donc absolus, et, comme ils sont divers, le même objet serait réellement beau, si vous le trouviez beau, et en même temps réellement laid, si je le trouvais laid; ce qui est la négation même, non-seulement de tout l'ordre logique, mais de tout l'ordre métaphysique. De plus, l'homme serait à la fois celui qui aime, celui qui est aimé, et la cause pour laquelle ce qui est aimé est aimé ; il serait donc le point de départ et la fin de l'action ; il serait son tout, il se suffirait : ce qui est l'attribut de la substance absolue et parfaite, qu'Aristote appelle, pour ce motif, une Entéléchie. Non, l'homme, ni aucune créature, n'est aimable par soi-même ; tout être dont l'être est emprunté ne peut avoir aussi qu'une bonté empruntée ; et celui-là seul est la bonté par essence, qui possède la plénitude de l'Être. Il faut donc avouer que la cause finale de l'amour n'est dans aucune créature, et que nous aimons ce qui est bon, parce que nous avons en nous une tendance innée vers la Bonté même. Cela n'empêche pas qu'une autre condition pour que l'amour se produise, est que la chose aimée nous procure du plaisir. En un mot, elle serait encore aimable, quand même nous ne l'aimerions pas ; mais nous ne l'aimerions pas, quoique aimable, si nous n'éprouvions du plaisir ou à la posséder ou à la contempler.

Considérons maintenant la Bonté sous sa forme la plus parfaite, qui est la justice, et là encore nous trouverons de nouvelles et convaincantes preuves du penchant naturel qui nous porte vers l'Absolu. La justice est, en effet, la forme la plus parfaite de la bonté, puisqu'elle est l'accord des actions et des qualités d'un être avec sa destinée. C'est à peine s'il est besoin d'insister pour montrer que nous avons l'amour inné de la justice, et que la justice est de la substance de Dieu, qu'elle est un des rayons que Dieu envoie dans nos âmes et par lesquels il se manifeste. Prenons cependant les faits à leur origine ; car aussi bien nous rencontrons ici le commencement et comme les abords de la conscience morale.

C'est un fait que nous passons une partie de notre vie

à louer ou à blamer les actions d'autrui. Cet éloge ou ce blâme est quelquefois un simple jugement que porte notre esprit sur la manière dont une entreprise a été conduite. Je dirai par exemple : ce pont n'est pas solide, parce qu'on a employé, pour le construire, des matériaux de mauvaise qualité; ou bien, cet ouvrage n'a pas d'intérêt, parce qu'il est composé sur un plan défectueux. Quelquefois aussi l'éloge ou le blâme sont déterminés par l'opinion que nous avons de la valeur morale d'un acte. C'est de cette dernière espèce d'approbation ou de désapprobation que nous voulons parler ici.

Quand je loue ou quand je blâme une action morale, il est bien rare que je le fasse froidement. Mon blâme est toujours accompagné d'une impression pénible, mon approbation d'une impression agréable. Suivant les cas, ces impressions sensibles qui accompagnent mon jugement peuvent aller jusqu'à une violence extraordinaire. Il y a, pour employer une expression consacrée, des mouvements d'antipathie ou de sympathie qui me mettent hors de moi.

Je dis que ces mouvements de la sensibilité accompagnent le jugement : je ne dis pas qu'ils le suivent. Non-seulement ils coexistent avec lui, mais ils peuvent même exister avant lui ou exister seuls. Il se rencontre que la vue d'une action morale agisse puissamment sur la sensibilité, sans que l'esprit démêle les motifs de la peine ou du plaisir, et arrive à quelque clarté d'appréciation. On dit alors : cette action me déplaît, elle me révolte; je ne saurais dire pourquoi. Mon esprit hésite; mais ma sensibilité est touchée.

Ainsi, pour prendre quelques exemples, qu'on raconte devant plusieurs personnes l'action de Brutus condamnant ses fils à mort et présidant à leur supplice, ou celle de Charlotte Corday donnant la mort à Marat, il y aura une impression immédiate, qui pourra être très-diverse suivant les dispositions affectives des auditeurs. Le jugement ne viendra qu'après, à la réflexion, et il pourra modifier l'impression première.

Dans la pratique de la vie, cette promptitude de l'impression sensible et cette hésitation du jugement se reproduisent presque à chaque pas. L'esprit est souvent surpris par un fait inattendu; il a besoin de l'examiner dans ses causes et dans ses suites, de le rapprocher de certains principes ou de certains antécédents, de s'éclairer par des consultations. Le cœur est toujours prêt : il est prime-sautier, comme disaient nos pères, et la passion l'envahit souvent en un clin d'œil. Notre esprit pourra acquiescer plus tard, mais pour le moment notre cœur proteste. Cela va de source avec lui; sa première impression est toujours à la nature, et il faut bien des efforts de la volonté, de grandes luttes, de puissants intérêts, pour le changer.

Cette séparation du jugement et de l'impression sensible est surtout frappante chez les esprits peu cultivés, qui n'ont aucune habitude de la réflexion; ils savent à peine juger, mais ils savent sentir. On la remarque aussi fréquemment chez les femmes, dont la sensibilité est très-vive et le jugement léger, et qui se font une sorte de point d'honneur de céder à leurs impressions, à leur premier mouvement, mettant ainsi, sans bien se rendre compte de cette sorte d'abdication, leur nature au-dessus de leur volonté.

Enfin, nous pouvons constater sur nous-mêmes, à propos de nos propres actes, que l'impression sensible peut exister sans le jugement; qu'elle peut le précéder, qu'elle peut en différer. Je médite longuement un certain coup ; j'y accoutume mon esprit; je lui trouve des antécédents, des analogies ; je me persuade qu'il est nécessaire ; je m'entête de l'utilité qu'il rapportera, et de l'habileté que je vais déployer dans l'exécution, et bref, j'en viens à oublier complétement ou à ne plus savoir qu'il est immoral. J'agis alors, avec une apparente sécurité; mais, à peine l'action est-elle commencée, qu'une profonde douleur s'élève en moi. J'ai beau lutter ; j'ai beau me dire : je fais bien; mon cœur proteste; il m'inquiète, il me tourmente, il jette son remords dans la joie de mon triomphe, et ce cri de la nature devient comme le bourreau intérieur de ma volonté pervertie.

Toute la vie est pleine de faits de cette espèce; il dépend de chacun d'en multiplier les exemples sur lui-même ou sur les autres, de s'en fatiguer, de s'en rassasier. Partout on verra la réalité du phénomène sensible et la réalité du phénomène intellectuel ; la possibilité qu'ils existent l'un après l'autre, l'un sans l'autre ; la possibilité de leur accord et de leur lutte. Cet accord est constant dans une nature bien douée et bien gouvernée.

Voici encore un double fait, l'un intellectuel, l'autre sensible, qui accompagnent le double fait dont nous venons de parler. Si mon esprit juge qu'une action est bonne, n'est-ce pas une suite nécessaire qu'il juge que l'agent doit être récompensé ? Ou s'il juge qu'elle est mauvaise, ne juge-t-il pas que l'agent doit être puni? De même, ma sensibilité va du plaisir que l'action me cause au désir que l'agent soit récompensé, ou de la peine que j'éprouve au désir que l'agent soit puni. La similitude est parfaite, et montre bien que l'esprit et le cœur de l'homme sont l'ouvrage de la même main, et que quand tout en nous ne se dirige pas vers le bien, c'est par notre faute et non par la faute du Créateur. Ici la sensibilité, en passant du plaisir ou de la peine au désir, ne fait que suivre sa constante loi. Le fait, d'ailleurs, est évident, incontestable. Qu'au moment où je suis indigné contre un homme, la main de la justice s'appesantisse sur lui, je sens une sorte de joie au milieu de ma douleur, un apaisement. Je m'en irai plus tranquille sur le souvenir de cette impression, que si l'indignation seule avait continué de peser sur moi. Cela va si loin dans les foules composées d'hommes grossiers et peu accoutumés à différer ou à se vaincre, que l'indignation se traduit presque spontanément en sévices. Nul ne réfléchit dans ces moments-là, on pourrait presque dire que nul ne pense; c'est la nature, le sentiment qui fait tout. La justice humaine, en arrivant sur le théâtre du crime, est souvent obligée de commencer par protéger les coupables, sauf plus tard à les punir.

Il en est de même de l'admiration. La vue d'un grand acte de courage ou de vertu me transporte. Le sentiment qu'il m'inspire est un sentiment agréable, et cependant il s'y mêle comme une douleur, si la récompense ne suit pas. Un désir puissant s'élève en moi de voir mon héros honoré suivant ses mérites. Je pousse des cris qui ne sont pas seulement l'expression de la joie, mais comme une sorte d'effort pour récompenser au moins par mes acclamations la belle conduite dont je suis témoin. Quelle profonde tristesse me saisit, quelle indignation contre les hommes, quand je vois la vertu méconnue! Il n'y a pas de sentiment plus poignant. Cela vous oppresse, cela vous jette dans des amertumes, dans une sorte de désespoir. Même au théâtre, où il ne s'agit que de fables, un dénoûment fatal que rien ne compense, ni un mot d'immortalité, ni la gloire, ni quelque grand résultat pour le bonheur de l'humanité, ne serait pas souffert. Plus l'auditoire est illettré, plus il est exigeant. Un long murmure de satisfaction parcourt la foule quand le traître est découvert. Les méchants eux-mêmes partagent ce sentiment ; cela fait partie de l'homme.

Cherchons à présent d'où viennent ces amours, ces haines, ces désirs. Nous verrons qu'ils supposent l'idée de la justice, mais à coup sûr ils en supposent aussi le sentiment. Il ne faut pas nier cela, car toute la vie humaine s'élèverait contre cette négation : nous avons le sentiment de la justice, tout comme nous en avons l'idée. Est-ce que l'idée de la justice nous laisse froids comme l'idée de l'égalité de deux angles? Est-ce qu'il n'y a pas quelque chose en elle qui m'avertit qu'on ne peut la blesser sans me blesser? Est-ce que mon avenir ici-bas et après la vie ne dépend pas de la justice? Est-ce que je ne l'invoque pas chaque jour de ma vie? Est-ce que je ne sens pas, jusque dans mon fond, que je ne puis la transgresser, sans porter une ineffable atteinte à mon bonheur même temporel? Est-ce que je puis, sans tressaillir, en entendre la peinture? Est-ce qu'une secrète horreur ne s'élève pas en mon âme à la seule idée de la violation du droit? Puis-je ne pas reconnaître à tous ces caractères la réalité, et je dirai même la violence de l'amour qui m'unit à la justice? A qui peut-elle devenir indifférente, sans vicier profondément les sources de la vie? Comment, si ce n'est par cet amour, expliquer le remords? Comment se rendre compte de la satisfaction qui accompagne une bonne conscience ? Y a-t-il un lien plus fort et plus tendre de la communauté humaine, et ne répudierions-nous pas, ne chasserions-nous pas de la société des hommes le malheureux qui ne porterait pas dans son cœur cette divine image ? Fouillez dans les derniers bas-fonds de la société humaine, prenez dans les prisons, dans les bagnes, les criminels les plus endurcis, interrogez le cœur du parricide qu'on mène à l'échafaud : il y a encore, sous ces cendres, une étincelle qui pourrait être ranimée. C'est par là que nous tenons au ciel, et que, dans l'ardeur de notre amour, en nous adressant à Dieu, nous n'osons l'appeler du nom de père !

Cet amour de la justice est-il chez nous le fruit de l'éducation ? Il est certain que l'éducation le développe et le fortifie, mais c'est la nature qui le donne. Nous le trouvons en nous, pour ainsi dire, depuis que nous sommes. Avant de savoir bégayer des mots, nous comprenons la justice de certains châtiments. On voit à des signes infaillibles que nous avons quelque notion du droit, avant même d'être capables d'associer ensemble deux idées. Des philosophes pourront disputer sur ce point, et soutenir que l'idée de la justice nous vient de l'expérience, et le goût de la justice de l'éducation. Mais les mères savent à quoi s'en tenir sur le mérite de ces discussions, et la plus illettrée a remarqué cent fois que l'enfant devance sur ce point tous les enseignements, et qu'il y a en lui une tendance à aimer ce qui est juste, comme il y a une tendance à aimer sa mère.

Lorsque nous examinerons non plus le goût, l'amour, le sentiment de la justice, mais l'objet même de ce sentiment, l'idée du juste, nous verrons qu'il est mathématiquement impossible que l'expérience du monde la fournisse même à notre âge mûr; qu'elle nous vient du même lieu d'où sont venues nos facultés, c'est-à-dire que nous l'apportons en naissant, et qu'il nous suffit de penser à un agent libre pour que l'idée de la justice s'élève immédiatement dans notre âme. L'amour qui nous attache à la justice a un autre but et d'autres visées que celui qui nous attache aux hommes et à nous-mêmes. C'est par lui que notre cœur sent son origine, et que l'homme présage ses destinées. Le moi et l'absolu sont les deux pôles de la sensibilité comme de l'intelligence humaine.

Il est donc vrai que l'amour de soi est le motif de tous nos amours, et que l'amour du bien en est le but.

Il n'en faudrait pas conclure que les différents amours qui habitent le cœur de l'homme ne sont que des transformations de l'amour de soi ou de l'amour du bien. Non, les distinctions sont très-profondes, quoique la coexistence et les intimes rapports soient réels.

Autre chose est de se prendre soi-même pour but de son amour, de se délecter dans la contemplation et dans le soin de soi-même, de tout sacrifier à l'intérêt de sa vie ou de ses plaisirs, autre chose de n'être heureux que par le bonheur d'autrui, et de ne sentir qu'indirectement, et sans les avoir cherchées pour elles-mêmes, les joies attachées au dévouement. De même il y a un abîme entre l'amour qui va directement au bien absolu, et l'amour qui aime le bien sous ses voiles et sans le reconnaître. Les trois formes de l'amour diffèrent autant par leurs caractères et par leurs effets que par leur origine et par leur but. L'amour de Dieu, s'il est bien réglé, nous fait vivre, par anticipation, de la vie réservée par Dieu même à ses élus; il fait de nous des anges, avec un corps mortel ; l'amour de soi nous isole, nous cencentre en nous-mêmes, nous exile de Dieu et du monde, et nous rend non-seulement inutiles, mais dangereux, car c'est la loi d'un tout bien organisé, que qui ne lui sert pas lui nuise. L'amour du monde est divers et variable comme son objet. Il nous arrache à nous-mêmes sans profit pour personne, car l'amour qui ne s'élève pas au-dessus du monde est inutile au monde même. L'homme n'est vraiment rien, et tout ce qui est de lui n'est rien, à moins qu'il ne s'élève à Dieu. « O quam contempta res est homo, nisi « supra humana surrexerit [1]. »

Plus on pense, plus on découvre partout d'harmonies, d'analogies. L'unité de la volonté créatrice se révèle dans cette admirable concordance de tous les êtres et de tous les mouvements; il semble qu'on voit le doigt de Dieu, chaque fois que sous cette riche variété on découvre la simplicité parfaite du plan de l'univers. L'homme, à lui seul, produit tant de phénomènes et se montre sous tant de faces, qu'aucun génie ne pourra l'étudier assez pour le connaître, je ne dis pas dans son insondable substance, mais dans toutes les métamorphoses de sa vie. Et pourtant, dès qu'on généralise, tout en lui se classe, tout se simplifie, tout vient d'un même foyer, et se dirige, par des voies pleines d'analogie, vers une même étoile. Ce microcosme imite à la fois la richesse et la simplicité du monde. Ainsi au premier aspect, il semble que le cœur de l'homme va s'épanouir en mille formes d'amours, tandis qu'en l'observant de plus près, on retrouve toujours, à l'origine du sentiment, le moi, et Dieu à son point d'ar-

---

1. Sénèque, *Questions naturelles*, préface.

rivée. Notre intelligence est bâtie sur le même patron. La pensée revêt mille formes; tout lui est accessible; elle passe, en un instant, par-dessus le monde; ce qu'elle ne voit pas, elle l'imagine ou elle le devine; elle fait des découvertes et des créations dans tous les sens : mais tout se passe toujours entre la conscience et la raison, parce que nous ne pouvons échapper ni à nous-mêmes, ni au Dieu qui nous a faits. De là ces alternatives de la science, qui tantôt analyse, c'est-à-dire divise, et tantôt simplifie, raccorde, reconstruit. Elle ne viendra jamais à bout ni d'énumérer tout ce qu'il y a en nous de divers, ni de montrer combien nous sommes un. Quand une observation plus attentive nous révèle des rapports secrets et considérables entre des facultés que nous avions d'abord distinguées avec facilité, nous n'en devons pas conclure la vanité de nos premières analyses, mais bien l'unité de la nature humaine, d'où jaillissent les phénomènes multiples et les puissances variées de la vie. En nous tout se distingue dans les effets, et tout se confond dans le principe.

CHAPITRE V.

DE L'ÉTAT D'UNE AME GOUVERNÉE PAR LES PASSIONS.

> » Il vaudrait beaucoup mieux pour moi, ce me semble, que la lyre dont j'aurais à me servir fût mal montée et discordante, que le chœur dont j'aurais fait les frais détonnât, et que la plupart des hommes fussent d'un sentiment opposé au mien, que si j'étais pour mon compte mal d'accord avec moi-même et réduit à me contredire. » — Platon, *Gorgias*, traduction de M. Cousin, tome III, p. 291.

Toutes les passions sont en germe dans le cœur humain : mais il s'en faut bien qu'elles y exercent toutes un empire égal, ou qu'elles présentent chez tous les hommes le même degré d'énergie. Nous apportons en naissant une sensibilité plus ou moins vive, et disposée à éprouver tel sentiment plutôt que tel autre ; l'éducation, l'habitude, la volonté, les circonstances, le milieu dans lequel nous vivons, tout, jusqu'à notre santé et à notre tempérament, contribue encore à la modifier. Cette disposition habituelle de notre faculté de sentir constitue en quelque sorte notre physionomie morale. Le mot de caractère s'emploie quelquefois dans le même sens, mais il y a pourtant une différence. Le caractère est quelque chose de plus ; c'est la sensibilité gouvernée par la volonté, transformée par l'habitude. Ainsi, nous recevons nos passions, et nous faisons notre caractère. La nature avait fait de

Socrate un libertin ; de ce libertin, la volonté de Socrate fit un sage.

Il y a beaucoup d'hommes froids, calmes, impassibles, chez lesquels aucune passion n'a de force, difficiles à remuer, incapables de pousser un peu loin la joie ou la peine, tièdes, indifférents, engourdis, égoïstes moins par excès d'amour-propre que par défaut de sympathie, et vivant au jour le jour, de peu d'actions et de peu de sentiments, si cela peut s'appeler vivre. Quand ces âmes sont foncièrement pauvres, cette froideur est incurable. Quelquefois aussi la passion ne fait que s'ajourner, comme un feu qui couve sous la cendre. On croit longtemps qu'il n'y a rien là, que tout y est impuissant ou mort, et l'on y porte imprudemment la main jusqu'à ce qu'on soit effrayé par un soudain incendie.

D'autres croient de bonne foi avoir les passions fortes, parce qu'ils les ont turbulentes ; ils se laissent éblouir par ces feux de paille, ils ne voient pas que ces ardeurs prétendues ne sont que l'effet d'une volonté faible et de convoitises désordonnées. C'est pitié de les voir inventer des théories pour cacher leur maladie ou leurs pauvretés, et répéter, sans trop s'entendre, qu'il y a de certaines grandeurs dans le vice, que le cœur de l'homme est soumis à la fatalité du bien ou à celle du mal, que les grandes passions sont invincibles. Ils prennent la violence des passions pour de la force. Ils ne comprennent pas que la passion peut nous tuer et ne peut nous vaincre ; car ils n'ont mesuré ni la force de la volonté, ni la dignité de l'âme immortelle. Depuis qu'on a jeté dans le monde cet accouplement de mots : « Désordre et génie, » un nombre immense de petits esprits et de lâches cœurs se sont mis à tirer vanité de leur misère, dans l'espérance de faire croire à la grandeur de leur intelligence par le spectacle même de leur turpitude morale. Il faut à la plupart des hommes un rôle, grand ou vil. Ils ne peuvent pas se résigner à n'être que ce qu'ils sont, c'est-à-dire à n'être rien.

Outre les différences que nous venons de noter dans l'habitude générale de la sensibilité, qui font qu'une âme sent vivement, et qu'une autre, pour ainsi dire, ne sent point, il y a une source très-féconde de diversité entre les hommes, et c'est la prédominance dans une âme d'une ou de plusieurs maîtresses-passions au préjudice de toutes les autres. Cette prédominance est naturelle ou factice; et quand elle est factice, elle peut être passagère ou permanente.

La plus simple expérience de la vie suffit pour nous montrer qu'il y a des âmes dans lesquelles une passion l'emporte sur toutes les autres par une prédominance naturelle. Ainsi, certaines âmes sont faites pour se dévouer toujours, et d'autres pour préférer toujours leurs intérêts au reste du monde. Il naît des âmes qui semblent créées tout exprès pour aimer Dieu et qui sont, dès le commencement, montées au ton de l'enthousiasme. Quelques-unes nourrissent plusieurs passions à la fois; et, par exemple, nous hésitons souvent entre la volupté et la gloire. Ce ne sont, hélas! que deux façons de s'aimer soi-même; l'une et l'autre nous conduisent au même but, et nous ne disputons que sur le chemin.

Il n'est pas moins facile de constater le pouvoir factice que souvent nos passions usurpent sur nos volontés dans l'espace d'un moment. Nous en fournirons quelques exemples.

J'aime mon pays : c'est un penchant naturel du cœur humain, que tout a contribué à développer en moi; mais je l'aime doucement, sans vivacité, sans énergie, comme une chose que je suis sûr de ne pas perdre, et dont l'avenir ne m'inquiète pas. Si tout à coup des orages politiques le mettent à deux doigts de sa perte; si, dans une guerre, un grand désastre humilie l'orgueil national, si l'ennemi franchit la frontière, portant avec lui la misère, la honte et la mort, cette flamme douce, qui brûlait paisiblement, devient un feu terrible; j'oublie tout, je sacrifie mes plus chers intérêts pour ne plus penser qu'au danger de la patrie. Cette effervescence de la passion dure autant que le danger. Je reviens après la victoire, à mon calme accoutumé; la paix se fait à la fois dans le pays et dans mon cœur.

Un autre penchant naturel du cœur humain, c'est d'éprouver de l'amour pour une personne d'un sexe différent. Il y a dans le cœur de tout homme une prédisposition à éprouver cette passion. Il se peut qu'en dépit de ce penchant naturel, qu'on appelle quelquefois improprement le vœu de la nature, un homme n'éprouve jamais d'amour. Souvent aussi une âme paisible, indifférente, maîtresse d'elle-même, se sent envahir tout d'un coup; une femme, que le hasard me présente m'apprend que je puis aimer, en me remplissant de son amour :

Seu mulier toto jactans de corpore amorem[1].

[1]. Lucrèce, livre IV, vers 1047.

Une autre sorte d'amour est celui qui vient insensiblement et se glisse sans être aperçu. On le voit commencer ainsi entre deux âmes dont la sensibilité n'est pas très-vive, dont la vie est réglée, dont les goûts sont analogues, et que rien ne vient contrarier dans leur attachement; mais cet amour paisible, sûr de lui-même, qui s'accroît chaque jour et devient profond sans cesser d'être calme, peut tout à coup s'exalter, sortir de ses voies, et prendre tous les caractères de la passion la plus violente: il suffit pour cela d'un rien, d'un accès de jalousie, quelquefois du réveil soudain de nos sens. Cette transformation subite est-elle un gage de durée? Au contraire, toute exaltation, née en un moment, peut tomber en un moment. Un rien l'a produite, un rien l'anéantit. Elle ressemble à ces orages d'été, qui éclatent et se dissipent soudain, et laissent après eux le ciel brillant et la nature souriante.

Quand la surexcitation violente de la passion a pour cause et pour objet une action qui nous paraît blesser nos intérêts, nos affections, ou la justice, elle s'appelle la colère.

Il y a, dans cette seule définition, le principe d'une distinction entre le caractère moral des différentes colères.

La colère qui n'a pour objet qu'une souffrance de l'amour-propre, et celle que produit en moi le spectacle de la violation du droit, ou d'une injustice soufferte par un ami, ne sauraient être mises sur le même rang. L'irritation qui nous prend à la vue d'une injustice peut sans doute, si elle est excessive, dégénérer en mauvais sentiment; mais n'est-elle pas louable et honorable dans son origine? Elle n'est digne que de sympathie, quand elle ne va pas au delà d'une grande chaleur d'âme, qui rend la parole plus véhémente, l'action plus prompte et peut-être plus inconsidérée, et l'esprit moins circonspect. L'impassibilité absolue ne peut provenir dans un homme de la perfection de la volonté ; il faut donc qu'elle soit le signe d'un cœur froid. Défions-nous de celui qui ne s'irrite jamais, et ne comprend même pas qu'il y ait de nobles colères.

Il va sans dire que nous n'étendons pas notre indulgence à la colère dont la source est un vil intérêt ; ni à la colère effrénée, aveugle, aux veines gonflées, à l'œil sanglant, à la chevelure hérissée.

« Ora tument ira, nigrescunt sanguine venæ,
Lumina Gorgoneo sævius igne micant[1]. »

Celle-là épouvante et fait horreur, elle dégrade l'homme en le faisant descendre au rang des brutes, et frappe tout le monde par le spectacle de la domination des passions sur la volonté et sur la pensée. Un jour que Platon, irrité contre son esclave, était sur le point de le battre, il se souvint tout à coup que la colère ôte la raison, et, s'adressant à Speusippe : « Frappe-le, dit-il, car pour moi je suis en colère[2] ! »

Il faut dire, en général, qu'il est bon de se sentir capable de colère, et de ne s'y jamais abandonner. Il n'est pas digne d'un sage d'augmenter la prise que la nature a sur la volonté. Nous avons déjà assez de peine, dans le sang-froid, à nous défendre contre l'envahissement de la passion. Il n'y a de vraie et solide gran-

1. Ovide, *l'Art d'aimer*, vers 503.
2. Sénèque, *De la Colère*, livre III, chap. XII.

deur que celle qui est calme. *Nec quidquam magnum est, nisi quod simul est placidum* [1].

La colère est toujours passagère. La haine constitue en nous une disposition habituelle à nous irriter contre la personne qui nous l'inspire : mais cette disposition même n'est qu'une occasion déterminante de la colère; elle n'en est ni le commencement ni le prolongement. Il existe aussi une disposition maladive, une irritabilité sans motif, qui nous fait inventer des prétextes de colère, et souffrir même quand le prétexte nous manque. Ce sont des accidents dont on triomphe facilement si on a quelque force et quelque discipline. Il est d'une femmelette de s'y laisser aller; c'est une sorte d'abdication, un abaissement de l'homme qui cesse, pour ainsi dire, d'être une volonté pour devenir un tempérament.

A ces transformations de la passion qui nous prennent par accès, il faut opposer celles qui se produisent plus lentement, jettent des racines plus profondes, et, quoique moins violentes en apparence, s'incorporent à nous, en quelque sorte, et ne nous quittent plus. Ces métamorphoses sont quelquefois très-complètes, et rien n'est plus divers que les causes qui les font naître. Quelquefois ce n'est rien autre chose qu'une nature qui arrive à se démêler elle-même, qui d'abord était engourdie et comme nouée, et dont les penchants, bons ou mauvais, finissent par se creuser leur lit. Ailleurs, c'est le résultat d'une grande catastrophe, d'une ruine, d'une maladie, ou d'un spectacle très-émouvant qui nous fait rentrer en nous-mêmes. Ou encore, mais

---

[1]. Sénèque, *De la Colère*, livre III, chap. XVI.

plus rarement, c'est la seule force de la réflexion et de la volonté. On s'arrache aux divertissements, aux entraînements, et l'on revient à une direction plus personnelle. L'influence des amitiés et des relations doit être aussi comptée pour beaucoup ; car on se modèle sur ceux qu'on aime et qu'on admire ; on se plie à leurs défauts et à leurs qualités, on se change pour leur plaire; on s'habitue, sans y penser, à imiter leur tournure d'esprit, leurs allures, leur caractère. L'âge aussi amène des passions nouvelles, qui prennent la place des passions de la jeunesse, et qui, chez certains hommes, modifient complétement la physionomie morale. Un simple changement de fortune, entraînant avec lui d'autres relations, d'autres devoirs, suffit souvent pour opérer une transformation qui s'étend aux affections et à l'esprit. Un homme alors, s'il a quelque souplesse dans le caractère et quelque énergie dans la volonté, se retourne bout pour bout. Ceux qui l'ont connu libertin, et qui le retrouvent austère, croient volontiers qu'il joue une comédie. Mais non ; il a pu commencer par là, mais le comédien a pris enfin l'esprit de son rôle. La même chose arrive aux véritables acteurs, quand ils se pénètrent bien de l'esprit de leur personnage; et l'on disait de Talma qu'il pensait toujours noblement quand il revenait de jouer Auguste. N'est-ce pas pour cela qu'à défaut du cœur et de la volonté, on s'attache souvent à plier d'abord la machine, dans l'espoir que le reste s'ensuivra ? Qui fait l'esprit de discipline ? Ce ne sont pas les exhortations; c'est l'exercice et la parade. Qui fait le moine? C'est la règle. Montaigne disait de lui-même : « Je n'ai pas plus fait mon livre, que mon livre ne m'a fait. » C'est qu'il s'observait pour le faire, et qu'en s'observant il se corrigeait. Je suis prêt à croire quand on voudra, qu'un malade imaginaire a fini par s'inoculer la maladie. L'hérédité des vices et des vertus n'est souvent pas autre chose. Le père contraint son fils au manége des ambitieux, et l'ambition se glisse par là. Il en est de nous comme des arbres que l'on plante ou que l'on greffe ; nous recevons ou nous nous faisons une seconde nature, et à celle-là même nous ne nous tenons pas toujours. De caractères tout d'une venue, il n'y en a que sur la scène ; la plupart des hommes se démentent fréquemment : ils ont, comme on dit, une humeur changeante, c'est-à-dire qu'ils subissent le va-et-vient de la passion, et qu'ils appartiennent tantôt à l'une et tantôt à l'autre. Un rien, une contradiction, une rencontre, un obstacle, la disposition de nos organes corporels, quelquefois l'état de l'atmosphère, suffisent pour exciter ou éteindre notre ardeur. Ceux même, parmi nous, qui ont une physionomie morale bien tranchée, ont des moments où ils s'échappent, car l'immobilité n'est pas notre fait ; le caractère, comme le talent, a quelquefois plusieurs *manières*, et l'on voit certains hommes en changer aussi souvent que de fortune.

Ainsi, tant que nous restons dans le monde de la passion, nous trouvons partout la variété et l'instabilité[1]. Une passion nous prend et nous quitte, sans que nous puissions savoir pourquoi. Nous sortons pour une affaire ; et nous rencontrons au coin de la rue la femme qui va changer tout notre cœur. Nous nous jetons avec ardeur à la poursuite d'un bien qui nous paraît

---

1. « Affectus cito cadit : æqualis est ratio. » Sénèque. *De la Colère*, livre I, c. XVI.

sans prix; nous n'épargnons rien pour l'obtenir, ni peines, ni fatigues, ni humiliations; nous nous levons un matin dégoûtés de lui, et nous ne remuerions plus le petit doigt pour nous l'assurer. Que s'est-il passé? Rien, sinon que le vent a tourné de l'autre côté. Voilà la consistance de la passion.

Nous en voyons bien qui s'attachent à nous, qui ne nous quittent point, qui nous suivent partout, qui nous dominent, qui se mêlent à toutes nos actions et à toutes nos pensées. Mais pourquoi? D'où leur vient leur force? De quel droit s'imposent-elles? Nous ne savons. Nous ne savons même pas si elles dureront demain. La force qu'a une passion aujourd'hui n'est qu'une probabilité pour qu'elle subsiste encore demain; ce n'est pas une raison démonstrative. Si l'on ôtait l'orgueil et le calcul, on verrait bien plus souvent les hommes s'arrêter à mi-chemin; et l'on comprendrait toute la vanité de la plupart de nos passions, si l'on pouvait voir ces âpres compétiteurs face à face avec l'objet de leur ambition, une fois qu'ils le tiennent. D'ailleurs, une passion paraît quelquefois très-forte, non parce qu'elle est forte en effet, mais parce que nous sommes faibles. Fût-elle réellement forte, qu'est-ce que cela prouve? Qu'elle est forte, rien de plus. Si nous la subissons à ce titre, si nous la laissons détruire autour d'elle tous nos autres sentiments, imposer son joug à l'esprit et à la volonté, que devenons-nous? Nous disparaissons de notre maison pour y laisser trôner cette étrangère. Ce n'est plus moi qui agis; c'est ma passion en moi. Elle agit à la façon des passions, c'est-à-dire sans discernement et sans règle. Car quelle est la fin des passions? De s'assouvir. Et quelle est leur nature? De s'exalter ou de tomber alternativement. Et leur règle? De n'en point avoir d'autre que leur caprice. En sorte que ce n'est pas seulement ma volonté qui abdique, si je me laisse mater par une passion, c'est ma raison. Je deviens une chose légère, emportée par le vent, sans direction ni boussole. C'est la grandeur des passions qui fait les destinées tragiques; mais il n'y a que la force de la volonté qui fasse les grandes âmes.

Supposerons-nous une passion qui se garantisse elle-même de tout excès? Cela est absurde, car il n'y a pas autre chose dans la passion qui puisse la retenir, que le dégoût ou la satiété. La passion livrée à elle-même ira donc jusqu'au bout coûte que coûte; ou, si elle s'arrête, ce ne sera pas par la crainte des excès, mais uniquement parce qu'elle se sentira affaiblie ou changée. Cette passion fera la guerre à toutes les autres passions, sans autre motif, sinon qu'elles lui nuisent. Ainsi tous nos actes auront une même direction et un même but; et, si la passion qui nous domine est une passion égoïste, rien ne nous arrêtera dans la brutale poursuite de notre intérêt.

Qu'on ne dise pas que nous choisirons une passion plus noble. Car, en premier lieu, il n'est pas parfaitement exact de dire que nous choisissons notre passion dominante, quoique nous y puissions bien quelque chose. Et secondement, cette noblesse attribuée à une passion préférablement aux autres n'est évidemment qu'un contre-sens, une illusion. Certes, il faut reconnaître que toutes les passions ne sont pas égales; qu'il y a une hiérarchie entre elles; que les unes nous poussent principalement vers le bien, tandis qu'en suivant les autres, il est presque impossible de ne pas tomber dans le mal. Mais d'où me vient cette connaissance? Où vais-je chercher le principe de ce discernement? Est-ce dans l'étude des passions elles-mêmes? Les passions ne sont que des faits, et elles sont toutes légitimes au même titre, si on ne regarde qu'elles, car toutes nous viennent de notre nature. Si donc je discerne entre elles, si je reconnais que l'une a de meilleures tendances que l'autre, et si je m'efforce d'établir parmi elles une hiérarchie, c'est que je possède un principe qu'elles ne sauraient me donner, et que je les soumets à une règle dont ma sensibilité n'est ni l'origine ni la mesure.

Un assez grand nombre d'écoles ont essayé de se passer de l'idée dans la construction d'une philosophie morale, et de s'appuyer uniquement sur les passions.

Les unes, dont Épicure chez les anciens, et Thomas Hobbes chez les modernes, sont les théoriciens les plus habiles, ont voulu tout rapporter à l'intérêt; d'autres, qui reconnaissent volontiers pour chef Adam Smith, l'auteur de la *Théorie des sentiments moraux*, croient pouvoir régler toute la conduite humaine par les sympathies; les mystiques ont recours uniquement à l'amour de Dieu; enfin l'école phalanstérienne, tout en proclamant que les passions nous suffisent, les reconnaît toutes pour légitimes au même titre, et amnistie également l'intérêt, l'amour et le mysticisme.

Prenons d'abord les partisans exclusifs de l'intérêt. Leur malheur est de nier des réalités tellement évidentes qu'on ne sait comment leur pardonner leur aveuglement. Nous constaterons tout à l'heure la présence en nous de l'idée du devoir; nous avons déjà constaté l'existence de l'amour de Dieu et de l'amour de l'humanité. Que fera Épicure de ces idées et de ces sentiments ? S'il soutient que Dieu et le devoir sont des illusions, ira-t-il jusqu'à nier le sentiment même par lequel je tends vers ces chimères ? S'il ne le nie pas, qu'il m'en dise l'origine, le but ; qu'il m'apprenne à l'étouffer ; ou, pour n'en pas demander autant, qu'il m'apprenne seulement à ne pas l'aimer ? Quand même il parviendrait à troubler en moi l'idée de Dieu et celle de la justice, et à tarir dans mon cœur cette source féconde des grands sentiments et des grandes œuvres, fera-t-il que je n'aime pas mon père, mon enfant, ma femme, ma patrie ? Et fera-t-il que cet amour ne me conseille pas le sacrifice ? Au nom de quel principe, ou de quel fait, par quelle autorité viendra-t-il mettre l'amour-propre au-dessus de l'amour de l'humanité ? Tous les instincts de l'homme, sans parler de sa raison, protestent contre cette condamnation du dévouement et cette déification de l'égoïsme ; mais quand, par impossible, mon cœur se tairait, ne faut-il pas, pour établir cette subordination, une apparence de preuve ou de prétexte ? On défie tous les serviteurs du fait d'apporter à l'appui de leur doctrine autre chose que leur assertion gratuite ? Le devoir existe : ils nient le devoir. Nous avons, à tout le moins, l'idée du devoir : ils nient que nous en ayons l'idée. Toutes nos pensées et tous nos sentiments nous ramènent vers Dieu : ils prononcent que Dieu n'existe pas, et qu'en nous entraînant vers lui, la nature elle-même nous trompe. Ils contestent à l'humanité tous les sentiments qui la font vivre ; ou, s'ils n'osent pas prétendre que ces sentiments n'existent pas, ils les déclarent au moins inutiles et tyranniques. Ils nous font un bonheur composé de la négation de tous nos bonheurs ; et quand ils nous ont ainsi mutilés dans notre pensée, dans nos sen=

timents, et jusque dans nos plaisirs, ils nous présentent la grossière idole de l'intérêt personnel, et ils nous disent : voilà votre Dieu !

Ainsi les partisans exclusifs de l'intérêt ne méritent pas d'être discutés, puisqu'ils n'apportent pas d'argument ; ils sont, pour ainsi dire, en insurrection violente contre l'évidence. Pour se convaincre de plus en plus de leur folie, on n'a qu'à repasser dans sa conscience tous les principes, toutes les forces vives que Dieu y a déposés. Chaque axiome de la raison, chaque phénomène de la sensibilité suffirait, pris à part, pour ruiner la doctrine de l'égoïsme. La psychologie tout entière est la réfutation de la morale de l'intérêt.

Non-seulement les épicuriens sont extravagants dans leurs principes ; mais où il faut se donner le spectacle de leur folie, c'est surtout dans les conséquences qu'elle entraîne. Si le moi est la mesure de toutes choses, assurément le mot de devoir est un vain son : étrange chimère qui se retrouve chez tous les peuples et dans tous les siècles, et que toutes les langues ont nommée ! Si le mot de devoir est un vain son, qu'est-ce que la la loi ? Qui oblige-t-elle ? La loi n'est que la formule écrite de la force, un instrument de tyrannie ; rien de plus. Et, à ce prix, qu'est-ce que l'homme en société ? Un esclave. Pourquoi y reste-t-il ? Par peur. S'il s'insurge, il revient à la nature. Au moment où il brave le glaive de la loi et les mépris du monde, il est un héros.

Épicure et Hobbes après lui essayent de se sauver en recourant à l'intérêt bien entendu. L'un nous conseille de préférer le plaisir pur et tranquille, et l'autre de nous plier sous le joug des lois pour obtenir la paix en échange de la liberté. Ainsi, toute la morale est une question de convenance ? C'est une affaire d'appréciation, comme la mode. Hobbes aime mieux obéir aux lois; et moi, j'aime mieux les braver : qui jugera entre nous? Eh! qui ne voit qu'avec de pareilles doctrines les hommes ne sont plus qu'un troupeau de dupes? De bonne foi, est-ce la peine d'avoir tant d'intelligence, pour être condamnés à vivre et à mourir dans cette caverne, en nous opprimant les uns les autres, avec ce seul privilége sur les animaux, d'apercevoir toute l'horreur de notre sort?

Le système d'Adam Smith est moins ignoble, mais il est, pour ainsi dire, encore moins sérieux. Les égoïstes cherchent une règle dans la loi écrite, à défaut de la loi naturelle qui n'existe plus pour eux; Adam Smith la cherche dans le sentiment d'autrui. Il faut faire en toute occasion, dit-il, ce qui serait approuvé par un spectateur impartial. Mais, en supposant que la règle fût bonne, il resterait à nous apprendre d'où elle vient. Qui êtes-vous, pour nous imposer des règles? Une règle suppose un droit, un devoir; vous ne connaissez que des sentiments, des faits. Si vous invoquez pour votre règle prétendue, mon intérêt, vous tombez dans le système égoïste; si vous invoquez l'intérêt de la société, dites-moi pourquoi je me sacrifierais à l'intérêt d'autrui. Je le ferai si c'est mon instinct, mon plaisir, et voilà tout. Il n'y a pas là les éléments d'une morale. L'erreur commune à tous ces systèmes est de ne pas voir que la règle ne peut venir que de Dieu, ou de la force; si elle vient de Dieu, ils sont perdus; et si elle vient de la force, elle n'est rien. Adam Smith semble ne s'adresser qu'à notre bonne volonté : il nous conseille de nous sacrifier constamment au plaisir des autres. Cela est ingénieux dans les détails du système, mais dans l'ensemble ce n'est que puéril.

O la belle morale en vérité, qui change avec le spectateur ! Hobbes au moins ne changeait qu'avec la législation ; il prenait à la lettre le mot de Pascal : « Vérité en deçà des Pyrénées, erreur au delà ; » mais depuis l'Escaut jusqu'aux Pyrénées, il me soumettait à un code de morale uniforme. Pour Adam Smith, il me donne un précepteur dans tous ceux que je rencontre. Je dois prendre à présent les sentiments d'un enfant, et je prendrai tout à l'heure ceux d'un vieillard, parce que le hasard m'aura mis successivement en rapport avec un vieillard et un enfant. Que je ne m'avise pas de tenir une école, car je serais obligé de penser tout ce que penseraient mes élèves ; ni d'entrer dans un bagne, car il me faudrait ressentir de la sympathie pour les assassins. On ose à peine pousser la réfutation, parce qu'on se sent trop fort contre de telles imaginations ; on craint toujours de paraître calomnier la doctrine que l'on combat. Nous n'ajouterons ici qu'un mot, c'est que la même abdication que nous demande Adam Smith en faveur du sentiment de la foule, d'autres nous l'ont demandée en faveur de son jugement : philosophes naïfs, qui donnent tort à Galilée, quoique la terre se meuve !

Le mysticisme est bien autrement grand et bien autrement puissant. Nous ne le condamnons pas dans son principe, mais nous ne saurions l'admettre comme règle. Au contraire, c'est le mysticisme qui a besoin d'être réglé. L'Église catholique, qui connaît si profondément le mysticisme, ne l'a jamais laissé voler de ses propres ailes. Elle tient les âmes par un symbole, et par un directeur spirituel. Elle mesure l'espace aux mystiques. Elle les rappelle, au moment où ils vont se perdre. Le mysticisme dans la liberté, le mysticisme en dehors d'un culte, sans symbole ni église, est toujours un danger pour la doctrine et pour la pratique. Son essence est de tendre vers Dieu : quoi de plus vrai et de plus noble ? Mais il y tend par des aspirations, et non par l'étude. Il rejette, il dédaigne les principes de la raison. L'homme n'a pourtant que la raison pour se diriger ; il n'a que la raison pour chercher Dieu et pour le connaître. Elle seule le mène bien, quoiqu'elle ne le mène pas loin. L'amour vise bien plus haut ; mais il lui manque la preuve, de sorte qu'il ne fait que rêver. Entre l'amour et la raison, il y a la même différence qu'entre la poésie et la science.

Le mystique ne fait que sentir et imaginer ; par conséquent, il prend en lui-même toute sa science. Ce sont ses sentiments et ses visions qu'il déifie. Son rêve est beau si son âme est belle ; bizarre, fantasque et quelquefois horrible, si son âme n'a que de l'exaltation et point de vertu. L'histoire des écoles mystiques serait la plus frappante réfutation de ceux qui veulent nous diriger par l'amour. Il n'y en a qu'une seule qui ne soit pas allée de l'excès de la pureté à l'excès de l'impureté ; et c'est l'école d'Alexandrie dont le mysticisme était éclairé et soutenu par Platon. Quant aux mystiques chrétiens restés orthodoxes, ceux-là n'ont pas créé une règle, ils ont aimé sous le joug. L'amour ainsi dominé est le privilége des grandes âmes.

Le mysticisme, entre autres caractères qui le condamnent à être toujours subordonné, a celui d'être individuel. Il consiste dans l'hypothèse d'une révélation spéciale, qui n'a de force que pour celui qui l'a reçue. S'il parvient à la prouver, il change de caractère et il devient une religion ; mais alors il change aussi de principe, et, au lieu de s'appuyer sur l'amour, il s'appuie sur l'autorité.

Après ces trois formes de la morale passionnée, nous dirons un mot de l'école de Fourier, qui embrassait en quelque sorte et réunissait toutes les autres, et qui avait la prétention d'admettre toutes les passions, de les développer, et de les satisfaire dans une juste mesure. On ne peut nier que cette école n'ait tristement fini dans le ridicule et dans l'impuissance. Elle a cela contre elle. Elle ne s'en relèvera ni dans le monde ni dans la science. Elle a deux torts : le premier, le plus grand, c'est de se mettre en dehors de la raison. En renonçant au droit, elle s'anéantissait en quelque sorte de ses propres mains. Ni l'homme ni l'humanité ne peuvent subsister en dehors de la justice. Le second tort de l'école phalanstérienne, après avoir abandonné le principe pour se livrer aux faits, a été de mal étudier les faits, on pourrait presque dire de ne les point étudier, et de leur substituer une théorie sortie de toutes pièces de l'imagination de son fondateur. Ne lui reprochons pas les conséquences qu'elle a tirées de ces prémisses, car d'une prémisse extravagante, on ne peut tirer que des conclusions extravagantes. Il ne faut pas cependant trop mépriser. Des esprits d'élite, des âmes honnêtes se sont laissé prendre à ce système. Toute la partie critique en est pleine de vigueur. La partie théorique renferme deux idées vraies : l'idée de l'association d'abord, et cette autre idée, qu'il faut accepter la nature, la favoriser, la développer et non la contraindre. Seulement, pour accepter la nature, il fallait accepter d'abord la raison, sans laquelle la nature est muette et aveugle. C'est la raison seule qui peut employer nos passions, parce qu'elle seule peut les juger. Toutes les passions s'affirment elles-mêmes au même titre, et par conséquent luttent entre elles, tant qu'une force étrangère et supérieure ne vient pas marquer à chacune sa place, son œuvre, sa limite. Toutes les réflexions que l'on fait sur la nature humaine, et toutes celles qu'on puise dans l'histoire aboutissent à ce résultat : la passion est bonne comme auxiliaire; elle ne vaut rien comme règle. Il lui faut un maître : où est-il? En nous-mêmes.

Ce maître de la passion et de la vie humaine, c'est l'Idée de la justice, c'est le Devoir.

TROISIÈME PARTIE

L'IDÉE

TROISIÈME PARTIE.

L'IDÉE.

CHAPITRE PREMIER.

DE L'IDÉE DE LA JUSTICE.

> « Si vis omnia tibi subjicere, te subjice rationi. »
> — Sénèque, *lettre* XXXVII.

Le caractère propre de la passion est d'être variable. Non-seulement le même objet affecte différemment des personnes différentes ; mais le même homme n'éprouve pas toujours les mêmes impressions dans les mêmes circonstances. Un jour, nous nous trouvons montés au ton de la colère, un rien suffit pour nous irriter ; l'instant d'après, tout est au calme, nous ne savons plus nous émouvoir, nous sommes doués subitement d'une philosophie impassible. Nos goûts ne sont pas moins changeants. L'homme le plus ferme ne saurait jurer du lendemain. La passion nous envahit et nous quitte à l'improviste. Tout à coup nous nous sentons pleins de l'amour le plus ardent ; et nous sentons tout à coup que nous avons cessé d'aimer. Nous ne savons pas pourquoi nous avons aimé ; et nous ne savons pas davantage pourquoi nous n'aimons plus. C'est peu que nous ne puissions pas toujours justifier nos haines et nos amours ; la plupart du temps, nous ne pouvons pas même les expliquer. Si nos passions se trouvent être contenues, réglées, disciplinées, c'est que nous les avons soumises à quelque force d'une nature et d'une origine différentes ; car par elles-mêmes elles ne sont qu'inconstance et aveuglement. Sommes-nous nés pour un tel maître? Sommes-nous condamnés à changer d'heure en heure? à subir passivement toutes les influences de la passion et du sentiment? Ignorerons-nous à jamais la raison de nos actes ?

Non, la vie ne serait rien, si elle n'était réglée, et il n'y a point de règle qui ne soit stable. Nous sommes libres, cela suffit : Dieu ne nous a pas chargés du gouvernail sans faire luire pour nous une étoile. Quelle que soit la règle, elle est une. Elle ne change pas dans le cours d'une même vie, ni d'un homme à un autre homme ; elle est la même pour tous les pays et pour tous les siècles. C'est dire qu'elle est placée dans une sphère bien supérieure aux orages de la passion, et qu'au lieu d'être éphémère et mobile, elle a toute la solidité, toute la fixité, toute l'éternité d'un principe. Il faut donc la demander à l'intelligence. La règle de la passion, c'est l'Idée.

Une école justement célèbre, et qui n'a pas de rivale pour l'exactitude et la finesse de ses analyses, l'école écossaise distingue deux principes rationnels d'action, le principe de l'intérêt bien entendu, et le principe de la justice. Nous n'adoptons pas cette division, malgré notre sincère respect pour ces maîtres de l'observation psychologique, et nous allons en dire le motif.

L'intérêt bien entendu n'est autre chose que la réflexion que nous faisons sur nos désirs, afin de choisir, entre les différents plaisirs qui nous tentent, celui qui est le plus durable et le moins accompagné de peine. Obéir immédiatement à l'intérêt, c'est se laisser dominer par la sensibilité ; obéir à l'intérêt bien entendu, c'est calculer, réfléchir, se donner un but, et le poursuivre avec intelligence. Le principe de l'intérêt bien entendu ne nous ravale pas, comme l'intérêt pur et simple, au rôle de la brute. Il nous inspire des résolutions sages ; il nous donne une très-grande force pour résister à l'attrait immédiat du plaisir ; il nous compose une vie exempte de trouble, sage, prudente, tempérée.

« Utile quid sit
Prospiciunt aliquando, viri, frigusque famemque
Formicâ tandem quidam expavere magistrâ[1]. »

L'intérêt bien entendu peut même aller jusqu'à conseiller les vertus les plus héroïques, s'il s'élève à la considération de la vie à venir.

En un mot, nous reconnaissons qu'il y a des hommes toujours prêts à céder immédiatement à la passion, et d'autres que leur caractère, naturel ou acquis, porte à agir par poids et mesure, à calculer leur conduite, à ne rien hasarder ; mais nous croyons que cette différence ne tient pas à l'existence de deux mobiles d'action, et qu'elle provient, au contraire, de la façon dont l'intelligence et la volonté se comportent relativement à un mobile unique.

Reportons-nous un instant, pour le bien comprendre, à l'analyse que nous avons faite de notre volonté. Représentons-nous cet esprit qui, d'abord, conçoit une action

1. Juvénal, *satire* VII, vers 359.

comme possible et immédiatement réalisable, qui ensuite se sent sollicité à la faire ou à ne pas la faire par le plaisir qu'il espère trouver dans sa résolution ou dans les suites de sa résolution, ou, si l'on veut, pour ne pas trop présumer du premier coup, par les divers attraits qui naissent de sa sensibilité et agissent sur elle : n'avons-nous pas vu que cet esprit délibère alors, c'est-à-dire qu'il examine ces divers désirs, ces attraits, quels qu'ils soient, pour s'en mieux rendre compte, pour les comparer entre eux, pour éviter les malentendus et les surprises; et qu'enfin, à la suite de cet examen, qu'il lui est loisible d'abréger ou de prolonger, il donne l'impulsion aux facultés chargées d'exécuter sa volonté? Voilà bien quatre phénomènes différents, que nous avons déjà distingués, analysés, définis : la conception de l'acte, la délibération, la volition, l'exécution. Ne regardons, pour le moment, que le second élément de ce fait si complexe. Ces mobiles qui, quelquefois, concourent à nous pousser dans le même sens, mais qui le plus souvent nous tirent en sens divers, que sont-ils ? Des passions; car comment souhaiterais-je une chose, si je ne l'aime? Un jugement qui ne dit rien à ma sensibilité, n'est qu'une opération logique, sans aucune influence morale. Il m'oblige de tirer une conclusion, mais il ne m'incline pas le moins du monde à agir. Il occupe ma pensée et laisse mon cœur indifférent. Par exemple, ne m'arrive-t-il pas souvent de trouver qu'une chose est fort belle, sans souhaiter en aucune façon de la posséder, tandis que malgré moi j'en désire passionnément une autre, dont je suis le premier à reconnaître l'infériorité ? C'est que l'une parle à mon entendement et à lui seul, tandis que l'autre sollicite mon goût et attire mon désir.

On peut opposer sans doute ce qui arrive lorsque toute mon inclination est d'un côté et le devoir de l'autre. Le devoir, nous allons le prouver dans un instant, est conçu par l'intelligence; c'est une idée, un principe, ce n'est pas un sentiment. Mais, en premier lieu, c'est une question de savoir si cette idée est efficace par elle-même ou si elle n'agit sur la volonté qu'après avoir agi sur la sensibilité. Or, il est bien évident qu'elle agit sur la sensibilité; il faudrait être aveugle pour ne pas voir la force de son influence. Si je ne fais que connaître mon devoir, sans l'aimer, je ne m'y résous point; ou du moins, lorsque je fais mon devoir à mon corps défendant, sans l'aimer, de mauvaise grâce, c'est que je sens de la répugnance pour le vice ou pour le crime, ou de la crainte pour les châtiments qu'ils entraînent. Ainsi, la nature du devoir est d'être conçu et défini par l'intelligence, rendu efficace par la sensibilité. Quiconque voudra prétendre le contraire sera obligé de soutenir que le vice est un faux raisonnement, le crime une erreur, la vertu une science, et que, pour obéir à la morale, il suffit de la connaître.

Mais quand il n'en serait pas ainsi, quand une idée serait efficace par elle-même, quand elle aurait une influence directe sur la volonté, sans avoir besoin de parler au cœur, cela pourrait être vrai pour l'idée de la justice, qui est une idée distincte de toute autre, parfaitement réelle, et présente à notre esprit pendant qu'il délibère sur ses actes; mais l'intérêt bien entendu, qu'est-ce? J'oppose mon devoir à mon désir, à la bonne heure; c'est opposer une chose à une autre. Mais opposer à mon intérêt mal entendu mon intérêt bien entendu, est-ce aussi opposer une chose à une autre, où n'est-ce pas tout uniment opposer un intérêt à un autre intérêt ? Or, qu'est-ce que l'intérêt ? Il n'y a pas ici à chercher de détours, à subtiliser. Mon intérêt, en tout état de cause, est de me rendre heureux ; c'est-à-dire de me procurer du bien-être. Qu'est-ce donc que je fais quand j'oppose un intérêt à un autre ? Je choisis entre deux désirs ; et quelque subtilité qu'on y mette, c'est bien là, en définitive, choisir entre deux plaisirs. Ma sensibilité, qui ne raisonne pas, qui est instinctive, prime-sautière, me portait vers un certain plaisir ; mais mon esprit, éclairé par le raisonnement ou par l'expérience, connaît la vanité de ce plaisir ; il sait que le plaisir est court, incertain, suivi de peine ; il évoque un autre plaisir, plus lointain, mais plus sûr, plus plein, plus durable ; et il combat ainsi un désir par un autre désir. La délibération est-elle autre chose ? Au lieu de distinguer deux mobiles, l'intérêt et l'intérêt bien entendu, les Écossais auraient dû dire : certains esprits sont tellement dominés par le mobile de l'intérêt, qu'il leur ôte la faculté de délibérer ; les autres ne cèdent pas moins ; mais ils discutent, au lieu d'obéir en aveugles. Ce sont deux espèces de serviteurs du moi ; les premiers le servent en brutes, et les seconds en épicuriens.

Qu'on insiste tant qu'on voudra, on ne pourra jamais faire que l'intérêt bien entendu ne combatte un plaisir par l'attrait d'un autre plaisir. C'est donc un seul et même mobile, appliqué ici avec discernement, là grossièrement et sans réflexion. Je suppose que j'aie devant moi un homme dont l'avenir politique me soit cher, que je le voie sur le point de faire une action dont le résultat infaillible serait de briser sa carrière, et que je m'écrie : ne faites pas cela, ou vous perdez votre avenir ! N'est-il pas évident que ma seule chance de réussir est qu'il soit ambitieux, et que s'il ne l'est pas, il rira de ma prédiction et de ma crainte?

Prenons un autre exemple. On vient proposer à un avare un gain de dix pour cent, immédiat, certain, argent comptant, argent sur table. Il y tope sans réflexion. Voilà l'intérêt. Un autre examine l'affaire, et reconnaît que ce bénéfice de dix pour cent aujourd'hui lui fera perdre cinquante pour cent demain : il refuse de gagner un peu pour ne pas perdre beaucoup. Voilà l'intérêt bien entendu ou, si vous aimez mieux, l'avarice bien entendue. Cela fait deux manières d'agir; mais, encore un coup, cela ne fait pas deux mobiles d'action.

Il est très-vrai qu'après avoir parfaitement calculé, et découvert un intérêt immense, mais éloigné, pour l'opposer à un intérêt insignifiant, mais immédiat, on cède souvent à ce minime intérêt. Mais qu'est-ce que cela prouve? La liberté n'existerait pas, si l'on cédait toujours au plus fort désir; et la sensibilité elle-même ne serait pas ce qu'elle est, si la chose la plus souhaitable était toujours la plus souhaitée.

Il faut d'ailleurs tenir ici grand compte d'un fait fort important en morale, c'est à savoir l'influence dominante, soit sur l'esprit, soit sur la sensibilité, de tout ce qui est présent et actuel. Nous sommes ainsi faits, il n'y a pas à y contredire, et la raison a beau protester. Vous venez me dire qu'il y a quelqu'un, à la Chine, dont le corps a été scié en deux; votre récit, s'il n'est fort éloquent, me laisse froid. Je frémis d'indignation, si c'est à côté de moi, dans cette ville, sur cette place, que se passe une telle horreur. Je ne puis me contenir, si j'en suis témoin. Il en est de même à la scène : le plus beau récit me frappe moins que la plus grossière imitation. Notre vie est toute pleine de faits analogues, peu remar-

15

qués, fort importants. Par exemple, je sais qu'il y aura aujourd'hui, dans Paris, plus de cent personnes qui se coucheront sans souper ; cela ne m'empêche pas de manger avec appétit : que de la salle à manger où je suis assis j'aperçoive un ouvrier exténué par le besoin, je me sens incapable d'avaler un morceau. Dans ces conditions, ce n'est ni de l'humanité ni de la pitié. Qu'est-ce donc ? L'influence de la chose présente. Faisons comparaître à présent un amateur de bon vin et de bonne chère. Voilà pour lui une table délicieusement servie ; mais il sait, à n'en pas douter, que s'il mange, il passera un mois sur un fauteuil, tourmenté par la goutte. Il mange pourtant! Il aurait résisté à son appétit, si seulement ce pâté était resté dans l'armoire[1].

On ne doit pas dire, car il s'en faut que cela soit toujours vrai, que la passion présente trouble le jugement, et empêche de réfléchir aux tortures à venir, de calculer l'intérêt bien entendu. La plupart des débauchés savent que, pour cinq ou six années de plaisir, ils se préparent une longue vieillesse d'ennuis et de souffrances. La nature humaine est faite de cette étoffe, ou pour mieux dire, la sensibilité humaine.

« Nam quod adest præsto placet, et pollere videtur[2]. »

Il est si vrai que l'intérêt bien entendu est tout simplement l'intérêt, que la morale désignée partout sous le nom de morale de l'intérêt est en réalité la morale de l'intérêt bien entendu. Prescrire aux hommes de faire en toutes choses ce qui leur plaît, cela s'appelle-t-il une

---

[1]. « Le sentiment présent d'une petite brûlure a plus de pouvoir sur nous que les attraits des plus grands plaisirs considérés en éloignement. » Leibn. *Nouveaux essais*, livre II, chap. XXI, p. 124, éd. Am. Jacques.

[2]. Lucrèce, livre V, vers 1411 et suivant.

morale? Où donc une telle morale a-t-elle été enseignée? C'est la morale de ceux qui n'ont pas de morale. Les sceptiques eux-mêmes rougiraient de la professer. On la rencontre bien dans quelques couplets égrillards, dans quelque roman de mauvais aloi ; mais dans un livre de philosophie, non. Les cyniques qui faisaient profession de ne rougir de rien ; les épicuriens, malgré le nom qu'ils ont laissé dans l'histoire et qu'ils ont mérité, les athées et les matérialistes de la fin du xviiie siècle, ne permettaient pas de s'abandonner ainsi aux caprices de la passion. Ils choisissaient entre les plaisirs. Quelques-uns leur paraissaient méprisables, d'autres souhaitables. Où prenaient-ils les principes de ces jugements? Dans le plaisir lui-même sans doute ; ils ne disputaient que sur le plus ou le moins, et toute leur morale n'était qu'un appel à la prudence. Mais l'intérêt bien entendu est-il autre chose que la prudence? Personne n'ignore qu'Épicure était un sage. Il l'était dans sa vie et dans ses préceptes. Les hommes connaissent peu de vertus dont il ne donnât à la fois l'exemple et le conseil. En un mot, il préférait aux voluptés grossières les plaisirs plus délicats et plus relevés que donnent une conduite régulière et un constant empire sur soi-même. Sa morale n'en était pas moins fausse ; car qu'est-ce qu'une morale dont les principes ne valent rien, et qui n'arrive que par hasard ou par contradiction à des conséquences passables? Mais telle qu'elle est, cette morale qui doit être, qui veut être le code du plaisir, est fondée uniquement sur l'intérêt bien entendu. Laissons donc de côté la distinction des Écossais, ou ne la prenons que pour ce qu'elle vaut ; et reconnaissons que nous n'avons jusqu'ici rencontré d'autres mobiles des actions humaines que la passion.

Mais si toute la différence entre l'intérêt et l'intérêt bien entendu tient à l'intervention de la réflexion, ne doit-on voir aussi qu'une simple différence de forme entre l'intérêt et le principe de la justice?

Il s'en faut bien; et non-seulement nous avouons avec les Écossais l'existence de ce principe, mais nous pensons avec eux et avec toutes les écoles rationalistes, que le principe de la justice ou le devoir est l'unique fondement de la science de la morale, et l'unique règle de la vie humaine.

Tous les hommes voient la justice, parce que la raison leur est commune, et tous les hommes l'aiment, parce que l'amour de la justice, qui est une forme abstraite de l'amour de Dieu, est le fondement de tous les amours; mais ils l'aiment d'un amour inégal. Dans certaines âmes privilégiées, cet amour est dominant; il efface tous les autres; il rend tout facile, et ôte à la vertu jusqu'à l'apparence même du sacrifice. Ailleurs il est faible, sans énergie, et comme étouffé sous des sentiments moins nobles. Il existe cependant; et ceux qui font le bien par raison, qui se résignent au devoir, et qui s'arrachent avec peine, pour lui obéir, aux séductions de l'amour-propre et du monde, aiment encore ce maître inflexible, en dépit de ce qu'il leur coûte, et goûtent une joie austère jusque dans l'amertume de leurs sacrifices.

Nous n'avons pas besoin de prouver la présence en nous de l'idée de la justice, puisque nous avons déjà établi que les hommes aiment la justice naturellement. Pour l'aimer, il faut la connaître à un degré quelconque. Nous avons vu qu'il y avait plusieurs sentiments incontestables et incontestés qui ne peuvent exister sans l'idée de la justice. Ainsi nous louons et nous blâmons; nous éprouvons de l'admiration et de l'indignation; nous avons des remords, nous sentons le calme d'une bonne conscience : voilà autant d'irrécusables témoins de la présence en nous de l'idée du juste. Il n'y a pas là matière à équivoque. Si je vais à l'Opéra, et qu'un danseur fasse un faux pas, ou se donne en dansant des attitudes de mauvais goût, je le blâme; si, devant un tribunal, un témoin dissimule une partie de la vérité malgré son serment, je le blâme encore : ces deux blâmes sont-ils de même nature? Quelqu'un se vante devant moi d'avoir fait une bonne affaire en vendant une marchandise au-dessus de sa valeur; je loue son habileté. Un autre m'apprend qu'il aurait pu tromper l'acheteur, mais que par délicatesse il s'est chargé lui-même de l'éclairer; je loue son honnêteté et sa franchise. Ces deux louanges ont-elles le même sens? Je relis une page de mon livre après l'avoir écrite, et je suis mécontent de moi-même. Est-ce de la même façon que je me gourmanderais si j'avais manqué à une parole d'honneur? Non, il n'y a pas à s'y méprendre; l'approbation ou la désapprobation qui a pour objet certaines actions libres a un caractère particulier, facile à reconnaître; et cette improbation ou cette approbation suppose que l'action dont il s'agit nous paraît criminelle ou honorable. Quand même on parviendrait, par impossible, à me démontrer que le devoir est une chimère, si je venais ensuite à être témoin du dévouement de d'Assas donnant sa vie pour sauver ses compagnons, mon cœur m'emporterait malgré moi, et je me surprendrais à admirer la vertu et par conséquent à y croire; et quand même on brouillerait assez mes idées pour me déterminer à ne voir dans une bonne action qu'un bon calcul, je ne confondrai jamais dans la même estime un homme de bien et un excellent géomètre, ou dans le même mépris un criminel et un imbécile.

La force de notre conviction intime éclate encore plus dans le sentiment du remords. Nous aurons beau dire que la vertu n'est qu'un nom ; le jour où nous l'abandonnerons sera maudit. Notre nature se soulèvera contre notre système. Elle mettra la rougeur sur notre front, et dans notre cœur, le trouble, le regret, le désespoir. Le premier vengeur du crime est en nous ; et comme nous ne pouvons le fuir, nous ne pouvons nier aussi l'existence du crime et de la vertu, et la souveraineté du Devoir.

> « Pœna autem vehemens, ac multo sævior illis
> Quas et Cæditius gravis invenit, et Rhadamanthus,
> Nocte dieque suum gestare in pectore testem[1] ! »

Non-seulement j'approuve un acte, mais je juge que l'agent est digne de récompense ; non-seulement je blâme un criminel, mais je juge que le criminel doit être puni. Ma raison n'a pas besoin d'être provoquée pour tirer ces conclusions ; elle va directement et par sa propre force du crime à la punition, et de la vertu à la récompense. Elle se prononce à cet égard naturellement et invinciblement. Cela est de son essence, et il ne lui est pas plus naturel d'affirmer que le plus court chemin d'un point à un autre est la ligne droite, ou que deux choses égales entre elles sont égales à une troisième.

Ces jugements du mérite et du démérite se font avec plus de rectitude dans une âme saine et éclairée ; mais

---

1. Juvénal, *satire* XIII, vers 196.

ils se font partout; et comme pour empêcher qu'on puisse les nier ou les contester, Dieu n'a pas voulu que ce fussent de froides appréciations de la raison; un sentiment vif et profond, un désir véhément les accompagnent. Si l'action est considérable, j'oublie tout pour poursuivre à l'égard de l'agent l'application du principe de mérite et de démérite. Ne savons-nous pas tous quel effet produit sur le peuple une clémence intempestive, quand un condamné, un assassin, obtient inopinément une grâce complète, et rentre triomphant dans la société qui le repousse? Que se passe-t-il en nous dans un tel moment? Quel sentiment est blessé? N'est-ce pas l'amour de la justice? Ouvrez l'histoire, et voyez Christophe Colomb revenant en Espagne chargé de fers après avoir découvert l'Amérique, et doté son pays et le monde d'un monde nouveau : vous en souffrez encore après plusieurs siècles. Que serait-ce, si vous étiez aujourd'hui témoins d'une telle ingratitude? La pourriez-vous tolérer? Le poids de cette infamie ne tomberait-il pas sur vous, comme si vous-mêmes vous en étiez les victimes? C'est que vous en seriez les victimes en effet; et que tout homme sent que l'humanité est violée en lui, quand une grande injustice est consommée.

Donc, si nous approuvons certains actes et si nous en blâmons certains autres, si nous voulons que les grands hommes soient honorés et que les criminels soient punis, c'est que nous aimons la justice, et que nous croyons par conséquent qu'il y a une justice. C'est là une série de faits et de conséquences à laquelle il est impossible de rien opposer.

Mais voici où les sceptiques se retrouvent. Ils avouent

bien que nous avons quelque idée de justice ; mais ils soutiennent que cette idée est un produit soit de l'éducation, soit de l'imagination; ou que, par une sorte d'hypocrisie que l'homme emploie souvent vis-à-vis même de sa propre conscience, nous décorons du nom de justice une conception plus raffinée et plus épurée de notre intérêt. Nous examinerons rapidement ces deux hypothèses.

Pour établir que l'idée de la justice, dont on ne peut méconnaître l'existence en nous, est un produit factice de l'éducation ou de l'imagination, les sceptiques raisonnent par analogie. Combien d'idées n'avons-nous pas ainsi, qui semblent naturelles et ne sont au fond que des préjugés? N'avons-nous pas l'idée de l'honneur, à laquelle on dit pourtant qu'il ne faut pas se soumettre sans discussion? Et ne croyons-nous pas, quand nous nous y abandonnons sans réfléchir, que l'honneur commande certaines actions que nous reconnaissons ensuite être contraires à la justice? N'y a-t-il pas des actions louables de ce côté-ci des Pyrénées et haïssables de l'autre? Combien de fois, dans les guerres de religion, dans les guerres civiles, le même homme a-t-il passé pour un héros dans un parti, et dans l'autre pour un scélérat? Voilà la guerre allumée; on vient, on combat, on tire le canon, on crie victoire ! Un parti se précipite au pas de charge, il écrase ce qu'il rencontre, il marche dans le sang, sur des membres épars, sur les cadavres de ses frères, sans frémir. Il fait des prisonniers et il les juge. On ouvre les tables de la loi ; car il y a une loi, froide, impartiale, qui aujourd'hui va envoyer les accusés à l'échafaud, et qui hier y aurait envoyé les juges. Qu'avez-vous fait? Mon devoir. Non; c'est un crime! Il fallait penser ce que je pensais, interpréter la loi comme je l'interprétais ; et parce que vous avez pensé autrement, vous mourrez [1] !

Quelque affreuses que soient ces pensées, il ne faut pas désespérer de Dieu et des hommes à cause des incertitudes de l'intelligence humaine. On varie, on se trompe sur la justice, mais il n'y en a pas moins une justice. Une grande expérience de la vanité de nos jugements enseigne à l'homme de bien, non le scepticisme pour les principes, mais la bienveillance pour les personnes. La raison de ces jugements contradictoires est dans la précipitation téméraire, dans l'orgueil, dans la passion : la justice est et demeure intacte. La preuve qu'on croit de part et d'autre qu'il y a une vérité, c'est qu'on essaye mutuellement de se convaincre. Les hommes impartiaux distinguent parmi leurs adversaires ceux qui ont une conviction de ceux qui n'ont qu'une ambition. Se tromper sur le droit, n'est-ce pas encore croire au droit ? Personne jusqu'ici n'a soutenu que la conscience fût infaillible, mais la justice est immuable.

Non ; si l'éducation contribue à éclairer, à diriger la conscience, si quelquefois elle a pour effet de l'obscurcir et de la fausser, la créer absolument si elle n'existait pas, est une œuvre au-dessus de ses forces. L'homme n'est qu'un pouvoir de direction, et en aucun genre il ne peut ajouter à la somme des forces existantes. Aussi loin que remontent mes souvenirs, je me retrouve à toutes les époques de ma vie capable d'indignation et d'admiration ; je le suis pour des actes qui me sont nouveaux, dont on ne m'a jamais parlé, qui n'ont pas

---

1. « Pourquoi me tuez-vous ? Eh quoi, ne demeurez-vous pas de l'autre côté de l'eau ? Mon ami, si vous demeuriez de ce côté, je serais un assassin, cela serait injuste de vous tuer de la sorte.... » Pascal, *Pensées*, VI, 3.

d'antécédents. Tous les hommes, quels qu'ils soient, à quelque temps, à quelque pays qu'ils appartiennent, éprouvent ces sentiments[1]. L'éducation est si peu nécessaire pour nous les donner, qu'ils existent là même où il n'y a pas d'éducation. J'avoue qu'on m'habitue quelquefois à glorifier ce qui est injuste, mais c'est en faussant mon jugement et en me faisant passer l'injuste pour juste; et qu'on m'incline aussi à être blessé d'une action équitable, mais c'est en me la peignant sous les couleurs de l'injustice. Dans ces cas-là, c'est réellement l'amour de la justice qui me fait aimer ce qui n'est pas juste. Il faut s'en prendre de cette triste aberration à l'éducation ou à mes vices, jamais à la nature.

La première objection du scepticisme est donc sans valeur. Nous ne nous arrêterons qu'un instant à la seconde; car elle n'est au fond qu'un malentendu ou un cercle vicieux, quoiqu'on l'entende souvent reproduire.

Il y a, dit-on, une justice, et c'est la justice humaine. Le droit naturel est chimérique; le droit écrit ne l'est pas, puisque c'est un fait. Les idéalistes veulent que le droit écrit procède du droit naturel, et tire de cette source sa légitimité et sa force; mais il n'en est rien : il tire sa force de la force même de la société, et sa légitimité, de l'intérêt général. Le droit écrit n'est, sous le nom de justice, que la coalition des intérêts de tous contre l'intérêt d'un seul. Quand la volonté générale, résultat de l'intérêt général, s'est exprimée en formule, cette formule est la loi, et l'ensemble des lois constitue la justice.

---

1. « On n'apprend pas aux hommes à être honnêtes, on leur apprend tout le reste. » Pascal, *Pensées*, 86.

Il est naturel, ajoute le sceptique, qu'on ne dise pas aux hommes réunis : cette loi n'a pas d'autre raison d'être que la volonté et l'intérêt de ceux qui l'ont faite; ce serait provoquer à la violation de la loi, puisque rien ne semble plus légitime que l'insurrection d'un intérêt contre un autre intérêt. Les législateurs s'y prennent autrement : ils fabriquent de leurs mains un Dieu, avec de l'argile ; et quand ils l'ont fait, ils feignent de l'adorer, pour que nous l'adorions après eux. De là tant d'efforts de toutes les religions, de tous les philosophes et de tous les politiques pour transformer en droit naturel ce qui n'est qu'un contrat social, et en principe ce qui n'est qu'un fait.

On nous répète, toujours dans le même but, ces mots de droit, de devoir, de justice, dès notre enfance, et lorsque nous savons à peine penser. En les répétant, on les commente. On dit à l'enfant : il ne faut pas mentir, car la vie humaine deviendrait impossible si la confiance était bannie. On lui dit : il ne faut pas voler, car si le vol était permis, la propriété se trouverait anéantie. On lui dit : il ne faut battre personne, car on vous rendrait vos coups. Et l'enfant, qui est faible, comprend l'utilité de ces règles qui protégent sa faiblese. On lui dira plus tard, en termes plus abstraits : il faut avoir de la probité, car l'honneur est à ce prix. Sa pensée établit alors un calcul entre ce que vaut l'honneur et ce que rapporte la probité. Celui qui croit à une vie future et à une Providence est le seul qui fasse entrer quelque chose de supérieur et de surhumain dans le calcul de la justice. Il s'impose la loi d'observer certains préceptes gênants; il se sacrifie jusqu'à la mort, ou par peur de l'enfer, ou par espérance du ciel.

Tel est, en somme, le raisonnement du sceptique,

et l'on peut dire que le malheur de cette argumentation est de substituer une théorie à un fait. Nous voulons bien supposer provisoirement que, si l'on faisait tous ces calculs, on arriverait à en conclure un ensemble de préceptes analogues aux préceptes de la justice; mais fait-on réellement ces calculs, et surtout les fait-on chaque fois qu'on prononce sur le bien et sur le mal? Voilà la question qu'il fallait d'abord éclaircir. Nous n'avons pas besoin pour cela d'aller bien loin; il suffit de nous interroger nous-mêmes de bonne foi. Or, est-il vrai que, toutes les fois qu'il nous arrive de blâmer et d'approuver, nous ne le faisons qu'en considérant notre intérêt, à la suite d'un calcul sur notre intérêt? Notre approbation, en une foule de circonstances, n'est-elle pas également simple, immédiate, spontanée? En quel temps de ma vie ai-je fait un raisonnement pour découvrir qu'un parricide est un monstre? Si un fils, en ma présence, assassine son père, combien estime-t-on qu'il me faudra de temps pour calculer que cette action est injuste? Plus ces questions paraissent bizarres, plus elles démontrent l'inanité de la prétention des sceptiques. Ce n'est pas qu'on puisse nier l'existence des calculs dont ils parlent : nous faisons tous de ces calculs, et quelques hommes en font plus que les autres; c'est pour cela qu'il y a des volontés promptes et des volontés lentes; des esprits froids et des cœurs faciles à émouvoir. Mais le jugement que prononce la raison par application du principe de la justice est une chose, et les prévisions d'une pensée calculatrice en sont une autre. Si l'observation, même superficielle, ne suffisait pas pour faire distinguer deux éléments aussi divers, on n'aurait qu'à tenir compte de la fréquente opposition des résultats. Le premier mouvement diffère presque toujours du second, et il en est de même des jugements. On vous propose une occasion de gain illicite : vous rougissez de honte, vous refusez avec indignation. Qui a parlé en vous? Le calcul? Non : la conscience. Le lendemain, on revient à la charge, on se fait écouter, on montre la sûreté du secret, on étale les avantages ; vous finissez par céder; mais alors vous n'êtes plus qu'un calculateur ; la conscience se tait alors, et c'est l'intérêt seul qui parle. La langue appelle cela des capitulations de conscience; non, ce n'est pas la conscience qui capitule, c'est l'intérêt qui l'emporte de vive force sur la conscience. Cette honteuse faiblesse ne va pas sans le remords; et c'est la première punition du coupable.

« Exemplo quodcumque malo committitur, ipsi
Displicet auctori. Prima est hæc ultio[1]. »

Au reste, le remords suffirait bien à lui seul pour démontrer que l'idée de la justice est une idée simple, naturelle, innée, et non pas une idée factice. Personne apparemment ne peut nier l'existence du remords, car il n'est personne qui n'en ait senti les atteintes. Il existe donc réellement, et avec des caractères que nul ne saurait méconnaître. Or, il faut se demander quand est-ce que l'on éprouve du remords, et si ce sentiment peut être confondu avec le sentiment de regret que nous éprouvons, par exemple, lorsque nous nous sommes trompés dans un calcul.

Enfin il ne faut pas que les sceptiques, ou les épicuriens, dont l'opinion que nous discutons est la thèse propre, prennent pour accordé qu'il y a des plaisirs plus nobles et plus épurés que les autres ; ils ne peuvent juger

---

1. Juvénal, *satire* XIII, vers 1.

que de la violence ou de la durée des plaisirs : il leur est interdit de les distinguer par d'autres caractères, car ils ne pourraient le faire qu'au moyen de cette même justice qu'ils s'efforcent de faire disparaître ou de confondre avec l'intérêt. Nous ne ferons pas difficulté de dire que le plaisir, par exemple, de sauver la vie de son bienfaiteur est supérieur à toutes les satisfactions qu'on pourrait se procurer; mais pourquoi ? Parce que la justice existe, parce que la vertu n'est pas un mot. C'est la justice qui nous rend capables d'éprouver le plaisir propre aux actions justes. Si la justice n'existait pas, ce plaisir n'aurait pas de raison d'être, il ne serait pas. Les épicuriens font donc un cercle vicieux. Leur argumentation n'est qu'un paralogisme. Quand ils cherchent à anoblir leur doctrine en distinguant des plaisirs purs et des plaisirs impurs, ils ne font que se contredire. S'ils réussissaient dans leur lutte contre la raison, ce ne serait pas seulement l'idée de la justice qu'ils nous ôteraient, mais tous les sentiments nobles et délicats de notre cœur.

Reconnaissons donc, qu'en dépit de toutes les objections, nous portons en nous l'idée de la justice, et que cette idée ne dérive d'aucune autre. Voici deux objets que je possède : l'un m'a été donné en échange d'un travail accompli par moi, et dont il est la rémunération; quant à l'autre, je l'ai trouvé, je sais à qui il appartient, et je le garde. Ai-je besoin d'ouvrir le Code civil, et d'y lire qu'un trésor n'appartient pas à celui qui l'a trouvé, quand une autre personne peut établir qu'elle en est propriétaire[1], pour savoir que le premier de ces objets m'appartient légitimement, et que le second n'est pas à moi? Non ; c'est une distinction que tout le monde

1. Art. 716.

pourra faire ; et le plus savant n'est pas à cet égard plus avancé qu'un ignorant. En détenant le premier de ces objets, je ne fais qu'user de mon droit ; en détenant le second, je blesse le droit d'autrui. Que je vienne à perdre ces deux objets d'origine si différente, je me plaindrai tout haut d'avoir perdu le premier, mais quelque chose m'avertira de me taire sur la perte du second. Voilà bien la notion du devoir, sous sa forme la plus simple. Cette notion du devoir, à quelle époque de ma vie ai-je commencé à la connaître? Qui me l'a enseignée? A coup sûr, je ne la tiens d'aucun maître, et elle est en moi depuis que je pense.

Après avoir constaté la présence dans l'esprit humain de l'idée de la justice, nous nous efforcerons de déterminer, par l'observation, les principaux caractères de cette idée.

Le premier qui doit nous frapper, c'est que nous concevons la justice comme une règle universellement et indistinctement applicable à tous les hommes.

J'ai des droits : suis-je seul à en avoir? Non, ce n'est pas seulement mon droit que je connais ; c'est le droit. J'ai le droit d'être libre, et quiconque fait, comme moi, partie de l'humanité, a droit d'être libre aussi bien que moi-même. Personne ne m'apprend cette égalité de droit ; au contraire, on s'efforce quelquefois de me la faire oublier ; cependant, quand je m'écoute, quand je m'étudie, je vois, je sens que la nature ne me donne pas un droit qu'elle n'ait donné, dans la même situation, à tous les autres hommes. Réclamer pour moi le droit d'être libre, et dans le même moment, priver un de mes semblables de sa liberté, c'est évidemment fouler aux pieds la justice, le sens commun. Cette égalité du droit implique l'égalité du devoir ; car, qu'est-ce que le devoir, sinon l'obligation de respecter le droit d'autrui? Comprendre que j'ai le droit d'être libre, n'est-ce pas comprendre que les autres hommes ont le devoir de respecter ma liberté? Et comprendre que les autres hommes ont le droit d'être libres, n'est-ce pas comprendre que j'ai le devoir de respecter en eux l'exercice de ce droit? Ainsi je connais mon droit, et en même temps je connais le droit de tout homme, parce que tous les hommes ont les mêmes droits; et je ne puis connaître les droits sans connaître les devoirs, puisqu'un droit perdrait sa définition et son essence, s'il était permis de le violer.

Cette réciprocité constante du droit et du devoir implique la notion de l'obligation; elle n'en diffère pas. Dire que la notion du droit ne va pas sans la notion du devoir, c'est dire que je me sais obligé par le droit d'autrui, et que je sais en même temps que mon droit oblige autrui. Je ne fais pas du droit ce que je veux; je ne puis le blesser impunément dans mon semblable, et je sens en moi quelque chose qui m'avertit que je ne puis ni ne dois le laisser blesser en moi-même. J'ai mes autres idées à ma merci, je les chasse, je les appelle, je les oublie, je les transforme : celle-ci ne me quitte point; elle ne dépend pas de moi; elle est en moi, que je le veuille ou que j'y résiste, et elle y reste, sous la forme qui lui appartient, quelque effort que je puisse tenter pour la modifier. Cet hôte intérieur est un maître; et si je ne le subis pas tel qu'il est, je comprends aussitôt que je ne suis plus qu'un révolté. Or, cette chose que j'appelle non pas mon droit, mais le Droit, et non pas seulement le Droit, mais le Droit et le Devoir, c'est la Justice.

Maintenant ai-je, moi seul, l'idée de la justice, ou tous

les hommes sans exception ont-ils cette idée? Je suis convaincu, avant toute réflexion, que tous les hommes ont cette idée. En même temps que je connais mon droit, je suis irrité contre celui qui le viole, parce que je suis convaincu qu'il le connaît lui-même. J'en appelle avec confiance à la conviction des autres hommes, au sentiment de l'humanité. Je sais d'avance, sans que personne me l'ait jamais appris, que tout le monde a l'idée du droit et du devoir. Je ne me représente pas une intelligence humaine d'où ces notions seraient absentes. Je ne comprends pas qu'elle puisse exister; je comprendrais aussi aisément qu'un homme fût incapable d'admettre que deux et deux font quatre. Si jamais, par impossible, je venais à reconnaître qu'un homme est absolument privé de l'idée du droit, je verrais s'ouvrir des abîmes entre cette intelligence et la mienne.

Qu'on me prenne tout à coup, sans préparation, qu'on me transporte à mille lieues, dans un pays inconnu, dont je ne sais ni les lois, ni les mœurs; qu'on me charge de plaider devant une assemblée une cause juste. Je suis sûr que ma cause est gagnée, si je parviens à la faire comprendre, et si mes juges sont honnêtes. Ces deux choses seulement m'embarrassent, ma capacité et l'honnêteté des juges. Quant à la question de savoir s'ils sont faits pour aimer le bien et pour haïr le mal, elle ne me préoccupe pas un seul instant; il suffit que ce soient des hommes, et je suis sûr à l'avance que s'ils font le mal en le sachant, leur conscience portera contre eux un arrêt plus rigoureux que celui qu'ils vont prononcer contre moi.

Outre cette impulsion naturelle qui me porte à compter que l'idée de droit existe chez tous les hommes, il y a de puissantes et irréfutables raisons pour n'en pas douter. Si le droit de l'un suppose dans l'autre un devoir, n'est-il pas évident que tout le monde doit connaître le droit, ou qu'il n'y a pas de droit? je suis sûr que j'ai un droit et que vous avez le devoir de le respecter; je suis donc sûr qu'il vous est connu.

En fait, nous voyons qu'il n'y a pas un homme qui n'ait la notion de droit, car il n'y en a pas un qui ne l'atteste constamment par ses paroles, par sa conduite, par ses sentiments. Qui est capable de satisfaction morale et de remords? Qui est porté à blâmer ou à louer toute action accomplie librement et en connaissance de cause? Qui juge que certaines actions méritent d'être punies, et certaines autres récompensées? Est-ce un homme? Est-ce un grand nombre d'hommes? Est-ce la très-grande majorité des hommes? Non; c'est tout homme sans exception. Donc il n'y a point d'homme qui n'ait l'idée de la justice. Quelque chose est juste, et quelque chose ne l'est point; ceci est mon droit, ceci est le vôtre : ou il faut comprendre cela, ou il faut cesser d'appartenir à l'humanité.

Mais ce n'est pas assez de dire que tous les hommes ont toujours eu l'idée de la justice et que tous les hommes l'auront toujours. Imaginons, par un effort de la pensée, que ce monde soit détruit, et avec lui tous les esprits qu'il contient et le nôtre même; n'est-il pas clair que si plus tard quelque intelligence vient à naître, et que cette intelligence voie et sente en elle la liberté, elle aura immédiatement, comme nous, l'idée d'une règle de la liberté et par conséquent l'idée de la justice?

Poussons encore les suppositions. Prenons cette théorie étrange, admise un instant par l'esprit de Descartes, que les principes mêmes dépendent de la volonté de

Dieu, et voyons si nous pourrons nous faire à la pensée que la justice elle-même ne diffère pas en cela des autres principes. Quoi! si Dieu l'avait voulu, il serait juste de le haïr? Quoi! s'il l'avait voulu, l'homicide ne serait pas criminel, le parjure ne serait pas criminel? Que le fils soit obligé d'aimer et de respecter sa mère, cela ne dépend que de la volonté indifférente de Dieu? Eh! que reste-t-il de Dieu après cela? Que respectons-nous, qu'adorons-nous en lui? Τί ἂν εἴη τὸ σεμνόν [1].

Reconnaissons donc dans l'idée de la justice une idée qui naît nécessairement dans tous les esprits, qui emporte avec elle l'idée d'obligation et de souveraineté, et dont l'objet ne nous paraît dépendre ni des hommes, ni de leurs habitudes, ni de leurs lois, ni des lois mêmes et de l'existence de cet univers.

Il nous reste maintenant à nous demander si cette idée nécessaire, universelle, absolue, n'est qu'une illusion de notre esprit, ou si elle a un objet réel.

Comprenons bien, avant tout, quelle serait la force et la portée de notre illusion, si notre croyance à la justice en était une.

L'idée de la justice est une idée innée. Par conséquent, si elle nous trompe, c'est Dieu même qui nous trompe. Admettre qu'une idée qui existe nécessairement dans notre esprit et dans tous les esprits est une idée fausse, c'est admettre que Dieu nous a tous condamnés à une invincible erreur.

L'idée de la justice est en outre une idée obligatoire. Donc, si elle n'est qu'une illusion, Dieu nous a condamnés non-seulement à l'erreur, mais au malheur; car il

1. Aristote, *Métaphysique*, livre XII, chap. IX.

n'y a pas de plus grand malheur que de se dévouer pour une illusion.

Enfin, l'idée de la justice implique invinciblement la croyance à l'existence de la justice. Cette croyance est un fait, on ne peut la nier. Nous essayons de la secouer sans y parvenir. Le petit nombre de philosophes qui se forgent des raisons pour ne pas croire à la justice ne valent pas la peine d'être comptés, au milieu du nombre presque infini des croyants. Eux-mêmes, les sceptiques, ne le sont pas tout à fait : ils essayent de l'être; leur effort ne va pas plus loin[1]. Ils s'étonnent de se sentir encore indignés ou attendris. Le système proteste en eux; mais la nature va son train. Ils ressemblent aux stoïciens qui niaient la douleur, et aux éléates qui niaient le mouvement. Leur philosophie soutient une gageure contre le bon sens de l'humanité.

On suppose que notre croyance à la justice nous trompe; mais on avoue que cette croyance existe et qu'elle est invincible : c'est se contredire soi-même. Peut-être n'avons-nous pas d'autre motif de croire à la réalité de la justice, sinon que notre raison nous y fait croire; mais aussi nous n'avons pas d'autre fondement que le témoignage de nos sens pour affirmer la réalité du monde extérieur. La raison est-elle moins croyable que les sens? Loin de là, car, si l'on peut faire des objections contre la raison, elles valent également contre les sens, et, au contraire, certaines objections que l'on peut faire contre le témoignage des sens ne sont pas applicables au témoignage de la raison. Il en est de même de la conscience. Pourquoi donc croirait-on aux sens et

---

1. « Je mets en fait qu'il n'y a jamais eu de pyrrhonien effectif parfait. La nature soutient la raison impuissante, et l'empêche d'extravaguer jusqu'à ce point. » Pascal, *Pensées*, art. VII.

à la conscience, et ne croirait-on pas à la raison? Évidemment, ou l'on doit croire à la raison, parce que l'on croit aux sens et à la conscience; ou il faut cesser de croire aux sens et à la conscience, parce qu'on ne croit pas à la raison. Il n'y a pas trois partis à prendre, il n'y en a que deux; il faut dire : ni la justice, ni le moi, ni le monde n'existent; ou bien : ma propre existence, celle du monde, celle de la justice, sont trois réalités. Et ce sont trois réalités, en effet, s'il y a de la réalité.

On ne peut être sceptique à demi. On ne peut dire : je consens à croire à cette faculté, et je refuse de croire à cette autre. J'avoue que cet arbre est en fleurs; mais je ne conviendrai pas que deux et deux font quatre. Je reconnais sans difficulté qu'il n'y a pas d'effet sans cause; mais je veux me persuader que la notion du droit est une pure chimère.

Il faut bien peser cette assimilation que nous faisons ici de toutes nos facultés, quant au degré de croyance qu'elles méritent. Rien n'est plus important. Si l'on croit, sans hésiter, qu'il y a des corps, par la seule raison qu'on les touche, il faut croire, sans hésiter, qu'il y a du plaisir et de la douleur, par la seule raison qu'on les sent, et que deux et deux font quatre, par la seule raison que notre esprit aperçoit cette vérité avec évidence. De même, il ne faut pas distinguer entre les diverses applications d'une même faculté, pourvu que ces applications soient normales. Ce serait le comble de l'absurdité, d'admettre l'existence du plaisir, sur le témoignage de la conscience, et de se refuser à admettre l'existence de la douleur sur le même témoignage; ou de confesser, sur la foi de la raison, que tout ce qui commence d'exister a une cause, et de ne pas reconnaître, en vertu de la même autorité, qu'il y a de bonnes actions et de mauvaises actions. Tout cela se tient. Il faut se soumettre ou s'insurger, et le faire résolûment, entièrement, sans cavillation, sans moyen terme.

Depuis le grand et légitime succès de la philosophie de Kant, beaucoup d'esprits se sont accoutumés à jouer, pour ainsi dire, avec les principes et à mettre inconsidérément toute la science humaine en suspicion. Voici comment ils raisonnent : De cela seul qu'une proposition entraîne invinciblement mon assentiment, il ne résulte pas qu'elle soit vraie, car je puis être fait pour croire invinciblement l'erreur. Cette objection, suivant eux, est encore plus forte, s'il s'agit d'une idée innée. Admettre une telle idée sur le seul fondement de sa nécessité, c'est se soumettre en aveugle; ce n'est plus raisonner, discuter, philosopher; c'est croire aveuglément et sans motifs. L'hypothèse d'une intelligence faite pour adhérer à des propositions qui ne sont vraies que pour elle, ou (ce qui revient au même) à des propositions fausses, ne contient en soi aucune absurdité. Enfin on ne peut sortir de cette difficulté en alléguant les perfections divines; puisque ces perfections mêmes sont ou une conception nécessaire de notre esprit, ou une déduction opérée en vertu de ces conceptions nécessaires.

Nous n'avons aucune réponse à faire à un pareil raisonnement, si ce n'est qu'il contient tous les scepticismes, et qu'il en est l'expression la plus complète. Quiconque pose sérieusement cette difficulté, et ne la méprise pas après l'avoir posée, est un sceptique. Quiconque la discute et croit la résoudre, est un sophiste.

Avec quoi répondre? Avec des faits? L'objection est évidemment aussi forte contre l'expérience que contre la raison. Avec des raisonnements? Il n'y a pas de raisonnement sans principe. Il n'y a pas d'opération de l'intelligence humaine qui puisse légitimer l'intelligence humaine à ses propres yeux, quand une fois le problème posé est la légitimité même soit de l'intelligence, soit des opérations de l'intelligence.

Que faire donc?

Ou ne croire à rien; ou croire aveuglément, et sans rien chercher au delà de l'impulsion naturelle, à la légitimité de nos facultés.

On dit : c'est renoncer à la science. Non; c'est seulement la définir.

Toute science commence par un acte de foi. Être philosophe, c'est croire à la puissance de la raison, et s'efforcer, par le moyen de la raison, de sonder le reste.

Et même, tout le reste ne peut pas être sondé : car l'Être dont l'existence rend le monde compréhensible est lui-même incompréhensible.

Il y a un certain orgueil qui s'insurge contre ces propositions; et cet orgueil contient toutes les ignorances, toutes les contradictions, tous les sophismes. On comprend le scepticisme, mais on ne comprend pas la prétention de tout démontrer, parce qu'elle équivaut à la prétention de faire une démonstration sans principe.

Les scolastiques étaient plus sérieux et plus sensés. Ils disaient : *cum negantibus principia non est disputandum.*

Pour nous, qui nous en tenons à une philosophie moins sublime, nous croyons comme les scolastiques, qu'il faut d'abord admettre les principes de la raison, croire, sans dispute, à la légitimité de nos facultés, et nous appliquer seulement à en bien connaître le mécanisme et la portée, et à en faire un bon usage.

Il nous suffit donc, pour croire à la justice, de trouver que notre esprit croit naturellement et invinciblement que la justice existe. Nous partons de là, ou si l'on veut, notre curiosité philosophique ne commence qu'à partir de là. Nous consentons parfaitement à être comptés pour rien par ceux qui nient les principes et par ceux qui les démontrent.

La justice est donc, à moins que rien ne soit. Et même, s'il n'était pas absurde de nier une de nos facultés, nous dirions qu'il y a dans la raison une force qui n'est pas dans la perception du monde extérieur; que si la raison périt, rien ne reste, tandis que le monde extérieur pourrait périr et la raison subsister. Il n'est pas non plus nécessaire que la justice ait un objet extérieur dont elle soit en nous l'expression. En effet, on accorde que nous y croyons invinciblement, et cela suffit; car, cette croyance invincible à une règle, qui nous l'a donnée? C'est Dieu. Qu'importe après cela qu'on soutienne qu'elle est chimérique? Elle a tout l'être dont elle a besoin, si Dieu nous a inspiré d'y croire.

Admettons cependant, malgré la contradiction, qu'elle soit une chimère. On ne comprend plus que Dieu nous ait créés pour nous vouer nécessairement à l'erreur. On ne comprend plus que Dieu puisse être parfait, s'il a créé notre intelligence pour croire le néant, notre cœur pour aimer le néant, notre force pour se fatiguer et s'user en pure perte.

Si la règle de la liberté est une chimère, la liberté elle-même n'est plus dans l'homme une augmentation de l'être, mais au contraire une diminution de l'être.

Dès qu'elle ne nous rattache pas à la vérité morale, elle nous fait participer du néant, en introduisant en nous un principe de désordre. L'absence de la règle morale est à la liberté ce que serait à l'intelligence l'absence des axiomes. Si penser n'est que rêver, pourquoi penser? Si agir n'est que se fatiguer, pourquoi agir?

Avec la justice disparaît l'avenir de l'homme, car il n'y a plus de raison pour qu'il soit récompensé ou puni, et il n'y en a plus pour qu'il se survive.

Dans le monde tout est confondu. Les juges ne sont plus que des bourreaux, qui offrent des victimes humaines à ce Dieu mensonger qu'on appelle le Droit et la Justice. L'homme sans foi devient un sage et le sage une dupe. Le héros qui donne sa vie pour la vérité n'est qu'un malheureux fou, qui s'est sacrifié pour une chimère. Qu'il meure désespéré sur les pavés sanglants, objet de l'indifférence de Dieu et de la raillerie des hommes!

CHAPITRE II.

DE LA NATURE DE LA JUSTICE.

> « Voilà ce que c'est que la vérité, et, mes frères, si nous l'entendons, cette vérité, c'est Dieu même. O vérité! ô lumière! ô vie! quand vous verrai-je? »
> — Bossuet, *troisième sermon pour la Toussaint*.

Résumons les faits que nous venons d'exposer.

Il n'y a d'autre mobile des actions humaines que les passions, ni d'autre règle pour gouverner ces mobiles que l'idée de la justice.

L'idée de la justice n'est ni adventice ni factice, c'est-à-dire que nous ne la devons ni à l'observation, ni à l'éducation, et que nous ne la produisons pas nous-mêmes.

Elle est innée, c'est-à-dire qu'elle se produit en nous sans nous, et par cela seul que nous pensons.

Il faut donc rapporter l'idée de la justice à la raison, dont la fonction propre est de nous fournir les axiomes et les principes éternels, sans lesquels notre pensée, notre sensibilité et notre liberté n'auraient point de règle.

L'idée de la justice a des caractères qui lui sont communs avec toutes les idées de la raison ; elle est nécessaire, c'est-à-dire qu'il est impossible qu'elle ne se produise pas en nous aussitôt que nous pensons ; elle est universelle, c'est-à-dire qu'il n'y a pas d'esprit qui ne la conçoive, ou, si l'on veut, qui ne la subisse ; elle est absolue, c'est-à-dire que nous ne pouvons la considérer comme dépendant des lois de l'intelligence ou des lois mêmes du monde, et que nous nous sentons obligés de croire que si le monde renaissait après avoir été détruit, la justice n'en resterait pas moins immuable au milieu de ces bouleversements.

L'idée de la justice a de plus un caractère propre ; c'est de nous paraître invinciblement obligatoire. Il suffit qu'elle soit conçue, pour que nous sachions invinciblement que tous les hommes ont des droits, et qu'à chaque droit correspond un devoir. L'idée de la justice n'est pas seulement, comme les autres idées de la raison, une des souveraines de notre pensée ; elle est la maîtresse de nos sentiments et de nos actes.

Enfin, notre raison ne nous trompe point en nous présentant l'idée de la justice, et en nous obligeant à y croire. Aucune de nos croyances n'est plus solide, aucune n'est appuyée sur de meilleurs fondements que notre croyance à la réalité de la justice ; et si ce point n'est pas certain, rien n'est certain.

Tels sont les résultats déjà recueillis. Voici maintenant la question qui se présente à nous :

Cette justice que nous concevons comme réellement existante, qu'est-elle ?

Toute son existence est-elle d'être conçue par l'esprit humain, ou bien a-t-elle quelque réalité distincte et indépendante de la conception que nous en avons ?

On a soutenu qu'une idée, même nécessaire, ne correspond pas nécessairement à une réalité externe, surtout quand il s'agit d'une idée uniquement destinée à servir de règle à nos actions. L'idée nécessaire de l'infini serait une idée trompeuse si l'infini n'existait pas, parce que le caractère de cette idée est de nous faire croire à la réalité de son objet; mais l'idée nécessaire de justice ne serait pas une idée trompeuse, si la justice n'était rien autre chose que l'idée même que tous les hommes en ont; et il faudrait, pour que cette idée fût trompeuse, qu'elle ne nous fût pas inspirée par la nature, c'est-à-dire par l'auteur excellent de notre nature. Il en est de même de tous les axiomes et de tous les principes; nous les regardons comme les règles de notre pensée ou de notre volonté, et nullement comme l'expression dans notre entendement de quelque réalité existante en dehors de nous. Demander si elles nous trompent ou non, si nous devons nous fier à elles ou leur résister, ce n'est pas demander si elles correspondent, en dehors de nous, à quelque réalité; c'est demander seulement si elles sont produites en nous par la saine application de nos facultés, ou si elles sont le résultat de quelque développement vicieux de notre intelligence.

Contre cette hypothèse qui réduit la justice à n'être qu'une pure idée, il y a une seule objection, mais capitale. Nous avons vu que la justice nous paraissait être absolue, c'est-à-dire indépendante des esprits qui la conçoivent; de sorte que si tous les esprits étaient détruits, la justice subsisterait. Donc, toute sa réalité n'est pas d'être pensée, et elle est vraiment dans notre esprit la représentation d'un objet actuellement existant en dehors de nous.

Or, que sont les objets de nos pensées, lorsque nos pensées ont un objet et ne se suffisent pas à elles-mêmes? Des rapports, des attributs, des substances. La justice est-elle un rapport, une substance, un attribut?

Admettre que la justice soit par elle-même une substance, c'est admettre qu'il existe dans la nature des choses un être distinct, séparé, concret, qui s'appelle la Justice : hypothèse évidemment absurde, soutenue par quelques écoles réalistes, mais qui ne supporte pas l'examen et que le bon sens ne saurait avouer.

Il est également impossible de considérer la justice comme un rapport.

Q'est-ce qu'un rapport? un résultat, un fait. Ce qui n'est qu'un rapport pourrait ne pas être. Il s'en faut bien que la justice ne soit qu'un rapport entre les choses, puisque, si les choses n'étaient pas, la justice subsisterait.

Quand on parle d'un rapport nécessaire, on parle d'un rapport qui est l'expression d'un principe nécessaire. Si la justice est un rapport nécessaire, de quel principe est-elle l'expression? Disons que la justice est le principe, et qu'en effet, ce principe se traduit, s'exprime dans les rapports des choses, où un esprit attentif en retrouve la trace.

Il est si vrai que la justice domine les choses et n'en résulte pas, qu'un esprit dépourvu de l'idée de la justice ne discernerait jamais ce qui est juste.

Il en est de même de toutes les idées que nous devons à la raison. Nous les retrouvons dans le monde, mais parce qu'auparavant nous les possédions en nous. Otez la raison, il n'y a plus que des faits superposés. Unité, substance, cause, justice, tout disparaît, tout est incompréhensible et impossible.

Pourquoi est-il juste d'honorer son père? Ce n'est pas parce que beaucoup de fils ont honoré leur père ; car si la piété filiale était bannie de ce monde, elle n'en serait pas moins écrite dans la raison de chacun de nous, et jusque dans la conscience des ingrats. Je déclare aujourd'hui, dans la pleine possession de mes facultés intellectuelles, qu'on ne peut sans crime violer son serment; quand même l'univers entier déclarerait le contraire d'une voix unanime, je resterais ferme dans ma conviction. Fussé-je condamné à être tous les jours témoin d'un parjure, je sais que le parjure ne cesserait pas pour cela d'être réprouvé. En un mot, les faits ne sont que des faits, c'est-à-dire qu'ils ne prouvent rien et qu'ils ne sont rien. Donc la justice qui est une règle, la justice qui est un principe, la justice qui est éternelle, n'est pas et ne peut pas être un rapport.

Il s'ensuit qu'elle est un attribut.

Attribut de qui? D'un être nécessaire, puisqu'elle est nécessaire; et puisqu'elle est éternelle, d'un être éternel. Elle est donc un attribut de la substance divine. En d'autres termes, Dieu est la substance de la justice.

Le véritable réalisme consiste à voir en Dieu la substance de toutes les idées de la raison. Ou plutôt les idées de la raison ne sont autre chose que Dieu même. Leur commune réalité est d'appartenir également à la substance divine. Elles sont les formes diverses sous lesquelles Dieu nous apparaît[1].

La raison est le sens de l'absolu. Il n'y a de réel que

---

1. « Il faut donc trouver quelque chose d'existant et de réel qui soit mes idées, quelque chose qui soit au dedans de moi et qui ne soit point moi, qui me soit supérieur, qui soit en moi lors même que je n'y pense pas; avec qui je croie être seul, comme si je n'étais qu'avec moi-même; enfin qui me soit plus présent et plus intime que mon propre fond. Ce je ne sais quoi si admirable, si familier et si inconnu ne peut être que Dieu. C'est donc la vérité universelle et indivisible qui me montre comme par morceau, pour s'accommoder à ma portée, toutes les vérités que j'ai besoin d'apercevoir. » Fénelon, *De l'existence de Dieu*, IIe partie, chap. IV.

Dieu et le monde, et dans le monde, il n'y a que des individus ; mais les idées de la raison sont Dieu diversement aperçu, suivant les divers rapports que nous lui attribuons avec le monde.

Pour le mieux établir, nous prendrons les choses dès le commencement, et nous tâcherons de montrer rapidement en quoi consiste la raison, afin de montrer en quoi consiste la justice.

Deux grandes écoles, sous cent formes diverses, se partagent le monde philosophique : ceux qui croient à l'existence et à l'autorité de la raison, et ceux qui n'y croient pas.

Croire à la raison, c'est admettre qu'outre la conscience et les sens, il existe en nous une faculté qui aperçoit nécessairement et directement certaines idées, qu'à cause de cela on appelle idées innées.

Croire à la raison, être rationaliste, c'est donc croire aux idées innées.

Les idées innées sont toutes celles qui dominent nos jugements, et ne sont elles-mêmes dominées par aucune autre; toutes les idées auxquelles l'esprit humain ne peut échapper, et qui lui paraissent représenter des réalités tellement puissantes, que la ruine même du monde ne les empêcherait pas de subsister.

De cet ordre sont l'idée de la nécessité d'une cause, qu'on exprime ainsi : rien ne peut commencer d'exister sans une cause; l'idée de la nécessité d'une substance, qu'on exprime ainsi : nul phénomène ne peut subsister, si ce n'est dans un sujet ; l'idée de justice, etc.

Les philosophes qui contestent l'autorité de la raison peuvent se diviser en trois grandes classes :

Ceux qui nient tout, ou les sceptiques ;

Ceux qui croient exclusivement à l'observation, c'est-à-dire aux sens et à la conscience, ou les empiriques ;

Et ceux qui admettent la présence dans l'âme humaine d'une autorité également supérieure aux sens et à la conscience, ou les mystiques.

Il est difficile de répondre par un seul mot à tous les mystiques, car ils prennent toutes les formes, et il n'est pas un de leurs auteurs qui ne se contredise plusieurs fois dans la même page. Leur doctrine repose souvent sur des faits réels, mais exagérés, et comme enfouis sous des chimères. Il leur manque, ce qui seul donne de la valeur aux théories philosophiques, la preuve; ils rougiraient de prouver, et par leurs négations inconsidérées, ils s'en ôtent les moyens. Ils font la guerre tout à la fois à la conscience qu'ils anéantissent, aux sens qu'ils méprisent, à la raison qu'ils humilient, et mettent contre eux la logique, la nature et l'humanité.

Pour les sceptiques, il n'y a guère contre eux qu'un seul argument; c'est de les mettre au pied du mur. Il est toujours aisé de montrer à ceux d'entre eux qui essayent de garder une porte de derrière que toute issue vers la croyance leur est à jamais fermée. On les place invinciblement dans cette alternative : ou de ne croire absolument rien, ou d'admettre les données premières de la conscience, des sens et de la raison. Une fois là, toute discussion ultérieure paraît impossible. Les premiers fondements de la croyance ne peuvent se prouver. La science humaine ne serait qu'un cercle vicieux, si elle ne débutait pas par un acte de foi à la légitimité de nos facultés.

Restent les empiriques, ordinairement appelés en France les sensualistes, quoiqu'ils admettent aussi bien, pour la plupart, la réalité des faits de conscience que celle du monde extérieur. Les sensualistes sont en quelque sorte les ennemis domestiques de la raison ; leur principale affaire est de la combattre. Ils ont pour cela le choix entre deux moyens : ou soutenir que les idées de la raison ne sont point dans notre esprit, ou prétendre que nous pouvons les acquérir par le seul secours des sens et de l'expérience.

Soutenir que les idées de la raison ne sont point dans notre esprit, c'est prétendre que nous ne croyons point que tout ce qui commence d'exister suppose une cause, ou que nous n'avons point l'idée d'infini, etc.

Prétendre que les idées de la raison nous viennent des sens et de l'expérience, c'est prétendre que nous formons nous-mêmes l'idée de l'infini, en nous servant des données des sens et de la conscience; que nous établissons la nécessité d'une cause pour tout ce qui commence d'exister, par voie d'induction, en découvrant toujours une cause à tous les phénomènes que nous observons, et en concluant qu'il en doit être ainsi partout et toujours.

Or, pour que l'idée d'infini nous vienne des sens et de la conscience, il faut qu'elle soit faite de pièces et de morceaux, qu'elle soit une collection des choses finies, un infini divisible, variable, négatif : est-ce là l'infini?

Et pour que nous ayons puisé dans l'expérience le principe de causalité, il faut que ce principe ne soit pas nécessaire, qu'il ne soit pas universel, qu'il ne soit pas absolu, qu'il périsse, en un mot, avec le monde, si le monde venait à périr : est-ce là le principe de causalité?

Puisque ces principes ne se prêtent pas à cette origine, et qu'il faut nécessairement qu'ils viennent de l'expérience ou de la raison, la raison existe malgré les efforts des sensualistes.

Nous avons établi que tout homme a l'idée de la justice, que cette idée ne peut venir ni des sens, ni de l'éducation ; qu'elle est une idée innée. Cela suffit. L'existence de la raison est démontrée.

Ce qu'il faudrait faire maintenant, avant même de chercher quelle est la nature de la raison, c'est une énumération complète des idées de la raison.

Cette énumération a été souvent essayée. Il n'est pas utile à notre dessein de rappeler et de critiquer ces différentes tentatives, puisque nous nous occupons ici uniquement de l'une des idées de la raison. Nous nous contenterons de prendre, parmi les théories célèbres, celle qui nous paraît la plus voisine de la vérité, et de montrer ce qu'il y a encore en elle d'inachevé et d'incomplet.

Signalons d'abord une première cause d'obscurité dans la doctrine dont il s'agit ; c'est que tantôt on y parle des idées de la raison, et tantôt des principes de la raison ; et on n'explique nulle part si les idées diffèrent des principes, et en quoi elles en diffèrent.

En outre, les énumérations que l'on tente soit des idées, soit des principes de la raison, ne sont pas méthodiques ; c'est-à-dire qu'on ne suit aucun ordre dans cette énumération et qu'on se laisse simplement guider par le hasard.

Enfin, quoiqu'on ait en vue d'arriver à une réduction de la liste des idées ou des principes de la raison, on ne se met point en peine d'épuiser cette liste, et on la termine toujours par un *etc.*, ce qui indique une étude inachevée et incomplète.

Les idées de la raison pure que l'on énumère sont les idées d'infini, de temps, d'espace, de substance, d'unité, de cause, de cause finale, de beauté, de justice, etc.

Plusieurs de ces idées engendrent des principes, ou sont elles-mêmes des principes, car on ne s'explique point sur la question de savoir s'il y a identité ou génération entre l'idée et le principe.

Ces principes sont :

Le principe de contradiction ainsi énoncé : le même est le même, et n'est point son contraire ;

Le principe des substances ainsi énoncé : toute qualité suppose un sujet, un être réel, dans lequel elle réside ;

Le principe d'unité : toute pluralité suppose unité ;

Le principe de causalité : tout ce qui commence d'exister a une cause ;

Et le principe des causes finales : tout moyen suppose une fin.

On y peut joindre, si l'on veut, le principe du temps : toute durée limitée est contenue dans le temps infini ; et le principe de l'espace : tout espace limité est contenu dans l'espace infini. Mais on ne dit pas, et nous ne voyons pas en effet que certaines autres idées attribuées à la raison puissent être converties en principes ; par exemple : l'idée de l'infini, l'idée de la beauté, etc.

On ne sait donc véritablement que faire de cette transformation de certaines idées de la raison en principes. Faut-il dire que la raison nous apporte des idées et des principes, tantôt une idée, tantôt un principe ; ou qu'elle nous apporte des idées qui se transforment en principes, et d'autres qui ne sont pas susceptibles de cette transformation ? Ce sont des points qu'on a négligé d'éclaircir.

Même en ne tenant pas compte de cette circonstance, la liste des idées de la raison présente des éléments fort peu homogènes. Voici, par exemple, l'idée d'infini. Quelle est cette idée? Est-ce l'idée vague, abstraite, de l'infinité, applicable à telle ou telle qualité, à tel ou tel être? ou l'idée d'un être infini, c'est-à-dire de l'infini concret, c'est-à-dire de Dieu? C'est évidemment l'idée de Dieu. Or, n'est-il pas surprenant que la même faculté nous apporte l'idée de Dieu, et les idées de temps et d'espace? Ce n'est certainement pas par l'analogie des objets qu'on rapporte à une même faculté les idées de Dieu, de temps, d'espace, d'unité, de cause, de substance, etc. Car il faut bien qu'on le remarque, le principe de substance ne conclut pas à la substance divine, mais à toute substance; et de même pour la cause et pour la cause finale. On n'est donc guidé, dans ce rapprochement, que par les caractères de l'idée, comme idée. Ces caractères, dit-on, sont d'être nécessaires, universelles et absolues. Accordons qu'elles ont tous ces caractères, quoiqu'il soit difficile de le concevoir pour quelques-unes. Qu'est-ce, par exemple, que cette idée d'unité qui se formule dans ce principe : toute pluralité suppose une unité? Si l'on prend les mots dans leur sens ordinaire, il n'est point besoin de la raison pour nous fournir un tel principe; et si au contraire l'Unité ici signifie l'Absolu, et la pluralité le contingent, quelle différence y a-t-il entre l'Unité et l'Infini, dont on fait cependant deux idées?

Une difficulté plus grande encore, c'est de justifier les prétendues idées rationnelles de temps et d'espace.

On avoue bien que nous devons à l'expérience les idées de durée et d'étendue. Mais, dit-on, toute durée est contenue dans une autre durée, et toute étendue dans une autre étendue; cette nécessité s'étend à l'infini; il y a donc un contenant infini de toute durée, c'est-à-dire un temps infini, et un contenant infini de toute étendue, c'est-à-dire un espace infini.

Ce raisonnement n'est pas concluant. Il est vrai que nous ne pouvons comprendre une durée qui ne soit précédée et suivie d'une autre durée, ni une étendue qui ne soit enclavée dans une autre étendue ; mais cela ne donne pas le droit d'affirmer l'existence d'un espace sans bornes et d'un temps éternel.

Pour qu'on fût en droit de conclure l'existence d'un espace infini et d'un temps infini, de ce fait très-réel que notre esprit est dans l'impossibilité absolue de concevoir une durée ou une étendue sans une autre durée ou une autre étendue qui la contienne, il faudrait avoir démontré d'abord que toute autre explication est inadmissible ; démonstration qui n'a pas été faite et ne saurait l'être.

Ainsi, l'existence du temps infini et de l'espace infini n'est pas prouvée. Bien plus, elle est impossible.

Qu'est-ce que l'infini ? Locke dirait : c'est l'indéfini ; mais ce n'est pas ainsi que répond un philosophe rationaliste. Il ne prend pas l'idée d'infini pour une idée négative ; il sait qu'elle est au contraire la plus positive, la plus réelle, la plus pleine de nos idées et qu'elle est identique avec l'idée de perfection. Que s'ensuit-il ? c'est qu'on ne peut pas être à moitié infini, ou infini en un sens. On est infini ou on ne l'est pas. Quiconque est infini est infini tout entier, et ne saurait dégénérer de l'infinitude. C'est parler en sensualiste que d'admettre un infini qui n'est que l'infini de la durée.

Si l'on admet un temps infini et un espace infini, il n'y a pas de raison pour ne pas admettre aussi une beauté infinie, une cause infinie, une justice infinie, etc. Si tous ces infinis ne sont autre chose que les formes diverses de l'infini lui-même qui est Dieu, il faut dire que le temps et l'espace sont deux attributs de Dieu, et que le monde est contenu en Dieu comme une partie dans son tout ; si, au contraire, chacune des idées de la raison constitue un infini d'une espèce particulière, il faut renoncer à comprendre qu'il existe une perfection infinie. On est libre de choisir entre ces deux énormités du panthéisme ou de l'athéisme.

Supposons que le temps éternel soit une réalité : qu'est-il en soi? Une substance, un attribut ou un rapport. Un rapport éternel, c'est une absurdité manifeste ; une substance éternelle, qui n'a point d'autre attribut que de durer éternellement, est-ce une moindre absurdité? Enfin, s'il est un attribut, il ne peut l'être que de Dieu ; de sorte que quand on dit que tout mouvement est contenu dans une durée, et que cette durée est le contenant de toutes les durées et de tous les mouvements, c'est de Dieu même que l'on parle.

On soutient que le temps infini n'est pas divisible, et on parle ainsi pour éviter ce qu'il y a de choquant et de contradictoire à proposer un infini qui se peut couper par morceaux. Mais s'il est vrai que tout infini est indivisible, il ne l'est pas moins que tout temps est divisible. Otez de la notion de temps la notion de divisibilité, il ne reste rien. Il faut qu'un temps soit long ou court, passé ou présent, et que l'esprit puisse diviser en pensée tout espace de temps en espaces plus petits. Le temps infini est donc en somme quelque chose qui n'est ni un être, ni l'attribut d'un être, ni un rapport entre plusieurs êtres ; qui, comme temps, est nécessairement divisible, et comme infini nécessairement indivisible. C'est une hypothèse qui n'a pas d'essence. Ce n'est pas même une pensée ; c'est un non-être.

Ce qui est éternel est immobile et unique ; le temps est essentiellement mobile et multiple. Il n'est que grandeur, et par conséquent que relation, mesure. Ses parties sont commensurables entre elles; mais elles ne le sont point avec ce qui est éternel. Il manque à l'éternel, pour être une grandeur, l'élément le plus nécessaire de toute grandeur, un terme de comparaison. Si l'on dit que la durée divisible est contenue dans le temps indivisible, on ne fait que jouer avec les mots; car il est absurde que quelque chose contienne la division et ne soit pas divisée; le mouvement et ne soit pas mobile; la grandeur et ne soit pas multiple.

Si le temps est éternel, le mouvement est éternel; car pourquoi aurait-il commencé? De même si l'espace est infini, le monde est éternel; car pourquoi l'espace aurait-il été vide? Et de plus il est infini; car pourquoi une partie de l'espace serait-elle vide, et l'autre pleine?

De l'éternité du temps suit nécessairement l'éternité du monde. Car si le monde a commencé à un certain moment, quel obstacle l'empêchait d'être une minute plus tôt? Serait-ce que la toute-puissance de Dieu n'a été complète qu'à l'heure de la création? Que faisait Dieu, avant que le monde fût? Que fait-il à présent? Que fera-t-il quand ce monde sera détruit? Ce Dieu tour à tour actif et inoccupé n'est pas un Dieu immuable. Il n'est pas toujours semblable à lui-même, il a des alternatives de solitude et de providence. Il n'est donc pas parfait; il n'est pas Dieu. Il place le monde à une certaine heure de l'éternité; mais les parties de la durée sont similaires par définition : pourquoi donc cette heure plutôt qu'une autre? Il n'y a pas de réponse. Le choix de Dieu est sans motif. Il y a place en Dieu pour l'inutile.

Donc le temps infini, et on peut dire aussi l'espace

infini, car la démonstration serait la même, ne sont que deux chimères.

Enfin, on pourrait demander ce que sont, en elles-mêmes, ces idées de la raison pure, qu'on se contente de décrire. Sont-elles de pures formes de l'entendement? Alors que signifie cette qualification qu'on leur donne d'idées absolues? Et comment échappe-t-on à l'objection du Kantisme? Sont-elles, comme le voulait Malebranche, de *petits êtres*, des réalités distinctes, séparables, une sorte de monnaie de l'infini? Sont-elles l'infini lui-même? ou enfin, sont-elles les attributs de l'infini? On nous laisse dans le doute sur une question de cette importance; et de quelque côté que nous nous tournions, nous trouvons des difficultés insurmontables.

Voilà donc une liste mal faite, inachevée, incomplète, ne rendant pas compte de la nature intrinsèque des idées, et contenant, sous le nom d'idées rationnelles, des mots qui ne représentent pas d'idées, et qui, à plus forte raison, ne représentent pas de réalité. C'est cette liste qu'on essaye de réduire, car on comprend bien que, telle qu'elle est, elle n'a rien de scientifique. Voyons si la réduction est satisfaisante.

La méthode qu'on emploie pour opérer cette réduction ou cette simplification consiste à comparer entre elles les idées de la raison, à négliger ce que chacune d'elles a de particulier, et à tenir compte seulement de ce qu'elles ont de commun. On arrive aisément ainsi à établir que l'idée de l'infini est plus universelle que toutes les autres; car toutes les autres peuvent être dites infinies sans perdre leur définition, tandis qu'aucune des autres idées ne peut être affirmée de l'infini, sans le particulariser. On se croit donc en droit sur ce fondement, de déclarer que toute la liste des idées de la raison pure peut être réduite à ce terme : l'infini.

En soi, cette conclusion n'est pas fausse ; mais elle n'est ni bien motivée, ni bien comprise, ni suffisamment explicite.

La première chose qu'il faudrait expliquer, et qu'on n'explique pas, c'est ce que deviennent les idées particulières, une fois la réduction opérée. Les considère-t-on comme les attributs divers de l'infini? Ou comme divers aspects incomplets de l'infini? Ou comme des émanations de l'infini ? Ou comme des modes de l'infini? Si on en juge par l'extrême simplicité du procédé, toutes les idées de la raison subsistent indépendamment de l'idée de l'infini, comme les hommes subsistent avec leurs différences individuelles, indépendamment de l'idée de l'homme ; car ce procédé n'est autre chose qu'un essai de généralisation. Mais que vient faire là la généralisation? Quel besoin de généralisation, pour une liste de cinq ou six idées? La généralisation n'est rien en soi; elle n'est qu'une méthode abréviative. Il est à craindre qu'on ne l'ait confondue avec la dialectique. La dialectique sans doute emploie les mêmes procédés de comparaison et d'abstraction; mais elle diffère essentiellement par le but et le résultat. La dialectique ne serait rien, qu'une opération purement verbale, sans la théorie de la participation, qui établit un lien métaphysique entre les divers échelons que traverse la pensée pour aller du monde à Dieu à travers les idées. Certes ce n'est pas cette théorie aussi fausse que brillante qu'on essaye ici de ressusciter. Outre qu'elle est, au fond, panthéiste, et qu'elle repose sur une pure hypothèse, elle est incompatible avec les idées et les méthodes modernes. La simplification prétendue à laquelle on arrive, n'est donc pas autre chose qu'une généralisation.

Le malheur est que cette généralisation est tout simplement impossible. Qu'est-ce que cet infini, qui d'après la méthode employée, doit pouvoir servir d'attribut à toutes les idées de la raison? C'est l'infini abstrait ; donc ce n'est rien. Si notre raison ne nous fournit pas une autre idée de l'infini, nous sommes à jamais incapables d'avoir l'idée de Dieu, car on ne va pas de l'abstrait au concret ; l'esprit conclut de l'être à la possibilité de l'être, et non de la possibilité de l'être à l'être ; et cela est vrai surtout quand il s'agit de l'être absolu, que nous ne pouvons ni deviner ni créer, puisqu'il n'y a pas d'autre moyen de le connaître que de le voir. Ainsi de deux choses l'une : ou l'idée de l'infini, dont on parle, n'est pas l'idée de Dieu, et alors il est absurde de l'opposer aux sensualistes, qui reconnaissent et expliquent parfaitement cet infini négatif qui n'est que l'indéfini, ou c'est l'idée de Dieu, et alors il ne paraît pas moins absurde de faire de Dieu un attribut du temps, de l'espace, de la justice et de la beauté.

Si l'on renverse la proposition, et qu'au lieu de chercher un attribut commun pour toutes les idées de la raison, on déclare n'avoir cherché qu'une substance, les difficultés ne sont pas moindres ; car si l'on comprend aisément que Dieu soit la substance de la beauté et de la justice, on ne comprend pas aussi bien qu'il soit la substance du temps et de l'espace, ou, ce qui serait encore plus étrange, la substance de la substance.

Même en passant sur ces difficultés, qui paraissent inextricables, peut-on négliger entièrement la forme de principes si souvent donnée aux idées de la raison pure? Quand même ces idées seraient considérées comme les attributs de Dieu, il resterait encore à expliquer les principes. L'idée de substance, par exemple, ne se convertit pas en ce principe : il y a nécessairement une substance éternelle et infinie, ni l'idée de cause en ce principe : il y a nécessairement une cause éternelle et infinie. La première se traduit ainsi : toute qualité suppose un sujet, un être réel ; et la seconde : tout ce qui commence d'exister a une cause. Il s'agit donc là des substances et des causes particulières, non de la substance et de la cause infinie. Donc, si les idées de substance et de cause sont des attributs de Dieu, les principes qui correspondent à ces idées sont toute autre chose qu'elles-mêmes, et demandent une théorie spéciale dont on ne trouve la trace nulle part.

Si la théorie que nous venons d'examiner aboutit à une énumération mal faite des idées de la raison pure, et ne réussit pas à expliquer la nature intrinsèque de ces idées, l'école dont cette théorie est sortie a du moins un mérite qu'il faut reconnaître ; c'est qu'elle a démontré avec plus de force que toutes les écoles antérieures l'existence même de la raison, et poussé jusqu'à l'évidence la réfutation des arguments de la philosophie empirique. Prenant tour à tour les négations accumulées par les sensualistes, elle a montré que ces négations étaient en contradiction avec les faits, et rendaient la philosophie incapable de rien expliquer. Les sensualistes, en effet, posant en principe que toutes nos idées viennent de la sensation et de la réflexion, n'admettent que des idées contingentes, et par suite, que des choses contingentes. Ils voient bien dans notre esprit l'idée de l'infini, mais ils soutiennent que cette idée n'est que la négation de toute limite ; ils y voient l'idée d'éternité, mais suivant eux, l'éternité n'est autre chose qu'une durée indéfinie. Ils renoncent à expliquer comment le monde est nécessaire, quoique composé de choses contingentes et imparfaites; ou comment, s'il est lui-même contingent, il peut exister sans cause; ou enfin, s'il a une cause, comment cette cause peut être contingente et finie. L'idée de l'infini est leur éternel écueil; elle les obsède, présente dans leur pensée au moment même où ils la combattent; et quand ils croient être parvenus à la détruire, ils s'aperçoivent que, sans le secours de cette idée, la philosophie ne peut plus que faire des classifications stériles ou proposer des problèmes insolubles.

Qu'on regarde de près tous les arguments par lesquels ont été combattus les sophismes de Locke et des derniers idéologues, et l'on se convaincra qu'ils consistent tous à opposer à toutes leurs négations l'idée de l'infini, la réalité de l'infini, la nécessité de l'infini. Locke en avait bien le pressentiment, quand il disait avec profondeur : « S'il y a une idée innée, il n'y en a qu'une; et c'est l'idée de Dieu. »

Locke a raison. Nous avons l'idée innée de Dieu, et nous n'en avons aucune autre. Ce qu'on appelle la raison pure n'est pas autre chose que la faculté que nous avons de concevoir l'idée de Dieu, c'est-à-dire l'idée de l'infini. La raison est proprement le sens de l'infinitude.

Quand on parle d'un infini qui n'est qu'une abstraction, ou de quelque chose infinie qui n'est pas Dieu, c'est une marque infaillible que l'on fait fausse route; car d'abord notre esprit ne peut avoir une idée abstraite de l'infini, à moins qu'il ne la tire de l'intuition même de Dieu, qui seul est infini; et ensuite, il est insensé de croire qu'excepté Dieu, quelque être participe à l'infinitude, l'infinitude ne se partageant pas et ne se divisant pas. Elle est infiniment infinie, ou elle ne l'est pas du tout.

Il n'y a pas besoin de preuve pour établir que l'idée de Dieu est innée; elle ne peut pas ne pas l'être. D'où viendrait-elle? Comment la construirions-nous? De quels éléments? Où sont, en dehors de Dieu même, les matériaux avec lesquels on puisse bâtir l'idée de Dieu? Il est si vrai que rien ne peut nous donner l'idée de Dieu, excepté Dieu, qu'on a conclu directement l'existence de Dieu de l'idée que nous en avons, et cette démonstration est invincible.

Dieu, notre Créateur, a laissé dans notre esprit l'idée de lui-même comme la marque de l'ouvrier empreinte sur son ouvrage. Il est naturel qu'étant l'œuvre de Dieu, et une œuvre pensante, nous ayons la pensée de Dieu. Il serait étrange que nous ne l'eussions pas. Dieu est par excellence l'objet de la pensée. La pensée parfaite, qui est Dieu même, pense l'objet le plus parfait de la pensée, c'est-à-dire se pense elle-même [1]; au-dessous de Dieu, tout ce qui pense doit aussi le penser, quoique moins continûment et d'une façon infiniment moins parfaite. Notre pensée participe de l'être en tant qu'elle s'applique à Celui qui a la plénitude de l'être; et de même notre amour participe de l'être, il est quelque chose de puissant et de réel, en tant qu'il a pour objet Celui qui est par excellence l'objet aimable. Sans cette pensée de Dieu, qui est la fin de nos pensées et de nos amours, il n'y aurait en nous ni principes ni règle, et

---

1. Αὐτὸν ἄρα νοεῖ, εἴπερ ἐστὶ τὸ κράτιστον. Καὶ ἔστιν ἡ νόησις, νοήσεως νόησις. Arist., *Métaphysique*, livre XII, chap. IX.

nous serions plongés tout entiers dans le mouvement et dans le néant.

Il est vrai qu'il existe un petit nombre d'athées, et un nombre infiniment plus grand d'esprits tourmentés qui se demandent s'il y a un Dieu. Mais, au fond, qu'est-ce que demander s'il y a un Dieu? C'est chercher si l'infini est dans le monde ou hors du monde; c'est chercher s'il peut être décrit, ou s'il est ineffable; c'est étudier, analyser l'infini; ce n'est pas douter que l'infini existe. Tous nous concevons l'infini, tous nous y croyons, mais nous avons besoin d'être éclairés sur ses attributs par la réflexion ou par l'enseignement.

Que serait l'infini, dont nous avons nécessairement l'idée, s'il n'était Dieu? Manque-t-il quelque chose à cet infini? L'être lui manque-t-il? Ne voyons-nous pas, par une intuition directe, qu'il est, et qu'il est parfait? Un seul point nous manque : c'est de comprendre sa perfection et de savoir exactement en quoi elle consiste.

Pour cela, non-seulement nous l'ignorons; mais la science même n'écarte que très-incomplétement les voiles dont se couvre à nos yeux la perfection absolue. Dieu est à la fois intelligible et incompréhensible. Nous savons invinciblement par la raison, qu'il est et qu'il est parfait; nous savons, en examinant le monde, qu'il l'a créé et qu'il le gouverne; mais il n'est pas plus possible à notre esprit de le comprendre, qu'il n'est possible à une coquille de noix d'enfermer les eaux de la mer. De même que dans l'ordre de la pensée, nous débutons par un acte de foi, de même, dans l'ordre ontologique, nous attachons toutes les réalités à la réalité d'un Dieu incompréhensible [1].

---

1. Leibnitz, *Nouveaux essais*, livre II, chap. XVII, p. 100, édit. Am. Jacques.

Qu'est-ce que prouver? C'est remonter à un principe; donc il y a, en logique, un premier principe qui ne se prouve pas. Qu'est-ce qu'expliquer? C'est analyser et comparer; donc Celui qui est à la fois Un et unique échappe à notre compréhension. Nous ne pouvons même parler de lui qu'en balbutiant. Une école dit qu'il n'est pas, et une autre qu'il est seul, et toutes deux disent la même chose sous ces formules opposées, car elles veulent dire seulement qu'il n'est rien de ce que nous sommes, et que l'incompréhensibilité est comprise dans la raison formelle de l'infini.

Il n'y a de place pour aucun autre objet dans notre raison, à côté de l'objet propre de la raison, qui est Dieu. On demande si les idées de notre raison sont de pures formes de notre entendement, ou si elles ont un objet réellement existant. Elles ont un objet réellement existant. On demande si cet objet existe dans le monde ou hors du monde. Il est en dehors du monde quoiqu'il soit le créateur et le roi du monde. Dieu, l'infini, l'absolu, est l'objet unique de la raison humaine.

Voilà la raison considérée en elle-même. Si nous étions de purs esprits, notre raison ne nous donnerait jamais qu'une idée sous une seule forme, et ce serait l'idée de Dieu. Nous n'irions pas sans doute jusqu'à comprendre Dieu, car Dieu ne peut être compris que par une intelligence égale à la sienne, et par conséquent son incompréhensibilité est absolue. Mais nous verrions sans intermédiaire ce qu'il nous est donné de voir. Nous serions face à face avec la perfection.

Attachés au corps et obligés de vivre dans de continuels rapports avec le monde, nous avons besoin de connaître ces objets qui agissent sur nous et sur lesquels nous devons agir. Le monde pénètre en nous par tous nos sens. Nous avons à chaque instant à le subir, à le repousser, à le gouverner, nous nous rappelons les impressions qu'il nous a faites, nous prévoyons les agressions qu'il nous prépare, nous groupons sous des termes généraux les espèces qu'il contient, nous découvrons les lois qui régissent ses mouvements; mais de quelque côté que nous nous tournions pour penser à lui, absorbés que nous croyons être dans la considération du contingent et de l'éphémère, la notion du stable, du durable, de l'éternel, de l'infini, du parfait nous accompagne. Elle seule donne de l'être à nos pensées, en arrête le mouvement, en marque le but ; à peu près comme un point fixe sert à mesurer la vitesse d'un navire que les flots emportent. Cet infini que nous retrouvons dans toutes les directions, c'est toujours le même infini ; c'est le même Dieu, mais nous ne le voyons pas toujours sous le même aspect.

Si nous considérons les grandeurs dans le temps ou dans l'espace, nous le voyons étranger au temps et à l'espace dans son indivisibilité; si nous considérons l'enchaînement des pensées, nous le voyons comme la vérité première, l'*inconcussum quid*, qui résiste à tous les efforts du doute, et fonde, par l'identité absolue, la possibilité de toutes les identités. Si c'est la Beauté qui nous occupe, elle ne s'élève au-dessus d'un goût passager et ne nous donne les grandes joies et les grandes pensées de l'art, que quand l'éternelle Beauté rayonne au fond de nous-mêmes et que le voile de l'impénétrable sanctuaire se soulève pour un instant à nos regards charmés. Enfin si nous délibérons sur l'usage de la liberté, l'image de cette sainteté parfaite introduit dans nos délibérations l'idée du devoir, et le Dieu que nous voyons alors s'appelle l'éternelle justice.

C'est ainsi que nous nous élevons par degrés à la contemplation de Dieu dans son essence, en commençant par ce qui est le plus près de nous. Nous allons immédiatement de l'expérience à la raison discursive, et peu à peu de la raison discursive à la raison pure. Nous découvrons d'abord une règle ou un principe; au delà, une perfection : ce sont les deux degrés, immédiatement atteints, de la raison discursive ; au delà encore, la perfection elle-même ; c'est la raison pure. Elle luit dans tous les esprits ; mais les esprits les mieux doués, et ceux que fécondent la réflexion et l'étude, pénètrent plus avant dans la contemplation de son Objet, se rendent mieux compte de cet Objet lui-même, de la raison pure qui l'aperçoit, et de la raison discursive qui en découle.

Dieu est comme une statue magnifique placée au centre d'avenues immenses. Quelque chemin que l'on prenne, on la voit toujours au bout. C'est la même statue, et cependant, suivant la route qu'on a prise, on la voit sous des aspects différents.

CHAPITRE III.

DE LA FORMULE DE LA JUSTICE.

> « .... Mais voilà, direz-vous, tout renfermé en un mot. Oui, mais cela est inutile, si on ne l'explique ; et quand on vient à l'expliquer, dès qu'on ouvre ce précepte qui contient tous les autres, ils en sortent en la première confusion que vous vouliez éviter. » — Pensées de Pascal, édit. Havet, p. 89.

Après avoir analysé l'idée de la justice et en avoir déterminé l'objet, il nous reste à rechercher si cette idée peut être exprimée par une formule générale.

Les résultats que nous avons déjà recueillis sont de la dernière importance, car nous savons désormais qu'il y a une justice, qu'elle est éternelle, obligatoire, universelle ; que par conséquent l'homme a des droits et des devoirs ; que ses passions doivent en toute occasion être réglées par la justice, et qu'il doit, dans chacun de ses actes, obéir à la justice, dût son cœur en être déchiré. Nous savons aussi que la justice repose en Dieu comme dans sa substance éternelle, et qu'on ne peut sans contradiction aimer Dieu et forfaire à son devoir.

Mais une fois l'existence et la souveraineté de la justice établies, la science aspire à connaître d'avance les prescriptions auxquelles la justice nous assujettit. Ce n'est pas tout de la constater et de s'y soumettre ; il faut aussi la développer et la comprendre. Sommes-nous réduits purement et simplement à consulter notre conscience chaque fois qu'une occasion d'agir se présente? Ou pouvons-nous à l'avance puiser dans l'étude de la raison humaine et dans le développement de l'idée de la justice, un certain nombre de principes, de règles fixes qui nous éclairent sur la conduite que nous devons tenir envers nos passions et sur l'usage que nous devons faire de notre volonté?

Cette question a engendré plusieurs systèmes.

Les uns, préoccupés surtout de cette pensée que la justice réside en Dieu même, n'ont pas cru pouvoir la chercher ailleurs que dans la contemplation de la nature ou de la volonté divine; c'est le système théologique.

D'autres, désespérant de sonder les perfections de Dieu, ou même, pour n'omettre aucune école, confondant l'auteur du monde avec le monde lui-même, et convaincus que la justice devait éclater dans le grand tout, se sont efforcés d'expliquer la justice par l'ordre qui règne dans l'univers; c'est le système de la nature.

D'autres encore, moins ambitieux ou moins téméraires, au lieu de conclure la loi morale de l'ensemble des lois qui régissent l'univers, l'ont cherchée seulement dans l'étude attentive de la nature humaine. Mais parmi eux les uns ont étudié l'homme dans l'histoire, et les autres dans la conscience : c'est le système historique et le système psychologique.

Système théologique. — Nous diviserons en trois classes les philosophes qui se rattachent à ce système, savoir :

Ceux qui font dépendre les lois de la morale de la volonté indifférente de Dieu; ce qui revient à dire que, si Dieu l'avait voulu, le bien serait le mal, et le mal serait le bien;

Ceux qui font dépendre les lois de la morale de la nature de Dieu ;

Et les mystiques.

Nous n'avons pas à nous occuper des écoles qui font dépendre la morale de la volonté indifférente de Dieu ; une telle hypothèse ne se discute pas. Sous prétexte d'exalter la liberté et la toute-puissance de Dieu, elle détruit radicalement sa perfection ; et le but même qu'elle poursuit, elle ne l'atteint pas, car si la liberté d'indifférence existe, elle n'est certainement qu'un moindre degré de liberté, et ne saurait en conséquence exister en Dieu. Pour se convaincre de l'absurdité d'une pareille doctrine, il suffit de remarquer que, si les lois de la morale dépendent de la volonté indifférente de Dieu, il doit nécessairement en être de même de tous les principes et de tous les axiomes, par exemple du principe de contradiction sans lequel on ne peut rien affirmer, et du principe de causalité, à l'aide duquel on démontre l'existence de Dieu. Dans ce système, il faut aller jusqu'à soutenir que, si Dieu l'avait voulu, le monde aurait pu commencer d'exister sans cause. Disons donc avec une pleine assurance que les vérités premières, et parmi elles, les vérités morales, dépendent de la nature de Dieu, et non de sa volonté indifférente. Dieu est le bien, il veut le bien, et il aime le bien, voilà ce qu'il faut dire avec vérité.

Sans doute on peut concevoir deux ordres de prescriptions divines ; le premier dépendant de la nature de Dieu, et qui constitue la loi naturelle, la loi morale proprement dite : le second, dépendant uniquement de la volonté de Dieu, et qui est la forme même du culte par lequel il veut être honoré. Mais la question de savoir s'il y a un pareil culte doit être débattue ailleurs ;

bornons-nous à établir ici que ces prescriptions formelles qui constituent le culte dans une religion positive, ne peuvent en aucun cas contrarier la loi morale, et qu'elles ne peuvent en aucun cas être confondues avec la morale.

Enfin, soit que la volonté de Dieu s'applique aux préceptes de la religion positive, ou à ceux de la morale universelle, il reste une difficulté inextricable; c'est de la connaître. Comme on ne peut étudier la volonté de Dieu en elle-même, il faut bien recourir à son expression littérale ou à ses effets. Si on recourt à son expression littérale, on fait de la théologie, et la philosophie n'a rien à y voir; si on recourt à ses effets, on cherche donc ailleurs que dans la volonté même de Dieu, l'explication de la loi morale, ce qui est contre l'hypothèse.

Pour les partisans du système théologique, qui attribuent la vérité morale non à la volonté de Dieu, mais à sa nature, ils ont sans doute raison en principe, et on ne peut se dissimuler que Dieu étant la justice par essence, c'est en Dieu seul qu'il faudrait étudier la justice, si cette entreprise ne dépassait pas les forces de l'humanité. Mais il faut bien, en tout, tenir compte du possible, et le dogme de l'incompréhensibilité divine met un éternel obstacle à ce que nous puissions tirer l'explication des lois morales de la contemplation de la nature de Dieu.

Il ne faut ici rien exagérer. L'incompréhensibilité divine ne signifie pas que nous ne puissions absolument rien savoir de Dieu, sinon qu'il est et qu'il est parfait. Elle signifie seulement que sa nature a des mystères à jamais insondables pour l'esprit humain. A côté de cela, il y a place pour une étude, insignifiante si on songe aux profondeurs de son objet, très-féconde et très-étendue si on songe à la faiblesse et aux besoins de notre esprit.

Ainsi, par exemple, nous devons renoncer à développer l'idée de la perfection, si ce n'est par des procédés purement négatifs. Dieu est parfait, voilà une proposition solide; ce qui est parfait n'enveloppe aucune imperfection, voilà une proposition qui ne l'est pas moins. En quoi consiste la perfection? Là commence le mystère pour quiconque n'est pas parfait, c'est-à-dire pour quiconque n'est pas Dieu.

Mais nous pouvons cependant, par un détour, faire quelques pas dans la compréhension de la perfection. Si le soleil contemplé en face nous éblouit, nous pouvons lui tourner le dos pour le contempler sur la surface du lac où se réfléchit son image. Est-il possible que le monde, œuvre de Dieu, ne nous apprenne rien sur son Créateur? Il nous apprend d'abord cela, que Dieu est créateur, et c'est beaucoup. Qu'est-ce que créer? Je l'ignore, quant au fond de l'acte, et je ne puis le comprendre; quant au résultat, c'est faire que ce qui d'abord n'était pas, maintenant commence d'être. Cet objet créé ressemble-t-il à un chaos? Vit-il dans le désordre? Non, il est régulier, organisé, systématique, doué d'une beauté et d'une harmonie singulières; il n'enferme pas en soi de place pour l'inutile. J'en conclus avec certitude que le Créateur du monde est bon et intelligent; et que la bonté et l'intelligence, comme la toute-puissance créatrice, sont au nombre des perfections qu'enveloppe l'absolue perfection. S'ensuit-il que je connaisse et que je comprenne l'intelligence divine? Eh! comment pourrais-je la comprendre? Où en aurais-je pris l'idée? Ma propre intelligence, si je la connais bien, n'a pas de facultés que je puisse supposer en Dieu. Dieu ne peut ni se souvenir, comme moi, ni prévoir, ni abstraire, ni généraliser, ni induire, ni déduire; car il ne peut aller successivement d'une idée à l'autre, ni avoir besoin d'un effort pour passer du principe à la conséquence. Tout ce que je puis dire en balbutiant, c'est qu'étant l'absolu, il connaît toute vérité en se connaissant lui-même. Mais je suis un téméraire, si je n'ajoute pas aussitôt que cette idée même est pour moi incompréhensible, et que, dans le fond, toute explication aboutissant à une comparaison, il n'y a pas d'explication possible de ce qui n'a pas et ne peut pas avoir d'analogue.

Il ne faut donc pas songer à étudier les perfections de Dieu pour conclure de cette étude les règles de la morale; car premièrement Dieu est incompréhensible; et secondement, le peu que nous savons des perfections de Dieu, nous ne parvenons à le savoir qu'en partant de la psychologie.

Lorsqu'à la fin du siècle dernier les études psychologiques ont pris faveur en France, on ne s'est pas contenté de démontrer l'importance capitale de l'analyse des facultés humaines; on a été plus loin; on a prétendu que toute philosophie qui ne prenait pas la psychologie pour point de départ ne pouvait aboutir qu'à des hypothèses, et que toute doctrine philosophique était contenue dans les données de l'expérience psychologique. C'était pousser à l'excès un excellent principe, et transformer une bonne méthode au point de la rendre dangereuse. On en vint en effet assez promptement à vouloir conclure la théodicée de la psychologie, et les perfections infinies de Dieu, de la faiblesse et des misères de l'homme. « Nous étudierons Dieu dans son image, disait-on; nous distinguerons dans l'homme ce qui tient à l'excellence de sa nature, et ce qui dérive des égarements de son intelligence et de sa volonté ; et quand nous connaîtrons toutes les perfections humaines, nous n'aurons qu'à les élever à l'infini pour comprendre toutes les perfections de Dieu. »

Il est difficile de prendre au sérieux une telle doctrine, qui affirme de sang-froid l'analogie et la ressemblance de Dieu et de l'homme ; qui se croit en mesure de retrouver l'œuvre de Dieu sous les faiblesses de l'homme, sans recourir à la contemplation du divin idéal ; qui veut faire sortir, non pas le plus du moins, comme dans une induction ordinaire, mais l'infini du fini et l'être du néant ; et qui donne pour une formule scientifique cette étrange alliance de mots, qui n'a jamais eu et n'aura jamais de sens pour aucune intelligence : *élever le fini à l'infinitude*[1].

Il y a pour la science deux écueils également dangereux : ne pas connaître sa force, se l'exagérer. Les philosophes qui refusent à la raison humaine le pouvoir de développer la loi morale, ne connaissent pas la force de la raison ; et ceux qui nient l'incompréhensibilité divine, ne connaissent pas la faiblesse de la raison. Nous répondons aux écoles psychologiques qu'elles peuvent établir la perfection de Dieu, mais non l'expliquer ; qu'elles démontrent la Providence par ses effets, et n'en sauraient comprendre les moyens ; qu'en dépit du fameux axiome que « le comprendre est la mesure du croire, » elles croient à une foule d'existences incompréhensibles ; et que de toutes les incompréhensibilités, la mieux démontrée et la plus nécessaire est l'incompréhensibilité divine : et nous répondons à ceux qui veulent étudier la

---

[1]. « La belle chose de crier à un homme qui ne se connaît pas, qu'il aille de lui-même à Dieu ; et la belle chose de le dire à un homme qui se connaît ! » Pascal, édit. Havet, p. 366.

morale en Dieu, que c'est un paralogisme de chercher en Dieu la loi du monde, quand c'est du monde que nous sommes obligés de tirer le peu de lueurs que nous avons sur la nature de Dieu; que Dieu, qui est la raison de tout, n'est l'explication de rien, et que la morale serait une science bien problématique, si on ne pouvait la conclure que de la contemplation d'un Dieu incompréhensible. « La dernière démarche de la Raison : c'est de connaître qu'il y a une infinité de choses qui la surpassent[1]. »

Chose étrange ! Les mystiques n'ont pas de dogme qui leur soit plus cher que le dogme de l'incompréhensibilité divine; et cependant, ils vont chercher en Dieu toute leur morale. C'est que tout en avouant l'incompréhensibilité divine, ils prétendent lire directement dans les perfections de Dieu, grâce à la doctrine de la communion ou de l'identification. C'est au fond tout le débat entre eux et nous; c'est leur arme contre la raison; c'est parce qu'ils croient, dans de courts instants d'enthousiasme, échapper à la condition humaine, et avoir conscience de la perfection absolue en s'abîmant dans le sein de Dieu, c'est pour cela qu'ils dédaignent tant la raison, et se proclament possesseurs de vérités et de principes qui mettent à néant les vérités et les principes rationnels. Mais la personnalité humaine ne se perd ni dans ce monde, ni dans l'autre. En ce monde, tout ce que nous voyons de Dieu se réduit à ce qu'il nous communique de lui-même dans la raison; après cette vie, tout ce que nous pouvons espérer, c'est de le contempler face à face. Ce que l'orgueil persuade aux panthéistes sur la possibilité d'une union plus in-

---

1. Pascal, *Pensées*, art. XIII, § 3, édit. Havet, p. 184.

time, l'amour le persuade aux mystiques; mais, orgueil ou amour, c'est une égale folie.

Il faut donc le reconnaître, ce n'est pas à l'incompréhensible perfection de Dieu qu'il faut demander le secret de la vie morale.

Système de la nature. La nature est également impuissante pour nous le donner, et cette impuissance a deux causes : la première, c'est la profonde différence qui existe entre les êtres libres et ceux qui ne le sont pas; la seconde, c'est l'incertitude des systèmes et l'impossibilité où l'on est de se passer, pour les construire, de la connaissance antérieure de la loi morale.

Voici comment raisonnent les partisans du système de la nature.

Dieu, disent-ils, a fait le monde par une seule parole, c'est-à-dire par un seul acte de sa volonté créatrice. Cet acte est complet et suffisant; donc il enveloppe la Providence. Le monde ainsi créé par une seule parole a, dès le premier jour, tout ce qu'il lui faut, et pour être et pour durer. Il a une matière, des essences définies et des lois qui règlent le mouvement. Qu'est-ce qu'une loi du monde? Le développement régulier de la volonté divine, l'accomplissement même de cette volonté. Il suffit à Dieu de vouloir une fois : dans cette volonté simple et unique, toutes les lois sont contenues. Elles diffèrent quant à nous, parce que nous les découvrons séparément, successivement, et parce que notre esprit embrasse difficilement les rapports; mais, quant à Dieu, elles ne sont qu'une même loi, ou si l'on veut, les formes diverses d'une même loi, d'une même pensée, d'une même volonté. De là l'universelle analogie. A mesure que nous comprenons mieux le monde, nous voyons que toute loi dépend des autres lois et leur est analogue ; c'est que toute loi est dans la première parole, comme tout développement successif d'un être est déjà dans sa substance. Ainsi tout se tient et tout se ressemble. Tout va du même point au même point par la même ligne. L'unité du monde éclate dans son origine, dans sa fin, dans son mouvement. Rien n'est isolé et rien n'est perdu. La loi qui règle les accroissements d'un brin d'herbe, est faite sur le même patron que la loi qui conduit les mouvements du soleil. Qui connaîtrait à fond une partie du monde, pourrait construire sur ce modèle la théorie du monde. Qui connaîtrait la théorie du monde et la loi générale de l'ordre universel, n'aurait pas besoin de s'évertuer à trouver la loi de chacune des parties de ce monde. La loi de tout être vivant est la loi de l'ensemble des êtres vivants. L'homme se mettra à sa place, si seulement il sait imiter la nature.

Les défenseurs du système de la nature peuvent encore développer leur doctrine de cette façon :

Il n'y a pas de place dans le monde pour l'inutile[1]. Tout ce qui est et tout ce qui se fait a une raison d'être. Un mouvement inutile est un déploiement de force en pure perte ; c'est l'anéantissement d'une force, sans compensation. Non-seulement chaque être a une place fixe dans l'univers ; mais chaque mouvement de chaque être. S'il en était autrement, le néant serait ; car un mouvement inutile est un néant. Donc chaque être a sa loi, et toutes les lois conspirent ensemble à donner au monde de l'unité ; donc encore, tout être a sa place précise, déterminée, son heure, sa fonction propre. Ainsi l'homme a dans le monde une place, une fonction,

---

1. Ὁ θεὸς καὶ ἡ φύσις οὐδὲν μάτην ποιοῦσι. Aristote, *Du Ciel*, livre IV.

une loi, et cette loi doit être analogue aux autres lois; cette fonction doit être précisément celle qui convient le mieux à ses aptitudes; cette place, la place même que lui assignent les conditions générales de la création. Nous ne différons point du reste des êtres dans notre fin, qui est de concourir avec eux à l'unité du monde. Toute la différence entre eux et nous est qu'ils accomplissent leur loi infailliblement et sans la connaître, tandis que nous avons le double pouvoir de connaître la nôtre et de la transgresser.

Il nous suffira donc d'étudier le monde, pour connaître la règle qu'il suit aveuglément et invinciblement, et que nous devons suivre aussi en créatures raisonnables par le choix de notre volonté éclairée.

Tel est le système, et l'on peut dire qu'il ne supporte pas l'examen.

D'abord il ne tient pas assez de compte de la profonde différence qui existe entre l'homme et le reste du monde. Tous les individus qui font partie du monde inorganique sont incapables de développement, et les divers mouvements qu'ils peuvent accomplir passivement sont soumis à des lois simples, dont l'analogie avec les lois qui régissent l'activité humaine est pour le moins difficile à saisir. On peut démontrer *a priori* cette analogie; mais l'apercevoir *a posteriori*, c'est impossible. Cette analogie fût-elle manifeste, il est clair qu'elle ne pourrait porter que sur le petit nombre de fonctions qui nous sont communes avec les êtres inorganiques. Le règne végétal est supérieur; il est vivant, il se rapproche de nous : mais à quelle distance ! Les animaux mêmes ne sont destinés qu'à se reproduire, à varier et à vivifier le spectacle du monde. Pour nous, toutes les voies nous sont ouvertes; nous pouvons agir ou ne pas agir; nous mouvoir ou rester immobiles; nourrir et élever nos semblables ou les détruire; centupler certaines forces de la nature ou les annihiler. Irons-nous prendre pour modèle une plante ou une brute? étouffer en nous la pensée et la rendre inutile? mettre toute notre énergie à nous anéantir? Bien plus, nous pensons. Que nous dira le reste du monde sur l'usage à faire de notre pensée? Nous connaissons Dieu : par quelle analogie puisée dans la nature du monde, gouvernerons-nous les rapports de notre pensée avec Dieu? Enfin, nous sommes immortels, nous sommes en ce monde des hôtes passagers : sa destinée ne saurait être la nôtre. Tous ces soleils seront détruits un jour, et pourtant nous subsisterons. Nous appartenons à la cité éternelle ; si nous voulons connaître notre loi, en étudiant la loi commune, que cette invisible cité entre donc aussi dans la sphère de nos recherches. C'est notre monde, bien plus que celui-ci. Il s'en faut bien que le monde mortel puisse nous apprendre notre destinée, puisque notre vraie destinée commence au moment où le monde mortel nous abandonne.

Mais quand il serait vrai que la loi de l'humanité puisse être légitimement conclue de la loi générale du monde, connaissons-nous donc si aisément et si sûrement la loi du monde, pour y recourir dans nos difficultés? Où est le système du monde, évident et incontestable, qui doit servir de base et de modèle à notre morale? A qui le demanderons-nous? à la métaphysique? à la physique? à la chimie? à la géologie? à l'histoire naturelle? Il faudra le demander à toutes les sciences ensemble; et ce ne sera pas trop pour construire le système, d'un homme qui aura poussé toutes les sciences jusqu'à leurs dernières limites, et dont l'esprit sera assez vaste pour en embrasser tous les rapports. Quoi! c'est ce peu que l'on demande! La science humaine, en effet, est bien près de former ce tout magnifique! Hélas! ce qu'il y a de positif dans la science, ce sont les sciences; et tout le reste n'est encore qu'hypothèse. Nous marchons à pas de géants dans la physique, dans la chimie, dans l'astronomie; mais chacun creuse son sillon, sans regarder, sans comprendre l'ouvrage du voisin. Devancer l'humanité d'un pas, dans ce sillon unique, cela s'appelle du génie : et nous voudrions planer sur l'ensemble? Mais les sciences même les plus avancées ne sont encore que des faits et des généralisations de faits; nous ne savons le pourquoi de rien. Des descriptions, des généralisations et des comparaisons, voilà tout ce que nous savons faire. Le chimiste découvrira bien un corps simple; mais qu'est-ce qu'un corps simple? Le physicien nous dira bien comment la lumière se décompose; mais qu'est-ce que la lumière? Le mathématicien connaît la loi des nombres; mais il ne sait pas ce que c'est qu'un nombre. Il y a un phénomène que le naturaliste ne connaîtra jamais, et c'est la vie. Nous pouvons admirer les progrès des sciences quand nous les comparons à ce qu'on savait hier; mais quand nous les comparons à la nature, leur néant et le néant de notre esprit nous écrasent; et quand nous les voyons essayer de s'associer toutes ensemble pour dire le secret du tout, elles qui ne possèdent le secret de rien, nous hésitons, en vérité, entre le mépris et la pitié. Non, ce n'est pas dans ce livre dont les premières pages sont à peine déchiffrées, que Dieu a écrit le secret de la destinée humaine. Il n'y a guère que l'homme qui puisse nous éclairer sur l'homme. Les animaux, les pierres et les plantes ne veulent rien nous dire sur nos destinées. Assurément le spectacle du monde peut nous servir de leçon, mais il ne peut nous servir de règle. L'homme ne peut se comparer ; il est trop peu pour regarder vers Dieu ; il est trop grand pour se courber vers la terre.

Système historique. Vient ensuite le système historique, qui consiste à calquer la loi de notre développement individuel sur les lois mêmes du développement de l'humanité. Il remonte bien haut, car la *République* de Platon, qui n'est qu'un traité sur la justice, emploie tour à tour l'observation de l'humanité et celle de l'homme, pour arriver à déterminer les caractères de la loi morale. Ce système est fondé sur des considérations élevées, et qui méritent d'être pesées.

Si nous demandons : qu'est-ce que l'humanité ? et que nous répondions : ce sont tous les hommes, nous paraîtrons, à force d'évidence, faire une question et une réponse puériles. Donc, puisque l'humanité n'est pas autre chose qu'un terme général pour désigner la grande famille humaine, depuis l'origine des temps, il est impossible que tout ce qui est humain, tout ce qui est au fond de nos pensées et de nos cœurs n'ait pas tour à tour été exprimé et jugé dans l'histoire. C'est donc étudier l'homme et chaque homme, que de suivre à travers les siècles l'histoire de l'humanité. Non-seulement on la retrouve là tout entière, mais on la voit dans toutes les situations où elle peut être placée, depuis l'extrême barbarie jusqu'à l'extrême civilisation. L'histoire, c'est la totalité de l'expérience.

Qu'au lieu d'étudier l'humanité dans l'histoire, je l'étudie en moi-même, qu'arrive-t-il ? Je fais tous les hommes à mon image. Bien plus ; je ne me connais pas moi-même, car, à chaque instant, je fais en moi des découvertes, selon que les événements me poussent. Ne peut-il y avoir en moi des facultés de résistance et d'action que j'ignore parce qu'elles n'ont pas eu l'occasion de se produire? Même parmi les facultés que je me connais, les unes sont dominantes, d'autres effacées; c'est la condition de toute originalité. En voilà assez pour prouver que l'observation des individus ne vaut rien et ne sert à rien, et que c'est à l'observation historique qu'il faut recourir; car tous les caractères ont dans l'histoire leurs représentants et leurs héros. Les phases mêmes de la vie s'y reproduisent. Les sociétés naissent, croissent, se développent et meurent comme les individus. Elles ont comme nous, leur jeunesse, leur âge mûr et leur décrépitude.

Non-seulement tout est dans l'histoire, mais tout y est à sa place. Quelle que soit la loi du monde moral, il a certes sa loi comme le monde physique. Est-il possible qu'elle ne s'écrive pas en quelque sorte dans le développement de l'humanité? Une loi, qui ne passe pas dans les faits, cesse d'être une loi. Chaque individu peut transgresser la loi; mais c'est en vain que la loi existe, si l'espèce entière lui échappe. A ce compte, la Providence se trouverait frustrée par la malice des hommes. Il suffit, pour la liberté, que la loi qui gouverne le monde moral laisse des échappatoires aux volontés particulières; mais il faut qu'elle se retrouve dans l'ensemble, et c'est pour cela que le calcul des probabilités, qui ne peut être appliqué à aucun de nous, retrouve ses applications quand on procède par vues d'ensemble et par grandes époques.

Ainsi chaque homme fait des fautes de jugement et de conduite : il en porte la peine, sans qu'on puisse accuser la justice de Dieu, et tout passe sur le compte du libre arbitre ; mais il n'en est pas de même de l'humanité. Dieu la guide, la soutient, la relève, l'empêche de périr. Une idée fausse vient à la surface, agite un instant le monde et disparaît dans l'oubli ; mais la grande idée, l'idée vraie, qu'elle fasse aisément ou avec peine son chemin, finit par surnager ; et une fois qu'elle est à la lumière du ciel, elle demeure, elle s'accroît, elle projette de tous côtés ses rayons ; elle entre, pour n'en plus sortir, dans le bien-fonds de l'humanité, et dans son histoire. Il en est de même des actions. Le crime fait du bruit, et prospère un instant ; mais c'est pour la sagesse que Dieu combat, et, en définitive, c'est toujours elle qui fonde et qui persiste. Voilà les arguments du système historique.

Nous le repoussons par une seule raison, mais capitale ; c'est qu'il est fondé sur un malentendu. Le mot de loi, sur lequel toute science repose, a un double sens qui égare bien des esprits. Tantôt il ne signifie que l'expression des faits généraux, tantôt il désigne un principe indépendant des faits, et dont les faits dépendent. Cette distinction est si nécessaire que nous ne craindrons pas d'y insister, avant de nous en servir pour démontrer l'erreur du système historique.

Demandons-nous d'abord si les faits vont au hasard, ou s'ils se produisent d'après un plan régulier. Évidemment d'après un plan régulier ; car cela ressort de toute observation et de toute spéculation. Il n'y a pas de hasard ; et pour le prouver, s'il était nécessaire de le prouver, il suffirait de ce seul fait, qu'il existe quelque science. La science et le hasard s'excluent nécessairement, puisque le hasard une fois admis, il n'y a plus lieu d'affirmer l'avenir.

Si tout se produit d'après un plan régulier, ce plan

a quelque raison d'être. Que cette raison soit la volonté de Dieu, comme nous le croyons, ou la nature des choses, peu importe pour l'objet que nous poursuivons en ce moment. Toujours est-il que ce plan existe pour une certaine raison, qu'il est une certaine chose réelle et déterminée, et que cette certaine chose est maîtresse de tous les êtres et de tous les phénomènes qui se produisent dans le champ où elle domine. Il serait absurde de dire qu'elle résulte de ces phénomènes, puisque ce serait reprendre en fait le hasard après l'avoir exclu en droit.

On peut dire en un sens que cette réalité indépendante des phénomènes appartient également à toutes les lois. Par exemple, elle appartient au principe de causalité et à la loi qui règle la chute des corps : au principe de causalité, car, quand même il n'y aurait jamais eu de phénomènes, il n'en serait pas moins certain qu'aucun phénomène ne pourrait se produire sans une cause; à la loi de la chute des corps, car, s'il n'y avait pas de corps, il n'en serait pas moins vrai que, la notion de corps étant donnée, la loi de la gravitation devrait s'appliquer à tout corps né ou à naître.

Mais à côté de cette analogie des deux lois entre elles, il y a des différences profondes. Notons rapidement les principales. De ces deux lois, l'une est absolue, c'est-à-dire qu'elle s'applique sans exception à tous les phénomènes; et l'autre ne l'est point, car on peut parfaitement admettre l'existence de corps impondérables. Notre raison périrait, si l'on pouvait une fois lui prouver que le principe de causalité est faux; si la loi de la gravitation venait à être réfutée, cela ne mettrait en péril que l'autorité des sciences physiques. Enfin, nous affirmons que Dieu même ne pourrait faire que le principe de causalité ne fût pas; au contraire, la loi de la pesanteur dépend évidemment de sa volonté, et rien n'établit qu'il lui eût été impossible de créer le monde sur un autre plan.

La différence n'est pas moins grande entre l'origine psychologique du principe de causalité, et celle de la loi de gravitation. Le principe de causalité s'impose à nous par la force de la raison, dès que nous sommes mis en présence d'un être contingent; au contraire, c'est à la longue, et par des expériences réitérées que nous découvrons la loi de gravitation. Il serait absurde de mettre la conception de cette dernière loi au nombre des idées innées, et absurde de demander à l'expérience le principe de causalité.

La loi de gravitation a donc moins de force, moins de vertu propre que le principe de causalité; elle est moins une loi pour ainsi dire. Cependant, telle qu'elle est, elle est la maîtresse des phénomènes, et elle n'en dépend pas. Elle résulte du plan de l'univers, et, dans les phénomènes qui sont de sa sphère, l'univers résulte d'elle.

Quand la loi morale serait du même ordre que la loi de la gravitation, elle existerait encore indépendamment des faits; mais elle est de l'ordre du principe de causalité, de sorte que les faits pourraient périr sans qu'elle reçût la moindre atteinte. Elle nous est connue par la raison et non par l'expérience; et l'expérience n'est pas plus propre à nous l'expliquer qu'à nous la donner.

Il faut bien demander la loi de la gravitation à l'expérience, puisque la raison ne nous la donne pas; et, de même, il faudrait bien demander à l'expérience la loi morale, si nous ne la trouvions pas dans notre raison. Mais alors nous serions exposés à tous les dangers inhérents à la nature de l'expérience, et à quelques autres qui tiendraient au caractère propre de la loi morale.

Le premier de ces inconvénients, c'est que la loi morale perdrait son caractère de loi nécessaire, pour n'être plus qu'une loi de la nature. L'observation donne ce qui est, la raison seule donne ce qui doit être. La loi de la raison commande, la loi de l'expérience raconte. Tout ce qui commence d'exister a une cause, parce qu'il faut que cela soit; tous les corps gravitent vers la terre, parce que cela est.

Si l'on dit qu'on cherche dans l'histoire non la loi elle-même, mais le sens de la loi, c'est assurément une étrange prétention que de donner le fait pour commentaire au droit et d'expliquer le nécessaire par le contingent. Ne voit-on pas que c'est au commentaire et non à la loi que j'obéirai? et que ce commentaire, dû à l'expérience, ne saurait avoir ce caractère de souveraineté qui n'appartient qu'aux idées de la raison, et sans lequel il n'y a pas de règle?

Un autre vice de l'expérience appliquée à la recherche de la vérité morale, c'est qu'elle est essentiellement faillible. L'observation n'est pas toujours exacte, surtout quand il s'agit de faits aussi variés et aussi compliqués que les faits humains. Mais, si l'on se trompe dans l'observation et dans la constatation des faits, on se trompe bien plus encore dans la manière de les rapprocher, de les grouper, de les généraliser. S'il y a des généralisations tellement faciles, que le peuple les fait tout seul et que la langue les consacre, la plupart des généralisations scientifiques, qui aspirent à être quelque chose de plus qu'une classification ou une méthode, ne sont que des théories plus ou moins ingénieuses, plus ou moins simples, et que le monde savant connaît sous le nom significatif d'hypothèses.

Serons-nous réduits à des hypothèses pour la science de la morale? Ces hypothèses, fondées sur l'observation d'agents libres, seront bien éloignées d'avoir la valeur des hypothèses ordinaires. On a beau distinguer l'observation de l'individu et celle des grandes masses; après tout, la liberté est un élément réel qui doit se retrouver même dans les résultats les plus généraux; et, dès lors, l'expérience ne donne plus que des à-peu-près.

L'observation d'ailleurs présente ici une difficulté toute spéciale. Que cherche-t-on? La règle de la justice. Où la cherche-t-on? Dans l'histoire. Que donne l'histoire? Tous les faits humains : non pas seulement ceux qui sont justes ou ceux qui sont injustes, mais les justes et les injustes mêlés ensemble. Comment les distinguer? comment les rapprocher? On ne le peut si on ne possède d'abord un moyen de les distinguer, c'est-à-dire si on ne possède précisément ce qu'on cherche. Cette objection est insoluble, et il faut connaître d'abord la morale pour être capable de la retrouver dans l'histoire.

Il n'y a que deux moyens, deux tristes moyens d'échapper à cette argumentation : c'est de proclamer justes tous les faits qui ont pour eux l'approbation de la majorité, ou tous ceux qui ont pour eux la justification du succès.

Prenons d'abord la première doctrine. Est-il vrai que la majorité puisse faire loi en morale? Mais, avant tout, demandons si la majorité fait loi en physique, en mathématiques, en astronomie. Recueillons les voix pour savoir si le soleil est plus grand ou plus petit que la terre. Mettons en délibération l'égalité des trois angles d'un triangle à deux droits. Ces contre-sens seraient des modèles de bon sens et de justesse, en comparaison de l'absurde folie de soumettre sa conscience au scrutin et d'aller aux voix sur des questions d'honneur, de probité, de délicatesse, de justice. Ma conscience me dit aujourd'hui qu'il n'est pas permis d'abandonner son enfant au coin d'une borne : que pensera ma conscience demain, si, les voix étant recueillies sur cette question, la majorité décide que l'enfant peut être abandonné? Elle pensera ce qu'elle pense aujourd'hui, quand même j'aurais l'unanimité contre moi. Vraiment, ce que l'on oppose ici à la loi c'est l'opinion, c'est-à-dire ce qu'il y a au monde de plus variable et de plus vain. A prendre ce criterium pour juge souverain de la morale, qu'on nous dise combien de fois la vérité morale changera en un seul jour!

Un peuple qui en vient à transformer l'opinion en loi morale, est sceptique en morale. Il ne croit plus à rien, quand il affecte de ne plus croire qu'aux majorités. Il ne se met sous cette tutelle que par l'impossibilité d'avoir un principe. C'est la plus lâche de toutes les abdications, car c'est l'abdication de la raison dans les bras de la force.

On n'en finirait pas d'accumuler les absurdités. Qui prendra les voix? Qui sera sûr des majorités? Qui sera exclu du droit de suffrage? Qui sera admis? Quelle majorité suivra-t-on? Celle de son salon ou de sa coterie, ou celle de sa province? car on n'a pas sans doute la prétention de consulter le genre humain. Singulière folie qui commence par détruire l'autorité de chaque intelligence, et qui, de toutes ces intelligences infirmes réunies, veut encore faire quelque chose de sain et de valide; qui condamne le médecin de Charenton à suivre les ordonnances de ses malades; et qui croit répondre à tout, aux faits, aux preuves, à l'évidence, par ce mot brutal et stupide : le nombre !

L'application du suffrage universel à la politique a donné des forces à ce pitoyable sophisme, qui consiste à écraser la raison sous une prétendue raison générale. Si personne n'a le droit naturel de gouverner, le peuple est très-compétent pour choisir qui le gouverne. Le peuple hérite de toute la souveraineté que la conscience n'a pas gardée pour elle. Il est très-compétent sur ce qui lui plaît, mais les lois éternelles échappent à sa compétence. Des associés peuvent très-bien discuter entre eux sur l'emploi de leurs fonds; s'ils vont aux voix sur ce sujet, tout le monde est tenu par la résolution de la majorité. Mais, si la majorité décide de commettre un vol, il serait plaisant de soutenir que les associés sont tenus de se conformer à cette décision ! Que la majorité crée la justice, j'y consens, à condition que cela signifie qu'il n'y a pas de justice.

Si on ne résout pas le système historique dans une question de majorité, on est réduit à en faire une question de succès. Il n'y gagne rien.

Au fond, ces deux formes du système historique ont la même valeur et le même principe. Dans les deux cas, on fait appel à la force pour définir le droit.

Il est vrai que les partisans de la théorie du succès s'efforcent d'échapper à cette condamnation en disant qu'ici, la force dont il s'agit est la force même de Dieu, et que c'est Dieu qui fait le succès. Mais ils n'évitent un inconvénient que pour tomber dans un autre; car le fatalisme est tout entier dans leur réponse.

Quand ils disent que Dieu ne peut pas permettre le triomphe de l'injustice, ils font un mensonge ou une équivoque : un mensonge, s'ils entendent que l'injustice ne triomphe jamais ici-bas; une équivoque, si, partant de ce fait incontestable, que la justice finit toujours par triompher, ils essayent de faire croire que ce triomphe a lieu dès cette vie, et que la justice se déclare par l'événement.

Non-seulement ils changent le caractère de la Providence et détruisent celui de la liberté, mais ils suppriment la preuve, et jusqu'à l'espérance de l'immortalité de l'âme.

Un assassin pénètre chez mon ami, et, après l'avoir tué, il m'accuse, moi, du crime qu'il a commis. La justice humaine s'empare de moi et me condamne. Le monde n'a pour lui que des éloges; il hérite de sa victime. Il meurt en paix, comblé de biens et d'honneurs. Si la théorie est vraie, il est innocent et je suis coupable.

Personne n'oserait soutenir ces horreurs; mais pourquoi? Pourquoi est-on sans courage devant l'application, quand on ose bien proclamer le principe?

On n'échappe pas à ces conclusions en disant que la théorie du succès n'est vraie que des faits historiques; car il est absurde d'estimer la moralité des hommes par la taille; et si, pour laisser quelque jeu à la liberté, on demande que la théorie ne soit vraie que pour les masses, et non pour les détails, qu'est-ce donc que cette justice composée d'une multitude d'injustices? et qu'est-ce que cette règle flottante, dont la vérité ou la fausseté dépend d'une année de plus ou de moins?

Il faudrait voir maintenant si la théorie est vraie dans son principe, ou si Dieu, ayant à lui la vie à venir, ne peut pas permettre ici-bas le triomphe de l'iniquité;

Si elle est applicable comme règle de la vie, ou si ce n'est pas en quelque sorte jouer la morale au hasard, que de la livrer à tous les caprices des hypothèses historiques;

Si enfin elle est justifiée par les faits, et si quelque homme, ayant une teinture de l'histoire et le sens moral, peut prendre sur lui d'affirmer qu'aucune grande injustice n'a été consommée sous le ciel; qu'il n'y a pas eu de vertus opprimées, de dévouements méconnus, de crimes heureux, d'usurpations triomphantes; et que, quand la persécution a rempli le monde de ses horreurs, la justice a toujours été du côté des bourreaux, jamais du côté des victimes.

Système psychologique. — Voici enfin une théorie qui approche de la vérité si elle ne l'atteint, et dont on ne peut méconnaître l'utilité, malgré les dangers que nous signalerons. C'est le système psychologique. Prenons-le sous ses deux formes les plus parfaites : celle que lui avait donnée le stoïcisme, et celle qu'il a reçue récemment d'un des esprits les plus méthodiques et les plus lucides qu'ait produits la philosophie française.

On connaît la maxime des stoïciens : *Sequere naturam*, « obéis à la nature. » Pour la comprendre, il ne faut pas la séparer des prémisses dont elle n'est que la conclusion. Des deux buts auxquels l'homme peut et doit tendre, la vertu et le bonheur, les stoïciens ne voulaient reconnaître que la vertu : ou, s'ils admettaient aussi le bonheur, ils le faisaient consister exclusivement à être vertueux. Le plaisir n'était rien pour eux; ils ne le niaient pas comme la douleur : ils le méprisaient. Cette vertu, le suprême bien, consistait dans la possession de soi-même. Être libre, c'est-à-dire ne dépendre ni du monde, ni des hommes, ni de ses propres passions, ni de la volonté même de Dieu, tel était aux yeux des stoïciens l'idéal de la vertu et du bonheur. Pour conduire l'homme à cet idéal, ils lui donnaient cette règle : Suis ta nature.

Suis ta nature, cela ne veut pas dire : Obéis à tous tes penchants, écoute tous tes désirs, abandonne-toi au courant de la passion. Cela veut dire au contraire : Homme, tu as avant tout une volonté libre : conserve et développe ta liberté, en ne souffrant pas que le plaisir et la douleur deviennent puissants sur ton âme. Suis ta nature, cela veut dire, pour les stoïciens : Résiste à tout ce qui n'est pas ta raison et ta volonté.

On peut reprocher à cette morale de n'être que la morale de l'orgueil. Le stoïcien ne voit ni Dieu, ni le monde, ni les hommes : il ne voit que lui. Il traite la prière de superstition, et tous les amours de faiblesse. Attentif à se préserver de toute souillure, il est content pourvu que sa volonté reste souveraine. Sa vertu est solitaire et inutile; il a beau se décerner à lui-même le titre de sage : il lui manque, pour le mériter, un Dieu et un cœur.

Il prend pour règle ces mots : Suis la nature. C'est faire dépendre toute la morale d'une erreur de psychologie. Précisément, la psychologie des stoïciens est pleine d'erreurs : ils se trompent sur la sensibilité, sur la raison, sur la volonté. Leur morale n'est pas une morale humaine, car ils l'appuient uniquement sur l'humanité, et ils ne connaissent pas l'humanité.

Ce précepte de suivre la nature, n'est dans leur bouche qu'un précepte d'impassibilité. Les épicuriens pouvaient prendre la même maxime, et, chez eux, elle aurait servi de principe à la morale du plaisir.

Quand un philosophe contemporain résolut à son tour de chercher le secret de la destinée morale de l'homme dans une analyse approfondie de notre nature, il tenta cette entreprise avec toutes les ressources d'un observateur profond, pour lequel la pensée et le cœur de l'homme gardaient peu de secrets. Sa doctrine n'en renferme pas moins un cercle vicieux, que peu de mots mettront en évidence.

M. Jouffroy, comme tous les philosophes rationalistes, croit à la nécessité et à l'existence d'une règle suprême et infaillible de la morale. Personne mieux que lui n'a démontré la faiblesse de la morale de la sympathie et de la morale de l'intérêt. L'amour de soi, l'amour d'autrui ne sont que des faits; on ne saurait les prendre pour règle. La règle nous est donnée précisément pour que nous gouvernions nos amours, et pour que nous puissions même au besoin en triompher. C'est dans la raison, c'est-à-dire dans cette faculté supérieure qui relie l'homme aux vérités éternelles, que la règle nous apparaît, bien au-dessus de la région des phénomènes et de tout ce qui tombe sous l'expérience.

Une fois arrivé à ce point, M. Jouffroy se demande quel est le sens de la règle. Il a trouvé le livre de la loi; il veut le lire et le comprendre. Il ne songe pas à interroger l'auteur de la loi, parce qu'il sait dans quelles étroites limites est renfermée la connaissance que nous avons de la nature de Dieu. Mais, puisque Dieu est parfait, et qu'il a fait toutes ses créatures pour une fin, comment l'agent ne serait-il pas exactement approprié à la fin? Comment serait-il dépourvu des tendances, des aptitudes, des forces qui lui sont nécessaires pour que cette fin soit atteinte? Et comment aurait-il reçu des dons qu'il lui serait interdit, ou qu'il lui serait impossible d'utiliser? C'est donc dans l'homme qu'il faut étudier la destinée de l'homme. Sa nature lui dira son avenir. Il doit être ce qu'il est capable d'être.

Sur ce fondement, M. Jouffroy reprend toute sa psychologie; et, cette fois, il donne une sorte de consécration morale à tous les penchants qu'il découvre en nous, et conclut hardiment de nos aptitudes à nos destinées. N'est-ce pas revenir, par un détour, à faire dépendre la morale de l'expérience?

Sans doute M. Jouffroy comprend bien qu'il n'y a rien dans les phénomènes du moi, qui domine et oblige la volonté. Mais la force qu'il ne leur donne pas directement, il la leur rend tout aussitôt, en déclarant que la loi morale est de les accepter et de leur obéir. Sa doctrine a beau être pure dans toutes ses parties; il y a là un vice originel qui la condamne.

Il fait, en définitive, dépendre la loi de l'expérience, et la connaissance de la loi d'une expérience plus ou moins bien faite. En outre, il part d'un principe qui est certainement discutable. On lui accorde que la Providence nous a donné tout ce qui nous est nécessaire pour atteindre la fin à laquelle elle nous destine, et que, si cette fin nous était connue, on pourrait sans difficulté en conclure nos aptitudes; mais, pour aller au contraire de nos aptitudes à notre fin, il faut introduire un principe nouveau : c'est à savoir, qu'il n'y a en nous que les aptitudes nécessaires à notre fin; et ceci peut et doit être discuté. Nous poserons la question en des termes qui rendront toute hésitation impossible : y a-t-il des choses que je puis faire, et que je ne dois pas faire? Il est évident qu'il y en a; par conséquent, je ne dois pas conclure de ma puissance à ma destinée. Je ne dois pas davantage m'appuyer sur mes goûts, sur mes penchants; et je le prouve d'un mot : y a-t-il en moi des amours que je dois combattre?

Ceci touche à toute la question des causes finales. La philosophie des causes finales est vraie à beaucoup d'égards, et les spéculations auxquelles elle se livre augmentent, en général, notre respect et notre admiration pour la Providence. Cependant, il convient de la maintenir dans ses bornes, et d'admirer l'exacte proportion que Dieu a mise entre les fins et les moyens, sans prétendre témérairement découvrir une partie de son plan en connaissant l'autre. Il est bien certain que, si nous pouvions être dans les secrets de la Providence, nous découvririons qu'elle n'a rien disposé en vain; mais il ne l'est pas moins que nous ignorons le but d'un grand nombre de ses dispositions, et que, par conséquent, nous sommes réduits à conjecturer. Par exemple, s'il fallait discuter contre un de ces pythagoriciens qui défendent de manger de la viande, je ne croirais pas avoir cause gagnée quand j'aurais montré que la nature nous a donné des dents de carnivore. C'est une probabilité, ce n'est pas une preuve. Faisons grand cas de ces probabilités, pourvu qu'on n'en méconnaisse pas le caractère.

La prétention de juger infailliblement les destinées par les aptitudes nous mènerait loin. Les plus grands optimistes et les plus grands partisans de la théorie des causes finales n'ont pas d'autre argument que l'ignorance humaine pour répondre aux objections contre la bonté de Dieu tirées du mal physique. La réponse est parfaite; mais ne s'aperçoivent-ils pas qu'elle fournit des armes contre le reste de leur théorie? Il y a tel poison auquel je ne connais, quant à moi, d'autre usage que celui d'empoisonner; j'admets qu'il ait des propriétés médicinales inconnues : cela explique que Dieu l'ait créé; mais, en même temps, cela prouve combien il serait excessif et téméraire de conclure qu'en le créant, Dieu n'a songé qu'à pourvoir l'officine des empoisonneurs.

Une école s'est produite au commencement de ce siècle, qui absout et légitime toutes les passions humaines. Le principe pratique de cette école est que toutes nos passions doivent produire de bons résultats dans une société bien organisée, et que ce que nous appelons aujourd'hui une mauvaise passion n'est autre chose qu'une passion comprimée ou développée mal à propos. Notre société ressemble à un instrument de musique dont les registres ne sont pas complets, ou à un musicien qui frappe une note au lieu d'une autre. Cette note, qui choque nos oreilles, leur plairait si elle était à sa place; et cet instrument à demi barbare deviendrait harmonieux si on le complétait. Dieu nous a disposés pour une harmonie parfaite, et il n'a rien fait qui ne soit excellent et ne doive concourir à la perfection de l'ensemble. Tout le mal vient de nos lois, de nos mœurs, de nos habitudes. Au lieu d'aider la nature et d'utiliser tout ce qu'elle contient, nous la mutilons, nous la blessons, nous la transformons. Nous employons toute notre énergie à nous rendre à la fois coupables et malheureux, faute de savoir comprendre ce que nous pouvons et ce que nous valons. Il n'y a pas en nous un vice qui, bien compris et bien employé, n'ait l'étoffe d'une vertu.

Avouons qu'il serait souverainement injuste d'établir une parenté quelconque entre une telle doctrine et la morale de Jouffroy. Mais, si l'on pousse à la rigueur la psychologie de l'auteur du *Droit naturel*, on verra qu'elle ne tend à rien moins qu'à amnistier tous nos penchants bons ou mauvais, et, qu'après avoir proclamé le principe du Devoir, elle aboutit à une sorte d'empirisme.

M. Jouffroy, si on lui avait présenté cette conséquence, n'aurait pas manqué de se récrier. Il aurait reproché au fouriérisme ses innombrables erreurs psychologiques, qui cependant ne perdent que l'application et laissent le principe intact. Surtout, il aurait demandé qu'on fît une distinction entre l'usage et l'abus de la liberté, entre les penchants naturels et ceux que nous donnent l'éducation, l'habitude, les circonstances.

Mais c'est cela même qui le perd. Quelle est, au vrai, la part de la nature, et celle de l'éducation dans nos penchants? Comment distinguer assez sûrement ce qui nous vient de la nature et ce qui nous vient de nous-mêmes? A quel signe reconnaître les meilleurs penchants et les pires? Avec une règle morale puisée ailleurs, on peut espérer de venir à bout de ces difficultés ; mais, si l'expérience seule doit nous éclairer sur la valeur morale des phénomènes qui se passent en nous, tout est perdu sans ressource ; et il faut renoncer à faire le discernement du juste et de l'injuste, si l'on n'apporte dans l'observation la connaissance antérieure de la loi morale. En un seul mot, l'expérience est si éloignée de nous apprendre la loi, qu'il n'y a pas, en morale, d'expérience possible pour qui ne connaît pas à l'avance la nature et les caractères du Devoir.

En dehors des systèmes que nous venons de parcourir, aucune hypothèse n'est possible. Il faut donc renoncer à trouver la formule du Devoir ailleurs que dans la raison elle-même. On pourrait le démontrer *à priori*. Il est absurde de vouloir expliquer par une faculté secondaire les principes de notre faculté maîtresse, et de demander aux faits la mesure et la théorie du droit. Si donc nous cherchons le développement et la formule de la justice, il faut les chercher dans la justice elle-même, et dans les caractères qui lui sont inhérents. Or, nous avons vu que la conception de la justice implique cette conviction que ce qui est juste doit nécessairement être fait. De là ce premier principe : il faut obéir aux lois de la conscience, quelque préjudiciables qu'elles soient à nos intérêts ou à ceux des personnes qui nous sont chères ; c'est le principe même de l'inaliénable et inattaquable souveraineté du droit. Examinons bien en nous-mêmes ce que nous dicte notre conscience ; admet-elle que sa loi puisse être transgressée sans crime ? Posons-nous cette question avec calme, avec bonne foi et sincérité. Répétons-la, s'il le faut. Insistons jusqu'à satiété. Est-il permis d'être injuste pour préserver quelque grand intérêt ? De préférer quelque grand intérêt personnel, ou quelque grand intérêt de nos proches aux prescriptions de la justice ? Peut-on abandonner la justice pour obéir à ses amours, sans ressentir cette cruelle morsure, qui est le premier avertissement et le premier supplice ? Non, cela ne se peut. Il n'y a point d'accommodement avec la conscience. Il faut lui obéir, et être juste, ou lui désobéir, et être criminel. Les faux-fuyants, les moyens termes ne sont que de l'hypocrisie, du vice sans franchise et sans courage. Il n'est pas même permis d'hésiter quand la conscience a parlé. Sa souveraineté est aussi jalouse qu'absolue. Souffrir n'est rien : il n'y a qu'un mal pour l'homme; c'est de faillir. Voilà le premier verdict de la conscience : en présence de la loi morale, il n'y a pas de refuge. On ne doit compter ni la douleur, ni la mort, ni même la honte. O Dieu! le point d'honneur mène tant d'hommes sur le terrain, et leur fait affronter si courageusement et la mort et le désespoir de leurs proches; faut-il qu'on hésite à donner sa vie pour son devoir, quand on la prodigue si follement pour sa vanité?

« Phalaris licet imperet ut sis
Falsus, et admoto dictet perjuria tauro,
Summum crede nefas animam præferre pudori,
Et propter vitam vivendi perdere causas [1]. »

Que cette maxime entre dans nos os, qu'elle nous pénètre, qu'elle ne fasse qu'un avec nous-mêmes : le devoir est au-dessus de tout, de tous nos intérêts, de tous nos amours. Il n'y a pas deux devoirs, ni deux morales, ni deux façons d'interpréter le devoir. Ceux qui font appel aux circonstances, ou à leurs besoins, ou aux besoins de leurs proches, ou aux besoins d'un grand peuple, pour transgresser le devoir, ne connaissent pas le devoir. Ce sont de petites âmes, qui ne se retrouvent plus elles-mêmes quand leur horizon s'éloigne, ou des âmes dépravées, qui ne connaissent pas la sainteté du devoir, et ne lui obéissent, dans les circonstances ordinaires, que par orgueil ou par habitude. Il ne se peut pas que le crime cesse d'être un crime, ni que la Providence ait besoin, pour sauver l'humanité, de violer les lois éternelles de la justice. C'est un crime, c'est une impiété, c'est un sacrilége, que de distinguer

---

[1]. Juvénal, *satire* VIII, vers 81.

une grande et une petite morale. Quiconque fait cette distinction est une âme vile. Il faut la plaindre, parce qu'elle a perdu le divin. Il ne lui reste rien de son origine; sa communion est avec la brute.

Un second caractère, déjà constaté, du principe de la justice, c'est qu'elle est la même pour tous les hommes, pour moi, pour vous, pour nos pères, pour les générations futures. Il ne se peut pas que j'aie un droit différent de celui des autres. On dit : « Mon droit, votre droit; » c'est mal parler. C'est *le droit* qu'il faudrait dire. « Vous violez mon droit ! » Erreur! « Vous violez le droit en moi. » Voilà le vrai. Pour connaître votre droit, je n'ai qu'à chercher quel est le mien. Si je comprends que j'ai le droit de vivre, vous avez donc le droit de vivre; si j'ai le droit de penser, le droit d'être libre, vous avez le droit de penser et d'être libre. Le droit qui existe pour moi, et n'existe pas pour vous, perd ce titre de droit, ce titre cher et sacré, le nom le plus divin après celui de Dieu même. Ce n'est plus qu'un privilége, c'est-à-dire la négation, la dérision du droit. De là cette formule : « Tout droit engendre un devoir. » Je n'ai aucun droit que n'aient tous les autres. Tous les autres doivent respecter mon droit en moi; et je dois, dans tous les autres, respecter le même droit. Ainsi, premier point : le devoir est souverain; second point, le devoir est égal. Nous sommes tous égaux sous le joug glorieux du devoir.

Il faut bien comprendre que l'égalité du devoir est la marque à laquelle on le reconnaît souverain. Il n'y a rien d'absolu dans mes goûts, dans mes sympathies. Je préfère ce plaisir : et vous, quel est le plaisir que vous préférez? J'aime cet homme; et vous, quel est votre ami? Mais j'ai ce devoir à remplir, et je ne puis admettre que, dans la même circonstance, un autre homme puisse se dispenser de remplir le même devoir. Je ne suis donc pour rien dans cette affaire. Ma condition, mes désirs, mes habitudes, mes intérêts, mes relations ne changent rien au devoir. J'aurai beau transformer mon esprit et mon cœur, je serai toujours tenu au même sacrifice. Voilà le caractère du devoir, et la preuve qu'il ne dépend pas de nous, et que nous dépendons de lui.

Cette égalité se formule ordinairement ainsi : « Ne fais pas à autrui ce que tu ne voudrais pas qu'on te fît à toi-même[1], » formule admirable, également vraie, claire et pratique. Nous sommes mieux renseignés sur nos droits que sur ceux d'autrui, car l'égoïsme nous éclaire sur nos droits, et nous trompe sur les droits des autres. Puisque le droit est unique, étudions-le surtout en nous. Prenons cette précaution contre la faiblesse humaine.

Mais le devoir de ne pas nuire est un devoir purement négatif. Nous n'avons pas seulement droit à la neutralité de nos frères; nous avons droit à leurs secours. La loi humaine dit : « Tu ne tueras pas! » et la conscience ajoute : « Tu ne laisseras pas mourir. » De là cette formule « Fais à autrui ce que tu voudrais qui te fût fait à toi-même[2]. »

Dans ces deux simples phrases que l'on enseigne aux petits enfants, toute la pratique de la morale est contenue. Kant leur a substitué cette formule qui les résume, mais incomplétement : « Agis de telle sorte, que la maxime de ta volonté puisse toujours être considérée comme un principe de législation universelle[3].

---

1. Tobie, IV, 15.
2. Évangile selon S. Matthieu, VII, 12.
3. Kant, *Critique de la raison pratique*, livre I, chap. I, p. 74 de la fidèle et lumineuse traduction de M. Jules Barni.

Cette formule a cela d'excellent, qu'elle exprime clairement l'universalité nécessaire des règles de la morale; mais elle ne distingue pas, comme les deux formules consacrées, le devoir de ne pas nuire et le devoir de servir; et de plus elle ne fait pas, comme elles, servir notre intérêt lui-même à nous éclairer sur notre devoir.

Cette distinction entre le devoir de ne pas nuire et le devoir de servir, a été de tout temps reconnue en morale. Elle était enseignée par l'Académie. Elle ressort évidemment de la nature même du devoir. Si nous écoutons le maître intérieur, il nous reproche également l'égoïsme qui nous porte à faire du mal, et celui qui nous empêche de faire le bien. Si nous pensons à Dieu, nous comprenons qu'il exige de nous, puisqu'il nous a faits libres, un concours actif et efficace. Si nous regardons l'ordre du monde et l'ensemble de notre destinée, nous sentons que nous n'avons pas été mis ici-bas pour être à la terre un inutile fardeau; que s'enfermer contre les autres êtres dans une sorte de neutralité armée, c'est sortir du concert de l'univers, et condamner au néant des facultés qui nous ont été données pour aimer, pour penser, pour agir. S'il est vrai que Dieu ne fasse rien en vain, et qu'il n'y ait pas de place dans le monde pour l'inutile, c'est violer la loi de Dieu et les droits de ses créatures, que de fermer notre cœur aux autres hommes. Tant de trésors d'amour, d'intelligence et de force, ne nous ont été remis qu'à condition d'en faire jouir l'humanité. Nous n'en sommes que les dépositaires; et, quand nous les rendons inutiles, ou quand nous les appliquons à notre seul profit, nous frustrons l'humanité de ses droits, et Dieu de sa gloire.

La Providence n'avait-elle pas un but en envoyant à la terre un Christophe Colomb, un Galilée, un Descartes, un Newton ? S'ils étaient morts sans avoir employé leur génie, la Providence les aurait-elle absous ? Auraient-ils pu lui dire, en paraissant devant elle : Je suis innocent, car je n'ai nui à personne ?

Petits et faibles que nous sommes, nous avons pourtant reçu nos dons. Nous pouvons faire un peu de bien dans notre humble sphère. Si nous le pouvons, nous y sommes tenus. Nous n'avons pas plus le droit de nous rendre inutiles que celui de nous détruire.

Pour désigner ces deux ordres de devoirs, devoir de ne pas nuire, devoir de servir, on les appelle quelquefois devoir négatif et devoir positif, ou devoir parfait et devoir imparfait, ou encore, devoir de justice et devoir de charité ou de bienveillance.

La qualification de devoir parfait et de devoir imparfait pourrait induire en erreur : voici sur quoi elle est fondée. Les devoirs parfaits comportent une désignation précise ; ils peuvent être nettement déterminés. « Tu ne déroberas point. » Cela s'entend même d'une obole. « Tu donneras. » La loi ne peut pas dire dans quelle mesure. Elle n'ordonne pas de se dépouiller, ni de donner pour des besoins qui ne seraient pas extrêmes. La limite est donc laissée dans le vague ; et c'est pourquoi le devoir se dit imparfait.

Il n'est pas plus exact de nommer le devoir de ne pas nuire, devoir de justice, et le devoir de servir, devoir de charité[1]. D'abord, ce sont deux devoirs de justice.

---

1. « Justitia, in qua virtutis splendor est maximus, ex qua boni viri nominantur ; et huic conjuncta beneficentia, quam eamdem vel benignitatem, vel liberalitatem appellari decet. » Cicéron, *Des Devoirs*, livre I, chap. VII.

Celui qui, pouvant guérir un malade, le laisse souffrir, viole la loi du devoir; il manque à la justice. Ensuite, ce terme de charité ou de bienfaisance ou de libéralité, indique un don gratuit, et par conséquent ne peut pas s'appliquer à un devoir. Nous avons bien de la peine à ne pas nous admirer toutes les fois que nous faisons du bien. Nous voulons passer pour généreux, lors même que nous ne sommes qu'honnêtes.

Deux circonstances concourent encore à nous tromper. L'une, c'est que la loi civile ne peut réglementer que les devoirs parfaits; l'autre, c'est que les devoirs imparfaits échappant à toute formule précise, il est difficile de savoir précisément où finit l'accomplissement du devoir, où commence la libéralité.

Mais que tout cela ne nous trompe pas sur l'obligation, stricte, absolue, universelle, que la morale nous impose, de servir les hommes, de nos biens, de notre temps, de nos lumières; de leur être, en toute occasion, non un ennemi ni même un indifférent, mais un frère. Il y a un mot dans l'Évangile, qui revient sans cesse, et qu'on devrait écrire à toutes les pages d'un livre de morale : « Aimez-vous les uns les autres; car c'est la loi et les prophètes. »

QUATRIÈME PARTIE

L'ACTION

QUATRIÈME PARTIE.

L'ACTION.

CHAPITRE PREMIER.

DE LA DIVISION DES DEVOIRS, ET DE L'OBJET PROPRE DES JUGEMENTS DE LA CONSCIENCE.

> « Nec fluminibus gratias agimus, quamvis aut magna navigia patiantur, et ad subvehendas copias largo ac perenni alveo currant, ac piscosa et amœna pinguibus arvis interfluant. » — Sénèque, *Des Bienfaits*, VI, 7.

Dans l'application des principes que nous venons d'établir, nous nous bornerons à des règles très-générales.

Certains moralistes, après avoir exposé les grands principes de la morale, descendent aux plus minutieuses applications, et se chargeant, pour ainsi dire, de rendre la conscience inutile, nous tracent une règle de conduite pour toutes les circonstances de la vie. Il ne s'agit plus alors que de prendre une bonne fois la résolution d'obéir à leurs préceptes, et, leur livre à la main, d'y chercher la solution de tous les problèmes.

Cette application précise et détaillée de la doctrine morale forme une science à part, qui s'appelle *la casuistique*. Elle florissait dans le même temps que cette logique si fameuse au moyen âge, qui était plutôt l'art d'argumenter que l'art de raisonner, et qui, réduisant la pratique du raisonnement à l'observation de certaines règles communes, rendait, pour ainsi dire, l'intelligence inutile, et la remplaçait par un mécanisme.

Nous n'allons pas jusqu'à condamner absolument la casuistique. Elle a eu son heure, et aujourd'hui encore, elle a sa place. Mais, sauf les exceptions qui seront signalées, nous ne croyons pas que l'âme humaine ait été faite pour une discipline si étroite et si rigoureuse. La liberté sans doute doit être réglée, mais de telle sorte, qu'elle se retrouve sous la règle; et c'est plutôt dépraver que perfectionner notre nature, que de nous réduire à n'être, dans l'ordre intellectuel et dans l'ordre moral, que des machines bien organisées.

L'analogie qui est entre la casuistique et la méthode des scolastiques, nous oblige à insister d'abord sur cette méthode, dont les mérites et les défauts sont mieux connus et plus propres à nous éclairer. En quoi consistait précisément cette discipline, à laquelle les scolastiques soumettaient leur esprit?

Ils avaient reçu d'Aristote une analyse admirable du raisonnement. Ils savaient par lui comment la conséquence sort de son principe; et ce que doit être, dans toutes les hypothèses possibles, la conséquence de deux prémisses données. De toutes les formes si variées que peut prendre le raisonnement, il n'en est aucune qui ne rentre dans les classes déterminées par Aristote, et ne soit soumise aux règles qu'il a établies. Cette théorie si parfaite ne peut être étudiée sans éclairer d'une vive lumière la légitimité et la portée de nos raisonnements : et l'on ne peut s'accoutumer à en faire l'application, sans acquérir de la précision, de la justesse, de la rigueur. Le tort de la scolastique n'a été que dans ses exagérations ; elle a cru que toute spéculation devait être un raisonnement, et que tout raisonnement devait être déductif : et, en outre, elle s'est tant préoccupée de la forme des raisonnements, qu'elle a empêché les esprits de méditer sur leur contenu. La philosophie est devenue entre ses mains une sorte d'algèbre, qui arrivait, par une simple combinaison de signes, d'un principe donné à sa conséquence. Étudier la philosophie, c'était se rompre à ce jeu qui, à la longue, devient puéril, de déterminer *à priori* la forme d'une conséquence par la seule inspection de la contexture grammaticale des deux phrases qui lui servent de prémisses. L'art d'observer et la puissance d'imaginer, tout ce qui est initiative, et pour parler net, tout ce qui est force, succombaient sous cet abus d'une discipline, admirable en elle-même, utile à pratiquer par intervalles, mais qui ne devait pas usurper la place de tout le reste. Était-ce engouement véritable de la part de ceux qui dirigeaient les écoles, ou ne cherchaient-ils qu'à réprimer l'essor de la pensée ? On peut croire que ces deux causes ont influé tour à tour sur la durée de la méthode scolastique ; et il est à remarquer que partout où l'on a peur de la liberté, on s'efforce de réduire la philosophie à n'être plus qu'une logique, et la logique à n'être que l'étude et l'application des méthodes. On ne va pas toujours jusqu'à sacrifier toutes les méthodes à la méthode syllogistique ; mais, en arrêtant les esprits dans cette préoccupation excessive des méthodes, on compte bien les empêcher de regarder plus loin et de voir plus haut. On arrive à les régler, peut-être; mais, à coup sûr, on les éteint.

L'analogie de la casuistique avec la méthode dont nous venons de parler saute aux yeux. Elle voudrait faire pour la liberté de nos actions ce que la méthode scolastique faisait pour le libre mouvement de nos esprits. Encore la scolastique nous donnait-elle la peine de faire nous-mêmes la combinaison des signes, tandis qu'il ne nous resterait plus avec la casuistique d'autre soin que de feuilleter un dictionnaire. Nous n'exercerions vraiment notre liberté, dans les conditions où notre nature veut qu'elle se développe, qu'une seule et unique fois, et ce serait pour abdiquer entre les mains de notre casuiste. Après ce premier effort, notre conscience morale se reposerait et ne jugerait plus; elle nous deviendrait inutile, gênante; et notre liberté, si bien réglée, non par nous, mais par autrui, non par la règle, mais par l'interprète humain de la règle, nous deviendrait aussi plutôt un obstacle qu'un instrument de grandeur et de puissance. C'est assez; nous n'aurions pas besoin d'autre argument contre la casuistique. Tout système, toute méthode qui ne conserve pas l'homme entier est contre nature. Il peut y avoir en nous des tendances mauvaises; mais ce qui est essentiel à notre être, à notre caractère d'hommes, ce que nous tenons directement de la main de Dieu, il ne peut être permis de le changer ni de le détruire. Nous tenons tous pour criminel celui qui se mutile volontairement dans son corps; que sera-ce donc de l'esprit, qui est l'homme même, tandis que le corps n'est qu'un instrument? Dieu fait bien ce qu'il fait, et ce n'est pas à l'homme de le réformer. Notre étude doit être de discerner en nous-mêmes ce qui vient de Dieu, ce qui vient de nos vices, de brider, de retrancher nos vices et de fortifier au contraire nos facultés naturelles. Est-ce là ce qu'on fait en garrottant la liberté, en étouffant la conscience? Quand même on arriverait ainsi à empêcher des écarts, hélas! n'aurait-on pas détruit la vie? Les cadavres non plus ne pèchent pas. L'homme selon le cœur de Dieu est celui qui agit bien en qualité d'homme, et non celui qui s'étant débilité à plaisir, et s'étant retranché les plus sacrés caractères de l'humanité, devenu par cet abêtissement incapable de faire le bien, est du même coup incapable de faire le mal. Il est admirable qu'on ne trouve pas de meilleure façon de régler la liberté que de la détruire, et qu'on s'efforce, jusque dans le monde moral, d'imiter ces tyrans dont parle Tacite, qui ne connaissent d'autre paix que celle qui règne parmi les morts. Il y a peu de ces philosophes, habitués à gêner la liberté dans la pratique, qui ne l'exaltent dans la théorie, par une contradiction singulière, et qui, en répondant à l'objection du mal moral, ne s'écrient que Dieu a bien fait de nous rendre capables du mal, afin que nous puissions mériter en faisant le bien. Ou laissez subsister la liberté dans les conditions que Dieu lui a faites, ou accusez Dieu, ingrats, de vous avoir faits libres, c'est-à-dire de vous avoir créés à son image.

Ainsi nous n'accepterions pas la casuistique, même complète et exacte. Mais peut-elle l'être? On l'en défie. Elle n'est et ne peut être qu'un piége. Il y a une science des grands principes de la morale, parce que là tout est général et par conséquent scientifique. Le moraliste qui étudie la volonté et le cœur de l'homme, qui démontre l'autorité souveraine de la conscience morale, et qui, négligeant les détails et les laissant à l'appréciation de chacun, divise en quelques grandes classes tous les devoirs de l'humanité, plane en quelque sorte au-dessus des misères et des néants de la vie, et aperçoit distinctement la nature du droit, qui est, entre le ciel et la terre, le plus indestructible lien. Mais si, descendant de cette région supérieure, on cherche à piloter l'individu dans toutes les petites, insignifiantes et particulières circonstances de sa vie, si on quitte l'homme pour les hommes, les principes pour les applications, les rocs élevés pour les sentiers couverts, la lumière éclatante pour les demi-jours, la vaste route aux lignes droites foulées par les générations pour l'inextricable labyrinthe des intérêts et des besoins individuels, alors tout se confond et se trouble ; l'esprit de système se substitue à l'esprit de vérité ; le moraliste se souvient trop de lui-même et trop peu des principes ; il croit proposer des vérités scientifiques, et il ne fait que s'étaler lui-même et s'offrir pour parangon à ceux qui agiront d'après lui. Une erreur, une nuance qui lui échappent l'ôtent irrévocablement de la ligne droite, et avec lui tout le troupeau des âmes obéissantes. Il n'y a plus là de ces heureuses chances d'un mouvement de conscience qui triomphe d'une erreur de doctrine ; la conscience n'est plus accoutumée à juger : il ne reste rien de l'homme dans ce disciple. S'il tombe, sous la conduite de son maître, il n'y a pas en lui une seule force qui le puisse relever.

Examinons aussi quelle est cette entreprise de prévoir et de juger toutes les circonstances. Est-il possible de les prévoir toutes? Qui ne sait qu'après avoir lu un dictionnaire in-folio de cas de conscience, on trouve à chaque heure dans la vie ordinaire, des cas que le casuiste n'a pas prévus? Il le faut bien, puisque le cœur de l'homme est ondoyant et divers, et que la même action change de caractère, quand elle n'est pas conseillée par le même cœur. Je cherche votre solution et je ne trouve qu'un cas analogue; analogue, si je le juge bien, et, grâce à vous, je ne sais plus juger. Vous me donnez une solution en légiste; vous me dites : Fais cela. Vous disposez à votre ordinaire de ma liberté; mais que faites-vous de mon cœur? Prévoyez-vous aussi, dans vos sèches formules, que ce cœur sera tendre et passionné, ou qu'il sera glacé, inflexible ? Savez-vous si j'aurai à vaincre l'amour-propre ou l'affection? Si j'aimerai ou si je détesterai mon devoir? et si vous ne savez pas cela, si vous ne savez pas l'homme, pour qui donc votre labeur? O algébristes de l'âme humaine, vous cesserez d'être des sacriléges quand le cœur de l'humanité cessera de battre.

Enfin le dernier et le plus terrible danger de la casuistique, c'est la sécurité qu'elle inspire. Une fois qu'on a ainsi réduit sa vie à l'observation d'une règle écrite, minutieuse, précise, on se trouve rassuré contre tous les écueils; on ne doute plus de soi. On devient inaccessible non-seulement à l'inquiétude morale, mais aux remords. Si le conseiller qu'on s'est donné pour maître est mauvais, ou si on le comprend mal et qu'on fasse le mal par cette erreur involontaire, on ne se croit pas moins pur et moins estimable; on prend en mépris ceux qui s'indignent contre la conduite qu'on a tenue, on reçoit leurs conseils ou leurs avertissements avec dédain, on reste inflexible devant leurs plaintes. L'orgueil, l'obstination, la dureté de cœur rendent la mauvaise action plus odieuse encore. Il y a quelque chose de plus navrant que le triomphe du crime; c'est le crime content de lui-même, s'approuvant, s'exaltant, parlant de justice et de morale, se croyant en paix avec Dieu, et jetant son dédain à ses victimes. La Providence permet que nous ayons de tels spectacles pour que nous ne nous endormions jamais dans une sécurité trompeuse. L'homme aspire à la paix, mais la paix n'est pas la condition de cette vie; elle en est la récompense. Cette vie est une lutte. Pareils à un pilote sur une mer entourée d'écueils, nous devons veiller et trembler, et jeter sans cesse les yeux autour de nous pour apercevoir et prévenir le péril. En nous donnant la liberté, Dieu nous a rendus maîtres de nous-mêmes, à nos risques. Il ne nous a pas donné le droit d'abdiquer. Il nous promet une récompense, la vie à venir; il nous donne une étoile, la conscience morale; il nous soumet à une loi, la dure et glorieuse loi du travail et de la lutte. Acceptons la liberté dans ces conditions, et, au lieu de la répudier lâchement, exerçons-la en hommes.

Analyser les passions humaines, distinguer, reconnaître chacune d'elles, la rapporter à sa vraie source, prévoir ses transformations, triompher de ses sophismes; jeter une vive lumière sur le jeu si compliqué de la volonté humaine, montrer ce qui fait obstacle à la volonté, ce qui lui vient en aide, ce qui lui garantit la liberté, ou ce qui rend au contraire la liberté difficile; accoutumer l'esprit à ne pas se contenter de juger l'action par son motif immédiat, et à remonter, de prétexte en prétexte, et de cause seconde en cause seconde, à la véritable intention qui dirige l'agent; le mettre en garde contre cette doctrine perverse, abominable, impie, qui juge toute action au poids de l'intérêt, fait de l'homme même l'unique but et par conséquent l'unique règle des actions humaines, et sous prétexte de l'affranchir, ne fait en réalité que le mettre hors la loi; signaler l'impuissance du sentiment pour gouverner la volonté, montrer ses faiblesses, ses défaillances, ses fausses lueurs, ses inspirations quelquefois héroïques, souvent insensées, et toujours livrées au hasard, quand elles ne sont pas dominées par un principe étranger à la sensibilité et plus stable qu'elle; rendre ainsi toute sa précision, toute sa netteté, toute sa splendeur à l'idée de la justice, seul et immuable fondement de la vertu et de la félicité humaine : la science morale peut et fait tout cela. Mais, quand elle a constaté les droits du véritable souverain de la volonté, c'est à lui de parler et à la science de se taire. Comme il n'y a rien au-dessus de la raison, il n'y a rien qui puisse expliquer la raison sans la détruire.

Tout ce que peut faire encore la théorie, après avoir étudié les principes, c'est de fournir à l'esprit un cadre dans lequel toutes les questions viennent se classer; c'est de montrer, en évitant de descendre aux circonstances particulières, comment les principes abstraits peuvent se traduire en règles de conduite. La méditation, lorsqu'elle reste ainsi dans une certaine généralité, donne, pour ainsi dire, de l'efficace aux principes de la morale, sans rien ôter à la liberté de la pensée et de l'action. Il y a une mesure difficile à garder entre la théorie pure et la casuistique. Imposer à l'homme un formulaire, c'est trop présumer de la science et trop dédaigner la liberté; se borner à la théorie, c'est rendre la science impuissante à force de la vouloir abstraite. Notre intelligence a besoin d'être fécondée par la réflexion; et nous devons d'autant moins nous fier aux illuminations soudaines, que, dans la pratique de la vie, en présence d'un grand péril ou d'un grand intérêt, nous sommes toujours troublés par la passion, et hors d'état de consulter la raison. C'est dans cet esprit de réserve que nous allons essayer de tirer, des principes de morale précédemment établis, quelques conséquences pratiques, qui seront comme des règles générales dont la conscience de chacun doit faire ensuite l'application aux circonstances particulières de la vie.

Pour procéder méthodiquement dans cette recherche, la division la plus simple sera sans doute la meilleure. Nous adopterons celle qui a cours dans les écoles, et qui remonte jusqu'à l'Académie; c'est-à-dire, que nous examinerons successivement quels sont les devoirs de l'homme envers lui-même, envers l'humanité et envers Dieu.

Cette division a l'avantage d'être ancienne, claire et complète. Elle est d'ailleurs parfaitement raisonnable; car elle correspond aux trois mobiles des actions humaines : le moi, la sympathie, le devoir; et à la triple situation de l'homme, comme individu vivant d'une vie qui lui est propre, comme partie d'un tout divisible et harmonieux, et comme créature de Dieu, obligée de le servir et de l'adorer.

Mais avant d'entrer dans le détail des différents devoirs, rappelons-nous bien quel est le véritable objet de l'imputation morale. Nous avons étudié la volonté humaine pour montrer que l'homme est libre, et que, dans les déterminations de sa volonté, il est dirigé par des mobiles, tantôt nobles, tantôt pervers, que l'action ne manifeste pas toujours. Nous ne voyons que des actes, des résultats; c'est le motif des actes, c'est l'intention qu'il faudrait connaître, pour savoir ce que valent les hommes.

Est-ce seulement l'action extérieure qui est réglée par la morale ? Est-ce au contraire l'intention, ou bien est-ce à la fois l'intention et l'acte ? Posée en ces termes, la question peut se résoudre par des principes très-simples. Pour qu'il y ait responsabilité, il faut qu'il y ait liberté ; la responsabilité porte donc sur la liberté, et sur elle seule. Ce n'est pas pour ce que j'ai fait, mais pour ce que j'ai voulu faire, que je dois être puni ou récompensé.

« Nam scelus intra se tacitum qui cogitat ullum,
Facti crimen habet[1]. »

La loi humaine regarde principalement l'action, mais la loi divine ne regarde que l'intention ; et il est d'ailleurs si vrai et si évident que l'intention seule fait le mérite des actes, que la loi humaine elle-même, tout en se préoccupant par nécessité de l'acte extérieur, ne veut atteindre que la volonté. De là les différences qu'elle admet entre le crime commis avec préméditation, et le crime non prémédité. Dans les deux cas, le résultat pour la société est le même ; cependant la loi punit plus sévèrement la préméditation, parce qu'elle est la preuve d'une volonté plus perverse. On distingue aussi entre le crime accompli, et la tentative du crime. On punit la tentative, quoique la société n'ait reçu aucun dommage, parce que, dans ce cas, s'il n'y a pas de victime, il y a cependant un criminel ; mais la loi s'arrête, si la tentative a été suspendue par la volonté même du coupable, parce qu'elle lui tient compte de ce retour

---

1. Juvénal, *satire* XIII, vers 209.

au bien, et qu'elle y trouve une garantie pour l'ordre. Enfin, dans tout procès criminel, on peut poser la question de *discernement*, et, lorsqu'on parvient à prouver que l'accusé n'a pas su ce qu'il faisait, sa liberté se trouvant ainsi détruite, sa responsabilité disparaît. Quelquefois même ce n'est pas le défaut général d'intelligence qui excuse, mais le défaut de lumières spéciales. On voit, par ces exemples, que le jugement de la loi, quand elle le peut, et celui de la conscience dans tous les cas, portent, non sur l'exécution, mais sur la volonté.

Il y a pourtant des circonstances où la liberté est diminuée, soit directement, soit par l'obscurcissement de l'intelligence, sans que la responsabilité disparaisse : c'est quand nous sommes les causes de cette diminution de notre intelligence ou de notre liberté. Ainsi le médecin éclairé, qui a étudié autant qu'il était en lui la maladie du malade et les vertus du remède qu'il lui fait prendre, est certainement innocent si, par quelque raison qu'il n'a pu prévoir, ce remède donne la mort au lieu de conserver la vie. Mais peut-il se croire innocent, s'il s'est contenté d'une étude superficielle ? Il est évident que non ; et il est évident aussi que sa faute, quoique grave, est profondément différente de celle qu'il aurait commise, s'il avait sciemment remplacé un remède par un poison.

Nous sommes très-fréquemment placés dans la vie dans des circonstances analogues à celle-là. On fait souvent le mal sans intention de le faire ; et il ne faut pas se croire justifié par la pureté des motifs, quand on aurait pu, en s'appliquant plus énergiquement à son devoir, éviter la faute dans laquelle on est tombé. Ainsi un juge, par exemple, qui voit la justice et la viole par son arrêt, est criminel au premier chef ; mais si, par défaut d'attention, il se trompe sur la justice, il est criminel encore, quoique à un moindre degré. Dans ce cas il est tenu à toutes les réparations civiles, et sa conscience lui fait un devoir absolu de réparer autant que possible à ses risques et périls, le mal qu'il a causé. On raconte de Chamillard qui fut depuis ministre de Louis XIV, un trait d'équité qui peut servir de modèle à tous ceux qui disposent de la fortune ou de l'honneur de leurs concitoyens. Il avait rapporté au parlement, dont il était membre, un procès qui venait d'être jugé. Le perdant vint le voir, et là, tout en déplorant sa ruine, il se plaignait hautement d'avoir été condamné, et revenait toujours sur une certaine pièce, qui, selon lui, devait lui faire gagner son procès. Chamillard, qui l'écoutait avec patience et douceur, lui dit qu'en effet, il aurait gagné si cette pièce avait été produite, mais qu'elle n'était pas au dossier. Le plaideur insiste, on dispute, et enfin Chamillard ouvre le sac et y trouve cette pièce capitale, qui changeait la face de l'affaire, et que, par négligence, il avait omis de lire. Son parti fut pris en un instant. Il dit au plaideur de revenir le lendemain ; et, comme le jugement était sans appel, il passa la nuit à battre monnaie de tous côtés, et, ayant réalisé la somme dont il avait fait tort à ce plaideur, il la lui remit, se dépouillant ainsi de presque toute sa fortune. Il ne fit en cela que son devoir strict ; mais il est beau de faire son devoir, quand il en coûte si cher. Ce qu'il fit ensuite n'est pas moins honorable ; il se rendit chez le président de sa compagnie, et le pria de ne le charger désormais d'aucun rapport. C'était en quelque sorte consommer sa ruine ; mais il se tint lui-même pour suspect après cette grande faute, quoiqu'il l'eût si noblement réparée.

Il faut juger d'après les mêmes principes les actions commises dans l'ivresse ou dans la colère. L'homme qui, dans ce trouble violent de son intelligence, donne un coup mortel sans intention de donner la mort, ne peut être assimilé à celui qui de sang-froid médite et accomplit un meurtre; cependant il est criminel, s'il est ivre, pour s'être exposé en s'enivrant à commettre un crime, et, s'il n'est qu'emporté par la colère, d'abord pour s'être laissé envahir par cette passion dont nous connaissons les dangers par tant d'exemples, et ensuite, pour ne l'avoir pas étouffée; car aucune passion n'est invincible, pas même celle-là, qui est de toutes la plus violente dans sa courte durée.

Nous n'avons encore parlé que des cas où l'agent est mal servi par son instrument ou son organe, de ceux où il se trompe sur la nature matérielle de l'acte qu'il produit, et de ceux enfin où, par le défaut ou l'altération de son intelligence, il n'a pas le plein gouvernement de sa propre force. Mais voici un cas bien autrement embarrassant, et sur lequel tous les moralistes ne sont pas d'accord. Lorsque l'agent se trompe, non sur son acte, mais sur les principes d'après lesquels cet acte doit être jugé, est-il excusé par son erreur?

Prenons un exemple pour éclaircir la position de la question. Le médecin qui donne un poison, croyant donner un remède, se trompe sur la nature matérielle de l'acte. Si ce médecin est le médecin de Néron, et qu'il l'empoisonne volontairement, avec la conviction qu'en le faisant il fait plutôt une bonne action qu'une mauvaise, il se trompe sur la nature morale de son action. C'est de lui qu'on demande si son erreur l'absout.

Constatons d'abord un fait : c'est qu'aux yeux de la

loi humaine, une pareille erreur n'absout pas. Aucune société ne peut permettre que sa loi soit impunément transgressée par quiconque jugera dans sa conscience que cette loi est contraire à la loi naturelle. Le seul cas où l'erreur sur la qualification morale d'un acte puisse être admis comme excuse légale, est celui d'idiotisme, qui rentre dans une question différente et déjà examinée. En dehors de la légalité stricte, on peut dire qu'il est d'un juge humain, et surtout d'un appréciateur bienveillant, de tenir compte de l'origine de cette erreur; elle peut venir d'un faux jugément, ou d'une mauvaise éducation, ou du fanatisme, ou de la haine ; il serait téméraire, dans la multitude de cas qui peuvent se présenter, de faire une réponse absolue. Voici pourtant quelques points qui pourront servir de guide.

Premièrement, quant à l'origine de l'erreur, il faudra considérer si elle tient à quelque vice, ou au contraire à quelque sentiment honorable; et il faudra se demander aussi si elle était invincible, ou si, ayant des occasions de s'éclairer, on ne les a pas négligées, et pourquoi.

Secondement, quant à l'action, il faut distinguer si l'erreur porte directement sur la qualification de l'acte, ou si elle consiste dans cette opinion générale qu'une action même mauvaise peut être permise dans un but louable. Ne craignons pas de multiplier les exemples dans une matière si délicate. Voler est une mauvaise action. Supposons (hypothèse assez hasardée) que quelqu'un commette un véritable vol, et croie de bonne foi avoir eu raison de voler. Son erreur peut avoir deux sources différentes : il peut s'être fait un système contre la propriété, et croire en général que le vol est permis ; c'est là ce qu'on appelle se tromper sur la qualification morale de son acte ; ou bien, tout en réprouvant le vol, il peut avoir considéré qu'il volait une somme insignifiante à un fripon enrichi, pour faire du bien à un honnête homme dans la misère. Alors, son erreur consiste à croire qu'une faute contre la morale peut devenir légitime, lorsqu'en la faisant on se propose un but honorable.

Dans les deux cas la faute est entière : dans le premier, parce qu'il est comme impossible qu'on admette un système dont les conclusions sont contraires aux prescriptions de la morale, sans être soi-même souillé, dans sa volonté et dans son intelligence ; et dans le second, parce que la qualification des actes est absolue, et ne peut jamais être modifiée par aucune arrière-pensée. Nous essayerons de le faire voir.

Parlons d'abord du coupable qui s'est trompé, par esprit de système, sur la qualification morale de son acte.

Il faut bien comprendre que les lois morales ont un caractère particulier, et qu'elles ne ressemblent point aux autres lois de la raison. Renverser les lois ordinaires de la raison, ce n'est que folie ; renverser par passion ou par système les lois de la morale, c'est dépravation. Elles nous apparaissent à tous avec un caractère sacré que n'ont point les autres principes ; et nous ne pouvons les violer sans une secrète horreur, qui doit servir d'avertissement. Quand le sophisme aboutit à un crime, il n'y a pas de différence fondamentale entre le sophiste et le criminel ordinaire. Si donc il arrive à une âme d'être assez malheureuse pour se créer des systèmes dont la conséquence soit la justification du meurtre, ou du vol, ou de l'adultère, nous ne regarderons pas ces détestables doctrines comme une excuse de ses fautes ; et tandis que le criminel ordinaire n'est coupable que d'un seul crime, nous regarderons celui-ci comme coupable de tous les crimes qu'aurait pu conseiller sa théorie. Nous réserverons, non pas même peut-être notre indulgence, mais notre pitié pour les esprits que leur faiblesse a livrés en proie à ces théoriciens du vice. Quand la société a des récompenses et des bravos pour ceux dont les fictions rendent l'adultère aimable, il ne lui est pas permis de ne pas plaindre, en les punissant, les esprits égarés qui ont pris au sérieux ces tristes maximes.

Nous signalerons en passant quelques erreurs sur la qualification morale des actes, plus communes peut-être que celles qui ont pour origine l'esprit de système.

Ainsi, on fait quelquefois une distinction tout à fait fausse, entre commettre une mauvaise action ou aider un autre à la commettre. Ni la loi humaine ni la conscience ne doivent distinguer entre l'auteur principal et le complice. La culpabilité consiste à avoir concouru à une certaine violation de la morale, et il n'importe pas qu'on ait joué le premier ou le second rôle. A la vérité, on se trompe rarement sur la nature criminelle d'une complicité préméditée et qui profite ; mais on se rend coupable par légèreté, par faiblesse, par respect humain, par une bienveillance déplacée, en favorisant les désordres d'autrui. On se croit quitte alors envers la conscience pour quelque avertissement négligemment donné. Mais il n'est pas permis de traiter ainsi le devoir. Il faut le pratiquer et l'enseigner. Celui-là seul est vraiment vertueux, à qui personne n'osera jamais demander une complaisance coupable.

Une autre erreur très-répandue et très-grave, c'est de penser qu'on n'est pas complice d'une mauvaise action quand on en profite sans y avoir coopéré. Mais on en est complice indirectement ; car, en profiter, c'est déclarer qu'on l'approuve ; et, de plus, on est coupable d'une autre faute en détenant un profit illicite. Il n'y a qu'une différence bien légère entre l'action de voler et celle de détenir à un titre quelconque une richesse dont l'origine n'est pas pure.

En effet, certains hommes se contentent d'une probité en quelque sorte négative ; et ils ne se souviennent pas que le précepte de faire le bien est aussi absolu que celui de ne pas faire le mal. Cette erreur est fondamentale, et nous la retrouverons à chaque pas dans le développement de nos différents devoirs.

Nous arrivons maintenant à ceux qui, sans se tromper sur la qualification des actes, croient pouvoir se permettre un mal pour en tirer un bien. Quoique leur doctrine soit célèbre, souvent réfutée, toujours condamnée, nous croyons utile d'y insister ici un moment, ne fût-ce que pour lui arracher les déguisements dont on persiste encore à la couvrir.

Nous avons distingué dans tout ce qui précède entre l'action externe et la résolution d'agir ; et nous avons montré que l'action n'est pas toujours telle que nous l'avons voulue, et que c'est la volonté d'agir et non l'action même, qui est l'objet propre du jugement de la conscience morale. Ainsi je *veux* vous guérir ; et, par une circonstance qu'il m'était impossible de prévoir, le remède que je vous donne vous tue : je ne suis pas responsable de votre mort. Au contraire, je *veux* vous tuer, et croyant vous donner un poison, je vous donne un remède qui vous guérit : je suis un assassin devant Dieu et devant les lois de la conscience. Il n'y a rien jusque-là que de simple et de clair.

Mais l'intention d'un agent est quelquefois bien plus

difficile à définir, parce qu'elle est plus multiple. Nous venons de voir une circonstance où l'homicide est innocent, parce qu'il est involontaire. Mais il peut y avoir un homicide à la fois volontaire et innocent. Un soldat, par exemple, tue un ennemi avec intention de le tuer, et pourtant il est innocent. Il n'y a pas à distinguer ici entre l'action et la résolution ou intention, car il a tué et il a voulu tuer. Où donc réside l'origine de la différence entre son action et celle d'un meurtrier? Dans le *pourquoi* de son intention, ou, si l'on veut, dans une intention plus éloignée. Le meurtrier a voulu tuer, parce qu'il voulait satisfaire sa vengeance, et le soldat a voulu tuer, parce qu'il voulait défendre son pays.

Il est tout à fait nécessaire de tenir compte de cette distinction entre l'intention prochaine et l'intention éloignée pour apprécier le mérite des actes. Un homme sacrifie sa fortune à son devoir : voilà une action faite volontairement, et qui est, en soi, honorable. Mais il faut savoir s'il n'a eu d'autre but que de faire son devoir, ou s'il a été conduit par l'espoir d'une récompense ; car, dans le premier cas, c'est un honnête homme, et, dans le second, ce n'est qu'un calculateur habile. De même, il y a des degrés dans le crime, et, pour ainsi dire, dans le même crime.

Or, dans tous les exemples que nous venons d'indiquer, nous trouvons bien des actions que l'intention éloignée rend plus ou moins justes, plus ou moins injustes ; il ne nous serait même pas difficile de trouver de bonnes actions qu'une intention perverse rend mauvaises ; mais nous ne trouverons jamais une mauvaise action qui soit rendue bonne par l'usage auquel on la destine.

C'est en vain qu'on argumenterait de l'exemple du

soldat. Il ne se rend homicide que dans le cas de légitime défense ; et par conséquent l'homicide qu'il commet est légitime en soi. On ne réussirait pas mieux si l'on raisonnait par analogie en disant : Puisque une mauvaise intention rend mauvaise une action bonne, une bonne intention peut rendre bonne une mauvaise action. Ces raisonnements par analogie n'ont, pour ainsi dire, qu'une conformité dans l'expression et ne peuvent faire illusion qu'à des esprits inattentifs. Qu'est-ce qui est défendu ? c'est de vouloir le mal : la défense est absolue. Faire le bien pour aboutir au mal, c'est vouloir le mal ; faire le mal pour aboutir au bien, c'est encore vouloir le mal. Il faut donc avouer qu'on est coupable dans les deux cas.

Dira-t-on que la défense de faire le mal est conditionnelle ? Que Dieu et la conscience nous permettent de faire un petit mal pour en tirer un plus grand bien ? Qu'on nous montre alors où est écrite cette condition. Non, la conscience prononce d'une façon absolue, péremptoire : tu ne tueras point, tu ne déroberas point, tu ne prendras pas en vain le nom de Dieu, tu ne commettras pas d'adultère. C'est en créant des subtilités et des systèmes, c'est en écoutant la voix de la passion et en étouffant celle de la conscience, qu'on arrive à se dire : Enfreignons cette loi pour en tirer un bénéfice. Tuons pour sauver, volons pour donner.

On a dit un jour en parlant de la loi humaine : « La légalité nous tue ! » C'est à savoir s'il ne fallait pas mourir, et si l'exemple de la légalité observée ne valait pas mieux, coûte que coûte, que celui de la loi violée. Mais quand il serait permis de prendre ces libertés avec la loi humaine, loi faillible et souvent injuste, que dire de ceux qui les prennent avec la loi divine, et qui érigent en théorie le droit de violer le droit, pour sauver un intérêt? Un petit droit, disent-ils pour un grand intérêt! Il y a, en effet, de grands et petits intérêts, mais il n'y a point de petit droit. Vous reconnaîtrez un sophiste à ce signe, qu'il parle d'accommodement avec le droit. Eh quoi! nous n'admettons même pas qu'il y en ait avec l'honneur, et nous en souffririons avec la morale!

Si la morale était d'institution humaine, nous pourrions disputer avec elle ; lui obéir en ceci, lui refuser cela ; établir un calcul de profits et pertes ; dire : Cette vertu me coûtera trop, à moi ou aux autres. Si la morale est éternelle, et si elle vient de Dieu, il faut la subir telle qu'elle est. Son commandement peut être dur, mais il est immuable.

La morale telle que nous la concevons ne repose pas sur un système ; elle ne se conclut ni d'un système métaphysique du monde, ni du spectacle de la nature, ni de l'histoire, ni même de la science de l'homme ; elle est purement et simplement l'art d'interroger la conscience morale, et d'expliquer clairement les réponses de l'oracle. Pour savoir la valeur d'une doctrine qui excuse une faute par ses conséquences, il n'y a pas autre chose à faire que d'imposer silence aux passions et à l'égoïsme, d'oublier les raisonnements subtils de l'école, de se recueillir dans le sanctuaire de la conscience, et de se demander avec sincérité si le mal peut jamais être permis ; si la trahison, si le parjure, si l'adultère, si le meurtre, peuvent jamais être des ressources et des instruments pour la vertu. La conscience répond que non ; et par conséquent il est inutile de raisonner au delà. Avec ce maître, on ne discute point.

Il peut arriver à la multitude d'amnistier des crimes heureux, soit parce qu'elle ne les connaît pas bien, ou parce qu'elle est fascinée par la grandeur des résultats ; mais interrogez-la avec précision et clarté sur cette espèce de bonnes actions prétendues, que nous appellerons plus justement les crimes qui profitent, et ce juge vous répondra comme la conscience. Le sentiment public va si loin en cela, qu'il n'absoudra jamais certaines professions utiles, dont les fonctions ne lui paraissent pas compatibles avec les lois de l'honneur.

Concluons par ce seul mot : Qu'est-ce que violer la loi de Dieu, pour arriver, par cette violation, à quelque but utile ? C'est remplacer par son jugement, peut-être par sa passion, l'éternel oracle de la sagesse divine. Quel homme osera substituer ainsi son interprétation à la loi ? « Quis hominum potest scire consilium Dei, « aut quis poterit cogitare quid velit Dominus [1]? »

Quand on a constaté l'existence d'une loi morale, il est en quelque sorte superflu de rechercher si cette loi est utile, car fût-elle même dangereuse, il ne faudrait pas moins lui obéir ; mais toute loi morale est bonne et utile, et nul ne peut la violer qu'à son dam. Cette doctrine, en apparence si favorable, que la fin justifie les moyens, est de toutes la plus désastreuse. Son immanquable effet serait de détruire l'ordre public, et d'établir l'anarchie des volontés. Sur quoi repose en réalité le monde humain? Sur une loi inéluctable. Sur quoi repose-t-il, suivant la doctrine? Sur une loi discutable. Tout est là. Cette prétendue loi n'est qu'un dissolvant. Elle est à la merci de tous les sophistes et de toutes les passions. Ce seul mot absout tous les fanatismes et toutes les hypocrisies. Il transforme la morale

---

1. *La Sagesse*, chap. IX.

bout pour bout; et, de maîtresse de toutes les vertus qu'elle était, il en fait la protectrice et la couverture de tous les vices.

Il ne manque pas de théoriciens pour prendre en main la défense des crimes heureux. Suivant eux, le succès justifie, c'est-à-dire que la morale est une chance aléatoire. Ces grands génies prennent en pitié les moralistes à courte vue, qui ne connaissent d'autres règles que celles de la conscience. Ils les traitent d'esprits étroits et impuissants. Ils parlent des grands intérêts de l'humanité, du salut du peuple. C'est l'excuse banale des tyrans et des ambitieux, et les philosophes, dignes de ce nom ne devraient en parler que pour la flétrir. Le premier intérêt de l'humanité, le premier besoin du peuple, c'est qu'un crime ne soit pas transformé par des flatteurs en action héroïque, c'est que les idées de droit et de devoir ne reçoivent pas d'atteinte. On pourrait se trouver dans le cœur assez d'indulgence pour pardonner à ceux qui, séduits par des visions de pouvoir et de renommée, et se croyant des héros quand ils ne sont que des criminels, versent le sang et accumulent des ruines pour étendre à quelque province nouvelle leur nom et leur autorité; mais, pour les sophistes qui viennent à leur suite avec leur théorie du succès, immoler la raison et le droit devant la force, et couvrir du nom sacré de la morale la violation même de la morale; pour ces théoriciens de l'absurde qui emploient la philosophie à détruire la philosophie, et qui font plus de désastres dans les âmes que leurs maîtres n'en font sur les champs de bataille; pour ces empoisonneurs publics, il ne doit y avoir ni pardon, ni trêve, et c'est à la colère vigoureuse qu'ils inspirent qu'une âme loyale se reconnaît.

O profondeur de la folie humaine ! Quand les jésuites ont été proscrits en France, que leur reprochait-on ? Cette doctrine à jamais condamnable que la fin justifie les moyens. Qui prendrait aujourd'hui la défense de cette doctrine ? Qui oserait soutenir qu'on peut marcher au bien à travers le mal ? qu'on peut renoncer à la loi de Dieu pour quelque misérable calcul enfanté dans notre cerveau ? Et qu'est-ce donc que la théorie du succès ? Si la Ligue s'était réveillée à la mort de Henri IV, et si les Guises régnaient sur le trône de France, feriez-vous donc de Ravaillac un héros ? Quoi ! il suffit d'un si faible déguisement pour vous faire illusion ? Et, parce que la formule est différente, vous ne reconnaissez pas la doctrine ? Votre grande morale, votre théorie du succès, c'est la morale tant reprochée, par vous-mêmes, aux jésuites ; et c'est la négation de toute morale.

Entre la morale épicurienne, qui dit ouvertement qu'il n'y a pas de loi, ou cette autre morale qui n'admet de loi qu'à condition de la discuter, et par conséquent, suivant les cas, de la violer ; qui l'admet, non pour la subir, mais pour s'en servir ; qui décore la violation du droit des caractères sacrés qui appartiennent au droit seul, si par la colère de Dieu nous étions obligés de choisir, nous préférerions la théorie qui est seulement ignoble, à celle qui est à la fois ignoble et sacrilége.

Il reste donc établi qu'il faut pour la moralité de l'acte que l'action soit juste en elle-même, quelle que soit d'ailleurs la moralité de l'intention ; ajoutons qu'une action même juste cesse d'être méritoire, et peut même cesser d'être juste, lorsque l'intention de l'agent n'est pas pure. La justice prononce à la fois sur chacune de nos actions et sur chacune de nos intentions ; et on ne peut lui échapper par aucun côté.

Il ne sera pas sans intérêt pour cette question de se demander si la justice prononce dans tous les cas, ou s'il n'y a pas un certain nombre d'actions indifférentes, où elle nous laisse libres de choisir entre un parti et un autre.

Il est évident que, dans la satisfaction de certains goûts, innocents par eux-mêmes, et qui ne touchent au droit ou à l'intérêt de personne, nous pouvons nous déterminer en pleine liberté, sans que le maître intérieur intervienne. Il est fort rare que ces actions, en apparence indifférentes, n'aient pas quelque conséquence pour l'amélioration ou la détérioration de nos facultés ; mais la conscience ne nous oblige pas à une surveillance minutieuse et inquiète. Il suffit de ne pas faire le mal, de ne pas s'exposer par légèreté à le faire, de diriger habituellement son intention vers le bien. La perfection de la vie ascétique n'est point accessible au rationalisme ; car elle ne paraît pas pouvoir être atteinte, sans ces deux conditions essentiellement religieuses : un dogme immuable, un directeur autorisé.

Le philosophe livré à lui-même risquerait trop, s'il voulait minutieusement surveiller tous ses sentiments, toutes ses idées, tous ses actes. Il doit se considérer comme émancipé, et comme libre sous la loi. La loi et la liberté sont les deux pôles également nécessaires de la morale philosophique.

Dans les cas où la justice ne prononce pas, et où plusieurs mobiles d'action sont en lutte, on est donc parfaitement libre de choisir. Seulement, comme les deux ennemis de l'homme sont l'intérêt et la passion violente, il vaut mieux s'accoutumer à les dompter. Toute victoire remportée sur l'intérêt et sur la passion violente, est bonne, même quand la justice est hors de cause, parce que cette victoire accroît notre puissance sur nous-mêmes, et nous donne une chance de plus de triompher dans les occasions où nous combattrons pour la justice.

On peut poser en principe que, quand la justice n'intervient pas dans la lutte entre deux passions, il est sage de préférer celle dont l'objet est moins personnel et plus général.

Ainsi, il vaut mieux céder à l'amour de l'humanité qu'à l'amour de soi, et à l'amour de Dieu qu'à l'amour de l'humanité. Dans l'amour de soi, il vaut mieux céder, par exemple, au désir d'estime qu'au désir du plaisir, plus essentiellement égoïste ; et dans l'amour de l'humanité, il vaut mieux être mené par l'amour de la patrie que par un amour plus restreint dans son objet. La recherche de l'intérêt général est un mobile intéressé, et par conséquent un mauvais guide ; mais il imite, en quelque sorte, le principe de la justice, car c'est à l'intérêt général que le principe de la justice nous ordonne de nous sacrifier. Seulement, quand nous visons à l'intérêt général sans être guidés par la justice, nous prenons la conséquence pour le principe, et nous soumettons la morale à toutes les chances d'erreur imposées à notre intelligence et à notre sensibilité.

La question qui se présente après celle-là est celle de savoir si, dans le cas où la justice prononce, elle doit être obéie sans aucun retour vers l'intérêt personnel :

question délicate, souvent débattue, que nous essayerons de réduire à quelques termes précis.

La prétention de la plupart des mystiques est qu'il faut faire le bien pour le bien, sans aucune arrière-pensée d'intérêt personnel. Nous accordons naturellement que cette vue pure et désintéressée du bien est un idéal de perfection ; mais nous croyons qu'elle est en quelque sorte surhumaine ; qu'il y aurait du danger à se la proposer pour fin, parce que, même dans le bien, il faut s'accommoder à sa condition et n'en point dépasser les limites, et surtout qu'il y aurait erreur à prétendre que l'action bonne change de caractère et devient condamnable, lorsque, en la faisant, on se réjouit de trouver son intérêt dans l'accomplissement du devoir.

Nous avons déjà vu qu'en fait, la préoccupation du moi ne nous abandonne jamais. Nous entendrons bien sainte Thérèse s'écrier : « Mon Dieu, que je sois damnée pourvu que je vous aime ! » Mais nous pensons avec Bossuet que cet élan passionné montre la profondeur de l'amour et ne peut être tourné en dogme. Toute la doctrine du livre des *Maximes des saints* est un commentaire de cette parole de sainte Thérèse. L'Église catholique a justement condamné ce livre ; et la morale l'aurait également condamné, parce qu'il a contre lui les faits de la nature humaine.

Pour le danger de ces doctrines, l'histoire le démontre surabondamment. Il y a peu de sectes mystiques en dehors du mysticisme réglé, et par conséquent soumis soit à la raison, soit à l'autorité, qui n'ait commencé par une pureté angélique, et fini par la corruption. C'est que nous ne pouvons rien et ne sommes rien en dehors de l'humanité. On s'affranchit d'abord des limites qui nous restreignent, et plus tard, par une confusion facile, de la règle qui nous soutient et nous sanctifie.

Nous disons en outre qu'il y a erreur à soutenir que l'intervention de l'intérêt détruit la bonté de l'acte. Nous le prouvons par les vues de la nature, qui, voulant notre conservation, nous permet et nous ordonne d'aimer notre être et notre bien-être, pourvu que nous ne l'aimions qu'après la justice. Nous pouvons nous éclairer ici par l'exemple de l'Église catholique, qui établit deux degrés dans le remords justifiant. L'un, qu'elle appelle la *contrition*, est le regret d'avoir péché, fondé sur la douleur d'avoir offensé Dieu ; l'autre, qu'elle appelle l'*attrition*, est le regret d'avoir péché, fondé sur la crainte des peines de l'enfer. L'Église établit avec raison la profonde infériorité de l'âme qui n'est touchée que de l'*attrition*, puisque cette âme, au fond, ne ressent pas l'amour de Dieu, et n'est menée que par l'intérêt ; mais elle lui tient compte de sa foi dans la vie future, de son ferme propos d'obéir à la justice, et de la préférence qu'elle donne au bonheur réservé aux justes sur toutes les félicités de la terre.

En résumé, il faut obéir au devoir, parce qu'il est le devoir.

Si, en obéissant au devoir, parce qu'il est le devoir, on pense en même temps qu'on évitera par ce moyen les peines attachées à la faute, ou qu'on obtiendra les récompenses attachées à la vertu, l'action ne cesse pas, pour cette raison, d'être méritoire ;

Mais si on fait une action honnête, non parce qu'elle est honnête, mais par calcul, pour arriver par ce moyen à quelque profit, d'ailleurs légitime, l'action cesse entièrement d'être méritoire, sans néanmoins devenir criminelle.

Enfin si le profit qu'on se propose en faisant une action juste est illégitime, l'action cesse par cela même d'être juste; elle est viciée dans son principe, et son auteur devient coupable à la fois du crime de l'intention et de l'hypocrisie du moyen.

CHAPITRE II.

DE L'OBLIGATION DE RESPECTER EN SOI-MÊME LE DROIT.

> « La philosophie, c'est de préserver le génie qui est au dedans de nous de toute ignominie, de tout dommage ; c'est de vaincre le plaisir et la douleur, de ne rien faire au hasard, de n'user jamais de mensonge et de dissimulation. » Marc Aurèle, livre II, partie XVII, trad. d'A. Pierron.

Si nous plaçons avant tous les autres les devoirs de l'homme envers lui-même, ce n'est pas, tant s'en faut, que nous les considérions comme les plus sacrés de tous ; c'est uniquement pour continuer à suivre l'ordre psychologique, et pour aller de ce qui est plus près de nous, plus sensible et plus familier, à ce qui est plus relevé et d'un ordre plus sublime. On ne peut jamais blesser aucun devoir, puisque ce serait transgresser la loi de Dieu et consentir à sa propre dégradation ; mais il faut bien qu'il y ait des degrés dans l'obligation, puisqu'il y en a dans la faute, et que d'ailleurs les circonstances nous obligent quelquefois à choisir entre deux devoirs. Nous examinerons plus tard cette question de hiérarchie entre les devoirs de l'homme ; nous ne faisons ici que les énumérer dans l'ordre qui nous a paru le plus naturel et le plus simple.

En parlant des devoirs de l'homme envers lui-même ou de la morale individuelle, nous rencontrons d'abord un proverbe que nous ne dédaignerons pas d'examiner; car ces dictons ou proverbes, que tout le monde a sans cesse à la bouche, exercent sur les mœurs une grande influence et sont cause souvent des plus grands maux. On dit assez communément, pour répondre à des reproches qu'on sent mérités : « Je ne fais tort qu'à moi-même. » Ces mots contiennent purement et simplement la négation de la morale individuelle.

Ils signifient : « Pourvu que ma conduite ne blesse pas les intérêts d'autrui, et ne compromette que les miens, je ne dois de comptes à personne, je ne fais qu'user de mon droit. »

Cette maxime peut être vraie, toutefois avec certaines réserves, en matière d'intérêt pécuniaire. Je suis libre, en effet, d'user de mon bien avec prodigalité, pourvu que cette prodigalité n'ait pour conséquence que de me priver moi-même de quelque plaisir, sans me mettre hors d'état de faire du bien. Encore cette liberté n'est-elle pas entière, car la richesse est une force, et tout mauvais usage d'une force est condamnable.

Un autre cas où cette maxime peut être assez justement appliquée, c'est lorsqu'on lui donne un sens en quelque sorte judiciaire, et qu'on l'allègue pour montrer qu'on n'a rien à démêler avec la loi pénale. Je puis, par exemple, couper par la racine des arbres fruitiers qui m'appartiennent[1], et répondre au magistrat qui me le reproche : « Ces arbres étaient à moi, je ne prive que moi, je détruis ma propre fortune; je ne fais qu'user d'un droit contre lequel le pouvoir civil est désarmé. »

En général, la loi civile a pour but le maintien de la

---

1. Art. 445 et suiv. du Code pénal.

société, et ce qui n'attaque pas la société est réputé innocent[1]. Si, dans certaines circonstances, la loi intervient dans mes affaires personnelles, sans profit pour les tiers, c'est seulement en qualité de tutrice, et dans mon propre intérêt, lorsque je suis empêché par quelque maladie mentale ou par l'absence, de prendre soin de moi-même. On peut donc, avec quelque raison, répondre au représentant de la loi civile : « Je ne fais tort qu'à moi-même. » Mais si cette excuse est valable devant les hommes, elle ne vaut rien devant la conscience.

D'abord on peut soutenir qu'il y a bien peu de cas, s'il y en a, où nous puissions nous faire réellement tort à nous-mêmes, sans faire en même temps tort à quelqu'un. Dans le cas le plus simple et le moins important, lorsqu'il s'agit, par exemple, de notre fortune, nous ne pouvons évidemment la dissiper ou la gérer avec négligence, sans perdre le moyen de procurer des secours à ceux qui souffrent à côté de nous; ainsi, le tort que nous nous faisons est un tort que nous faisons aux pauvres. S'il s'agit de notre considération, il faut être bien abandonné pour n'avoir pas une créature humaine qui s'intéresse à notre renommée, qui ait besoin en quelque sorte de notre honneur. Enfin, n'est-ce rien que le scandale et le mauvais exemple? Sans pousser la rigueur trop loin, si l'on voulait approfondir, on trouverait qu'en aucun cas il n'est possible de dire, sans témérité : « Je ne fais tort qu'à moi-même. » Avant tout, c'est donc la maxime d'un esprit faux et léger.

Il est évident que quand je forme un bon citoyen, je

---

1. Si la loi punit de mort l'incendiaire (art. 434 du Code pénal), lors même que la maison qu'il a brûlée lui appartient, il est facile de comprendre que c'est pour protéger la vie ou les intérêts des tiers.

rends service, non-seulement à celui que j'instruis, mais à l'État et à la société. Donc, je ne puis me dépraver moi-même et en souffrir seul. Cette conséquence est invincible.

Mais quand il serait vrai que je puis en certains cas diminuer ma force ou ma valeur sans qu'il en résulte aucun inconvénient pour la société, cette atténuation de ma propre valeur n'est-elle pas, en elle-même, un mal? Ma force doit être, en toutes choses, employée dans le sens de la Providence; je ne puis agir contre Dieu. Que, par une action ou une omission à moi imputables, une force soit détournée de son but légitime, ou un être atténué dans son essence, cela me constitue en faute, quand je serais moi-même cette force et cet être. Le soldat qui se mutile est justement puni comme déserteur du drapeau, et l'homme qui se dégrade est justement condamné comme déserteur de Dieu.

Considérons ce qu'est l'homme, ce qu'il y a d'étendue et de vigueur dans sa pensée, ce qu'il y a dans son cœur de tendresse et d'énergie, et dans sa volonté de fermeté et de ressort : profaner, avilir, ou seulement négliger de tels dons, n'est-ce pas un sacrilége? Considérons notre destinée : n'est-ce pas nous en rendre à la fois indignes et incapables, que de perdre d'abord le respect de nous-mêmes?

Le soldat qui n'a pas soin d'entretenir ses membres dans un état de santé, de souplesse et de vigueur, ne pourra supporter les fatigues d'une campagne; l'orateur qui n'aura pas étudié les ressources de son art, qui ne se sera pas exercé à manier la parole, restera court devant le tribunal; dans toutes les professions de la vie, on se prépare à l'action par l'étude et par l'exercice : nous devons donc à Dieu, à la société et à nous-mêmes de faire de constants efforts pour nous mettre en mesure de bien remplir le métier d'hommes auquel nous sommes destinés. Que rien de ce qui est utile à l'accomplissement de nos devoirs ne périsse en nous faute de soins. Si Dieu nous a donné quelque puissance spéciale, notre devoir n'en est que plus étroit. Celui qui a reçu le talent est obligé de l'entretenir et de le développer, pour le bonheur ou le progrès de l'humanité. Honorons en nous la tâche, humble ou grande, qui nous a été imposée, et la force quelle qu'elle soit qui nous a été départie pour accomplir cette tâche. Sachons respecter tout ce qui est dans l'ordre, et commençons par le respect de nous-mêmes à apprendre le respect.

Les devoirs que nous avons à remplir envers nous-mêmes peuvent se diviser, comme tous les autres, en deux ordres : devoirs positifs et devoirs négatifs ; servir et ne pas nuire. Seulement quand il s'agit de nos devoirs envers nos semblables, nous comprenons mieux, nous remplissons plus volontiers les devoirs négatifs ; c'est peut-être le contraire quand il s'agit de nos devoirs envers nous-mêmes. La raison en est que l'amour de soi nous incline à nous faire du bien, et nous détourne d'en faire aux autres.

Les devoirs négatifs de l'homme envers lui-même sont de ne pas se tuer, de ne pas se dégrader, de ne pas se mutiler ; les devoirs positifs, de conserver, de développer et de fortifier son être et ses facultés.

Les stoïciens avaient fait du suicide une vertu. « Il est beau, disaient-ils, de ne pas attendre la mort, de choisir soi-même son genre de mort. » Cette doctrine était conséquente avec tout leur système. Ils mettaient le courage au-dessus de tout, et voyaient tous les courages dans celui de braver en face la suprême douleur. Comme ils ne croyaient ni à Dieu ni à la vie future, et que pourtant ils dédaignaient et méprisaient l'abandonnement à la mollesse et aux plaisirs, ils n'avaient d'autre ressource que d'exalter l'importance et la valeur de l'homme, et d'identifier la notion du devoir avec le sentiment de la dignité personnelle. C'était la mort, en morale, qui tenait pour eux la place de Dieu. A toutes les objections tirées des contradictions de l'humanité, de celles de la nature, ils répondaient : « Tu peux mourir[1]. » Quand ils essayaient de prouver que la douleur n'existait pas, leur dernier argument était la mort. « Tu te plains d'être esclave ? disait Sénèque ; vois cet arbre : la liberté pend à ses branches. »

Toute cette doctrine tombe dès que l'homme cesse d'être sa propre fin. S'il y a un Dieu, nous ne pouvons aller à lui que quand il nous appelle. Si des devoirs ont été imposés à l'homme, le crime est encore plus grand de se dérober à sa tâche que d'y faillir. Pour nous, qui croyons fermement qu'il n'y a pas de place dans le monde entier pour l'inutile, et que le dernier grain de sable a son emploi et sa destinée, nous ne voulons pas même discuter les objections de ceux qui se déclarent impuissants, afin de se dérober à ce qu'ils appellent le fardeau, et à ce que nous devons appeler le devoir de la vie. La plupart de ces impossibilités prétendues ne sont que des dégoûts. Ce n'est pas à nous à choisir nos devoirs. Si vous avez longtemps gouverné votre pays, ne dites pas que vous êtes devenu inutile, parce que

---

1. « Non est molestum servire, ubi, si domini pertæsum est, licet uno gradu ad libertatem transire. Contra injurias vitæ, beneficium mortis habeo. » Sénèque, *Consolation à Marcia*, chap. xx.

vous êtes vaincu et emprisonné : vous aviez hier le devoir de gouverner en juste, et vous avez aujourd'hui le devoir de souffrir en juste. Vous serviez l'humanité par votre génie; servez-la par votre exemple. Si l'un de ces devoirs est plus rigoureux que l'autre, c'est celui-là qu'il faut embrasser avec le plus de force, et qu'il serait le plus honteux de déserter. Quand même il nous serait démontré que nous ne pouvons plus rien pour personne, ce qui est impossible, nous ne serions pas maîtres de notre vie, car nous ne pouvons attenter à l'ordre universel en nous.

Les fausses idées que la plupart des hommes se font sur l'honneur sont cause que l'on pardonne communément à ceux qui, entre le suicide et le déshonneur, optent pour le suicide. Qu'on leur pardonne, soit; car il faut pardonner, même aux coupables; mais qu'on leur pardonne comme à des coupables. Le déshonneur est dans l'action honteuse : mourir après l'avoir commise, ce n'est pas faire qu'on ne l'ait point commise. On voit des commerçants sur le point de faire faillite se tuer pour échapper à la honte. Ils n'échappent qu'au sentiment de la honte, mais non pas à la honte elle-même. Si vous n'avez été que malheureux, vivez pour le prouver; si vous avez été imprudent, vivez encore, d'abord pour expier, et ensuite pour réparer : vous vous ôtez la vie au moment où vous ne vous appartenez plus, et où vous ne devez songer qu'à relever les ruines que vous avez faites.

D'autres se tuent parce que leur passion n'a pas été assouvie. Quelle est l'excuse d'une telle mort? Elle prouve une âme sans énergie et sans noblesse, incapable de se gouverner elle-même et de se résigner. D'autres enfin quittent la vie par ennui, par lassitude; et de tous, ce sont les plus lâches. O l'homme malheureux, qui ne sait ni aimer ni souffrir! Il est rare que ce dégoût de la vie naisse d'une grande et persévérante infortune. Ce sont des orgueilleux et des délicats qui prennent pour de la supériorité une susceptibilité maladive et désordonnée, et qui languissants, énervés, dégradés, à charge à tout le monde comme à eux-mêmes, ont conservé tout juste assez d'énergie pour lâcher la détente d'un pistolet.

Si bien peu d'hommes sont tentés de s'arracher la vie, il en est un grand nombre qui risquent de la perdre sans motifs graves : cette légèreté ne saurait être approuvée par la morale. Elle ne condamne pas la bravoure, loin de là, mais elle est bien près de condamner la témérité dans la bravoure. Une prudence exagérée touche de près à la lâcheté; une témérité excessive n'est souvent que de la vanité ou de la démence. Aller jusqu'à exposer sa vie sans motifs, ou sans autre motif que le désir de prouver qu'on n'a pas peur, c'est certainement commettre une mauvaise action. L'opinion, la mode, ont porté tant de trouble dans les esprits sur ce sujet, que peu d'hommes résistent au désir de se déclarer incapables d'avoir peur, incapables même d'être prudents. Le duel, qui réunit les deux caractères du meurtre et du suicide, n'est guère fondé que sur cette vanité puérile et sur cette admiration bizarre que le courage nous inspire. Il semble vraiment que, dans l'opinion de beaucoup d'hommes, le criminel cesse de l'être, s'il a assez de sang-froid pour regarder sans sourciller le canon d'un pistolet. Ils estiment un homme tout autant qu'un coq de combat. Quand un malheureux, justement accusé d'avoir manqué aux lois de la morale, a tiré en champ clos une palette de sang à son adversaire, ils déclarent avec le plus beau sang-froid que *l'honneur est sa-*

tisfait. Cette palette de sang fait d'un gredin un honnête homme. On ne sait si on doit rire de tant de folie, ou en pleurer.

Les mêmes raisons qui défendent à l'homme de se tuer, lui défendent aussi de se dégrader, de se mutiler. Nous devons rester entiers à notre poste, et y rester sans reculer. Hommes par la volonté de Dieu, ne descendons pas au rang des bêtes par notre faute. On se dégrade volontairement pour un de ces trois motifs : par inertie, par abus des plaisirs, par excès de prudence ; par inertie, quand on laisse périr ses facultés faute d'exercice, ou quand on ne porte pas remède aux maladies du corps ou de l'âme ; par abus des plaisirs, quand on déprave ses sens ou son âme par la volupté ; par excès de prudence, quand on se retranche une force, de peur d'en user un jour contre soi-même. Quelle que soit la cause de l'acte par lequel l'homme diminue son être ou altère sa force, cet acte est coupable aux yeux de la raison. Il faut être aussi sévère pour celui qui le commet que pour le jeune soldat qui se mutile afin de ne pas servir.

Le point sur lequel nous insistons ici a d'autant plus d'importance qu'il est la condamnation de l'esclavage, même volontaire. La seule puissance légitime qu'il soit permis d'abdiquer est celle qu'on exerce accidentellement, et qui ne périt pas en changeant de main. En aucun cas, il n'est permis à l'homme d'abdiquer l'humanité.

Il ne faut pas croire qu'on en a fini avec l'esclavage, quand on a défendu la traite et déclaré que tout esclave qui touchera le sol de la France ou de ses colonies, est affranchi de plein droit, s'il réclame le bénéfice de la loi. Une loi qui bornerait là son action, nous empêcherait seulement de voler à un homme sa liberté malgré lui. Le Code va plus loin; il ne se contente pas de permettre la liberté : il l'ordonne. Toute stipulation, même librement consentie, par laquelle un homme se dépouille de sa liberté en faveur d'un autre, est déclarée nulle de plein droit. Si aucune peine n'est édictée contre le délit de celui qui enchaîne sa liberté, et de celui qui accepte ce sacrifice, c'est que le délit, en présence du désaveu de la loi, ne peut pas même être effectué. On a même été jusqu'à proscrire l'aliénation temporaire de la liberté, pour un travail spécial. Tel est l'objet de l'article 1142 du Code civil, ainsi conçu : « Toute obligation de faire ou de ne pas faire se résout en dommages-intérêts, en cas d'inexécution de la part du débiteur. »

Quelques esprits prévenus ont voulu appliquer le même principe à la vie monastique; et c'est pour cela qu'à certaines époques on a cru pouvoir proscrire les vœux religieux sans blesser la liberté. Assurément, on ne peut revendiquer que par un sophisme la liberté de ne plus être libre. Ceux qui renoncent à un principe au nom d'un principe, font un raisonnement détestable; car si leur principe est bon il faut s'y tenir; et s'il ne l'est pas, la conclusion ne vaut rien. Mais les vœux religieux, lorsqu'ils n'ont pas pour but ou pour effet d'attaquer les bases de la société civile, sont uniquement du for intérieur, et ne donnent ouverture à aucun droit de la part des tiers. Tout ce que peut faire la loi, c'est de ne pas prêter le bras séculier pour assurer l'exécution des vœux; et tel est aussi le caractère de la législation française. Si le vœu de célibat, prononcé par les prêtres, est reconnu par la loi, en ce sens qu'elle prohibe le mariage postérieur de ceux qui l'ont prononcé, elle agit ainsi par un motif de prudence facile à comprendre, et ne s'appuie en cela sur aucune raison tirée du for intérieur.

Le devoir positif de l'homme envers lui-même, consiste à conserver son être et ses facultés, à les développer par l'exercice et par la culture; il repose sur les mêmes principes que les devoirs négatifs dont nous venons de parler, et ne peut être méconnu par personne. Un seul point fait aujourd'hui et a fait dans tous les temps la matière de nos discussions. Tandis que les philosophes rationalistes font un devoir à l'homme de développer librement sa pensée, une autre école lui conteste le droit de penser librement. Nous poserons d'abord en principe que le devoir est incontestable si le droit existe; et nous tâcherons ensuite de nous éclairer sur la réalité, l'étendue et les limites du droit.

Nous touchons ici à des questions controversées et par conséquent délicates. Qui que nous soyons, nous avons un parti pris sur la liberté. Nous avons mille fois discuté ses droits pour les rejeter, pour les admettre ou pour les régler. Nous avons dans le cœur quelque passion violente dont la liberté est l'objet ou la cause. Il est difficile que notre esprit ne soit pas rempli à la fois de raisons et de paradoxes; car les partis se repaissent de cette double nourriture, et il n'en est aucun qui ait toujours raison ou toujours tort. Comment n'être pas dupes de nos passions et de nos souvenirs? Comment interroger la conscience morale avec une sincérité entière? Plus nous nous sentons irrésistiblement entraînés vers une solution, plus nous devons nous montrer hésitants et scrupuleux.

Parlons d'abord de la liberté de la pensée et voyons bien en quoi elle consiste. Cet examen attentif de l'objet sur lequel la conscience morale répondra est nécessaire en tout cas, mais surtout quand on a derrière soi un tel amas de controverses. Qu'entend-on, que faut-il entendre par la liberté de la pensée? Est-ce seulement la liberté d'exprimer sa pensée?

Non. Si nous traitions ici une question politique, nous ne distinguerions pas la liberté de penser de la liberté d'exprimer sa pensée; car la politique ne règle que les droits extérieurs, le for intérieur lui échappe. Mais il en est autrement en morale, et c'est avant tout du dedans qu'il s'agit. De la liberté de penser, si une fois elle est admise, résultera nécessairement la liberté d'exprimer sa pensée; car la loi naturelle conclut toujours du dedans au dehors. Ne pas pouvoir ce qu'on a le droit de vouloir, c'est proprement être esclave.

Avons-nous le droit de penser librement? Disons d'abord, pour éviter toute confusion, que nous en avons certainement le pouvoir. Il n'y a certainement que moi-même qui puisse empêcher ou restreindre la liberté de ma propre pensée. Le maître extérieur m'ordonne de cesser de croire ce que je crois: cela ne fait rien à ma croyance. Je puis, dans la crainte des supplices, déclarer à l'instant que je ne crois plus; mais cette déclaration n'est qu'un mensonge, il faut autre chose qu'un ordre pour que je cesse de croire. Il faut un effort, un consentement intérieur qui ne dépend absolument que de moi; et cet effort même est souvent infructueux. Cela est élémentaire. De sorte qu'on peut établir en fait, avant même de consulter la raison, que ma pensée ne dépend que de moi et de moi seul.

Des observateurs inexacts en ont conclu que la liberté de penser était un fait, et que par conséquent il n'y avait pas là de question de droit. M. de Bonald dit très-légèrement que demander la liberté de penser est un peu plus absurde que demander la liberté de la circulation du sang. Cependant, M. de Bonald lui-même est un ennemi très-ardent de la liberté de penser. Demander si la pensée est libre, ce n'est pas demander si on est libre d'exprimer sa pensée ; ce n'est pas demander non plus s'il existe quelque pouvoir extérieur qui puisse maîtriser directement la pensée; c'est demander s'il y a quelque loi naturelle qui oblige l'homme à faire tous ses efforts pour ne pas voir certaines choses qu'il voit, pour ne pas comprendre certaines choses qu'il comprend, pour ne pas étudier certains secrets qu'il soupçonne, enfin pour adopter une croyance dont il n'aperçoit pas évidemment la vérité. Tel est le sens véritable de la question.

La poser ainsi, c'est déjà la résoudre.

La liberté est essentielle à l'homme; elle est son caractère propre, ce qui le distingue de tous les êtres créés, ce qui fait de lui le chef-d'œuvre de la création[1]. Il ne peut renoncer à sa liberté sans se dégrader, ni attenter à la liberté d'autrui sans forfaire à tous ses devoirs. Si la société civile nous impose quelques entraves, c'est qu'il a été nécessaire, pour mieux préserver la liberté, d'empêcher qu'elle ne dégénère en licence, et qu'elle n'engendre l'oppression par l'abus de la force. La société est précisément fondée pour garantir la liberté contre la force; et cela est si vrai qu'elle ne doit exiger de nous que le sacrifice des libertés individuelles incompatibles avec la liberté générale. Tout ce qu'une société prescrit au delà est tyrannique.

Si la liberté de l'action est le droit naturel de l'homme

---

1. « Ratio enim perfecta, proprium hominis bonum est; cetera illi cum animalibus communia sunt. Valet? Et leones. Formosus est? Et pavones. Velox est? Et equi. » Sénèque, *lettre* LXXVII.

et du citoyen, il faut bien qu'il en soit de même de la liberté de la pensée : car nous agissons d'après nos opinions ; et se rendre maître de mon opinion, c'est indirectement me ravir ma volonté. A proprement parler, nul ne peut agir sur la volonté de l'homme, elle est invincible ; mais on parvient jusqu'à elle en agissant sur ses conseillers ou sur ses instruments. On peut la rendre inutile en supprimant ses moyens d'exécution, ou infirme en altérant les principes d'après lesquels elle se conduit. Ce n'est qu'en enchaînant mon corps ou en gouvernant ma pensée, qu'on peut atteindre ma liberté. La liberté de penser et la liberté d'agir sont donc inséparables. Elles sont aussi inviolables, aussi sacrées l'une que l'autre.

Sans doute, la liberté que nous possédons ainsi par droit de nature est la liberté réglée ; mais chacune de nos libertés a sa règle propre que nous trouvons au dedans de nous-mêmes. Pour la liberté d'agir, c'est la loi morale ; pour la liberté de penser, c'est la raison.

Lorsque Descartes a dit : « La première règle de la méthode est de ne recevoir jamais aucune chose pour vraie, qu'on ne la connaisse évidemment être telle[1], » il a posé à la fois le fondement de la liberté philosophique, de la liberté civile et de la liberté politique.

Où prendrait-on une autre règle de la pensée pour la substituer à la raison ? Quelle que soit cette règle, elle n'a d'autre moyen pour se faire admettre, que l'abêtissement, qui est une impiété, ou la persuasion. Mais si l'on a recours à la persuasion, on ne propose à la raison qu'un auxiliaire et non un maître. Recourir à la persuasion, c'est reconnaître, c'est proclamer la souveraineté de la raison individuelle.

---

1. Descartes, *Discours de la méthode*, IIe partie.

On peut même dire de la liberté de penser qu'elle a un caractère particulier qui la distingue de toutes les autres ; et c'est d'être la condition et la racine de toutes les autres. Il est absurde de demander la liberté pour un être dénué de raison ; et il est absurde d'accorder quelque liberté à un être raisonnable, qu'on prive d'abord de la liberté d'user de sa raison. Il semble qu'en gênant mes autres libertés, on ne restreigne que l'expansion de mon être ; tandis qu'en touchant à celle-ci, c'est mon être lui-même que l'on opprime.

La liberté de penser enveloppe la liberté de conscience, car la liberté de conscience est une des formes de la liberté de penser ; c'est la liberté de penser en matière de doctrine religieuse. Accorder la liberté de conscience, et refuser la liberté de penser, serait une offense au sens commun, puisque c'est surtout en matière religieuse que la liberté de penser a des conséquences graves pour la société et pour l'individu. Or, la liberté de conscience, pour laquelle sont morts tant de martyrs, ce n'est pas le droit intérieur de penser ce qu'on pense ; c'est le droit de manifester sa pensée. Personne, par exemple, ne peut m'empêcher de croire en un seul Dieu ; mais on peut m'ordonner, sous peine de mort, de faire un sacrifice aux dieux de l'empire : voilà la persécution contre le christianisme, ou, disons mieux, contre la liberté de conscience. En un mot, la manifestation de la croyance est si nécessaire au croyant que, de cela seul que ma conscience me donne le droit de penser librement, je conclus que la loi humaine doit me garantir le droit d'exprimer librement ma pensée.

En lisant le récit de la mort du comte de Lally, ce qui effraye le plus, c'est le bâillon qu'on lui met dans la bouche ; quand Louis XVI meurt, ce qui fait frémir, c'est le roulement de tambour qui étouffe sa voix; dans l'histoire, ce qui fait prendre en pitié le sort de l'humanité, ce sont les églises fermées, les chaires abattues, les écrits brûlés, les grandes voix réduites au silence. Il semble qu'on renoncerait plutôt à tous les droits, qu'à celui de se plaindre et d'en appeler à Dieu. On ne peut comprendre qu'une force se place entre la conscience de l'homme et ces deux étoiles de sa vie : Dieu et la vérité.

Ce droit, le plus sacré de tous, est aussi le plus méconnu. C'est celui que nous sommes le plus empressés à demander quand il nous manque, et à ôter aux autres quand nous en avons le pouvoir. Les conversions à cet égard se font du soir au matin avec une facilité désespérante; et ce n'est pas seulement, comme il arrive dans des cas analogues, que l'intérêt nous bouche la vue; c'est que la question, si claire dans le principe, est compliquée, délicate, controversable dans quelques-unes de ses applications pratiques, et que la passion glisse aisément d'une exception à une négation. Or, c'est précisément quand on entre dans la voie des répressions nécessaires, qu'on est facilement entraîné à violer le principe même, sous prétexte d'en réprimer les écarts. Plus on se croit sûr de la vérité, plus on s'empresse de condamner les opinions contraires et de les entraver, sans songer que la liberté est aussi une partie de la vérité, et qu'elle en est l'instrument. On distingue la liberté du bien, celle dont on jouit, et la liberté du mal, celle que réclament les adversaires. On fait des lois et des arguments qui condamneraient éternellement Abélard et Descartes au silence, Bruno à la mort, Galilée au cachot, la science à la stérilité, et le monde à la barbarie.

CHAPITRE III.

DE L'OBLIGATION DE RESPECTER LE DROIT DANS AUTRUI.

> « Faites donc aux hommes tout ce que vous voulez qu'ils vous fassent; car c'est la loi et les prophètes. »
> — Évangile selon saint Matth., chap. VII, v. 12.

Nous avons deux devoirs à remplir envers nos semblables : celui de ne pas leur faire de mal, et celui de leur faire du bien.

Ne pas faire de mal à nos semblables, c'est-à-dire, ne pas attenter à leur vie, à leur moralité, à leur liberté, à leur honneur, à leur fortune.

S'il y a un précepte qui ne soit point controversable, c'est celui-ci : tu ne tueras pas. Cependant, quoique le monde entier soit d'accord pour l'admettre sous sa forme la plus générale, il soulève un certain nombre de problèmes que nous devons au moins indiquer.

Nous les réduisons à cinq : le meurtre pour cause de légitime défense, la peine de mort, l'assassinat politique, le duel et la guerre.

Il est certain que la conscience morale ne réprouve pas le meurtre dans le cas de légitime défense. Lorsque ma vie est injustement menacée, j'ai le droit de me défendre, et si la nécessité de ma défense m'oblige à compromettre la vie de l'agresseur, je ne blesse pas le droit en le faisant. Seulement, j'offenserais la morale si, pouvant résister à l'attaque sans donner la mort à mon ennemi, je m'exposais néanmoins à le tuer; ou si l'offense que j'ai voulu repousser n'avait pas assez de gravité pour expliquer et justifier la mort d'un homme. Sans entrer dans des détails qui ne sauraient avoir de précision et qui doivent être laissés au jugement de chacun, on peut dire, d'une façon générale que, toutes les fois que le meurtre pour cause de légitime défense n'est pas nécessaire, il devient criminel.

Cette première question est d'autant plus importante, que toutes les autres en dépendent. La question si controversée de la légitimité de la peine de mort, pourrait être posée en ces termes : « Lorsque la société ôte la vie à un criminel, peut-elle être considérée comme agissant dans le cas de légitime défense? » Si la société est dans le cas de légitime défense, elle peut tuer [1]. La règle est pour elle absolument la même que pour les individus; et le meurtre, accompli au nom de la loi, sera criminel, s'il n'est pas nécessaire.

Il s'agit donc principalement de résoudre un point de fait. Du moment qu'on aura démontré, en fait, que l'abolition de la peine de mort mettrait la société en péril; en droit, la peine de mort deviendra légitime, pourvu qu'elle ne soit appliquée que dans le cas de nécessité absolue.

La démonstration du fait est-elle possible? C'est un point qui n'est pas essentiellement du domaine de la

---

1. « Magistratus damnatum cum dedecore et traductione vita exigit: non quia delectetur ullius pœna (procul est enim a sapiente tam inhumana feritas), sed ut documentum omnium sit, et qui vivi noluerunt prodesse, morte certe eorum res publica utatur. » Sénèque, *De la Colère,* livre I, chap. VI.

morale théorique, et sur lequel nous nous bornerons à dire que, suivant les temps et les lieux, la peine de mort peut être ou n'être pas nécessaire. Les supplices atroces n'ont jamais été nécessaires; mais ils ont été plus excusables qu'ils ne pourraient l'être maintenant; de même que la nécessité, et par conséquent la légitimité de la peine de mort doivent disparaître avec les progrès de la civilisation.

Il y a trois objections contre le droit de la société : la première est tirée de la possibilité des erreurs judiciaires; nous la renvoyons aux criminalistes. Cette objection pourrait être exprimée dans les termes suivants : « Est-il possible d'arriver à la certitude en matière de criminalité? » Si cela est possible, et qu'on prétende seulement que cela n'a pas lieu, l'objection n'a tout au plus de force que contre le code d'instruction criminelle.

La seconde objection contre le droit de la société n'est à l'usage que des réformateurs socialistes, et se tire de la mauvaise constitution de l'ordre social actuel. Nous répondrons simplement que la société ne peut douter d'elle-même. La légitimité de la constitution de l'ordre social est nécessairement supposée par tous les actes du pouvoir social. Ceux qui font cette objection argumentent donc contre leurs adversaires d'une hypothèse que leurs adversaires n'admettent pas.

Enfin, la dernière objection, la plus radicale, celle qui entraîne beaucoup d'esprits élevés, consiste à refuser absolument à l'homme le droit de tuer. Nous le lui refusons aussi, excepté dans le cas de légitime défense. De sorte que, pour nous, cette troisième objection n'existe pas, et dépend absolument de la solution du point de fait.

Ces paroles sont graves; elles coûtent à prononcer;

mais en toutes choses il faut rendre témoignage de sa conviction. S'il est vrai qu'il y ait aujourd'hui des hommes que la crainte seule de la mort empêche de verser le sang, il est vrai aussi du même coup que la société a le droit de décerner contre eux la peine de mort. Il est de son devoir d'exercer ce terrible droit, puisque abattre l'échafaud, c'est mettre l'assassin en confiance et en liberté, et lui livrer, pour ainsi dire, sa victime. La chance d'une erreur judiciaire fait frémir. Que le juge, le législateur même, pèsent cette chance devant Dieu. Nous ne parlons ici que du droit, et nous en constatons à la fois l'existence, la condition et la limite.

Il y a quelque chose de plus affreux encore qu'une erreur sur le fait, c'est une erreur sur la criminalité du fait. Quand un homme périt pour un crime qu'il n'a pas commis, c'est un malheur à jamais lamentable; mais ce qui confond la pensée, c'est qu'une loi puisse édicter la peine de mort contre un acte que la conscience ne réprouve pas. Malheur à toute loi écrite qui n'est pas un fidèle écho de la loi morale! Une société est perdue quand c'est l'esprit de parti, et non la justice, qui fait la loi, et quand au lieu de coupables, la hache du bourreau frappe des martyrs.

Si la peine de mort ne peut être admise que sous toutes réserves, il n'en est pas ainsi de l'assassinat politique, essentiellement condamnable à quelque point de vue qu'on veuille le considérer. Il a la même origine que la peine de mort, avec cette double différence que, dans l'application de la peine de mort, c'est l'État qui prononce l'arrêt, conformément à la loi, tandis que, dans l'assassinat politique, c'est le même homme qui fait la loi, qui prononce l'arrêt, et qui l'exécute. Or, la société, même mal constituée, et la loi, même mauvaise, sont néanmoins des garanties, tandis que nous n'en avons aucune contre la passion, le caprice ou le jugement d'un individu isolé. D'ailleurs la légitimité de la peine de mort est attachée à la légitimité du pouvoir qui la prononce et à la régularité de la loi. Qu'une autorité tyrannique fasse fusiller un homme au coin d'une borne, sans forme de procès, cela ne s'appelle pas appliquer la peine de mort, cela s'appelle assassiner; et, lors même que le supplicié aurait mérité son sort, le gouvernement n'en serait pas moins criminel de l'avoir exécuté sans jugement. Si ces principes sont justes, comment admettre la théorie de l'assassinat politique, qui légitime d'avance les excès des plus détestables passions, et qui fait dépendre le destin de tous de la conscience d'un seul?

Nous réfléchissons si peu sur le droit, qu'on voit des hommes sincères condamner la peine de mort, et approuver l'assassinat politique.

Nous gouvernons si mal nos jugements, que, sous la Restauration, on élevait un monument à Georges Cadoudal, et que nous entendons encore tous les jours faire l'éloge de Charlotte Corday. La perversité de la victime ne légitime pas l'acte du meurtrier. Il est à la fois insensé et criminel de fournir à la haine de pareilles excuses.

Le duel ne saurait être justifié par l'exception du cas de légitime défense; car si la nécessité de se défendre justifie le duelliste pendant le duel, elle ne le justifie nullement à l'instant de l'acceptation du duel, et la faute est là. Si l'on en appelle à la justice du duel, parce qu'on la préfère à celle de la loi, on substitue la barbarie à la civilisation; si on n'a recours au duel que dans le silence de la loi, qu'on juge cette justice sommaire qui n'a qu'une peine, la peine de mort, et qui l'applique indifféremment pour les crimes les plus odieux et pour les plus puériles bagatelles. Si l'on dit que le duel est accepté dans le cas de légitime défense lorsqu'on ne peut le refuser sans perdre l'honneur, il reste à définir cet honneur, qui dépend uniquement d'un pareil courage; et si l'on prétend distinguer le duel de l'assassinat, parce que dans le duel, il y a du danger, c'est entendre singulièrement le droit que de trouver légitime ce qui est périlleux.

Le péril d'ailleurs n'est pas toujours grave. Il arrive souvent que l'un des deux adversaires se trouve hors d'état de manier son arme. Celui-là est moins un combattant qu'une victime; et ne serait-il pas juste de dire, en conséquence, que l'autre est moins un duelliste qu'un assassin?

La guerre de conquêtes, la guerre sans provocation, ou pour tout comprendre en un seul mot, la guerre sans nécessité absolue est certainement un crime. C'est affaire aux gouvernements de décider quand les intérêts du pays sont assez pressants et son honneur assez engagé, pour que la guerre devienne excusable. Lorsqu'ils ont eux-mêmes par ambition, par légèreté, par incapacité, donné naissance à ce qu'on nomme, en politique, un cas de guerre, ils sont certainement responsables devant Dieu, du sang qui va couler. On ne saurait trop s'inculquer ces maximes; car la guerre exerce une séduction puissante sur la plupart des esprits. Les hommes aiment instinctivement la force; ils en aiment jusqu'à l'appareil; ils sont prodigues, pour tout ce qui est fort, d'obéissance et d'admiration. Il faut même avouer qu'il y a une grande différence entre l'amour de la bataille et le courage, et que la plupart du temps les plus poltrons sont en même temps les plus belliqueux. C'est la foule lâche et fanfaronne qui pousse d'abord des clameurs, et rend la bataille inévitable. Il faut attaquer cette disposition de nos mœurs, si l'on veut rendre la guerre moins fréquente. Il faut présenter la guerre sous ses vraies couleurs, montrer les colonnes entières emportées par les boulets et la fusillade, les privations du camp, les marches forcées, les maladies, le deuil des familles, la dépopulation des campagnes, l'appauvrissement du trésor, la cessation des affaires. Au lieu de cette ardeur guerrière, qui souvent n'aboutit qu'à des paroles, et qui, lors même qu'elle produit la véritable bravoure, n'est après tout qu'un sentiment aveugle et féroce, il vaut mieux fonder l'espérance de la nation sur le sentiment du devoir et sur l'amour de la patrie. Le secret de rendre un peuple invincible, c'est de lui faire aimer les mœurs, les lois, la langue et le sol du pays, et non de l'accoutumer à l'odeur de la poudre. Les montagnards suisses, qui battirent Charles le Téméraire, valaient mieux comme hommes et même comme soldats que les plus hardis condottières de l'Europe.

Le précepte de ne pas attenter à la moralité, à la liberté, à l'honneur, à la fortune de nos semblables, est, comme celui dont nous venons de parler, au-dessus de toute contestation. La loi punit ceux qui le transgressent, et l'opinion les flétrit. Ce qui reste à faire à la morale, c'est de signaler des transgressions que la loi ne peut atteindre et que la société couvre d'une indulgence coupable. Nous n'indiquerons ici que les plus graves.

Il est impossible de considérer un peu sérieusement la société dans laquelle nous vivons, sans être frappés d'un mélange de pruderie et d'immoralité. Ces contradictions dans les mœurs ont plus d'importance qu'on ne saurait croire; elles rendent le raisonnement presque impossible, et encouragent presque tous les esprits à agir par routine, sans philosophie et sans réflexion. N'est-il pas vrai, par exemple, que dans nos livres, dans nos pièces de théâtre, nous proscrivons avec rigueur certaines expressions qui nous semblent trop crues, tandis que le tissu même de la comédie et du roman est une apologie de l'adultère et de la débauche? Faisons la guerre aux mots si nous voulons, quoiqu'il n'y ait rien de dangereux dans un mot; mais faisons-la aussi aux choses. Une comédie dans laquelle tout l'intérêt est pour la femme adultère, et toutes les railleries pour le mari outragé, est un véritable attentat contre les mœurs. Il est impossible de se plaire à de tels spectacles, et de conserver l'horreur du vice. Qu'un philosophe, dans un livre sérieux que peu de personnes liront, fasse l'apologie de l'adultère, il est sûr d'être traduit en police correctionnelle et condamné : c'est justice; mais la même apologie, exposée sur le théâtre à des milliers de spectateurs, n'excitera pas le moindre scrupule. Ce sera la pièce en vogue, et des femmes modestes s'empresseront d'aller la voir. Modestes, elles ne le sont qu'en apparence. Le premier degré du vice est de trouver le vice aimable.

Rien ne doit nous humilier plus profondément que la facilité avec laquelle nous modifions nos jugements suivant nos intérêts ou notre humeur, ou simplement suivant la compagnie au milieu de laquelle nous nous trouvons. Un jeune homme nous racontera qu'il a pour maîtresse une femme mariée; nous écouterons ce récit avec complaisance, et peut-être ne perdra-t-il rien dans notre estime, pour avoir engagé une femme à violer le plus solennel de tous les serments, à répondre à la confiance et à la tendresse par la trahison, à compromettre l'avenir de sa fille et l'honneur du foyer domestique. Que cet ami, ce compagnon soit découvert par le mari, et se batte en duel; s'il fait bravement les choses, s'il ne tremble pas devant le pistolet, s'il a quelque ménagement pour le malheureux homme dont il a empoisonné la vie, si surtout il ne souffre pas qu'on attaque dans le monde la réputation de sa complice, il devient un homme à la mode, une manière de héros dans un certain monde. Une maîtresse et un duel, cela donne du relief, et il faut être philosophe pour traiter un si galant homme d'adultère et de spadassin! Cependant, qu'au lieu de l'appeler sur le terrain, le mari outragé le conduise à la police correctionnelle, aussitôt tout change de face. La mode n'a pas pris encore la sellette des accusés sous son patronage. Une condamnation à deux ans de prison pour attentat aux mœurs flétrit très-positivement celui qu'elle frappe. Ceux qui l'ont admiré hier prennent aujourd'hui des airs de pitié insultants. Ils parlent de morale, de bienséance, de train de vie condamnable. Ils se montrent plus sévères que les honnêtes gens. Pour eux, ce n'est pas l'adultère qui fait la flétrissure, c'est la condamnation, le gendarme, le verrou. Ne nous flattons pas de mériter le titre d'honnête homme, tant que nous aurons de lâches complaisances pour de telles contradictions et de tels abus.

Nous avons tous le plus profond mépris pour la calomnie et les calomniateurs; mais tous les jours nous accueillons les insinuations les plus perfides contre des hommes d'un caractère honorable; nous les répétons avec insouciance; nous nous estimons justes et intègres, si nous avons la précaution d'ajouter quelqu'une de ces phrases banales : « Je n'en crois rien, je ne le sais pas personnellement, je ne fais que répéter le bruit qui court. » Et les mêmes hommes qui contribuent à voler son honneur à un de leurs semblables, se croiraient perdus s'ils lui faisaient tort d'un denier. Est-ce donc que la fortune a plus de prix que la réputation? Quand le cri public désigne un coupable, la loi veut qu'avant de le condamner à la peine la plus minime, il soit interrogé, confronté avec des témoins, défendu par un avocat; les salons ne sont pas si scrupuleux. On y condamne un homme sur la plus légère vraisemblance. Ce sont de ces vices de société que tout le monde excuse, parce que personne n'en est innocent. On n'en est pas venu à dire d'un homme aimable, qu'il médit bien; mais c'est pure hypocrisie, et il n'y a pas de conversation brillante qui ne fasse des victimes.

Y a-t-il un des biens de ce monde qui nous soit plus cher que la liberté? Ceux même qui font bon marché de la liberté politique, parce qu'ils ont le malheur de la considérer comme incompatible avec le bon ordre, sont attachés du fond du cœur à la liberté civile. Ils pensent avec raison que la fortune n'est rien, si l'on n'est maître de ses biens et de sa personne, si l'on ne peut aller et venir à son gré, élever ses enfants suivant son goût et sa conscience, diriger seul ses affaires sans intervention de l'autorité publique, vivre chez soi avec indépendance en se conformant à la loi commune, et, selon l'expression consacrée, murer la vie privée. Cependant, dès que la passion politique ou l'intérêt nous poussent, nous violons le sanctuaire du foyer domestique; nous ôtons au citoyen, d'une main brutale, toutes les garanties que la loi lui accorde : de tribuns devenus despotes, nos actes d'aujourd'hui ne sont pas plus énergiquement flétris par les plaintes de nos victimes, que par nos propres invectives, dans d'autres temps, contre d'autres proscripteurs. Est-ce donc que la passion seule nous mène? Ne savons-nous ni penser, ni réfléchir, ni être justes? Et sommes-nous les jouets de la colère et de l'intérêt, comme des enfants imbéciles et féroces? Heureux l'homme qui peut regarder sa vie passée, et se rendre le témoignage qu'il a toujours été du parti de la justice, même au détriment de ses intérêts! Si quelque chose peut faire maudire les passions politiques, c'est de voir qu'elles dépravent assez ceux qui s'en laissent dominer pour leur ôter à la fois le sens moral et le sens de la pudeur. Le plus triste de tous les spectacles que notre condition humaine nous condamne à subir, c'est celui de l'apostasie.

De toutes les libertés, la plus respectable, et nous devons même dire la plus sainte, c'est la liberté de conscience; et c'est aussi celle que nous savons le moins respecter. Partout où un culte domine, soit par la loi, soit par le nombre, il s'impose ou cherche à s'imposer; et cela est vrai, non-seulement de la religion romaine, qui fait profession d'être intolérante, mais de toutes les religions; et non-seulement de toutes les religions, mais de la philosophie et du scepticisme lui-même. Il y a eu un temps où le scepticisme, au pouvoir, prenait les allures d'une religion d'État, profanait tous les temples, proscrivait tous les prêtres et défendait à l'homme d'adorer son Créateur. De la vie publique, cette intolérance réciproque passe dans la vie privée; l'un crie à l'impiété, l'autre au fanatisme, et l'on oublie de part et d'autre cette loi formelle de la conscience morale : Tu n'attenteras pas à la liberté d'autrui. C'est que la philosophie, qui a réussi à faire écrire la liberté de conscience dans la loi, n'est pas encore parvenue à l'implanter dans les mœurs.

Nous paraissons plus scrupuleux en matière d'argent. Le vol proprement dit est flétri par l'opinion ; mais il reste à savoir si à côté du vol et de l'escroquerie définie par la loi et réprouvée par les mœurs, nous ne tolérons pas, sous des noms supposés, de véritables attentats à la propriété d'autrui. Parmi les gens bien élevés qui garderaient fidèlement un dépôt, et à qui vous pourriez sans crainte confier la clef de votre coffre-fort, il en est plus d'un qui n'hésitera pas à spéculer sur la peur ou sur la crédulité publique, et à empocher des millions pour sa part de bénéfice dans une entreprise dont les plans mêmes ne sont pas encore tracés. Ces grosses aventures de Bourse, où se font tant de fortunes, où l'on s'enrichit sans génie et sans travail, sont pour la plupart des escroqueries, et à défaut des tribunaux, devraient être punies comme telles par l'opinion. Vous punissez un homme qui a faim et qui dérobe un pain à l'étalage d'un boulanger, et vous ne punissez pas un millionnaire qui, usant de toutes les ressources de la publicité, et trompant le public sur les chances probables d'une entreprise, double et triple sa fortune par d'odieuses manœuvres, et ruine quelquefois cent familles dans la même journée ! Il n'y a pas de moyen honnête de gagner un million sans mise de fonds préalable, sans travail et sans découverte utile. Personne ne l'ignore ; personne n'est dupe de ces honnêtes gens qui parlent de leur probité, parce qu'ils n'offensent pas la loi écrite, et qui dévorent comme des sangsues la substance d'un peuple ; mais personne n'a assez de cœur pour déserter leurs salons, pour repousser la main qu'ils vous tendent, et pour les traiter comme ils le méritent, c'est-à-dire comme des fripons et des escrocs. Ils tiennent partout le haut du pavé.

« Lucri bonus est odor, ex re
Qualibet[1]. »

Ils sont même jurés à leur tour ; et ils appliquent à de pauvres diables nos sévères lois sur les jeux de hasard, sur le prêt usuraire, sur la mendicité. Leur faste et leur impunité sont une insulte au travail et à la vertu.

C'est à tort qu'on se croit honnête homme, quand on a seulement le droit de dire, suivant le proverbe populaire, qu'on n'a jamais fait de tort à personne. La loi morale ne nous oblige pas seulement à ne pas nuire à nos semblables, elle nous oblige à leur faire du bien. Il ne suffit pas de ne pas les tuer, il faut les aider à vivre ; ni de respecter leur bien, il faut encore leur faire part du nôtre. En un mot, nous leur devons également la justice et l'assistance.

La loi civile, si minutieuse, si précise dans ses défenses, est timorée, scrupuleuse, incomplète dans ses prescriptions. Elle ordonne au père de donner de l'éducation au fils ; au fils, de fournir des aliments au père ; au mari d'entretenir la femme conformément aux bienséances de son état ; elle punit, en certains cas, l'ingratitude, et seulement par le retrait du bienfait ; elle établit partout des impôts, et même dans certains pays, sous différents noms et pour des destinations diverses :

1. Juvénal, *satire* XIV, vers 207.

voilà à peu près tout ce qu'elle a osé. Il y a cette différence entre les interdictions et les prescriptions de la loi, que les premières sont toutes favorables à la liberté et que les secondes lui sont contraires. La loi, en interdisant de me nuire, consacre mon indépendance : en m'ordonnant d'aider mes concitoyens, elle diminue ma liberté. Le génie des constitutions absolues, c'est de prescrire beaucoup de devoirs et de donner aux droits peu de garanties; et le génie des constitutions libérales, c'est de multiplier les garanties et d'abandonner les devoirs à la conscience de chacun; et c'est pourquoi les théoriciens de la monarchie absolue ont pu prétendre qu'elle développe la fraternité humaine, tandis que la liberté, en armant le droit de chacun, nous conduit à l'isolement, à l'égoïsme, à la lutte. Nous croyons qu'il faut attendre le développement de la fraternité humaine des institutions civiles, de l'éducation, des croyances et des mœurs, et que la loi pénale doit se borner presque exclusivement à garantir le droit, c'est-à-dire la liberté. Dès que loi pénale entreprend de réglementer l'action, elle détruit le libre arbitre; et, dès qu'elle entreprend de disposer des biens, ou seulement de leurs fruits, elle attaque la propriété. Il ne faut donc pas se plaindre d'une réserve nécessaire; mais plus la loi écrite doit être timide quand il s'agit de l'assistance, et plus nous devons insister sur les devoirs prescrits par la loi morale.

Un brigand attaque un voyageur sur la grande route. Je suis le seul témoin du crime, et je n'interviens pas pour l'empêcher : suis-je innocent de l'assassinat? Un homme, sous mes yeux, séduit une jeune femme; je pourrais avertir la victime, lui ouvrir les yeux, la sauver, et je me tais : suis-je innocent de sa perte? On prononce devant moi une calomnie; je connais la vérité, je m'abstiens de la dire : ne suis-je pas complice du calomniateur? Il suffit de poser ces questions pour les résoudre. Celui qui trompe sérieusement les hommes est un ennemi de Dieu ; celui qui pourrait les éclairer, et qui, par indifférence ou par orgueil, renferme en lui son savoir, remplit-il sa destinée? Le mendiant doit mourir de faim à la porte d'un boulanger, sans mettre la main sur ce pain qui n'est pas à lui : voilà le droit de la propriété dans sa terrible rigueur. La loi écrite le sanctionne sous cette forme, et elle n'oblige pas le riche à donner à celui qui meurt; mais la loi morale l'y oblige impérieusement. S'il jouit de son superflu en présence de cet agonisant, il est responsable de sa mort. La morale chrétienne dit admirablement que les riches ne sont que les trésoriers des pauvres : c'est une parole vraiment divine, et qui suffirait, si elle était gravée dans tous les cœurs, pour faire le salut de la société.

Quand on songe à ce qu'est l'homme, à la place qu'il occupe dans la création, aux facultés dont il est doué, aux trésors qu'il a reçus, on ne peut plus se faire à l'idée que tout cet amour, toute cette force, toute cette intelligence ne soient employés qu'au service de celui qui les possède; que Dieu ne nous demande rien autre chose que de ne pas nuire à ses desseins, de ne pas nous égorger, de ne pas nous persécuter entre nous; mais on comprend, au contraire, que Dieu nous a pris du néant pour faire de nous les collaborateurs de son œuvre sublime; qu'il nous a ordonné d'aimer et de secourir nos frères, et de consacrer nos forces, nos talents, tout ce que nous possédons et tout ce que nous sommes, à les défendre, à les nourrir, à les éclairer, à leur faire du bien. Quand il nous appellera à lui (car il faut bien penser à la mort et à ses suites), lui dirons-nous seulement : « Je n'ai pas nui? » Était-ce là notre vocation? A quoi bon la pensée et la volonté, si c'est une assez grande vertu que d'avoir été inutiles? Pourquoi ce cœur brûlant, si la sagesse permet d'en éteindre les flammes? Pourquoi des hommes de génie, si Dieu souffre que ce génie se taise, s'anéantisse? Bien loin de nous avoir destinés à un rôle passif, il a mesuré nos obligations à nos forces, et notre dignité à nos obligations[1]. Vivre, c'est agir; c'est combattre à son poste le combat de la vie; général ou soldat, peu importe, pourvu qu'on fasse vaillamment son devoir. La force, grande ou petite, que Dieu nous a départie, est un don vraiment divin; nous ne devons ni la laisser périr, ni la profaner à d'indignes usages.

Comme il y a des hommes qui se croient suffisamment honnêtes parce qu'ils ne font de mal à personne, et qui parlent avec conviction de leur probité et de leur honneur, tandis qu'ils laissent à côté d'eux leurs semblables souffrir et mourir sans leur tendre la main, il y en a d'autres qui par faste, par goût, peut-être par bonté de cœur, aiment à donner et à agir, et font un généreux usage d'une fortune mal acquise. La bienfaisance est plus attrayante que la justice, surtout lorsqu'il s'agit de quelqu'un de ces bienfaits par lesquels on s'attache un homme; ou de ceux qui passent pour héroïques, et qui concilient au bienfaiteur l'estime et l'admiration universelles. On se complaît soi-même dans la pensée de ces actes généreux; comme

---

1. Aristote dit admirablement : Ἐν οἰκίᾳ τοῖς ἐλευθέροις ἥκιστα ἔξεστιν ὅ, τι ἔτυχε ποιεῖν, ἀλλὰ τὰ πάντα ἢ τὰ πλεῖστα τέτακται· τοῖς δὲ ἀνδραπόδοις καὶ τοῖς θηρίοις μικρὸν τὸ εἰς τὸ κοινόν, τὸ δὲ πολὺ ὅ, τι ἔτυχε. Mét., XII, chap. x.

on se sent capable de dévouement, on se place sans hésiter parmi les âmes d'élite, et l'on ne songe pas que ce temps qu'on prodigue à un protégé, à un favori, est dû à un autre ; que cet argent, qu'on dépense avec tant de plaisir à le soulager, appartient à un autre; qu'un autre a des droits antérieurs et absolus sur cette fortune qu'on emploie à des largesses. Il faut d'abord rentrer dans l'ordre, accomplir la tâche austère que nous impose l'équité, et acquérir ainsi le droit de nous livrer aux penchants de notre cœur. C'est sans doute un devoir de donner ; mais, pour donner une chose, il faut avant tout la posséder légitimement.

La justice est absolue, elle est inexorable; il n'y a pas avec elle d'accommodement. Tout ce qu'elle ordonne doit être accompli sur l'heure et loyalement, sans hypocrisie, sans arrière-pensée, parce que cela est juste, et non pas parce que cela est profitable ou glorieux. Le cœur doit se taire, quand par malheur il n'est pas d'accord avec la justice. Il faut le soumettre, le dompter sous le joug du devoir. Manquer à son devoir, parce qu'en y manquant on pourra faire de grandes choses, cela peut s'appeler, selon les circonstances, agir en héros ou en grand homme : cela s'appelle ainsi, pour la foule des âmes faibles; et cela s'appelle, pour le philosophe, manquer au devoir. Les règles de la justice ne sont pas comme les règles de la tactique militaire ou comme les préceptes de l'art poétique, dont le génie s'affranchit. Elles ont été écrites par la main de Dieu même; et quiconque les enfreint viole la loi de Dieu et profane en lui-même le plus sacré caractère de l'humanité. S'il y a des exceptions à la justice, la justice n'est plus la justice. S'il y a deux morales, il n'y a plus de morale.

Il ne faut pas se laisser tromper par les acclamations du dehors. Les hommes aiment naturellement tout ce qui vient du cœur, tout ce qui est grand, tout ce qui éblouit, et même tout ce qui est étrange. Une action héroïque, ou simplement un acte de générosité les émeut infailliblement et provoque leur enthousiasme. Ils voient ces actions; ils ne voient pas la justice dans le cœur du juste. Soyez d'Assas, et votre nom sera immortel pour un moment de courage sublime. Mais Aristide, si le sort ne le place pas à la tête de la république, peut n'emporter au tombeau qu'une froide estime. Il n'y a pas de caractère plus admiré au théâtre que celui de Charles Moor. Prendre pour donner; fouler aux pieds des devoirs vulgaires, et être toujours prêt à défendre le pauvre, à venger ses injures, à soulager ses souffrances; se révolter contre l'ordre social, mais par passion, non par égoïsme; être mené par son cœur, en dépit de sa raison, mais par un cœur loyal et chevaleresque : en voilà plus qu'il ne faut pour faire oublier bien des fautes, peut-être bien des crimes, et pour traverser la vie en triomphateur. La force seule, le succès sans la générosité suffisent quelquefois pour aveugler la foule et pour faire illusion à l'histoire, tant la force a de fascination. Quel est l'homme qui refuse à Alexandre, à l'injuste conquérant de l'Asie, le titre de grand? Quel est celui qui n'admire pas César et Auguste? Auguste a pardonné à Cinna, peut-être par calcul : c'est assez pour qu'on oublie les proscriptions. Il a fait en un jour vingt mille victimes; mais une autre fois, il en a épargné une avec faste : c'est assez pour qu'on écrive un poëme *de la Clémence d'Auguste*. Voilà les jugements des hommes, et voilà les majorités, et voilà la moralité du succès. Que font toutes ces folies humaines à la vérité et à la justice ? Il n'y a point de majorité contre la conscience. Si entre toi et de grandes choses, il n'y a que la mort, brave la mort et sois un héros; s'il y a un précepte de la loi divine, arrête-toi, et meurs obscur et honnête.

Outre les devoirs généraux que nous avons à remplir envers nos semblables, nous en avons de plus particuliers envers la famille et envers la patrie.

L'amour de la famille est si profond et si universel, que la morale a peu de chose à faire pour enseigner aux hommes les devoirs qui les lient à leurs proches. Il n'est pas même nécessaire de les prévenir contre l'emportement d'une tendresse aveugle ; car ceux qui s'y livrent connaissent leur faute. Seulement, ici encore, nos mœurs et nos maximes ne sont pas toujours d'accord. Nous professons une grande vénération pour la chasteté du lien conjugal, pour la piété filiale, pour l'amour paternel; mais tous ces biens que nous aimons, que nous voulons, nous ne faisons rien pour les obtenir. Nous jouons sans cesse avec l'adultère, on dirait que nous le proscrivons chez nous et que nous l'admirons partout ailleurs. Nous parlons des bienfaits de l'éducation ; mais, sauf des exceptions honorables, nous ne voyons dans l'éducation qu'un moyen d'arriver à une carrière. Nous visons aux résultats, c'est-à-dire aux examens, comme si nous étions pressés d'en finir. Il semble que la nature nous ait chargés de faire un ingénieur ou un médecin; nous oublions qu'elle nous a chargés de faire un homme. Quand nous avons assuré la fortune de nos enfants, nous mourons tranquilles ; nous nous croyons acquittés envers la société et envers Dieu. Tout au plus donnons-nous à nos enfants quelques sentences banales sur la vertu et la probité, trop souvent démenties par nos exemples. La plus grande fonction d'un père et d'un homme se trouve ainsi remplie au hasard, et ne tient que la moindre place dans notre vie affairée et désordonnée. Heureux encore quand nous ne nous imposons pas la tâche de faire de notre enfant ce scélérat gourmé, pédant et hypocrite, qu'on appelle un homme positif. Si vous voyez un enfant au cœur fermé, aux âpres convoitises, prudent et calculateur avant l'âge, méprisant de la science tout ce qui ne se convertit pas promptement en écus, dites-vous que le père est bien malheureux ou bien coupable. Voici à quels symptômes vous reconnaîtrez que la décadence d'un peuple est profonde : c'est quand le hasard des révolutions changera vingt fois en un quart de siècle le système d'éducation, sans lasser la patience et la docilité des pères de famille. On dit : « J'ai mis mon fils en état de faire son chemin dans le monde. » Il faudrait pouvoir dire : « Je l'ai préparé à faire son devoir dans le monde. » Si nous étions sincères dans nos lamentations sur l'abaissement des esprits et des caractères, nous verrait-on traiter l'éducation de nos fils comme une affaire, et compter pour perdu le temps qu'ils ne passent pas à se préparer à un métier ?

Lorsque la Révolution française a été faite, elle a été faite au nom de la liberté et de la fraternité; c'est le double symbole de l'avenir : la liberté dans la loi, la fraternité dans les mœurs. La nation s'est engouée de la liberté, qui était pour elle une chose nouvelle, et, à travers bien des vicissitudes, qui pourront renaître, mais qui seront passagères, elle est parvenue à la constituer solidement dans ses lois. Mais la fraternité n'a guère été jusqu'ici qu'un mot, parce qu'elle doit venir surtout des croyances et de l'éducation, et que nous sommes une nation sceptique, dont le scepticisme est d'autant plus déplorable qu'il n'exclut pas l'hypocrisie. La société n'est pas faite pour reposer sur un principe simple : la liberté ne lui suffit pas; car la liberté, quand elle est seule, est un dissolvant. Le propre de la liberté est de discerner le droit de chacun, de le proclamer, de l'armer; de sorte que, dans un État libre, où le lien social n'est pas puissamment renoué par les croyances, par le dévouement, par l'esprit national et l'esprit de famille, l'individu est tout et la nation presque rien. C'était le contraire sous la monarchie absolue, où l'individu, la liberté, le droit n'étaient rien ; tandis que l'État abstrait, mais personnifié dans le souverain, était tout. Sommes-nous con-condamnés à aller toujours d'un extrême à l'autre?

Nous ne pouvons nous dissimuler que, sous l'ancien régime, l'autorité presque illimitée du père, le droit d'aînesse, l'orgueil du nom, qui s'étendait jusqu'à la plus petite bourgeoisie, l'immobilité des patrimoines, et la communauté de foi religieuse et politique, ne donnassent à la famille une cohésion bien autrement puissante que celle qu'elle peut tirer de nos lois sur l'émancipation, la majorité, le partage des biens, de notre vie sans dignité et sans intérieur, de notre indifférence en matière de religion et de nos passions politiques. Il faut supporter la somme de mal qui est la conséquence nécessaire de l'acquisition d'un bien; mais il ne faut pas l'accroître. Le vrai remède est dans l'éducation, car c'est sur l'enfant que nous devons agir, nul n'ayant la volonté ni le pouvoir de restreindre la liberté de l'homme fait. La tâche de nos pères a été de conquérir le droit : la nôtre doit être d'enseigner et de propager le devoir.

Nous ne pensons pas avoir besoin de défendre le principe de la famille parce que nous ne pensons pas qu'il soit jamais sérieusement attaqué. Mais si le principe et les éléments constitutifs de la famille restent intacts, l'esprit de famille est menacé : là est le danger. Il est menacé par la liberté, car les meilleures choses ont leurs périls, par l'amour toujours croissant du lucre, par l'indifférence en matière religieuse et philosophique, et par la transformation, tous les jours plus frappante, de l'éducation en apprentissage.

L'amour de la patrie est un sentiment qui sommeille dans un grand nombre d'âmes absorbées par la famille et les affaires. On aime les biens dont on jouit constamment, avec sécurité et sans même songer qu'on puisse les perdre ; mais on les aime d'un amour qui s'ignore. Ce sentiment même, pour la plupart de ceux qui n'ont ni étudié, ni pensé, ne s'attache qu'à un horizon étroit, au sol de la commune, aux lieux où ils ont travaillé, où ils ont été heureux, où ils ont souffert ; et s'il s'étend plus loin, c'est dans les moments de crise, quand une guerre nationale arrache tous les citoyens à leur apathie. Quant à ce patriotisme éclairé qui nous attache à la gloire et à la prospérité intérieure de notre pays, c'est un sentiment qui n'a de force, de persévérance et d'efficace que chez les âmes d'élite. Ceux même qui parmi nous comprennent la grandeur des devoirs du citoyen, confondent souvent la passion politique avec le patriotisme. La passion politique n'est légitime que quand elle a le patriotisme pour foyer ; mais trop souvent, dans les luttes de parti, l'intérêt du pays est la chose à laquelle on pense le moins. C'est d'abord la haine qui nous pousse, sentiment mauvais en soi, dégradant, et d'autant plus redoutable qu'il s'accroît presque fatalement dans la lutte, et finit par dominer; puis vient cette espèce d'obstination, cet acharnement aveugle qui, au bout d'un certain temps, concentre sur la nécessité de vaincre, nos idées, nos sentiments, nos efforts; puis l'ambition et l'intérêt personnel, cette éternelle préoccupation de l'homme. Que celui qui veut se mêler, ne fût-ce que par ses désirs, des affaires de son pays, sonde d'abord ses reins et son cœur, et qu'il se demande si c'est à la gloire de sa patrie qu'il s'intéresse, ou au succès d'une coterie. Nous sommes si habiles à déguiser sous de grands mots de vilaines passions, que nous parvenons quelquefois à nous tromper nous-mêmes. Nous connaîtrons la pureté de nos intentions si nous nous sentons incapables de changer de sentiment et de conduite avec la fortune, si nous sommes prêts à servir, n'importe à quel rang, sans ambitionner le premier, et si nous aimons tout ce qui est favorable à la patrie, lors même que ce bien ne lui vient pas par nos mains ou par celles de nos amis.

On est quelquefois embarrassé entre deux devoirs. Par exemple, il arrive qu'on ne puisse se rendre utile à l'humanité sans nuire aux intérêts de la patrie, ou se consacrer à la patrie sans compromettre les biens et la sécurité de la famille. Les égoïstes en concluent qu'il ne faut songer qu'à soi et aux siens; et les stoïciens, et d'autres écoles qui poursuivent la perfection idéale, qu'il faut en toute occasion sacrifier la famille et la patrie à l'humanité. De ces deux erreurs, la première est repoussante; la seconde a quelque chose de grand et de noble et n'en est pas moins une erreur. Il ne faut pas trancher les difficultés par des maximes générales. La vie, les faits, la conscience ne se prêtent pas à tant de simplicité et de rigueur. Nous sommes partie intégrante d'un monde multiple, et nous portons en nous-mêmes des principes et des sentiments qui se combattent, et que nous devons plutôt concilier qu'étouffer. Les solutions simples plaisent d'abord à l'esprit ; c'est à l'user qu'on en reconnaît la vanité et l'impuissance. Quand les stoïciens vont jusqu'à dire que l'amour de la patrie est un sentiment faux et condamnable, ils ne paraissent pas moins insensés que quand ils font l'apologie de l'ingratitude. Outre que nous sentons en nous-mêmes que la nature nous inspire ce sentiment, l'amour de l'humanité qu'on veut substituer en sa place est souvent un sentiment vague qui se perd et s'anéantit à force d'être général. La véritable école de l'humanité c'est le patriotisme, et l'école du patriotisme c'est l'esprit de famille. On apprend à aimer les hommes et son pays auprès du berceau de son enfant. Tous les bons sentiments naissent de cette source comme par une contagion heureuse et bénie. De même que mon esprit procède par analyse et ne saurait embrasser le monde d'un coup d'œil, mon cœur attache d'abord son amour auprès de moi, et, prenant des forces, il devient capable d'étendre sa tendresse à l'humanité. On peut dire aux stoïciens ce qu'Aristote disait à Platon qui, avant eux, avait cru exalter l'amour de la patrie en détruisant le sentiment de la famille : « Vous vous trompez sur la nature de l'amour, et sur les lois de son développement ; l'amour n'est pas assez vaste pour embrasser d'abord un si grand objet ; vous n'avez qu'un peu de miel, et vous le jetez dans la mer. »

Les stoïciens postérieurs au christianisme qui ne condamnent ni l'amour de la famille, ni l'amour de la patrie, se bornent à demander qu'on les sacrifie en toute occasion à l'amour de l'humanité, et c'est encore trop; leur formule, éminemment simple, est que l'intérêt particulier doit toujours céder à l'intérêt général; mais il n'en va pas ainsi. Tout ce qui est hors de doute et de contestation, c'est qu'on peut et qu'on doit même sacrifier sa vie et sa fortune à l'intérêt général, et dire, en ce sens, avec Marc Aurèle : « Ce qui n'est pas utile à l'essaim, n'est pas non plus utile à l'abeille[1]; » mais, du moment qu'on n'est pas l'unique victime, le problème devient complexe, et mille circonstances, impossibles à prévoir et à déterminer scientifiquement, peuvent en modifier la solution. S'il est permis de poser des maximes générales, quand on prévoit d'avance des exceptions nombreuses, on peut dire que, pour les devoirs positifs, nous devons préférer nos proches, et pour les devoirs négatifs, l'humanité. Par exemple, je dois me priver du nécessaire pour mes enfants; je ne dois aux pauvres que mon superflu. Au contraire, si ma ruine et celle des miens ne peut être évitée qu'aux dépens de la ruine de mon pays, c'est ma famille que je dois ruiner.

Il doit être bien entendu que nous ne parlons ici que des cas où la justice elle-même n'a pas prononcé; car toutes les fois que, pour d'autres raisons, le droit est manifeste, il ne faut plus considérer ceux qu'il sauve et ceux qu'il frappe, et on ne doit plus songer qu'à lui-même.

---

1. Marc Aurèle, livre VI, paragraphe LIV.

CHAPITRE IV.

DU DROIT DE DIEU SUR SES CRÉATURES, ET DES DEVOIRS
QUI EN RÉSULTENT POUR L'HOMME.

> « Maître, quel est le grand commandement de la loi ?
> « Jésus lui répondit : Vous aimerez le Seigneur votre Dieu de tout votre cœur, de toute votre âme et de tout votre esprit.
> « C'est là le premier et le plus grand commandement. » — Évangile selon saint Matth., chap. XXII, v. 36, 37 et 38.

Il est clair que Dieu est la perfection et la bonté mêmes et que nous lui devons la vie et tous les biens dont nous jouissons. Il est clair aussi que, vivant sous la main de Dieu, et de ses dons, nous serions coupables de la plus horrible ingratitude si nous n'avions pas le cœur pénétré des bontés dont il nous comble. Le premier de nos devoirs est donc de l'honorer. Tous ces principes nous paraissent incontestables ; car, pour les malheureux hommes qui croient que l'imparfait peut exister sans que le parfait existe, ou que Dieu, l'auteur du monde, abandonne son œuvre après l'avoir faite, nous avouons que nous n'avons rien à disputer contre eux, et que ce n'est pas à eux que nous parlons.

Il faut donc honorer Dieu, et nous ne croyons pas avoir besoin d'en faire la démonstration ; mais nous voudrions essayer de dire ici de quelle manière il faut l'honorer.

Reconnaissons avant tout que la première manière d'honorer Dieu, c'est d'obéir à la loi morale. Dieu est le Souverain Bien ; tout le bien qui est dans le monde, c'est Dieu qui l'a fait. S'opposer au bien, c'est entrer en lutte avec Dieu, c'est désobéir à sa volonté formelle. C'est profaner des facultés qu'il nous a données pour en faire un bon usage.

Aucune formule d'adoration et de respect ne peut être agréable à Dieu quand on la prononce avec un cœur souillé[1]. Cette vérité est si évidente, que quand un homme mêle aux iniquités de sa vie les pratiques d'une religion, les incrédules eux-mêmes sentent augmenter leur mépris. Il semble que, par cette hypocrisie détestable, il veuille associer Dieu même à ses crimes. Personne ne croira jamais à la sincérité d'un sentiment religieux qui n'inspire pas une conduite honnête. Comment peut-on aimer Dieu et ne pas respecter en soi-même l'objet le plus parfait qui soit sorti de ses mains ? Comment peut-on aimer Dieu et ne pas aimer la justice ? De quel front ose-t-on prier, quand on a pris en vain le nom trois fois saint qu'on invoque dans sa prière ? La prière du parjure est une malédiction contre lui-même. Si le parjure se reconnaît, s'il sent l'énormité de sa faute, que le premier signe de son repentir soit de ne plus oser prononcer le nom de Dieu. Il n'y a que le repentir et l'expiation qui puissent permettre au violateur de l'ordre d'adresser sa prière à l'auteur et à la source de l'ordre.

Voilà donc le premier culte qui soit agréable à Dieu :

---

1. « Malheur à vous, scribes et pharisiens hypocrites qui payez la dîme de la menthe, de l'aneth et du cumin, et qui avez abandonné ce qu'il y a de plus important dans la loi, savoir la justice, la miséricorde et la foi. » *Évangile selon saint Matthieu*, chap. XXIII, v. 23.

c'est d'être droit, juste, bienfaisant, de rester fidèle à sa parole, de sacrifier sans hésitation et sans murmure son intérêt à son devoir; de ne pas dégrader en soi, par des lâchetés ou des bassesses, le noble caractère de l'humanité; d'éviter avec scrupule toute occasion de blesser les droits d'autrui; de chercher, au contraire, l'occasion de se sacrifier au bonheur de ses semblables, de se faire un cœur bienveillant pour toutes les créatures de Dieu, et de laisser après soi des exemples de vertu et un souvenir sans tache.

Mais suffit-il, pour honorer Dieu, de se montrer fidèle à sa loi en faisant le bien? A côté de ce premier de tous les devoirs, n'y en a-t-il pas un autre plus spécial, et dont nous ne saurions nous affranchir sans crime?

La reconnaissance ne doit pas être muette; elle doit se produire par des actes. Il y a quelque chose qui choque la conscience dans le spectacle d'un homme qui ne cherche pas toutes les occasions de montrer sa reconnaissance à son bienfaiteur; de même il ne se peut qu'étant les enfants de Dieu, on n'entende pas sur nos lèvres le nom de notre père.

Il ne faut pas dire que Dieu n'a pas besoin de nos respects, car la grandeur du bienfaiteur ne nous affranchit pas de nos obligations. Il est dans l'ordre que nous lui témoignions notre reconnaissance, quoiqu'il ne puisse rien résulter à l'égard de lui de notre reconnaissance ou de notre ingratitude.

A ce premier motif, il en faut joindre un autre : c'est qu'inutile pour lui, notre reconnaissance est profitable pour nous. Tout sentiment conforme à l'ordre est sanctifiant. La piété envers Dieu nous donne de nouveaux motifs d'aimer le bien et de le pratiquer, et elle est elle-même un moyen de nous rendre le bien plus facile à accomplir. Tous les élans d'une âme pieuse et éclairée vers Dieu sont en même temps des aspirations vers la vertu, et elle ne peut pas accomplir un seul acte d'adoration sans se rappeler la nécessité d'obéir toujours au devoir, pour être toujours digne d'adorer Dieu.

Quels sont ces actes d'adoration? C'est ce qu'il est difficile de déterminer. Montrons d'abord qu'il ne peut y avoir presque rien de commun entre les données philosophiques et les prescriptions des religions positives.

La philosophie et la religion se touchent nécessairement par plusieurs points, puisqu'elles ont pout but l'une et l'autre de régler les devoirs de l'homme en cette vie, et d'annoncer quel sera son avenir dans l'autre.

Elles diffèrent principalement en ce que la philosophie s'efforce d'établir scientifiquement les doctrines qu'elle nous propose à croire, tandis que la religion les impose au nom de Dieu.

Il s'ensuit que l'autorité n'est rien en philosophie, et qu'elle est tout en religion.

La philosophie nous provoque à discuter et à juger, et la religion nous l'interdit.

Une doctrine philosophique n'a de valeur pour celui qui l'entend émettre que celle qu'il voudra bien lui accorder après l'avoir examinée en elle-même et après avoir pesé les arguments sur lesquels elle est appuyée.

Un dogme religieux doit être admis, quel qu'il soit, par quiconque admet l'autorité au nom de laquelle il est promulgué.

La religion dédaigne toutes les questions de pure curiosité, et règle avec précision tout ce qui a rapport au salut.

La philosophie étudie tous les faits, commente tous les principes, ne néglige aucune circonstance; mais sur beaucoup de points essentiels où les données lui manquent, elle se sent inachevée, hésitante, incomplète.

Il y a nécessairement, dans une religion, un symbole clair et précis pour le dogme, une Église organisée et puissante pour la discipline, un culte régulier dont toutes les pratiques sont définies.

En philosophie, il y a autant de symboles que d'écoles et ces symboles manquent trop souvent de précision et de clarté ; il n'y a ni église, ni hiérarchie, ni discipline ; il ne peut y avoir de pratiques déterminées, car les prémisses manquent pour les établir, et l'autorité manquerait pour les faire exécuter.

Il peut arriver qu'un philosophe soit en même temps fidèle à une religion positive. On ne peut nier cette possibilité, car ce serait nier que Descartes fût catholique ou que Malebranche fût philosophe.

En effet, en se plaçant à un point de vue abstrait, on voit qu'il n'y a point de contradiction à admettre, d'un côté que Dieu nous ait rendus capables de connaître la vérité par les lumières naturelles, de l'autre, qu'il nous ait révélé directement les vérités utiles au salut.

Si la vérité religieuse et la vérité philosophique se contredisent, il est clair qu'on ne peut admettre l'une et l'autre à la fois, parce qu'il n'y a pas deux vérités ; mais il n'y a rien dans l'essence de la religion positive et dans l'essence de la philosophie, qui nécessite une contradiction entre leurs dogmes respectifs.

Il va sans dire que le philosophe qui, en même temps, appartient à une Église, observe suffisamment le devoir d'adorer Dieu, en se conformant aux pratiques du culte; et il n'est pas moins évident que le philosophe qui n'appartient par ses convictions à aucune religion positive, se rendrait coupable d'hypocrisie et de superstition, s'il recourait aux mêmes pratiques pour manifester son respect envers Dieu.

Le devoir du philosophe incrédule envers une religion positive est : 1° la tolérance ; 2° le respect ; 3° la fermeté.

Il lui doit la tolérance, parce que la tolérance est une des formes de la liberté, et que la philosophie étant fondée sur la liberté ne peut pas la réclamer pour elle-même et la refuser aux autres.

Être intolérant, ce n'est pas seulement être l'ennemi de la liberté ; ce n'est pas seulement manquer à nos devoirs envers nos semblables en opprimant leur conscience ; c'est manquer à nos devoirs envers Dieu, en mettant obstacle au culte que veut lui rendre une partie de l'humanité. Ceci doit s'entendre de la tolérance civile, c'est-à-dire de la tolérance de l'État et des citoyens envers une opinion religieuse ou philosophique ; et non de la tolérance ecclésiastique, c'est-à-dire de la tolérance d'une Église envers ses propres fidèles. Ni une Église, ni un homme, ni un État, ne peuvent professer sans crime l'intolérance civile ; mais une religion positive qui est ou se prétend fondée sur la parole de Dieu, est nécessairement intolérante dans son propre sein. Elle pratique l'intolérance ecclésiastique.

Le philosophe doit en outre le respect à une religion qu'il ne professe pas, pourvu toutefois qu'elle ne blesse en rien les éternelles lois de la morale. C'est la marque d'un petit esprit et d'un jugement faux, que de railler une religion sans la connaître, ou de croire qu'on la connaît quand on connaît à peine l'aspect extérieur de ses cérémonies, ou de la juger par la conduite de ses prêtres. Chez nous où la religion catholique domine, les incrédules ont à la fois l'habitude de railler ses mystères, sa discipline et son clergé, et celle de vanter la morale de Jésus-Christ et de s'en proclamer les disciples. Nous faisons beaucoup de choses, par routine, par légèreté, par forfanterie. Accoutumons-nous à réfléchir, et à aller jusqu'au fond des choses. Si nous respectons l'Évangile autant que nous le disons, respectons les lieux où on le prêche; et en général, respectons dans les temples, à quelque religion qu'ils appartiennent, le nom de l'Éternel, qui les remplit, et la piété, peut-être erronée dans ses caractères, mais à coup sûr vénérable dans son origine et dans son but, qui les a fait élever pour la gloire de Dieu et la sanctification des hommes.

Si la fermeté est un devoir envers les religions positives, c'est qu'il est de leur nature d'être envahissantes, et que s'il se trouve dans leurs dogmes, dans leur discipline ou dans leurs cérémonies, quelque chose qui contrarie la raison ou les lois de l'État, c'est précisément cela qui leur paraît être le plus nécessaire, et qu'elles s'efforcent le plus d'établir et d'imposer. La philosophie doit du respect aux religions; mais elle est faite pour résister au fanatisme. C'est aussi une manière d'offenser Dieu que de s'humilier devant le fanatisme ou la superstition.

Ce n'est manquer de respect à aucune religion que de dire qu'à force de guider les hommes, et de les dispenser, en quelque sorte, de vouloir, il leur arrive, quand elles s'adressent à une âme à la fois faible et orgueilleuse, de paraître plutôt une formalité qu'une croyance, plutôt un ensemble de pratiques, qu'un système de dogmes. Le symbole et la morale, qui sont la moelle de toute religion, disparaissent ou s'effacent, pour ne laisser dans l'esprit que des règles minutieuses, dont il n'a pas même l'intelligence, et sur lesquelles il se repose à l'excès. Le catholicisme l'a profondément compris, quand il a mis la superstition au rang des péchés les plus graves, et quand il a, pour emprunter une de ses expressions, crié sur les toits, que la pureté de l'âme est la première condition de la vie religieuse. Plus on s'éloigne de la grandeur de ce principe pour s'attacher exclusivement aux détails du culte, et plus on perd le sentiment de la tolérance, qui est une des formes de la charité. Dans les religions surtout dont le symbole est contradictoire, imparfait, dont la morale est défectueuse, et dont tout l'être, pour ainsi dire, est d'avoir des cérémonies et des rites, il règne un esprit de domination contre lequel on doit d'autant plus réagir que de telles églises n'apportent avec leur joug, rien qui soit de nature à élever l'âme ou à la régler. En général, il est bon de savoir respecter; mais il faut respecter seulement ce qui est respectable, et respecter sans se livrer.

Comment le philosophe qui n'appartient à aucune religion positive, remplira-t-il le devoir d'adorer Dieu par un culte?

Ne pas gêner les manifestations de la foi d'autrui, quand elle n'est contraire ni à la morale ni au bon ordre, ne pas la railler quand elle est sincère, éclairer sans affectation de zèle, lorsque l'occasion s'en présente, ceux qui ont le malheur de ne pas croire à la religion naturelle, ne pas laisser faire devant soi, sans protestation, une déclaration d'athéisme, ne jamais invoquer le nom de Dieu en vain, ne pas le prononcer sans témoigner extérieurement son respect par un air de recueillement et de gravité, appeler Dieu à son aide dans les circonstances solennelles de la vie, faire quelques bonnes actions dans la vue particulière de l'honorer : tels sont à peu près tous les préceptes que l'on peut faire découler des inductions philosophiques sur Dieu et la Providence.

Reconnaissons sincèrement que ces quelques préceptes ne sauraient constituer un culte. Il est de l'essence de la philosophie de se tenir dans le domaine de la démonstration, parce qu'elle est fondée sur la raison et sur la liberté. Tout ce qui ne peut être directement démontré, tout ce qui ne résulte pas immédiatement d'un principe, n'existe pas en philosophie; et réciproquement, la philosophie elle-même n'existe pas pour tout esprit incapable de suivre un raisonnement. Sans doute son influence n'est pas bornée à ceux qui la comprennent; car elle agit indirectement sur les autres en modifiant à la longue les opinions, en transformant les mœurs et les lois, en répandant et en fécondant les sciences. Mais il y a loin de cette action si indirecte et si lente à l'influence qu'exerce sur les masses une religion, même fausse. Il ne faut pas trop nous affliger de ce contraste, parce que la philosophie, qui ne recule pas, finit toujours par s'établir et s'étendre; et il ne faut pas nous en étonner, parce que les formalités d'un culte s'adressent au cœur et à l'imagination de la foule, tandis que la philosophie ne parle qu'à ceux qui savent raisonner.

Parmi les penseurs qui ont réfléchi à cette condition et à ces limites de l'influence de la philosophie sur le peuple, il en est qui n'ont pu se résigner à tant de restrictions et de lenteurs, et qui, par l'institution de certaines cérémonies, par l'érection de monuments religieux et par des fêtes publiques, ont tenté de créer une sorte de culte politique et national.

Malheureusement, ces entreprises ne peuvent réussir ; car ceux qui les fondent, même avec de bonnes intentions, se rendent coupables de mensonge ; et ceux qui adhèrent au culte nouveau, subissent une véritable dégradation intellectuelle, quel que soit d'ailleurs le résultat de ces tentatives pour la pratique de la vie. Si, ce qui est immanquable, après avoir d'abord été dupes, ils perdent enfin leurs illusions, il est à craindre qu'ils n'enveloppent la religion naturelle dans le mépris légitime que la religion fausse leur inspire. Voilà pourquoi les diverses tentatives faites pendant la Révolution pour créer un culte public au nom de l'État, ont été justement repoussées par tous les bons esprits, et par toutes les âmes honnêtes.

Faut-il condamner également les hommes politiques qui, sans croire à une religion positive, sans en créer une, regardant de bonne foi les croyances religieuses comme nécessaires à la multitude, adoptent une religion ancienne, dont le dogme soit d'ailleurs élevé et la morale irréprochable, et s'efforcent de la propager par des motifs purement humains ?

Nous n'hésitons pas à répondre qu'il faut les condamner au même titre. S'ils professent eux-mêmes cette religion à laquelle ils ne croient pas, ils descendent à une hypocrisie dégradante ; s'ils en recommandent aux autres les pratiques, sans s'y soumettre, ils faussent et corrompent les esprits, et donnent l'exemple de l'orgueil le plus monstrueux. La fin ne justifie pas les moyens, et le mensonge n'est jamais permis : donc ils offensent la morale. Si l'on se rend coupable, pour mentir une fois, et sur des sujets de peu de conséquence, que dire de cet apostolat du mensonge, qui trompe les hommes sur leur plus grand intérêt ? Enfin, le but même qu'on se propose par cette imposture n'est pas atteint, car il est impossible qu'une religion fausse produise, en somme, plus de bien que de mal. On sème le mensonge; on ne récolte que l'hypocrisie. On se vante de propager une religion, et c'est une superstition que l'on répand.

Quelquefois on ne se borne pas à prêcher une religion; on l'impose. Louis XIV, par la révocation de l'édit de Nantes, contraignit tous les protestants à se faire catholiques ou à sortir du royaume[1]. C'était un attentat contre la liberté de conscience; mais au moins, celui qui le commettait était-il convaincu de la vérité du catholicisme. En forçant les hérétiques à adopter, au moins extérieurement, sa propre foi, il croyait les arracher à l'erreur. S'il a flétri par cet acte la gloire de son règne, que devrait-on penser d'un gouvernement incrédule, qui se rendrait coupable du même attentat, sans avoir la même excuse?

Le véritable rôle d'un État fondé sur les principes de la liberté, c'est d'admettre toutes les croyances qui ne sont contraires ni à la morale ni au bon ordre; de leur accorder au besoin la protection nécessaire pour la sécurité et la dignité du culte; de ne pas les violenter, de ne pas s'immiscer dans les questions doctrinales, et de ne pas mettre obstacle à la liberté de l'apostolat et de la discussion. Le devoir du citoyen est le même : s'il admet une religion positive, il doit la professer sans affectation ni respect humain; s'il est simplement déiste, il doit s'abstenir de démonstrations qui, de sa part, se-

---

[1]. « Je conviens sans peine du droit des souverains à forcer leurs sujets errants au vrai culte, sous certaines peines. » Bossuet, *lettre* CCXXXVII. — « Je déclare que l'on peut user de lois pénales plus ou moins rigoureuses, selon la prudence, contre les hérétiques. » *Id.*, *lettre* CCXXXVII.

raient hypocrites; mais, en même temps, il doit respecter dans les religions professées à côté de lui, le nom de Dieu qu'elles invoquent, le sentiment religieux sur lequel elles reposent, et la liberté de conscience, qui est la première et la plus sainte de nos libertés.

Il n'y a aucune contradiction d'une part à reconnaître que le culte est utile et bienfaisant de sa nature, et qu'il n'y a pas de culte d'origine philosophique; de l'autre, à interdire au philosophe la propagation d'un culte à la divinité duquel il ne croit pas. En exposant cette doctrine, nous ne faisons que nous conformer aux principes du droit public fondé par la révolution de 1789. Il est si naturel aux convictions ardentes de s'exagérer les droits du prosélytisme, qu'on éprouve quelque peine à observer dans la pratique ces maximes de tolérance absolue. Mais souvenons-nous, pour apprendre à respecter la croyance d'autrui, que rien sous le ciel ne nous ferait consentir à l'asservissement de la nôtre. Résignons-nous donc, qui que nous soyons, à la liberté; et si son règne nous laisse quelques regrets, songeons aux imperfections nécessaires de la condition humaine, et n'oublions pas surtout que le règne de la liberté est aussi celui de la justice.

S'il est vrai de dire que la religion naturelle ne peut constituer un culte, et ne nous fournit que de trop rares occasions d'adorer Dieu, il faut ajouter que la plupart du temps on augmente encore cette pénurie par une indifférence coupable. Certes, le moyen le plus sûr d'honorer Dieu est de vivre en honnête homme; mais s'il est absurde de l'adorer de bouche quand on ne l'honore pas par ses actions, c'est manquer à un devoir formel que de laisser perdre une seule occasion de lui témoigner son respect, son amour, sa reconnaissance. Il régnait en France, il y a quelques années, une sorte de ton d'athéisme; on se croyait obligé, sinon à cacher sa croyance, du moins à n'en point fatiguer les autres; on parlait souvent d'honneur et de probité, jamais de l'immortalité de l'âme et de la Providence. Les doctrines spiritualistes qui ont enfin repris le dessus, ont ramené plus de convenance et de dignité dans les habitudes du monde. Notre devoir à tous est d'y contribuer. Quand on est profondément convaincu, pourquoi ne chercherait-on pas à s'en faire honneur? Il ne faut pas confondre la piété naturelle, vraie, tolérante, avec l'affectation et l'hypocrisie.

Dans certains cas, l'occasion de manifester notre foi vient en quelque sorte nous chercher. Ainsi par exemple, nos lois ont peut-être prodigué le serment. On ne peut être appelé comme expert devant un tribunal, dans une occasion même légère, sans prêter serment de dire la vérité et de prononcer suivant la justice.

Cette formalité est un acte véritable de religion. En quelque circonstance qu'on nous demande de la remplir, il faut le faire avec recueillement, et songer qu'une fois le serment prononcé, nous ne nous appartenons plus. Personne ne voudrait manquer à une parole d'honneur; un serment est bien autrement sacré. Il y a l'infini entre une parole d'honneur et un serment.

Une autre obligation que l'on traite légèrement ou qu'on oublie même tout à fait, est celle d'éclairer les hommes qui ont le malheur de ne pas croire à la religion naturelle. Assurément, nous ne pouvons pas porter dans les relations du monde une ardeur de catéchistes; mais il n'y a peut-être pas un seul d'entre nous qui n'ait au-dessous de lui ou à côté de lui, une âme dont la destinée lui est confiée; c'est pour celle-là que le précepte nous oblige à un véritable enseignement. Dans le monde même, on peut sans pédanterie, sans argumentation, par un seul mot, jeter des semences que Dieu pourra rendre fécondes. C'est à nous à vivre avec tant de dignité, que ce mot paraisse naturellement placé sur nos lèvres.

C'est un usage établi en Angleterre de rendre de solennelles actions de grâces à la providence divine dans tous les discours adressés au Parlement par le souverain, et dans toutes les réponses du Parlement. Il est arrivé une fois que cette invocation pieuse fut omise dans le discours de la couronne; les communes en furent blessées, et le cabinet fit naître une occasion tout exprès pour prononcer une nouvelle harangue où le nom de la Providence reprit sa place. En France, nous ne daignons pas avoir de ces scrupules. Nous avons peur de l'hypocrisie, à la bonne heure; mais ajoutons avec tristesse que le sentiment religieux est affaibli chez nous. Nos pères avaient compris en 89, qu'abolir la religion d'État, c'était rendre l'État à la religion naturelle; mais, depuis, nous n'avons su qu'osciller entre l'intolérance et l'athéisme de la loi.

Il est une coutume qu'on retrouve encore chez plusieurs peuples, principalement dans le nord de l'Europe, et qui contribue puissamment à relever le sentiment religieux et à entretenir l'esprit de famille; c'est de rassembler autour de soi ses enfants et ses serviteurs après le travail du jour, et sans appareil, sans fausse solennité, de leur distribuer des avertissements et des conseils, en prononçant le nom de Dieu. Cet usage, dans une famille bien unie, n'a rien que de simple et de touchant. Nous sommes si dissipés et si affairés au dehors, que nous devons souhaiter avec ardeur de conserver un peu de gravité au foyer domestique. Malheureux est le père, qui a perdu le droit de parler à Dieu avec dignité au milieu de ses enfants.

Enfin, quoique ce soit une véritable douceur de rentrer quelquefois en soi-même pour y parler en quelque sorte à Dieu de plus près, un nombre infini d'hommes dédaignent ou méconnaissent ce devoir. C'est même une question parmi les philosophes, de savoir s'il est permis de prier Dieu. On ne demande en effet que pour obtenir, et quand on croit que la prière doit influer sur la volonté de celui à qui elle s'adresse. Or, il est évident que, si Dieu est parfaitement intelligent, il connaît mieux nos besoins que nous-mêmes; que, s'il est parfaitement bon, il doit vouloir nous donner, sans que nous le demandions, tout ce qui peut nous être donné; que s'il est immuable, sa volonté ne peut changer, quelques prières qu'on lui adresse; et qu'enfin, s'il est infini, nos paroles et nos œuvres ne peuvent rien sur lui, puisque du fini à l'infini, il n'y a pas d'action possible.

Cette argumentation est plus spécieuse que solide. S'il est vrai que Dieu connaisse le monde, non-seulement dans son tout, mais dans ses derniers détails, et qu'il aime les hommes non-seulement d'un amour général pour l'espèce, mais d'un amour précis et déterminé pour chacun de nous, cela suffit pour que dans nos besoins nous élevions vers lui nos bras et nos cœurs, en lui demandant du secours et de la consolation comme à un père. C'est la nature qui nous inspire de nous adresser à lui avec confiance, et qui, à la suite d'une prière fervente, nous remplit de nouvelles espérances et surtout de résignation. Loin de combattre cette impulsion naturelle, la science peut la fortifier en la justifiant.

L'objection se trompe à la fois et sur Dieu et sur la

prière. Sans doute, on ne peut sans blasphémer supposer que la volonté divine cède à nos importunités et modifie par compassion pour nos larmes les immuables décrets de la sagesse éternelle. Mais y a-t-il contradiction entre l'immutabilité des desseins de Dieu et l'efficacité de la prière? Et ne peut-on répondre avec Malebranche, que la volonté de Dieu a éternellement décidé qu'elle nous accorderait un bien, à condition que nous formerions une prière, à peu près comme elle a décidé que la même pluie qui ne fait que mouiller le rocher fertiliserait la terre? La prière, ainsi entendue, est-elle plus contraire à la perfection divine que le dogme même de la Providence? Et quand on repousserait l'explication de Malebranche, qui, après tout, n'est qu'une hypothèse, dans tous les problèmes philosophiques où il s'agit d'expliquer les rapports de Dieu avec le monde, ne trouvons-nous pas cette même opposition entre la mobilité de la créature et l'éternelle immobilité du Créateur? La création en est-elle moins nécessaire et moins évidente? Et comme nous admettons la création, ne devons-nous pas admettre aussi, en Dieu, la Providence, qui est l'idéal de la bonté, et dans l'homme, la prière, qui est la forme la plus pure de l'amour?

N'est-ce pas aussi se tromper sur la prière que de voir uniquement en elle la demande d'un avantage terrestre? L'homme dit souvent : « Mon Dieu, ôtez-moi de ce péril, » ou même : « Mon Dieu, faites-moi gagner ce procès ; enrichissez-moi ! » Mais ce n'est pas là la prière d'une âme vraiment religieuse et philosophique ; et ce n'est pas par de telles prières que nous pouvons honorer Dieu[1]. Demandons à Dieu, non le succès ou la fortune,

---

1. « Près d'un Dieu juste, la meilleure manière de demander est de

non la pâture des passions, mais la vertu, qui nous rend dignes de lui. Demandons-lui de supporter le malheur avec résignation ou le bonheur avec modestie. Que notre prière ne soit qu'un acte d'amour, de résignation et de confiance.

> « Fortem posce animum, mortis terrore carentem,
> Qui spatium vitæ extremum inter munera ponat
> Naturæ, qui ferre queat quoscumque labores,
> Nesciat irasci, cupiat nihil [1].... »

Ou mieux encore, disons-lui avec les stoïciens et avec le christianisme : « Mon Dieu, vous savez ce qui est le plus avantageux. Donnez-moi ce qu'il vous plaît, autant qu'il vous plaît et dans le temps qu'il vous plaît [2]. »

Prier Dieu, ce n'est que méditer sur sa perfection et sur nos misères ; ce n'est que se soumettre à sa volonté, se confier à sa providence, s'unir à lui par un élan de notre cœur et former la résolution de vivre comme il appartient à une créature qu'il a formée à son image. La prière n'est qu'un acte plus précis d'adoration et d'amour. Elle prouve, même extérieurement, la foi, le respect, la confiance. Elle met l'âme en présence de Dieu. Elle purifie, elle fortifie. L'habitude de prier n'est qu'un commerce plus intime et plus fréquent avec Dieu. Elle ennoblit nos sentiments, et féconde notre cœur. Ce n'est pas parce que Dieu a besoin de nos prières que nous le prions et que nous l'adorons, mais parce que nous, ses créatures, nous avons besoin de le prier et de l'adorer.

mériter d'obtenir. » J. J. Rousseau, *Lettres écrites de la montagne*, Ire partie, *lettre* III.
1. Juvénal, *satire*. X, à la fin.
2. *Imitation*, livre III, chap. xv.

CHAPITRE V.

DE LA VIE HEUREUSE.

> « Comment dis-tu ? quoi ? un homme que l'on surprend dans quelque forfait, comme celui d'aspirer à la tyrannie, qu'on met ensuite à la torture, qu'on déchire, à qui l'on brûle les yeux ; qui, après avoir souffert en sa personne des tourments sans mesure, sans nombre et de toute espèce, et en avoir vu souffrir autant à ses enfants et à sa femme, est enfin mis en croix, ou enduit de poix et brûlé vif : cet homme sera plus heureux que si, échappant à ces supplices, il devenait tyran, passait sa vie entière maître dans sa ville, libre de faire tout ce qui lui plaît, objet d'envie pour ses concitoyens et pour les étrangers, et regardé comme heureux par tout le monde ? » — Platon, *Gorgias*, traduction de M. Cousin.

La religion catholique rivalise avec certaines écoles de poésie pour peindre la vie humaine sous de sombres couleurs. Religion idéaliste, elle ne considère la vie que comme une épreuve, et son but constant est de nous enseigner à la mépriser et à la quitter. Elle ne se contente pas, comme le stoïcisme, de nier la douleur ; la douleur, à ses yeux, est souhaitable, pourvu qu'on la souffre en esprit de pénitence ; et, de tous les actes qui peuvent ravir le ciel, le plus glorieux, c'est le martyre. Si, dans sa profonde intelligence de la pratique de la vie, elle permet aux fidèles engagés dans les voies du monde quelques-unes des satisfactions de la chair, sa tendance est dans le fond de traiter la chair en ennemie, de la dompter, de la mortifier, de voir en elle le principe du mal moral, de lui faire une guerre à outrance. Les règles monastiques, qui sont le type de la perfection chrétienne, reposent toutes sur les trois vœux d'obéissance, de chasteté et de pauvreté : c'est-à-dire qu'elles retranchent à l'homme, la liberté, l'amour et le bien-être. Les règles les plus sévères vont même jusqu'à des austérités qui font frémir : le travail des mains, la prière continuelle, le défaut de sommeil, les humiliations, le détachement absolu, la séparation complète du monde et de la famille. Elles transforment la vie en une constante préparation à la mort.

Les données de la science philosophique n'aboutissent pas à ce dédain absolu de la chair. Que la vie soit une épreuve, et que l'homme n'arrive qu'après la mort à l'accomplissement de sa destinée, c'est ce qui ressort de tous les dogmes de la philosophie rationaliste, *Vivere, mi Lucili, militare est*[1]; mais de cette subordination de la chair à l'esprit et de la destinée terrestre à la destinée à venir, on ne saurait conclure qu'il n'y a rien dans le monde qui mérite d'être aimé. La science regarde comme légitimes toutes les passions que Dieu même a mises dans notre cœur, pourvu que nous sachions les régler sous le joug de la raison; et tout en nous persuadant de viser surtout au bonheur éternel, elle ne nous interdit pas de chercher à être heureux, même sur cette terre. Quand elle permet de tendre à cet humble bonheur, ce n'est pas, comme la religion catholique, par concession et à force d'indulgence. La philosophie doit s'efforcer d'être divine, mais elle ne peut s'empêcher d'être humaine.

---

1. Sénèque, *lettre* xcvi.

Il faut convenir qu'il y a peu d'éléments de bonheur dans la vie humaine, quand on entend par la vie humaine l'espace qui s'étend entre la naissance et la mort. Entre ces deux thèses tant rebattues, l'une, qu'il n'y a rien de bon dans le monde, et l'autre, que tout y est pour le mieux, s'il était nécessaire de choisir, la plus vraisemblable, sinon la plus vraie, serait peut-être la première pour quiconque oublie l'immortalité, ou refuse d'y croire. C'est déjà une assez triste chose que, depuis Démocrite et Héraclite, dont le premier pleurait toujours, suivant la tradition populaire, et dont le second riait sans cesse[1], on ait pu soutenir tour à tour avec une égale éloquence et un égal succès, ces deux thèses contradictoires. Voilà certes un bonheur, si bonheur il y a, de bien fragile constitution, puisque toutes les lamentations sur la misère humaine rencontrent partout de l'assentiment et des applaudissements. Ne sommes-nous pas dès l'enfance assaillis de mille maladies? Les infirmités, que l'on appelle un peu complaisamment les infirmités de la vieillesse, ne commencent-elles pas à se faire sentir dès l'âge mûr? N'avons-nous pas sans cesse à trembler pour la vie et la santé de nos proches? La plupart des hommes n'ont-ils pas à lutter contre le besoin? Leur vie ne se passe-t-elle pas à travailler uniquement pour le boire, le manger et le couvert? La fatigue est une si dure chose, que, suivant le dogme catholique, c'est la condamnation prononcée dès l'origine contre le genre humain. Un mal qui est propre à l'homme, et dont la fortune, le succès et la santé ne nous guérissent pas, c'est l'ennui. Helvétius prétendait

---

1. « Ridebat quoties a limine moverat unum
Protuleratque pedem; flebat contrarius alter. »
Juvénal, *satire*. X, vers 28.

que l'ennui est la cause de notre supériorité sur les animaux, et que le besoin d'échapper à cette intolérable souffrance était l'unique cause de tous nos progrès. Combien y a-t-il d'hommes assez heureux pour faire précisément la chose qu'ils savent faire, ou celle qu'ils aiment à faire? Qu'appelle-t-on d'un commun accord, l'expérience de la vie, sinon cette amère conviction, qu'il ne faut guère compter dans le monde que sur soi-même? Où est l'homme qui n'a pas été trahi ou abandonné par un ami? Qui ne s'est pas vu arracher le fruit de son travail? Qui n'a jamais succombé dans la poursuite de son droit? Est-ce la vertu ou l'intrigue qui arrive le plus souvent aux honneurs et aux richesses? Est-ce le génie ou le savoir-faire qui arrive à la gloire? On a beau citer des noms glorieux : le petit nombre qu'on en cite est la preuve que le génie n'est tout au plus qu'un des instruments de la célébrité. Est-ce que par hasard, dans les affaires humaines, la cause la plus juste est toujours celle qui triomphe? Comment le soutenir et voir les deux partis triompher tour à tour? Comment oublier la ciguë de Socrate, ou la mort de Caton? Pour quelques grandes catastrophes consacrées par les pleurs de l'humanité, que de calvaires ignorés! Que de martyres obscurs! Que d'infamies encensées par les contemporains, et auxquelles même a manqué la flétrissure qu'inflige l'histoire! Rien n'est à l'abri des vicissitudes humaines, pas même la cendre des morts!

« Data sunt ipsis quoque fata sepulchris[1]. »

Quelques esprits généreux se consolent de tous les maux de la vie, de toutes ses déceptions par la théorie

---

1. Juvénal, *satire* X, vers 146.

du progrès. Il y a un Dieu, disent-ils; donc la vérité ne peut périr et la justice ne peut avoir tort. Grand principe, belles paroles, qui sont de toute vérité, mais qui ne prouvent pas ce qu'on voudrait établir; car si Dieu a une autre vie pour y rétablir la justice, il peut bien la laisser opprimer momentanément dans celle-ci. La théorie du progrès est le vrai, car il ne se peut pas que l'œuvre de Dieu dégénère, si Dieu est excellent; mais elle n'est vraie que pour l'ensemble du monde et de l'histoire : c'est se leurrer que de l'appliquer aux individus, aux peuples et aux siècles. On a dit avec raison qu'il n'y avait pas d'homme nécessaire; il n'y a pas même d'époque nécessaire; il n'y a pas de peuple nécessaire. Si nous pouvions percer les ténèbres de l'avenir, il est certain que nous y découvririons une civilisation plus excellente que la nôtre; mais quel est le peuple qui oserait affirmer que cette civilisation doive être produite pour lui et par lui? Quel est le peuple moderne qui ait plus de raison de croire à la perpétuité de ses destinées que le peuple grec et le peuple romain? La Pologne n'est plus; tout peuple peut périr; Rome et la Grèce ont péri, étouffées sous l'invasion des barbares; les progrès du monde ont été arrêtés pendant mille ans; et cependant la théorie du progrès subsiste. Le malheureux qu'engloutit un tremblement de terre, sait bien que le gouffre se refermera, que ses lèvres béantes seront cultivées et redeviendront fertiles; il le sait, et il meurt.

Ces douloureuses pensées, qu'on voudrait en vain chasser de son esprit, et que la plupart des événements de la vie y ramènent comme par force, ne sont pas des objections contre la Providence, comme on le croit à tort; elles ne suffisent même pas pour réfuter la thèse de l'optimisme, moins inséparablement liée à la cause de la Providence que ne le pensait Leibnitz. L'optimisme auquel le roman de *Candide* a répondu n'est pas du tout l'optimisme de Leibnitz; c'est celui de l'abbé Pluche et du docteur Buckland. Jamais l'immortel auteur de la *Théodicée* n'a prétendu qu'il n'y eût pas de mal dans le monde, ou que tout mal fût nécessaire pour produire un plus grand bien. Il savait parfaitement que la créature la plus parfaite est néanmoins très-imparfaite, par cela seul qu'elle est une créature, et que, par conséquent, il faudrait renoncer à toute la logique et à toute la métaphysique, s'il n'y avait dans le monde que l'apparence et non la réalité du mal. Il savait également, pour ce qui concerne l'homme, qu'une créature absolument heureuse est une contradiction formelle, puisque le bonheur est un attribut de la perfection, et ne peut appartenir qu'à Dieu. Il pensait que tout ce qui est dans le monde est relatif et ne doit être comparé à rien d'absolu. En relevant l'étude des causes finales que Descartes avait eu le tort de proscrire, il ne prétendait pas arriver avec certitude à déterminer la cause finale de tout être et de tout mouvement, mais il voulait seulement prouver l'existence d'un plan divin dans le monde; et c'est ce qui est pleinement prouvé, en dépit de nos malheurs réels.

Nous sommes si inconséquents que nous voyons des philosophes soutenir, pour honorer la Providence, qu'on finit toujours par réussir quand on est vertueux; et soutenir un instant après, pour démontrer la nécessité de la vie future, que la vertu n'est pas toujours récompensée en ce monde. Ces deux thèses ne peuvent pas être vraies ensemble, et il n'est que trop évident, par le spectacle de la société humaine, que c'est la seconde qui est la vraie.

Quand même on parviendrait à établir que nous sommes dupes de notre délicatesse en prenant les maux de la vie pour de véritables maux, que fera-t-on de la mort? Comment est-il possible de l'oublier ou de s'en consoler[1]? Ce n'est pas de quitter la vie qui est affreux; c'est de subir l'agonie et d'abandonner ceux qu'on aime. Ce poison se glisse dans tous les amours. Il n'est pas un père qui n'en ait souvent le cœur torturé. Nous nous étourdissons pour prendre courage; nous appelons à notre aide les affaires, les plaisirs, l'orgueil[2]. Cela nous soutient un peu jusqu'à ce que la mort remue à côté de nous; et dans le fond nous nous sentons toujours condamnés. « Omnes huic rei tollimur; quisquis ad vitam editur, ad mortem destinatur[3]. »

C'est une chose vraiment digne de l'attention du philosophe que cet étourdissement factice que nous nous procurons, et qui nous empêche de sentir trop vivement la plupart des peines de la vie, et de songer trop souvent à la mort. A voir la conduite d'un grand nombre d'hommes, on dirait qu'ils s'efforcent de ne pas penser. Ils se réfugient dans cet aveuglement volontaire contre des devoirs trop difficiles, ou des pensées trop pénibles. A peine nés, on les dresse à ce rôle de machine. On leur donne le plus souvent une éducation toute méca-

---

1. « Tota philosophorum vita commentatio mortis est. » Cicéron, *Tusculanus*, livre I, chap. xxx.
2. « Les hommes n'ayant pu guérir la mort, la misère, l'ignorance, se sont avisés, pour se rendre heureux, de ne point y penser. » Pascal, édition Havet, p. 60.
3. Sénèque, *Consolation à Polybe*.

nique, qui exerce tout au plus leur mémoire. On ne leur rend pas raison des choses ; on ne leur parle que du fait. « Cela est ainsi, cela se fait ainsi ; tel est le procédé ou telle est la coutume. » Leurs précepteurs n'ont pas d'autre langage avec eux. Les enfants stylés de la sorte répètent ou copient, et ne pensent pas. Si, parmi les études du premier âge, il s'en glisse quelqu'une qui commande de la réflexion, elle est bien vite suspecte aux gens sages. Ils la tiennent en bride quand ils ne peuvent mieux faire, et, s'ils deviennent les maîtres, ils la rayent du programme. Leur élève entre dans le monde avec une mémoire chargée et un jugement hébété. Il s'habille comme tout le monde, salue comme tout le monde, et remplit comme tout le monde, ce qu'on appelle avec une certaine bonhomie, les devoirs de la société. S'il est riche, si c'est un beau fils, il se jette dans les passions à la mode : ici les combats de coq, ailleurs les courses de chevaux ou la chasse : il a des maîtresses, il fait courir. Est-il pauvre ? appartient-il à une famille un peu moins niaise ? on lui inculque ce grand, merveilleux et solide principe, qu'il faut s'enrichir. S'il s'en pénètre et qu'il agisse en conséquence, il devient un homme essentiel ; s'il se laisse entraîner au désordre, à la paresse, c'est un mauvais sujet, un homme perdu ; mais, dans tous les cas, il travaille comme tout le monde, ou se dissipe comme tout le monde. Il est l'esclave de la routine. Il a bien, dans l'occasion, quelques maximes générales à la bouche ; mais prenez garde qu'elles lui sont fournies toutes faites. Elles sont de son monde ; il les dit précisément de la même façon et pour le même usage que toute autre personne de sa condition, élevée comme lui, les aurait dites. Il est moins un homme qu'un écho. Ne lui demandez pas pourquoi il émet ce principe, pourquoi il suit cette conduite, quelle est l'origine de nos devoirs, quel est le but de la vie ; car il vous rira au nez et vous accusera de faire de la métaphysique. Il laisse aux prêtres et aux philosophes le soin de se creuser la cervelle pour deviner toutes ces belles choses. Il est persuadé, dans le fond, que les prêtres sont des imposteurs et les philosophes des songe-creux. Peut-être est-il honnête homme ; mais c'est parce qu'il a un instinct droit, de bons sentiments, et qu'il a reçu de bons exemples ; car il ne sait pas le pourquoi de son honnêteté. Il fait ce que font les gens comme il faut, les hommes de son pays et de sa société qui sont en possession d'être estimés par leurs égaux dans leur petit cercle.

Ces routiniers, qui sont presque tout le monde, se trouvent dévoyés dès qu'une révolution éclate ; et nous ne parlons pas ici seulement d'une révolution politique ; il y a des révolutions de mœurs qui ont bien autant d'importance, et, si les révolutions politiques n'entraînaient pas de révolutions dans les mœurs, elles ne vaudraient pas la peine qu'on en parlât. Que l'on compare un moment l'esprit public du temps de la Ligue et l'esprit public à la fin du règne de Henri IV ; la France de la jeunesse de Louis XIV et la France de Mme de Maintenon ; les hypocrites qui applaudissaient à la révocation de l'édit de Nantes, et les libertins qui prenaient pour modèles les roués du duc d'Orléans ; la société, telle qu'elle était sous le gouvernement honnête et sordide de Fleury, ou telle que la firent en si peu de temps Voltaire et les encyclopédistes. Ce sont là des révolutions véritables, qui renversent de vieux préjugés, en créent de nouveaux, et transforment le monde en un clin d'œil.

Quel est, dans ces transformations subites, le sort des hommes positifs? Ou ils s'obstinent, ou ils se livrent : martyrs d'un passé qu'ils ne comprennent pas, ou d'un présent qu'ils ne comprennent pas davantage; dans tous les cas, entraînés, conduits, subjugués, toujours serviteurs des événements, jamais maîtres d'eux-mêmes, jamais hommes. Quelquefois, entre un monde qui fuit et un monde qui va naître, la société reste incertaine; le propre des temps de révolution est de mettre ainsi en lutte deux principes, deux doctrines, deux civilisations. Que faire alors, quand on n'a jamais su que suivre avec docilité le courant? Dans cette perturbation de la routine, suffit-il d'avoir des intentions honnêtes? Tacite a dit avec profondeur que « dans les temps de révolution, il était plus difficile de connaître son devoir que de l'accomplir après l'avoir connu. »

Il est évident que l'homme n'est point fait pour se laisser ainsi mener, et que sa destinée n'est pas de vivre sur cette terre cinquante ou quatre-vingts ans, et de rendre ensuite aux éléments son corps et son âme.

D'abord l'homme est libre. Il peut suspendre, accélérer, modifier son action. Il peut faire autre chose que ce qu'il a promis. Il se reconnaît toujours à lui-même le pouvoir de ne pas faire ce qu'il fait, de faire ce qu'il ne fait pas. Il croit naturellement que la même liberté existe dans les autres hommes; et c'est pour cela qu'il les admire, qu'il les méprise, qu'il les exhorte, qu'il les punit. On peut faire des raisonnements spécieux contre la liberté; mais personne ne saurait s'accoutumer à n'y plus croire. Nous nous sentons agir librement avec autant d'évidence que nous nous sentons penser et vivre. Cette liberté qui nous appartient, et à nous seuls, ne nous permet pas de nous livrer passivement à une direction étrangère. Seuls entre tous les êtres créés, nous sommes responsables de notre avenir; nous devons diriger nous-mêmes l'emploi de notre force, et par conséquent nous efforcer d'avoir une idée juste de notre destinée. Suivre toujours la voie tracée, sans savoir où elle mène, se tourmenter pour une affaire de bourse ou de fabrique, et sourire dédaigneusement quand on entend parler ou de la mort ou de l'avenir, c'est se dégrader à plaisir, et, d'homme que l'on devait être, devenir une brute.

Cette force libre que nous sommes est sans cesse sollicitée par la passion. La passion est faible ou véhémente, réglée ou désordonnée, éphémère ou persévérante, suivant les caractères, les tempéraments, la discipline. Nous portons tous en nous le germe de toutes les passions, mais c'est tantôt l'une ou tantôt l'autre qui domine. Souvent, elles se livrent la guerre en nous, une guerre acharnée, furieuse, sans trêve, sans raison. Une âme qui ne sait pas régler ses passions et établir entre elles une juste hiérarchie, est une âme désordonnée, qui ne s'appartient pas.

Il y a trois passions principales : l'amour de soi, l'amour d'autrui, l'amour de Dieu; comme il y a trois fonctions principales de l'intelligence : la conscience qui connaît le moi, les sens qui connaissent le monde, la raison qui connaît le divin. Cette triple fonction de l'affection et de la pensée dérive de la condition même de la nature humaine; car tout être se connaît, connaît sa cause, et connaît les êtres avec lesquels il concourt à former un système.

Dans la plupart des âmes, c'est l'amour de soi qui domine; mais les deux autres amours peuvent acquérir une grande force, et aller même jusqu'à commander le sacrifice de l'amour de soi. Ces déchirements intérieurs où le moi triomphe ou s'immole, nous remplissent de trouble ou d'angoisse, et nous mènent quelquefois au désespoir. La passion, par elle-même, est aveugle, emportée, fougueuse; elle ne connaît pas de mesure; elle est de sa nature d'autant plus exigeante et impérieuse qu'on lui accorde davantage. Elle marche à son but sans se soucier des obstacles, ou quelquefois même puisant des forces dans les obstacles; la justice ne l'arrête pas, ni l'usage, ni les bienséances, parce que, dans son emportement, elle ne voit de grand et de considérable que sa fin. Dans le bien et dans le mal, elle fait des prodiges. On s'étonne de ce que peut faire un homme exalté par la passion; c'est qu'en effet ce n'est pas l'œuvre de l'homme : c'est l'œuvre de la passion en lui. « Vides, quam malam et noxiam servitutem serviturus sit, quem voluptates doloresque, incertissima dominia, impotentissimaque, alternis possidebunt[1]. »

Non-seulement les trois passions primordiales se heurtent entre elles dans un cœur mal réglé; mais de chacune d'elles sortent d'autres passions qui, venues de même source, se retournent l'une contre l'autre. Ainsi l'orgueil, l'ambition, l'avarice, la luxure, ne sont que des formes de l'amour de soi. Quelquefois c'est une de ces affections qui domine, et elle étouffe en quelque sorte les autres; quelquefois elles dominent ensemble, et font un tel bruit en nous en luttant à qui l'emportera, que nous vivons dans une sorte d'éblouissement continuel, ballottés entre des convoitises si diverses, et ne comprenant plus notre propre vie. C'est cette lutte qui

---

1. Sénèque, *De la vie heureuse*, V.

rend l'homme misérable, et l'injuste empire que s'arroge une de nos passions, et encore la disproportion qui se trouve entre ce que les passions nous font vouloir et ce que nos forces peuvent atteindre. Qui serait maître de son cœur serait vraiment maître de la souffrance ; car s'il ne dépend pas de nous d'éviter la douleur et le chagrin, il dépend de nous de nous y abandonner ou d'y résister. Quel homme peut changer le monde? Mais nous pouvons changer nos désirs. « Le pouvoir de l'homme est grand, dit Marc Aurèle, car il peut obéir au Devoir, et se résigner au malheur[1]. »

Les passions ont beau se croire indomptables, elles ont un maître : c'est la raison. La raison est lumineuse, elle connaît son but, elle éclaire sa propre marche, elle sait la place et le rang de toutes choses. Elle porte en elle le sceau divin du commandement. Quand elle s'applique aux actes de la liberté humaine, son nom est la justice; ce qu'elle ordonne est le devoir. Chaque fois qu'elle parle, la passion, même la plus ardente, doit se taire, doit céder. La loi de la justice est la loi de Dieu même, méconnue de beaucoup, ignorée de personne ; toujours présente en nous pour nous guider avant l'action, pour nous récompenser après le sacrifice, pour nous punir après la faute.

Point de véritable bonheur à espérer pour qui ne marche pas avec la justice. Il pourra prospérer; mais deux choses lui manqueront toujours : sa propre estime, la sécurité de l'avenir. C'est une triste condition, pour un homme en apparence comblé, de sentir intérieurement qu'il n'est qu'un infâme, et d'en être réduit à sou-

---

[1]. Marc Aurèle, livre XII, paragraphe xi.

haiter le néant. Sa ressource est dans l'étourdissement que donnent le plaisir et les affaires. Il ne peut respirer qu'à condition de s'oublier. Il est comme le grabataire qui, n'ayant plus de force pour souffrir, s'adonne à l'ivrognerie par désespoir, et se croit consolé quand il n'est qu'abruti. Celui qui doit sa fortune à un crime ou à une lâcheté, ne peut rester seul ; il ne peut voir un honnête homme ; il ne peut entendre de sang-froid une maxime de morale ; il lui semble, quand on parle d'honneur, de loyauté, de délicatesse, de fidélité à une même foi et à un même drapeau, qu'on a dessein de le provoquer ou de le faire rougir. Il hait ceux qui le châtient de sa faute par leur mépris, car c'est l'instinct d'une nature dégradée de s'irriter sous le châtiment ; et il méprise ceux qui lui montrent de l'indulgence pour avoir une part de sa bonne fortune, parce qu'il comprend qu'ils se prostituent.

Le comble du malheur, c'est de désobéir à la justice ; mais ne lui obéir qu'avec peine, c'est un malheur encore, quoique infiniment moindre. On peut, à la rigueur, comprendre assez ses véritables intérêts pour résister toujours aux mauvaises passions, tout en les laissant vivre et subsister en soi, et pour obéir toujours au devoir, sans l'aimer. Le premier malheur d'une telle situation, c'est le péril ; le second, c'est la souffrance. Le péril est grand, car la volonté a beau être forte, si on laisse le désir croître et s'exalter, on peut prédire avec assurance qu'elle sera toujours vaincue. La lassitude viendra, ou quelque sophisme, ou quelque occasion meilleure de faillir, et cette vertu batailleuse et désespérée succombera. La sagesse est de ne pas se confier à sa propre force et de bien comprendre celle de la passion, de ne pas attendre le moment de l'action pour lutter, et de préparer la victoire en affaiblissant d'avance son ennemi.

Est-ce vivre d'ailleurs que de vivre comme Tantale, toujours torturé par le désir, toujours sevré de jouissances? de rêver sans cesse un bonheur qu'on est résolu de ne jamais goûter? de partager ses jours entre les ardeurs de la convoitise, les déchirements de la lutte et les amertumes du regret? Ce n'est pas Dieu qui nous fait une telle destinée : nous la subissons par notre faute, pour n'avoir pas su discipliner nos passions.

Mais s'il y a un homme qui, non content de connaître son devoir, s'efforce de l'aimer et y parvienne, ou qui, plus heureux encore, ne puisse en lire les préceptes dans la raison, sans se sentir porté par toutes les forces de son cœur à l'accomplir ; si, tourné ainsi par le bonheur de sa nature, ou par les longs et persévérants efforts de sa volonté, vers l'amour et la pratique du bien, il ne sent plus que des désirs qu'il puisse avouer sans honte et satisfaire sans crime ; s'il n'a plus d'admiration que pour le beau et d'amour que pour le bien ; si la vertu lui est assez chère pour qu'il soit sûr de trouver, même dans le sacrifice, une noble compensation, la vie de cet homme, sans remords pour le passé, sans inquiétudes pour l'avenir, sans troubles intérieurs, sans combats avec lui-même, n'est-elle pas une vie heureuse[1]? Il pourra souffrir encore, parce qu'il y a des douleurs auxquelles l'homme ne peut échapper ; mais il n'aura jamais à accuser la Providence.

Quoi! dit Sénèque, parce que Lucius Sylla n'a eu qu'à vouloir pour être dictateur, parce qu'il a fait taire la loi

---

[1] « Benefacit sibi ipsi vir beneficus. » *Proverbe* XI, 17.

devant sa volonté et devant sa colère, parce qu'il a trahi, parce qu'il a proscrit, Lucius Sylla est heureux? Et Caton ne l'est pas, parce qu'il a été vaincu et parce qu'il est mort? Eh! que fait pour le bonheur la victoire ou la défaite! C'est la vertu qui est l'unique bien de l'âme. Ne mesurez pas Caton à ses épreuves, mais à son courage. Voilà un spectacle digne des regards de Dieu : un grand homme aux prises avec le malheur ! « Ecce spectaculum dignum ad quod respiciat intentus operi suo Deus, ecce par Deo dignum : vir fortis cum mala fortuna compositus[1]. »

Nous n'irons pas comme certains stoïciens jusqu'à soutenir que la douleur n'est qu'un mot; car la pratique de cette orgueilleuse maxime empêche de céder à la douleur et n'empêche pas de souffrir[2]. Nous n'oserons pas dire comme les chrétiens qu'il faut bénir Dieu des douleurs qu'il nous envoie, parce que nous croyons que l'homme est fait pour le bonheur comme pour le bien, qu'il n'est le plus souvent privé du bonheur que par sa propre faute, et que la condition d'assurer dès cette vie le bonheur de l'autre, ce n'est pas de souffrir ici-bas, mais seulement de n'y pas faillir.

Mais nous dirons qu'avec la connaissance et l'amour du devoir, avec un cœur bien réglé, avec des désirs contenus et modestes, avec une ferme espérance dans la bonté de Dieu et une généreuse sympathie pour les hommes, on trouve plus d'occasions de bénir la Providence, que de se plaindre des conditions de la vie.

Nous savons qu'il y a des destinées fatales, des cata-

---

1. Sénèque, *De la Providence*, chap. II.
2. « Hæc non nego sentire sapientem : nec enim lapidis illi ferrive duritiam asserimus. » Sénèque, *De la constance du Sage*

strophes contre lesquelles les consolations mêmes tirées du sentiment de la vertu semblent impuissantes. Il est vrai ; mais il ne faut pas que la lâcheté humaine se réfugie derrière ces exceptions tragiques. Notre vie à presque tous se passe dans des événements communs, et dans des épreuves qu'une médiocre force d'âme peut aisément supporter. On se fait quelquefois une fantasmagorie de misères impossibles ou invraisemblables, afin de justifier à ses propres yeux ses dégoûts, ses faiblesses, ses défaillances, comme si l'on confondait avec la réalité ces peintures idéales. Ne cherchons pas de si grands théâtres pour de si minces courages, et tenons-nous-en humblement aux conditions vulgaires de notre vie.

Si cependant nous devons dire aussi quelques mots de ces élus de la douleur, qu'ils nous servent à montrer que rien ne se conclut avec la vie de ce monde, et que notre avenir commence au moment même où les incrédules pensent que le néant nous engloutit.

Que sont toutes les tribulations du monde, ses douleurs, ses injustices, pour qui se sent immortel? L'immortalité est le dernier mot de la science et de la vie. Elle change tout en nous et hors de nous. Au dedans, elle rend le sacrifice facile, puisqu'elle remplit toute notre âme de ses radieuses espérances ; au dehors, elle ôte au malheur sa réalité, elle le transforme, elle l'amoindrit, elle le détruit. Quand on se sent immortel, il faut faire un effort sur son esprit et sur son cœur pour prendre au sérieux ces soixante ans d'épreuves qu'on appelle la vie humaine, et ces agitations d'un jour qu'on appelle des affaires et qui épuisent l'activité des âmes frivoles. La consolation et l'espérance, ces deux soutiens, ces deux idoles de l'homme, ne sont rien sans l'immortalité qui les fonde.

L'école se fatigue en vain pour démontrer l'immortalité. On ne démontre pas un tel dogme. Il faut qu'il résulte de la science tout entière, comme la spiritualité de l'âme, comme l'existence et la providence de Dieu. Quelque lumineuse que soit la démonstration, l'esprit est toujours étonné de l'immensité du résultat. Il se résigne à peine à faire reposer sur ces prémisses une conclusion qui lui fait voir les cieux ouverts. Eh! pourquoi faut-il qu'on nous démontre l'existence de la patrie? L'avons-nous oubliée à ce point? Ce corps et ce monde, et cette matière, et cette boue, ont-ils à jamais détruit nos ailes? Pour avoir rampé ici-bas quelques années, sommes-nous déshérités du titre d'enfants de Dieu?

On nous demande de prouver que notre âme n'est pas identique à notre corps, c'est-à-dire que la pensée est indépendante de l'étendue! Mais qu'y a-t-il dans l'étendue qui la rende nécessaire à la pensée? D'où lui vient cette prééminence? C'est l'étendue qui nous est étrangère, c'est elle qui est incompréhensible; c'est elle qui gêne la pensée. La pensée est si différente de l'étendue, qu'elle l'embrasse tout entière en un instant et la dépasse. L'étendue a des limites, et non la pensée. L'étendue est divisible, caduque, éphémère, sans cesse renouvelée, sans cesse emportée; elle souffre et n'agit point, elle subit des lois mécaniques, fatales; elle n'est qu'une triste et sombre image du néant. L'esprit vit et agit. Il crée, ou du moins il transforme. Il a commerce avec l'immuable et l'éternel. Les lois qu'il conçoit s'imposent à toute l'étendue et à toute la durée. L'esprit qui dompte le monde est donc capable de l'user. Il est fait pour lui survivre. Le soleil s'éteindra ; mais la lumière intérieure, la raison humaine n'aura pas de nuit.

Qu'est-ce que penser? Est-ce seulement percevoir des corps, les décrire, les nommer, les classer? Ne concevons-nous pas les esprits aussi distinctement que les corps? La conception et la classification des phénomènes épuisent-elles toutes les forces de notre pensée? Au delà du monde des faits, n'y a-t-il pas le monde des lois, que nos sens ne sauraient atteindre, mais que notre raison découvre? Où sont la solidité, l'éternité, la simplicité? Est-ce dans le monde des faits ou n'est-ce pas plutôt dans le monde des lois? Et où se trouve aussi la plus grande énergie de la pensée? Est-ce dans ses applications à ce qui est éphémère et périssable, ou dans les conceptions qui ont pour objet ce qui ne passe pas, ce qui ne change pas? C'est à l'éternité que notre esprit est analogue. Il a été créé pour ne pas périr.

Dieu n'a rien fait en vain ; c'est un axiome qui résulte à la fois du spectacle du monde et de la contemplation des perfections divines. Donc, s'il y a en nous des puissances inutiles à notre vie terrestre, si nos plus belles facultés ne trouvent ici-bas ni leur application ni leur fin, c'est que nous sommes destinés à vivre ailleurs. Nous traversons le monde, mais comme des voyageurs qui se hâtent de retourner au foyer natal. Plaignons-nous de la longueur de la route, et non de la mort qui la termine.

Comment ce monde nous suffirait-il? Il n'a qu'un instant fugitif entre le néant du passé et le néant de l'avenir. A mesure que nous l'étudions, il périt sous nos regards. Nous vivons ; mais chaque minute fait tomber autour de nous tous les corps en dissolution. Dès qu'il ne nous suffit plus de végéter, nous nous réfugions contre le monde dans la science, c'est-à-dire que nous repoussons du pied la terre pour entrer en possession de l'idéal. Nous quittons les individus qui tombent sous nos sens, pour les espèces, que notre raison retrouve et reconstruit derrière les phénomènes qui en résultent, et qui les cachent au vulgaire. Là, nous apercevons les principes auxquels tous les êtres se rattachent ; nous les comparons entre eux, nous en découvrons les analogies ; nous remontons aux principes des principes eux-mêmes, et, d'échelons en échelons, nous parvenons jusqu'à la pensée unique, mais toute-puissante, qui a d'un seul coup engendré toutes les lois et toute la matière du monde, jusqu'au Verbe créateur qui embrasse dans son unité les lois d'où résulte l'harmonie des sphères. Notre esprit parcourt avec ravissement cette hiérarchie, simple, féconde, éternelle, d'où jaillit sans cesse l'inépuisable torrent des phénomènes. Voilà le monde de la science, le vrai monde, le monde idéal, la patrie de nos âmes.

« Edita doctrina sapientum templa serena. »

Les hôtes de ces demeures éternelles se sentent en exil quand ils redescendent sur la terre. Cette étincelle qui contient le monde, qui l'explique, qui le domine, qui le gouverne, ne saurait se confondre avec la poussière du monde, ni être balayée par les vents du monde. Tous ces grands ressorts qui meuvent les astres s'affaisseront et laisseront tomber les soleils, avant que notre âme sente la mort.

Qui osera dire que l'absolu, que la perfection ne soit pas, ou que le monde lui-même soit la perfection ? Si la perfection existe, nous qui la connaissons, nous devons lui appartenir. Quand les vers s'empareront de notre corps, notre âme s'élancera vers ce Dieu qu'elle a entrevu, qu'elle a rêvé, dont elle a démontré l'existence, par lequel elle a pensé, par lequel elle a aimé; vers ce Dieu qui remplit notre vie de lui-même, et qui ne nous a pas donné la pensée et l'amour pour que nous rendions ces trésors à la pourriture et au néant. O Pascal! l'univers ne peut m'écraser. Qu'il broie mon corps, mais mon âme lui échappe.

Il faut sonder la bonté de Dieu pour un moment; il faut s'y perdre. Se peut-il que Dieu soit, et que le malheur, que l'injustice soient? Si je dois finir avec mon corps, pourquoi Dieu m'a-t-il fait libre? Pourquoi s'est-il révélé à moi dans ma raison? Pourquoi a-t-il fait de l'immuable et de l'éternel l'objet constant de ma pensée? Pourquoi m'a-t-il donné un cœur qu'aucun amour humain ne peut assouvir? Cette puissance qui transforme le monde, cette pensée qui le mesure et le dépasse, ce cœur qui le dédaigne, m'ont-ils été donnés pour mon désespoir?

Hélas! qu'est-ce donc que cette vie? Une suite de déceptions amères, des amours purs qu'on trahit, des connaissances qu'on s'épuise à chercher et qui s'échappent, des enthousiasmes dont nous rions le lendemain, des luttes qui nous épuisent, des désespoirs qui nous tordent le cœur, des séparations qui nous frappent dans nos sentiments les plus chers et les plus sacrés. Voilà la vie, si nous devons périr! Et voilà la Providence!

Périr! Eh quoi! n'avez-vous jamais vu la justice avoir le dessous dans le monde? Le crime n'a-t-il jamais triomphé? N'y a-t-il pas des criminels qui sont morts au milieu de leur succès, dans l'enivrement de leurs voluptés impies? Socrate n'a-t-il pas bu la ciguë? L'histoire elle-même est-elle impartiale? La postérité, cette ombre que le juste invoque, entendra-t-elle son dernier cri? Qui soutiendra la pensée qu'un innocent puisse mourir dans l'opprobre et dans les supplices, et que cette pauvre âme ne soit pas reçue dans le sein de Dieu?

O dernier mot de la science humaine! ô sainte croyance! ô douce espérance! pourrait-on, sans vous, comprendre le monde, et pourrait-on, sans vous, le supporter? Une chaîne indissoluble unit ensemble la liberté, la loi morale, l'immortalité de l'âme et la providence de Dieu. Pas un de ces dogmes qui puisse périr sans entraîner la ruine de tous les autres. Nous les embrassons tous ensemble dans notre foi et dans notre amour. Il n'y a plus de place pour le désespoir dans une âme honnête profondément convaincue de son immortalité. Plus on médite sur l'immortalité de l'âme, et plus on trouve dans cette pensée la force de résister à tous les chagrins de ce monde. Mortels, ce monde est notre véritable patrie, nous tirons de lui nos peines et nos plaisirs, heureux s'il nous absout et nous récompense, malheureux à jamais s'il nous repousse et nous condamne. Immortels, nous ne faisons que le traverser; il n'est pour nous qu'un accident éphémère, et tout est bien, en dépit de la souffrance et de la douleur, pourvu que nous arrivions au terme de l'épreuve, libres de toute souillure. La douleur et la mort perdent leur aiguillon, quand nous fixons les yeux sur cet avenir sans nuage. La mort est si peu de chose que les hommes s'assemblent, dans leurs jours de fête, pour s'en donner le spectacle; la guerre elle-même se fait avec pompe et comme en cérémonie. Ce sont des jeux de scène et rien de plus; jouons notre rôle de bonne grâce et n'accusons pas la Providence pour des infortunes prétendues que nous déposerons avec le masque. Est-ce donc notre âme qui souffre et qui meurt? Non,

non, c'est l'homme extérieur, le personnage. Notre vie, à nous, est avec Dieu. Il n'y a de pensée réelle, substantielle, que la pensée de l'Éternel ; il n'y a d'action véritable que l'accomplissement du devoir. Le devoir seul est vrai, le mal n'est rien. « Homme, de quoi te plains-tu [1] ? De la lutte ? C'est la condition de la victoire. D'une injustice ? Qu'est cela pour un immortel ? De la mort ? C'est la délivrance ! »

---

[1]. Plotin, *Ennéade*, III, livre II, chap. xv, et *Ennéade*, II, livre IX, chap. ix.

FIN.

TABLE DES MATIÈRES

                                                          Pages.

PRÉFACE. I

I. LA LIBERTÉ.

CHAP. I. Démonstration de la liberté...................... 3
— II. Examen des principales objections................ 29
— III. L'habitude 60

II. LA PASSION.

CHAP. I. Origine et classification des passions............ 83
— II. L'amour de soi 112
— III. L'amour de l'humanité. 157
— IV. L'amour divin.................................. 189
— V. De l'état d'une âme gouvernée par les passions..... 226

III. L'IDÉE.

CHAP. I. De l'idée de la justice........................... 247
— II. De la nature de la justice....................... 278
— III. De la formule de la justice..................... 302

IV. L'ACTION.

CHAP. I. De la division des devoirs, et de l'objet propre des jugements de la conscience........................ 341

		Pages.
Chap. ii.	De l'obligation de respecter en soi-même le droit....	370
— iii.	De l'obligation de respecter le droit dans autrui......	386
— iv.	Du droit de Dieu sur ses créatures, et des devoirs qui en résultent pour l'homme...............	411
— v.	De la vie heureuse	428

FIN DE LA TABLE DES MATIÈRES.

Ch. Lahure, imprimeur du Sénat et de la Cour de Cassation
(ancienne maison Crapelet), rue de Vaugirard, 9.

www.ingramcontent.com/pod-product-compliance
Lightning Source LLC
Chambersburg PA
CBHW060519230426
43665CB00013B/1579